Bernd Fittkau
Hans-Martin Müller-Wolf
Friedemann Schulz von Thun

Kommunizieren lernen (und umlernen)

Trainingskonzeptionen und Erfahrungen

Unter Mitarbeit von:
Heide Fittkau-Garthe
Klaus-Ulrich Müller-Wolf
Clemens Warns

Hahner Verlagsgesellschaft hv

westermann

© ab der 5. Aufl. Hahner Verlagsgesellschaft mbH
Aachen-Hahn 1987
Einbandgestaltung: Gerd Gücker

CIP − Kurztitelaufnahme der Deutschen Bibliothek

Kommunizieren lernen (und umdenken): Trainingskonzepte
u. Erfahrungen
Bernd Fittkau; Hans-Martin Müller-Wolf; Friedemann Schulz von Thun.
Unter Mitarbeit v. Heide Fittkau-Garthe.
5. Aufl. − Aachen: Hahner Verlagsgesellschaft mbH
    ISBN 3-89 294-114-9
NE: Müller-Wolf, Hans Martin; Schulz von Thun, Friedemann.

ISBN 3-89 294-114-9

Inhaltsverzeichnis:

Vorwort

Dieses Buch geht von folgender Erkenntnis aus, die von einer großen Zahl sozialwissenschaftlicher Untersuchungen gestützt wird: Es ist keineswegs gleichgültig, wie Menschen miteinander umgehen, wie sie sich zueinander verhalten, wie sie miteinander kommunizieren. Sowohl die sachliche Leistung als auch die seelische Gesundheit der Beteiligten hängt im starken Maße von der Art der zwischenmenschlichen Kommunikation ab. So ist es keineswegs gleichgültig, wie Eltern auf die Probleme ihrer Kinder reagieren, wie sie ihre eigenen Wünsche gegenüber den Kindern zur Geltung bringen, wie sie sich selbst ihnen darstellen und welcher *Ton* insgesamt in der Familie herrscht. So ist es auch keineswegs gleichgültig, wie ein Lehrer den Stoff vermittelt, wie er die Schüler behandelt, wie er sich gibt und in welcher Weise er zum Selbstbild seiner Schüler beiträgt. Genausowenig ist es gleichgültig, wie Vorgesetzte und unterstellte Mitarbeiter miteinander umgehen – ob nur einer „das Sagen hat", oder ob es von allen erwünscht ist, „den Mund aufzumachen", wenn sie etwas zu sagen haben. Überall bestimmen die zwischenmenschlichen Umgangsformen nicht nur die Lebenszufriedenheit im Augenblick, sondern auch längerfristig die Persönlichkeitsentwicklung und Leistungsfähigkeit der beteiligten Kommunikationspartner.

Dieses Buch wendet sich also in erster Linie an alle Personen, die beruflich kommunikativen Einfluß auf andere nehmen und Kommunikationsprobleme besser verstehen und verändern wollen: Eltern, Lehrer, Dozenten, Vorgesetzte.

„Manches kann schiefgehen in der zwischenmenschlichen Kommunikation" – diese These wird insbesondere im ersten Artikel dieses Buches untermauert. Welche Konsequenzen sind aus dieser Einsicht für die Praxis zu ziehen? Es gibt prinzipiell nur zwei Möglichkeiten, auf das Verhalten von Menschen Einfluß zu nehmen:

Entweder man ändert die Rahmenbedingungen, unter denen das Verhalten stattfindet. So sollte man sich etwa bemühen, die Wohnverhältnisse kinderreicher Familien zu verbessern, so daß Gereiztheiten, Feindseligkeiten und andauernde Freiheitseinschränkungen entfallen, die mit dem Zusammenleben auf engem Raum zusammenhängen. So sollte man in den Schulen z. B. die

Klassenfrequenzen verkleinern, die Zensuren abschaffen (oder zumindest ihre Verknüpfung mit den späteren Lebenschancen lockern) und lebensnähere Lehrpläne entwerfen. All dies würde sicherlich auf die Beziehung zwischen Lehrern und Schülern und die damit verbundenen zwischenmenschlichen Erfahrungen Einfluß nehmen. Ebenso sollten die Arbeitsplätze in der Industrie weitergehend *humanisiert* und die Mitbestimmungs- und Mitbeteiligungsmöglichkeiten aller Arbeitenden verstärkt werden.

Der andere Weg zur Beeinflussung menschlichen Verhaltens besteht im Herantreten an den Menschen selbst: Aufklärung, Übung, Abbau der emotionalen Hindernisse, die einer Verhaltensänderung im Wege stehen. Als Psychologen und Pädagogen beschreiten wir überwiegend diesen Weg. Dieses Buch handelt davon. Einmal deshalb, weil wir in diesem Bereich unser „Heimspiel" haben. Zum anderen deshalb, weil strukturelle Veränderungen (Änderung der Rahmenbedingungen menschlichen Handelns) ohnehin der Ergänzung im individuell-seelischen Bereich bedürfen. Zum dritten deshalb, weil viele Individuen, Paare und Gruppen nicht auf grundlegende Änderungen ihrer Rahmenbedingungen „warten" wollen – sich statt dessen fragen: Was kann ich heute tun, und kann ich bei mir selbst (bzw. können wir bei uns selbst) anfangen?

Indem wir diesen zweiten Weg gehen, stoßen wir natürlich immer auf die Schwierigkeit, daß die psychologisch-pädagogische Beeinflussung sich angesichts der gleichbleibenden strukturellen Rahmenbedingungen oft ausnimmt „wie ein Tropfen auf den heißen Stein". Einige Artikel in diesem Buch sind bestimmt von dem Bemühen, gegen diese Schwierigkeit anzukämpfen. Vielleicht können die hier dargestellten Modelle andere anregen und Mut machen, so daß aus wenigen Tropfen viele werden, die dann nicht mehr wirkungslos verdampfen. Vielleicht gelingt es, in noch stärkerem Maße die Veränderung der strukturellen Rahmenbedingungen mit in unseren primär pädagogisch-psychologischen Beeinflussungs-Ansatz aufzunehmen – wie es z.B. in der *Organisationsentwicklung* versucht wird. Seit unserem ersten Buch *Kommunikations- und Verhaltenstraining* hat sich in diesem Bereich vieles weiterentwickelt. Und das wird sich auch in der Zukunft fortsetzen.

Kommunizieren lernen (und umlernen) haben wir als Titel für dieses Buch gewählt. Daß auch der erwachsene Mensch etwas dazulernen kann, steht außer Frage. Schwieriger ist das Problem, das mit dem *Umlernen* angedeutet ist: Da wir *immer schon* kommunizieren (wir können es nicht nicht nicht tun), stehen die Trainingsziele häufig im Widerspruch zu alten Verhaltens- und Deutungsmustern. Und da dieses *alte Verhalten* nicht selten als Ergebnis eines jahrzehntelangen Einschleifens zum Persönlichkeitsbestandteil geworden ist, ist mit dem Umlernen die Frage nach der Möglichkeit einer Persönlichkeitsänderung angesprochen. Lag der erste Veränderungswiderstand in den strukturellen Rahmenbedingungen menschlichen Handelns (s.o.), so liegt ein ebenso ernstzunehmender zweiter Veränderungswiderstand im alteingeübten, persönlichkeitsverankerten Kommunikationsstil.

● Im ersten Beitrag dieses Buches stellt *F. Schulz von Thun* ein psychologisches Modell der zwischenmenschlichen Kommunikation vor, das sich nicht nur zur Sichtbarmachung und Analyse von Vorgängen und Störungen in der zwischenmenschlichen Kommunikation eignet, sondern aus dem auch Trainingsziele für ein *besseres* Kommunizieren ableitbar sind. Es zeigt sich jedoch, daß es sich bei den meisten, wenn nicht allen Trainingszielen um solche Verhaltensweisen handelt, die stark persönlichkeitsverbunden erscheinen und nicht als bloße *Techniken* auswechselbar sind. Naiver Trainingsoptimismus erfährt hier einen empfindlichen Dämpfer. Ein aussichtsreicher Ausweg wird angedeutet: Von vorneherein nicht auf *tiefgreifende* Persönlichkeitsänderungen des Einzelnen abzielen, sondern das Hauptaugenmerk auf die Interaktion zwischen den Kommunikationspartnern richten. D.h.: Die spezifische Art, wie Eltern und Kinder, Lehrer und Schüler, Vorsetzte und Mitarbeiter, Dozenten und Studenten miteinander umgehen, wird zum Gegenstand der Erkenntnis und sodann der Therapie gemacht.

● Im zweiten Beitrag (S. 101 ff) stellen *B. Fittkau* und *F. Schulz von Thun* einige Grundzüge unserer Trainingskonzeption vor. Dargestellt wird ein ganzheitlicher Lehr-Lern-Ansatz, der die verstandesmäßige Auseinandersetzung mit theoretischen Lehrinhalten, das Einüben von neuen Verhaltensweisen und die tiefgehende emotionale Selbsterfahrung miteinander zu verbinden sucht.

Die folgenden Beiträge konkretisieren die vorgestellten Grundzüge.

● *B. Fittkau* (S. 114 ff) macht einige Vorschläge, wie kooperatives Verhalten von Lehrern und Schülern eingeübt werden kann.

● *H.-M. Müller-Wolf* (S. 156 ff) liefert einen Erfahrungsbericht über ein Training mit Lehrern und Schülern. Bemerkenswert an diesem Beitrag ist die Verknüpfung von Verhaltenstraining und Lehrplanentwicklung, einer der schulischen Rahmenbedingungen.

● Im Beitrag von *H.M. Müller-Wolf* und *C. Warns* (S. 211 ff) wird eine Konzeption für Elterntrainings vorgestellt, das sich auf der Grundlage 6-jähriger Erfahrungen nach immer neuen Revisionen schließlich herausgeschält hat. Dieses vorläufig endgültige Konzept stellt eine Modifikation des Ansatzes von *Gordons Familienkonferenz* dar.

● Ein letzter Erfahrungsbericht stammt von *H.-M.* und *K.-U. Müller-Wolf*: Kommunikations- und Verhaltenstraining für Dozenten an Volkshochschulen. Sehr ausführlich werden hier noch einmal die Trainingsprinzipien beschrieben, nach denen wir unsere Veranstaltungen konzipieren (S. 260 ff).

● Im letzten Beitrag dieses Bandes stellen *B. Fittkau* und *H. Fittkau-Garthe* heraus, daß eine Humanisierung des Arbeitslebens auch die zwischenmenschlich-kommunikative Seite mit in den Blick zu nehmen habe (S. 308 ff).

Der Leser sei auf die kurze Zusammenfassung zu Beginn jedes Artikels hingewiesen, um dieses Buch interessengeleitet lesen zu können. Jeder Artikel ist ohne Kenntnis der übrigen verständlich. Das ist ein Vorteil. Der Nachteil liegt in einer Reihe von Überlappungen und Wiederholungen, die als Vertiefung gedacht den Leser hoffentlich nicht zu sehr langweilen.

Im Anhang haben wir zahlreiche Trainingsmaterialien (Merk- und Übungsblätter) zusammengestellt, die in den Trainingsveranstaltungen Verwendung finden. Ohne die begleitenden Trainingserfahrungen ist die Verwendung solcher Papiere nur begrenzt sinnvoll. Da wir aber häufig angeschrieben werden wegen solcher Papiere, nutzen wir hier die Gelegenheit einer Veröffentlichung.

Bernd Fittkau
Hans-Martin Müller-Wolf
Friedemann Schulz von Thun

Hamburg, November 1976

Psychologische Vorgänge in der zwischenmenschlichen Kommunikation (1/1)*

Friedemann Schulz von Thun

Zusammenfassung

Die zwischenmenschliche Kommunikation ist anfällig für vielfältige Pannen. Diese gefährden sowohl die Effektivität der Zusammenarbeit als auch das seelische Wohlergehen der Menschen, die miteinander umgehen. Daher die Frage: In welchen Bereichen muß trainiert werden, um eine verbesserte Kommunikationsfähigkeit zu erreichen?

Kommunikation wird als ein Vorgang beschrieben, bei dem Sender und Empfänger Nachrichten zum Zwecke der Verständigung austauschen. Hierbei geht es sowohl „um die Sache" als auch um die persönliche Bedürfnisbefriedigung der Kommunizierenden. Die Zielkonflikte, die in dieser Gleichzeitigkeit begründet liegen, und deren Bewältigungsversuche machen zwischenmenschliche Kommunikation kompliziert und vielschichtig. Um sich hier hindurchzufinden und um das eigene Verhalten reflektierter und effektiver zu machen, ist die Fähigkeit zur *Metakommunikation* notwendig.

Zur Einführung in diese Fähigkeit wird ein *Modell* vorgestellt, das den Grundvorgang der Kommunikation in vereinfachter Form beschreibt: Ein *Sender* übermittelt einem *Empfänger* eine *Nachricht* und erhält über die Wirkung seiner Nachricht (teilweise) eine *Rückmeldung (Feed back)*. An der Nachricht werden *vier* psychologisch bedeutsame *Seiten (Aspekte)* unterschieden: *Sachinhalt, Selbstoffenbarung, Beziehung* und *Appell*. Diese vier Seiten sind stets gleichzeitig im Spiele. Die Nachricht erweist sich als ein „Paket", das viele Botschaften enthält. Diese Vielfalt von Botschaften läßt sich nach den vier Aspekten gliedern. Aus dieser Betrachtungsweise ergibt sich sowohl für den Sender die Notwendigkeit, „vierseitig" zu senden, als auch für den Empfänger, „vierseitig" zu empfangen.

---

* Anmerkungen s. S. 394 und 395

Nach einem Gesamtüberblick wird jede der vier Seiten einzeln erörtert; dies zum Zwecke einer besseren Ordnung sowohl für die Problemvielfalt als auch für die daraus abzuleitenden Trainingsziele.

Beim Austausch und der Übermittlung von Sachinhalten (erste Seite der Nachricht) werden zwei Ziele ins Auge gefaßt: *Sachlichkeit* und *Verständlichkeit.* Unsachlichkeit ergibt sich daraus, daß Beziehungsstörungen und persönliche Gefühle und Strebungen überhand nehmen und die Sachauseinandersetzung beherrschen, oftmals aus dem Verborgenen in „sachlicher" Verkleidung. Aus dieser Diagnose wird die Notwendigkeit abgeleitet, Probleme der Selbstoffenbarung und der Beziehung ernst zu nehmen und daran im Sinne einer expliziten Metakommunikation zu arbeiten. – Zur Verbesserung der Verständlichkeit bei der Informationsvermittlung werden vier Trainingsziele vorgestellt: Einfachheit, Gliederung-Ordnung, Kürze-Prägnanz und Zusätzliche Stimulanz.

Die zweite Seite der Nachricht (Selbstoffenbarung) ist von besonderer psychologischer Brisanz. Das Streben nach positiver Selbstdarstellung und die Angst, von sich selbst etwas (Ungünstiges) preiszugeben (Selbstoffenbarungsangst) bedingen zahlreiche Kommunikationstechniken, die sich einteilen lassen in die *Imponiertechniken* und die *Fassadentechniken.* Allesamt erweisen sie sich als hinderlich für eine wirksame und menschlich befriedigende Kommunikation (Gefahr für den Sachertrag, die Solidarität und die seelische Gesundheit). Die Alternative besteht in mehr unbefangener Offenheit, in einer größeren Übereinstimmung von innerem Erleben und äußerem Gebaren. In diesem Zusammenhang wird der Begriff *Kongruenz (C. Rogers)* und eine damit verbundene Auffassung von der Persönlichkeit erwähnt.

Auf der dritten Seite der Nachricht (Beziehung) kommt zum Ausdruck, was der Sender vom Empfänger hält bzw. wie sich der Empfänger vom Sender behandelt fühlt. Auch auf dieser Seite der Nachricht entstehen viele Kommunikationsstörungen. An einem Beispiel wird gezeigt, daß diese häufig deshalb nicht behoben werden können, weil die *Reparatur* an der falschen Stelle vorgenommen wird, nämlich auf der Seite des Sachinhaltes.

Die vierte Seite der Nachricht (Appell) trägt dem Umstand Rechnung, daß der Sender in der Regel (auch) kommuniziert, um auf den Empfänger Einfluß zu nehmen. Es werden einige psychologische Probleme angedeutet, die mit dem Beeinflussen und dem sich Beeinflussen lassen in Beziehung stehen.

Vollwertige Kommunikation findet statt, wenn der Sender aus der Rückantwort des Empfängers Anhaltspunkte darüber gewinnt, wie seine Nachricht angekommen ist – und zwar angekommen in Hinblick auf alle vier Seiten. Die Bedeutung eines solchen *Feed backs* für die zwischenmenschliche Kommunikation und für den Vorgang des Lernens wird hervorgehoben – auch auf die Notwendigkeit und Möglichkeit, sich ein solches Feed back zu verschaffen, wenn es nur spärlich eintrifft. Allerdings liegen im zwischenmenschlichen Feed back auch Gefahren, Probleme und ungenutzte Möglichkeiten. Es ist deshalb erforderlich, Feed back richtig zu geben und zu empfangen. Hierfür werden einige Grundregeln genannt.

Übergeordnetes Hauptziel des Trainings besteht in der *Fähigkeit zur Metakommunikation*. Damit ist gemeint: Den Kommunikationsprozeß mit geschultem Auge wahrzunehmen, Störungen zu bemerken und gegebenenfalls Änderungen einleiten. Der vorliegende Beitrag vermittelt hierzu einige nötige Grundkenntnisse.

1.1 Einleitung

Das Wort *Kommunikation* – seit einigen Jahren oft benutzt – ist fast
ein Modewort geworden. Warum? Drei Umstände fallen mir dazu
ein. Erstens, die heute anstehenden Probleme können nur gelöst
werden, wenn die zwischenmenschliche Verständigung gelingt.
Kommunkiation ist hier Mittel zum Zweck. Zweitens ist Kommunikation aber auch Selbstzweck und signalisiert ein Bedürfnis: den
Wunsch nach befriedigenden zwischenmenschlichen Beziehungen. Unsere Art zu wohnen und zu arbeiten enthält – besonders in
den großen Städten – die Gefahr von Einsamkeit und gestörter Mit-
menschlichkeit. Der Magen ist voll, nun bekommt die Seele Hunger und strebt nach Vertrauen, Offenheit, Wertschätzung und Solidarität und stößt oft auf Mißtrauen, Angst, Fassade, Oberflächlichkeit und Rivalität. Was den Begriff Kommunikation drittens
aktuell macht, ist, daß demokratische Lebensformen einen neuen
Umgangsstil verlangen. In Partnerschaft, Erziehung und teilweise
in der Arbeitswelt gelten autoritäre Formen als nicht mehr zeitgemäß. Wie sollen wir aber nun miteinander umgehen? An die Stelle
alter Selbstverständlichkeit tritt Verhaltensunsicherheit. Hinzu
kommt noch folgendes Problem: Während man Autos von 1930
und den folgenden Jahren auf unseren Straßen kaum noch findet,
handelt es sich bei unseren heutigen Verhaltensweisen oft um richtige „Old-timer": eingeschliffene und *eingebläute* Verhaltens-, speziell Kommunikations-Gewohnheiten lassen sich eben nicht leicht
modernisieren oder ersetzen.

Die Frage „Können wir uns ändern?" klingt an in jeder Selbsterfahrungsgruppe, jedem Eltern- und Parrtnertraining und in jedem
Kooperations- und Führungstraining. Die Aktualität der Frage
zeigt sich auch in Bestseller-Titeln wie *Sich ändern lernen, Einübung
in Partnerschaft, Anleitung zum sozialen Lernen für Paare, Gruppen
und Erzieher* usw.

Was hier interessiert, ist aber auch der Umstand, daß manches
schief gehen kann in der zwischenmenschlichen Kommunikation.
Erziehungs- und Partnerprobleme, Probleme der Unterrichtung
und der sogenannten *Menschenführung* erweisen sich in der Regel
als Kommunikationsprobleme. Entweder derart, daß in einer miß-
glückten Weise, miteinander umzugehen, das Übel seinen Ausgang nimmt; oder derart, daß ein Problem ganz anderer Herkunft
durch den Versuch der Verständigung nicht nur nicht gelöst,

sondern nun erst recht verschlimmert wird! Psychologen pflegen in schwierigen Lagen das *offene Gepräch* zu empfehlen. Dies ist gut gemeint und prinzipiell auch richtig – nur wird nicht selten diese *Lösung* bald zum eigentlichen Problem! Es ist manchmal erstaunlich zu sehen, wie wir uns als hochqualifizierte und *gebildete* Fachleute in Sachen zwischenmenschlichen Umgangs geradezu als ABC-Schützen erweisen. Werfen wir einen kurzen, unsystematischen Blick in die Problemlandschaft, um das ganze Elend so recht plastisch vor Augen zu haben:

● Da passiert es, daß jemand so lange *angespornt* wird, bis er entmutigt versagt. Da passiert es, daß jemand länger als 1 Stunde einen Vortrag vom Blatt abliest; zum Schluß klatschen alle höflich Beifall.

● Da schreibt ein Professor für Kommunikation (!) als ersten Satz in einem Vorwort: *,,Wissenschaft ist immer Moment im Realprozeß ihres Gegenstandes, welcher im allgemeinen wie im besonderen der von der von den Einzeldisziplinen erfaßten Einzelheiten Momente der gesellschaftlichen Totalität umfaßt und mit ihr vermittelt ist.''*

● Es passiert, daß jemand etwas wissen möchte, aber er ,,beißt sich lieber die Zunge ab'' als durch eine Frage ein Dokument seiner Unkenntnis zu liefern.

● Es passiert, daß jemand eine Verhandlung mit vorgefaßter Entscheidung leitet, dem einen das Wort abschneidet, den anderen vor aller Augen bloßstellt und sich zum Schluß für die *fruchtbare Zusammenarbeit* bedankt. Die anderen blicken einander vielsagend an – und sagen nichts. – In einer Konferenz geht es hoch her: Mehr und mehr geraten einige Teilnehmer aneinander, suchen fieberhaft nach jeder Gesprächslücke, um als erster hineinzuspringen, die eigene Kompetenz herauszustellen, dem anderen Fehler nachzuweisen und die eigenen Interessen hinter wohltönenden Sachargumenten zu verstecken. 80 % der Beiträge sind Racheakte für erlittene Wunden. Jemand, der mehrfach übergangen wurde, ist längst in die innere Emigration gegangen und denkt: ,,Macht Euren Kram doch alleine!'' und setzt eine Leidensmiene auf. – Es passiert, daß jemand, der als Kind gehänselt und erniedrigt wurde, nun als Erwachsener jeder seiner Äußerungen das Ziel vorordnet, sich keine Blöße zu geben. Ein anderer mit ähnlichen Erfahrungen lechzt in jedem Satz nach Anerkennung. – Es passiert, daß ein ,,gut gemeintes'' Wort den anderen zum Kochen bringt. – Und es passiert, daß jemand mit gewählten Worten und gedrechselter Syntax ,,um den heißen Brei'' herumredet. Und auch, daß jemand sagt: ,,Hat mich sehr gefreut!''

und bei sich denkt: „Hat mich sehr geärgert!" – Und mancher hört gar nicht wieder zu reden auf. Und manche reden gar nicht mehr miteinander.

Vielleicht haben Sie angesichts dieses *Jammertales* das Gefühl, daß ich in der Problemschilderung ein wenig übertreibe. Zumindest habe ich die Möglichkeit einzuräumen, daß ich die Welt mit der Brille eines Psychologen sehe, dessen Wichtigkeit und Existenzberechtigung davon abhängt, daß manches schief geht (denn wenn alles in Ordnung wäre, wozu brauchten wir dann einen Kommunikationspsychologen?). Dieser Gedanke liegt etwas abseits von meinem roten Faden, aber er paßt zum Thema: Wenn jemand etwas sagt, dann ist das, was er sagt, mitgeprägt von seinen grundlegenden Lebensinteressen. Und nicht nur die Mitteilung ist davon mitgeprägt, sondern bereits die Wahrnehmung der mitgeteilten Sachverhalte. In unserem Beispiel: Wenn man die tagtägliche zwischenmenschliche Kommunikation allerorten objektiv betrachten würde, dann fände man vermutlich sehr viel Erfreuliches (+) und sehr viel Unerfreuliches (–) vor, so daß sich etwa folgendes Bild ergeben würde:

$$+ \quad - \quad + \quad + \quad + \quad -$$
$$- \quad + \quad - \quad - \quad -$$
$$+ \quad + \quad - \quad - \quad + \quad +$$
$$- \quad - \quad +$$

Jemand, der – wie ich – davon lebt, daß nicht alles so ist, wie es wünschenswert wäre, und dessen Selbstgefühl (Ich bin ein für die Gemeinschaft wichtiger Mann!) davon abhängt, der hat eine Brille auf, die ihm folgendes Bild vermittelt:

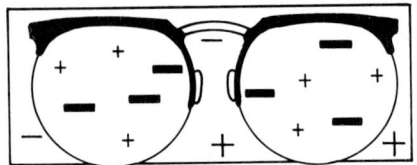

14

Er sieht das Jammertal – jedes Minus ein Stück Selbstbestätigung. Die Wünsche und Interessen steuern die Wahrnehmung, meist ohne daß man es recht merkt. Die Gelehrten sprechen von *selektiver* (=auswählender) und *tendenziöser* Wahrnehmung. Angenommen, es gäbe jemanden, für den ein solches negatives Bild sehr peinlich wäre, z.B. deshalb, weil es für ihn bedeuten würde, versagt zu haben. Was sieht er durch seine Brille?

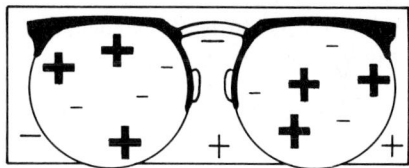

Und jetzt stellen Sie sich bitte vor: Was würde passieren, wenn unsere beiden Brillenträger miteinander über diese Sache kommunizieren würden? Angesichts dessen, was beide *mit eigenen Augen* gesehen haben, müssen sie die Darstellung des anderen geradezu für bösartig halten – zumal sie für die eigene Person bedrohlich oder zumindest ärgerlich ist. Beide werden *aufgebracht und feindselig* reagieren – eine ungünstige psychologische Voraussetzung für eine sachliche Klärung.

Halten wir an dieser Stelle fest, *daß Kommunikation zwischen Brillenträgern* stattfindet. Je nach unserer Lebenslage (die wir teils freiwillig gewählt haben, die uns teils aber auch aufgezwungen wurde) suchen und nehmen wir diejenigen Informationen auf, die uns „in den Kram passen", d.h. die zur Stabilisierung unseres Weltbildes, unseres guten Gewissens, unseres Selbstwertgefühles beitragen. Andersartige Informationen erleben wir als ärgerlich, vielleicht als Bedrohung. Und dem Sender solcher andersartiger Informationen menschlich nahezukommen und ihm überhaupt nur zuzuhören ist kein leichtes Kunststück.

Nehmen wir den roten Faden wieder auf. Bisher ist deutlich geworden: Vieles geht schief in der zwischenmenschlichen Kommunikation, und dies sei die Stunde des Psychologen. Nun aber die Frage an die Psychologie: Hat sie etwas anzubieten, um die zwischenmenschliche Kommunikation besser zu machen? Sie hat.

Zwar hat sich nach meinem Eindruck noch kaum jemand durch das Studium psychologischer Lehrmeinungen oder experimenteller Befunde in seiner Kommunikationsfähigkeit verbessert. Aber wer wirklich lernen (und umlernen) will, der erhält von der Kommunikationspsychologie wichtiges Rüstzeug und einige Wegweiser.

Ich möchte Ihnen im folgenden ein einfaches Sender-Empfänger-Modell vorstellen (s. Abb. 2, S. 20). Dieses Modell soll uns mehrere Dienste tun:

1) Das Modell soll uns begriffliches Rüstzeug bereitstellen für die Analyse von Nachrichten, die der Sender dem Empfänger übermittelt. Z.B. ein Ehepaar fährt im Auto, sie sitzt am Steuer. Der Mann weist auf eine noch entfernte Ampel und sagt: ,,Du, da vorne ist grün!'' (s. Abb. 1). Was steckt alles drin in einer solchen Nachricht?

2) Dieses Analyserüstzeug soll u.a. dazu dienen, Kommunikationsstörungen zu erkennen und in ihren Ursachen zu durchschauen. Angenommen, die Frau antwortet auf den Hinweis ihres Mannes: ,,Fährst Du oder fahre ich?'' (s. Abb. 1). Was hat sich ereignet in diesem alltäglichen Gesprächsfetzen? Das Durchschauen von Kommunikationsstörungen ist die Voraussetzung dafür, an solchen Störungen zu arbeiten und sie zu beheben (Fähigkeit zur *Metakommunikation*, d.h. die Art des miteinander Sprechens, des miteinander Umgehens zum Gegenstand von Diagnose und Therapie zu machen).

3) Das Modell bietet ferner eine wichtige Ordnungshilfe, um die Vielfältigkeit der Probleme in übersichtlicher Weise zu sortieren. Sortieren lassen sich auch einige wichtige Teilfähigkeiten, die aus psychologischer Sicht bedeutsam sind für das, was insgesamt *Kommunikationsfähigkeit* ausmacht.

Abb. 1: Ehepaar im Auto; Frau am Steuer

1.2 Die vier Seiten der Nachricht

Bleiben wir bei dem Beispiel mit dem Ehepaar im Auto. Der Mann (= der Sender) sagt zu seiner am Steuer sitzenden Frau (Empfänger): „Du, da vorne ist grün!" – Was beinhaltet alles diese Nachricht, was hat der Sender hineingesteckt und was kann der Empfänger ihr entnehmen? Wir wollen vier psychologisch bedeutsame Aspekte an ihr unterscheiden:

1) Sachinhalt
Zunächst beinhaltet die Nachricht eine Sachinformation (=Darstellung von Sachverhalten). Ich erfahre, daß da vorne eine Ampel ist und auf grün steht. Allgemein gesagt: Jede Nachricht enthält einen Sachinhalt.

Auch ich übermittle mit diesem Beitrag an den Leser zahlreiche Sachinformationen. Sie, der Leser, erfahren hier Grundlagen der Kommunikationspsychologie. Dies ist jedoch nur ein Teil von dem, was sich gegenwärtig zwischen mir (dem Sender) und Ihnen (dem Empfänger) abspielt. Wenden wir uns daher dem zweiten Aspekt der Nachricht zu:

2) Selbstoffenbarung.
In jeder Nachricht stecken nicht nur Informationen über die mitgeteilten Sachinhalte, sondern auch *Informationen über den Sender*. In unserem Beispiel können wir entnehmen, daß der Sender offenbar deutschsprachig und vermutlich farbtüchtig ist, überhaupt daß er wach und innerlich dabei ist. Ferner, daß er es vielleicht eilig hat usw. Allgemein gesagt: In jeder Nachricht steckt ein Stück Selbstoffenbarung des Senders. Ich wähle den Begriff *Selbstoffenbarung*, um damit sowohl die gewollte *Selbstdarstellung* als auch die unfreiwillige *Selbstenthüllung* einzuschließen. Diese Seite an der Nachricht ist psychologisch hochbrisant, wie wir sehen werden.

Auch während Sie dieses lesen, erfahren Sie nicht nur Sachinformationen, sondern auch allerhand über mich, den Sender: Über meine Art, Gedanken zu entwickeln, bestimmte Dinge wichtig zu finden. Würde ich Ihnen dieses mündlich vortragen, könnten Sie aus der Art, wie ich mich gäbe, vielleicht Informationen über meine Fähigkeiten und meine innere Befindlichkeit entnehmen. Um es vorwegzunehmen: Der Umstand, daß ich ständig auch auf der Selbstoffenbarungsseite sende, läßt mich keineswegs kalt. Zwar möchte ich Sachinformationen vermitteln, aber ich möchte auch einen guten Eindruck machen, möchte „gut" sein, möchte mich als eine Person präsentieren, die etwas anzubieten hat, die weiß, wovon sie schreibt, und die gedanklich und sprachlich „auf der Höhe" ist.

3) Beziehung.

Aus der Nachricht geht ferner hervor, wie der Sender zum Empfänger steht, was er von ihm hält. Oft zeigt sich dies in der gewählten Formulierung und im Tonfall und anderen nicht-sprachlichen Begleitsignalen. Für diese Seite der Nachricht hat der Empfänger ein besonders empfindliches Ohr; denn hier fühlt er sich als Person in bestimmter Weise behandelt (oder mißhandelt). In unserem Beispiel gibt der Mann durch seinen Hinweis zu erkennen, daß er seiner Frau nicht recht zutraut, ohne seine Hilfen den Waagen optimal zu fahren. Und die Frau wehrt sich gegen die *Bevormundung*. In ihrer Antwort („Fährst Du oder fahre ich?") wehrt sie sich gegen diese Art, behandelt zu werden. Allgemein gesagt: Eine Nachricht senden heißt auch immer, zu dem Angesprochenen eine bestimmte Art von Beziehung auszudrücken. Strenggenommen ist dies natürlich ein spezieller Teil der Selbstoffenbarung. Jedoch wollen wir diesen Beziehungsaspekt als davon unterschiedlich behandeln, weil die psychologische Situation des Empfängers verschieden ist: Beim Empfang der Selbstoffenbarung ist er unbeteiligter *Diagnostiker* („Was sagt mir Deine Äußerung über *Dich* aus?"), beim Empfang der Beziehungsseite ist er selbst betroffen.

Was spielt sich jetzt, während Sie diesen Text lesen, auf der Beziehungsseite der Nachricht ab? Indem ich überhaupt diesen Beitrag geschrieben und veröffentlicht habe und folglich *lehre*, gebe ich zu erkennen, daß ich Sie hinsichtlich unseres Themas für informationsbedürftig halte. Ich weise Ihnen die Rolle des *Schülers* zu. Indem Sie lesen (und weiterlesen), geben Sie zu erkennen, daß Sie eine solche Beziehung für den Augenblick akzeptieren. Es könnte aber auch sein, daß Sie sich durch meine Art der Entwicklung von Gedanken „geschulmeistert" fühlen. Daß Sie bei sich denken: „Mag ja ganz richtig sein, was der da geschrieben hat (=erste Seite der Nachricht), aber die dozierende Art fällt mir auf den Wecker!" Ich habe selbst erlebt, daß manche Empfänger allergisch reagieren, wenn ich die Sachinformationen übertrieben verständlich darstelle; das Gefühl mag sein: „Er muß mich für dumm halten, daß er die Informationen so einfach, gleichsam „idiotensicher" darstellt." Sie sehen, wie selbst bei sachorientierten Darstellungen die Beziehungsseite der Nachricht das Geschehen mitbestimmen kann.

4) Appell

Schließlich wird kaum etwas *nur so* gesagt – fast alle Nachrichten haben den Zweck oder die tatsächliche Wirkung, auf den anderen *Einfluß zu nehmen.* In unserem Beispiel lautet der Appell vielleicht: „Gib ein bißchen Gas, dann schaffen wir es noch bei grün!" Dieser Appell-Aspekt ist vom Beziehungsaspekt zu unterscheiden. Denn den gleichen Appell kann man ganz verschieden senden – so, daß der Empfänger sich vollwertig oder herabsetzend behandelt fühlt. In unserem Beispiel mag die Frau den Appell an sich vernünftig finden, aber empfindlich auf die Bevormundung reagieren. Oder umgekehrt könnte sie den Appell für unvernünftig halten („Ich sollte nicht mehr als 60 fahren"), aber es ganz in Ordnung finden, daß der Mann ihr in dieser Weise Vorschläge zur Fahrweise macht.

Natürlich enthält dieser Beitrag etliche Appelle. Diese werden im folgenden noch deutlicher werden. Ein wesentlicher Appell lautet z.b.: Versuche, Dir einen metakommunikatorischen Kommunikationsstil anzugewöhnen, d.h. versuche, die heimlichen und versteckten Botschaften auf der Selbstoffenbarungs-, Beziehungs- und Appell-Seite direkt anzusprechen, um auf diese Weise zu mehr Offenheit und Deutlichkeit im zwischenmenschlichen Umgang zu gelangen.

Daß Nachrichten „vierseitig" sind, soll durch das folgende Schema festgehalten werden.:

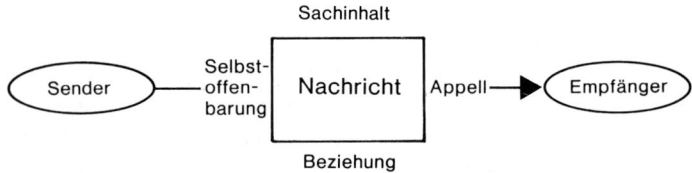

Abb. 2: Die vier Seiten (Aspekte) der Nachricht – ein psychologisches Modell der zwischenmenschlichen Kommunikation

Dieses Modell ist angeregt durch *Bühler* (1934) und *Watzlawick* u.a. (1969). *Bühler* unterscheidet „drei Aspekte der Sprache ": *Darstellung* (= Sachinhalt), *Ausdruck* (= Selbstoffenbarung) und *Appell.* *Watzlawick* unterscheidet zwischen dem *Inhalts-* und dem *Beziehungs*-Aspekt von Nachrichten. Der Inhaltsaspekt ist gleichbedeutend mit dem Sachinhalt des vorliegenden Modells. Der Beziehungsaspekt ist dagegen bei ihm weiter definiert und umfaßt im Grunde alles drei: Selbstoffenbarung, Beziehung (im engeren Sinne) und Appell, und damit auch den *metakommunikatorischen Anteil an der Nachricht,* der Hinweise darauf gibt, wie sie aufzufassen ist. Den Vorteil des hier vorgestellten Modelles sehe ich darin, daß es die Vielfalt möglicher Kommunikationsstörungen und -probleme besser einzuordnen gestattet und den Blick öffnet für verschiedene Trainingsziele zur Verbesserung der Kommunikationsfähigkeit.

1.2.1 Vierseitig kommunizieren lernen

Wir haben das Nachrichten-Quadrat überwiegend aus der Sicht des Senders betrachtet: er teilt Sachinformationen mit; stellt sich dabei gleichzeitig selbst dar; drückt aus, wie er zum Empfänger steht, so daß sich dieser in der einen oder anderen Weise behandelt fühlt; und versucht Einfluß auf das Denken, Fühlen und Handeln des anderen zu nehmen.

Da alle vier Seiten immer gleichzeitig im Spiele sind, muß der kommunikationsfähige Sender sie sozusagen alle beherrschen. Einseitige Beherrschung stiftet Kommunikationsstörungen. So nützt es z. B. wenig, sachlich (auf der ersten Seite der Nachricht) recht zu haben, wenn man gleichzeitig auf der Beziehungsseite Unheil stiftet. Genausowenig nützt es, auf der Selbstoffenbarungsseite eine gute Figur zu machen, z.B. sich als geistreich und gelehrsam zu präsentieren, und dabei unverständlich in der Sach-Botschaft zu bleiben.

Betrachten wir das Quadrat aus der Sicht des Empfängers. Je nachdem, auf welche Seite er besonders hört, ist seine Empfangstätigkeit eine andere: Den Sachinhalt sucht er zu verstehen. Sobald er die Nachricht auf die Selbstoffenbarungsseite hin „abklopft", ist er personaldiagnostisch tätig („Was ist das für einer?" bzw. „Was ist im Augenblick los mit ihm?"). Durch die Beziehungsseite ist der

Empfänger persönlich betroffen („Wie steht der Sender zu mir? Wie fühle ich mich behandelt durch die Art, wie er mit mir spricht?"). Die Auswertung der Appell-Seite schließlich geschieht unter der Fragestellung „Wo will er mich hinhaben?" bzw. in Hinblick auf die Informationsnutzung („Was sollte ich am besten tun, nachdem ich dies nun weiß?").

Der Empfänger ist mit seinen zwei Ohren biologisch schlecht ausgerüstet: Im Grunde braucht er „vier Ohren" – ein Ohr für jede Seite. Denn nur wenn er erfaßt, welche Botschaften auf allen vier Seiten der Nachricht enthalten sind, kann er bewußt darauf reagieren.

1.2.2 „Freie Auswahl" des Empfängers

Was zwischenmenschliche Kommunikation so kompliziert macht, ist: *Der Empfänger hat prinzipiell die freie Auswahl,* auf welche Seite der Nachricht er reagieren will. Ein Alltagsbeispiel aus einer Schule: Der Lehrer geht den Flur entlang und will in das Klassenzimmer. Da kommt ihm die 11jährige Astrid entgegen und sagt (s. Abb. 3): „Herr Lehrer, die Resi hat ihren Atlas einfach in die Ecke gepfeffert!"

Abb. 3: Astrid und der Lehrer

Wie reagiert der Lehrer? In Lehrertrainingskursen habe ich gefunden, daß Lehrer sehr unterschiedlich reagieren.

Manche Lehrer reagierten auf den *Sachinhalt:* „Und hat sie das mit Absicht getan?" (Nimmt die Sachinformation zur Kenntnis und bittet um weitere Sachinformation).

Manche Lehrer reagierten auf die *Selbstoffenbarung* Astrids: „Du bist ganz schön böse darüber, Astrid?" – Oder: „Du bist ja eine Petzliese!"

Einige Lehrer reagierten auf die *Beziehungsseite*: „Warum erzählst Du *mir* das? Ich bin doch nicht Euer Polizist!" – Oder: „Ich freue mich, daß Du zu mir Vertrauen hast ..."

Die meisten Lehrer reagierten *appellhaft*: „Ich werde gleich mal sehen, was da los ist!"

In unserem Auto-Beispiel reagiert die Frau auf die *Beziehungs*-Seite der Nachricht („Fährst Du oder fahre ich?" = Ich mag nicht bevormundet werden"). Sie hätte auch auf den *Sachinhalt* („Ja, hier ist grüne Welle, das ist ganz angenehm.") oder auf die *Selbstoffenbarung* („Du hast es eilig?") oder den *Appell* (z.B. durch Gas geben) reagieren können.

Diese *freie Auswahl* des Empfängers führt zu mancher Störung – nämlich dann, wenn der Empfänger auf eine Seite Bezug nimmt, auf die der Sender das Gewicht nicht legen wollte. Schlimmer aber ist eine permanent *einseitige Auswahl*. Wer etwa nur auf den Sachinhalt hört und auf ihn reagiert, dem entgeht oft das Eigentliche. Vielleicht lag die Haupt-Botschaft auf der Beziehung oder der Selbstoffenbarung. *Vierseitiges Empfangen ist also ebenso ein Lernziel wie das bewußte vierseitige Senden.*

1.2.3 Verständnisse und Mißverständnisse

Wir haben gesehen, daß in ein- und derselben Nachricht viele Botschaften gleichzeitig enthalten sind – manche explizit und offen, manche implizit und verdeckt. Der Empfänger hat nun ganze Arbeit zu leisten: Er hat die ankommende Nachricht, die ja für ihn zunächst nichts als ein Schallgebilde ist, in einen Bedeutungsträger zu verwandeln. Dabei helfen ihm seine Vorkenntnisse, Erwartungen, überhaupt sein ganzer Erfahrungsschatz. Diese Hilfen enthalten aber auch gleichzeitig die Gefahr von Umdeutungen, Verzerrungen und Projektionen. Das Empfangsprodukt kann sich nun in vielerlei Hinsicht von der gesendeten Nachricht unterscheiden. Sie ist zu einem guten Teil das eigene Werk des Empfängers. Wirkliche Verständigung ist nur dann erreicht, wenn die Botschaften aller vier

Seiten der gesendeten und empfangenen Nachricht leidlich übereinstimmen.

Ein Beispiel: Der Mann fragt beim Mittagessen: „Was ist denn das Grüne hier in der Soße?" Die Frau: „Mein Gott, wenn es Dir hier nicht schmeckt, kannst Du ja woanders essen gehen!"

Nehmen wir an, der Mann habe eine reine Informationsfrage stellen wollen (Kapern sind ihm unbekannt). Wir können dann den geschilderten Vorfall analysieren, indem wir die *gesendete* und die *empfangene* Nachricht einander gegenüberstellen:

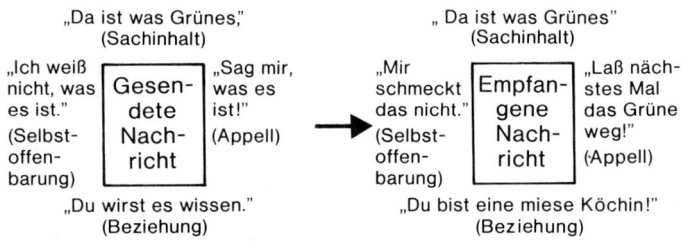

Abb. 4: Die 4 Seiten der gesendeten und der empfangenen Nachricht in einer Gegenüberstellung (Beispiel s. Text S.)

Reagieren konnte die Frau natürlich nur auf die *empfangene* Nachricht. Da ihre Antwort auf den Beziehungsteil der Nachricht gerichtet war, wird das Mißverständnis sofort offenbar und damit auch prinzipiell reparabel. Anders wäre es gewesen, wenn die Frau – innerlich wütend und verletzt, aber dennoch bemüht, *sachlich* zu bleiben – knapp geantwortet hätte: „Das sind Kapern". Weder für den Mann noch für die Frau noch für einen Außenstehenden wäre offenkundig, daß sich hier ein Mißverständnis ereignet hat. Vielleicht wird der Mann nach einiger Zeit merken, daß seine Frau verstimmt ist. Dann wird er vielleicht fragen: „Ist irgendwas?" und es besteht noch eine Chance zur nachträglichen Metakommunikation. Vielfach aber bleiben solche *verdeckten Mißverständnisse* unaufgeklärt und stören künftig die Beziehung aus dem Verborgenen. Verdeckte Mißverständnisse entstehen durch *einseitige* (anstelle von vierseitiger) Kommunikation.

1.2.4 Die Nachricht als Gegenstand der Kommunikations-Diagnose

(Mögliche Fragen und Antworten zu den bisherigen Ausführungen)

Frage: Offenbar gehen Sie so vor, daß Sie einzelne Nachrichten nach den vier Seiten analysieren, um genauer herauszubekommen, was sich zwischen Sender und Empfänger abspielt. Aber was ist die „Nachricht"? Ist damit nur der reine Wortgehalt gemeint oder auch das ganze nichtsprachliche Drumherum (Mimik, Tonfall usw.)?
Antwort: Es ist alles gemeint, was ankommt, d.h. das ganze Paket mit seinen verbalen und nicht-verbalen Anteilen.
Frage: Was ist die Analyse-Einheit? Ist die „Nachricht" ein einziger Satz oder können es zwei oder mehrere Sätze sein?
Antwort: Dies ist nicht festgelegt und hängt von jeweiligen Nützlichkeits-Überlegungen ab. Es kann sich um ein einziges Wort oder um einen vielsagenden Blick handeln; man kann aber auch eine ganze Rede oder einen Brief auf die vier Seiten hin untersuchen.
Frage: Läßt sich das Modell auch auf rein-nichtsprachliche Nachrichten anwenden?
Antwort: Ja. Hier ist allerdings meist die erste Seite (Darstellung von Sachinhalten) leer. Angenommen, jemand weint. *Selbstoffenbarung:* Vielleicht Traurigkeit, seelisches Elend, vielleicht Freude – jedenfalls emotionale Bewegtheit. *Beziehung:* Vielleicht eine Bestrafung des Empfängers („ Da siehst Du, was Du angerichtet hast, Du gemeiner Kerl!"). *Appell:* Vielleicht handelt es sich bei dem Weinen um eine (unbewußte) Strategie, um Zuwendung oder Schonung zu erhalten (s. Abb. 5):

| seelisches Elend | „Weinen" | Bitte um Zuwendung oder Schonung |

Bestrafung

Abb. 5: Drei Seiten einer nicht-verbalen Nachricht (Beispiel)

Frage: Sie haben bisher so getan, als ob Sender und Empfänger sich als Individuen im freien Raum gegenüberstehen. Was mir an dem Modell fehlt, ist die Bühne, auf der sich das ganze abspielt: In unserem Leben treten sich Sender und Empfänger doch als Träger bestimmter Rollen gegenüber, die institutionell vordefiniert sind. Die Kommunikation zwischen beiden ist doch sehr davon abhängig, wie etwa die Macht verteilt ist, ob sie sich als Gleichberechtigte oder in einem Verhältnis von Überordnung und Unterordnung gegenübertreten. All dies fehlt doch.

Antwort: Wenn wir mit dem Kommunikationsmodell in einem konkreten Fall arbeiten, dann wird dies alles sehr zu berücksichtigen sein. Ich möchte von diesem Rollen-Kontext zunächst absehen, um die Anwendbarkeit des Modelles offenzulassen für ganz unterschiedliche Situationen.

1.2.5 Feed back

Bisher haben wir die Kommunikation nur in die eine Richtung vom Sender zum Empfänger betrachtet. Aber es kommt ja auch etwas zurück, jedenfalls wenn die Kommunikationspartner beisammen sind. An dieser Stelle ist der Begriff *Feed back* (Rückmeldung) einzuführen. Damit ist gemeint: Derjenige Anteil aus der Rückantwort des Empfängers, aus dem der Sender entnehmen kann, wie seine Nachricht angekommen ist. Der Begriff des Feed backs ist von großer Wichtigkeit, denn an dieser Stelle liegen viele Chancen, die Kommunikation zu verbessern. Gemeint ist sowohl eine Verbesserung im Augenblick durch rechtzeitiges Offenlegen von Störungen und Mißverständnissen, als auch eine langfristige Verbesserung durch *Lernen.* In vielen Bereichen des menschlichen Verhaltens folgt das Feed back automatisch und schnell. Jemand, der Tennis spielen lernt, erfährt nach jedem Schlag, wo der Ball landet. Das Gehirn ist fähig, diese Vielzahl von Rückmeldungen in eine Verbesserung des Verhaltens umzusetzen. Bei der zwischenmenschlichen Kommunikation folgt das Feed back nicht so automatisch – da sind Empfänger nötig, die das Feed back spenden. Oft tun sie es nicht, oder sie geben ein falsches Feed back – machen vielleicht *gute Miene zum bösen Spiel.* Der Sender erfährt dann die wahren Auswirkungen seines Handelns nicht, und damit ist ihm die Chance zu lernen genommen. Und an manchen „Charaktermängeln" unserer Mitmenschen ist eine Umgebung mitschuldig, die das offene Feed back ("Das wirkt so und so auf mich") verweigert. Es ist wie auf einem Festbankett, wo der Präsident mit offenem Hosenschlitz erscheint: Ein bißchen peinlich, ihn darauf hinzuweisen. Aber welche bodenlose Gemeinheit, ihn den ganzen Abend so herumlaufen zu lassen! Und wir laufen alle mit "offenen Verhaltens-Schlitzen" herum und sind auf Feed back angewiesen. Ein bißchen liegt es in der Hand des Senders, seine Feed back-Empfangsbereitschaft zu signalisieren. Und wir der Empfänger das Feed back "richtig" geben soll, darüber ist in letzter Zeit viel geschrieben worden – ich komme darauf zurück. Bereits an dieser Stelle sei darauf hingewiesen: Das Feed back hat – wie jede Nachricht – seinerseits vier Seiten: Der Empfänger (= Feed back-Spender) weist auf Sachverhalte hin (1. Seite); gibt manches von sich selbst kund, nämlich wie *er* auf die Nachricht reagiert, was *er* hineinlegt und was sie bei *ihm* auslöst (Selbstoffenbarung); er drückt aus, wie er zum Sender steht – die Beziehungs-Seite des Feed backs ist oft besonders betont, der Sender reagiert nicht zuletzt darauf manchmal empfindlich; – und oft hat das Feed back deutlichen Appellcharakter (4. Seite), indem es die Aufforderung enthält, etwas zu ändern oder beizubehalten.

Wir können nun das Kommunikationsschema von Seite 20 vervollständigen, indem wir das Feed back mit hinzunehmen:

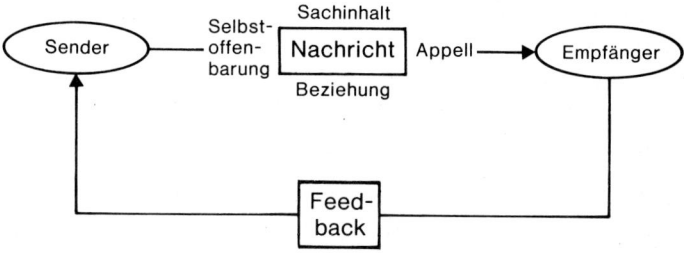

Abb. 6: Psychologisches Modell der zwischenmenschlichen Kommunikation

Im folgenden ist jeder der 4 Seiten sowie auch dem Feedback ein eigenes Kapitel gewidmet. Die Überlegungen werden dabei hauptsächlich von zwei Fragen geleitet:

1) Welche *Probleme und mögliche Störungen* sind mit der jeweiligen Seite verbunden? –Was kann schiefgehen, worauf muß der Metakommunikator gefaßt sein?

2) Welche *Kommunikationsfähigkeiten* von Sender und Empfänger sind erforderlich, um die Probleme zu meistern? Und wie stehen die Chancen, solche Fähigkeiten zu erlernen, sofern sie unzureichend ausgebildet sind?

1.3 Die erste Seite der Nachricht (Sachinhalt)

Zu jeder Seite der Nachricht folgen nun einige Überlegungen, die mir persönlich in Zusammenhang mit einem Kommunikationstraining wichtig erscheinen. Ich starte meine Überlegungen jeweils mit der Frage: „Was kann hier schiefgehen?" – Mit welchen Kommunikationsstörungen ist zu rechnen und welche Möglichkeiten gibt es, daran zu arbeiten?"

Von den Problemen, die sich mit der ersten Seite der Nachricht (Übermittlung und Austausch von Sachinformationen) verbinden, möchte ich zwei herausgreifen: Erstens, Gespräche und Auseinandersetzungen verlaufen häufig „unsachlich"; zweitens, übermittelte Sachinformationen kommen beim Empfänger aufgrund von Schwerverständlichkeit nicht an. Somit ergeben sich zwei Trainingsziele: *Sachlichkeit* und *Verständlichkeit*.

1.3.1 Sachlichkeit

„Mir geht es nur um die Sache!" hören wir manchen Sender eifrig versichern. „Jetzt wirst Du aber unsachlich!" – dieser Vorwurf eines Empfängers ist ebensooft zu hören. Über den Wert von Sachlichkeit in der zwischenmenschlichen Kommunikation besteht Einigkeit. Gemeint ist: Der auf ein Sachziel bezogene Austausch von Informationen und Argumenten, das Abwägen und Entscheiden, frei von menschlichen Gefühlen und Strebungen wie: Das Gesicht wahren und recht behalten wollen, sich produzieren, rächen und rehabilitieren, sich *lieb Kind machen oder es den anderen zeigen* wollen usw.

Welche Möglichkeiten haben wir, der ewig drohenden Unsachlichkeit zu Leibe zu rücken? Üblicherweise finden wir in Arbeitsgruppen den „*Das -gehört-nicht-hierher!"*-Standpunkt vor; er beinhaltet den Appell, die Motoren der Unsachlichkeit zu unterdrücken. Der Nachteil dieser Methode: Die oben genannten menschlichen Gefühle und Strebungen lassen sich aus der Realität nicht wegzaubern – in allen Wohnzimmern, Konferenzräumen, Büros, Klassenzimmern sind sie vorhanden. Der Appell zur Sachlichkeit führt dann nur dazu, daß diese Strebungen gleichsam in den Untergrund gehen und die Kommunikation aus dem Verborgenen bestimmen. Scheinsachliche Argumentiererei wird zum Vehikel persönlicher Auseinandersetzungen, überlange „sachliche" Ausführungen werden zum Vehikel der Selbstdarstellung und Selbstrechtfertigung. Mit anderen Worten: Die erste Seite der Nachricht wird zu einem trojanischen Pferd degradiert, in dessen Leib sich Strebungen verborgen halten, die der zweiten und dritten Seite der Nachricht (Selbstoffenbarung und Beziehung) zuzurechnen sind. Das Ergebnis ist nicht Sachlichkeit, sondern Scheinsachlichkeit: eine unheilvolle Verflechtung der sach-logischen Ebene mit der gruppendynamischen Ebene. In vielen Arbeitsgruppen und Gremien ist diese Verflechtung zum Dauerzustand geworden. Daß dies der Arbeitsqualität nicht zugute kommt, und daß dies Zeit und Nerven kostet, haben Sie vermutlich selbst am eigenen Leibe hinreichend erlebt. Eine paradoxe Lehre, die sich aus diesen Überlegungen ergibt: Je mehr wir die nicht-sachlichen Anteile aus der Kommunikation zu verbannen trachten, desto unheilvoller wirken sie sich aus (als Untergrundbewegung).

Was also tun? Der Kommunikationspsychologe empfiehlt, Abschied zu nehmen von der obenerwähnten Sach-Norm (Sprich nicht von Dir selbst, werde nicht persönlich, Gefühle und Empfindungen haben in einem Sachgespräch nichts zu suchen!). Er empfiehlt stattdessen den Mut zur gelegentlichen Metakommunikation mit starker Betonung der Selbstoffenbarungs- und Beziehungs-Seite der Nachrichten: Wie stehen wir zueinander? Was bewegt mich, Ihnen immer gleich zu widersprechen? Warum habe ich Angst, meinen wirklichen Standpunkt zu sagen? Wie fühle ich mich in dieser Gruppe (diesem Gremium usw.)?

In Trainingskursen mit Arbeitsgruppen versuchen wir als Kommunikations-Psychologen, eine solche Metakommunikation einzuführen. Wohlgemerkt, mit dem Ziel, die sachliche Arbeit auf der ersten Seite der Nachricht zu verbessern.

Die Teilnehmer solcher Trainingskurse konnten sich meist mit der neuen Norm gut anfreunden, nachdem die erste Angst, es werde dabei bestimmt viel „Porzellan zerschlagen", sich als unbegründet erwiesen hat. Im Gegenteil erfuhren die Teilnehmer nach einiger Übung meist am eigenen Leibe, daß das Arbeiten im Bereich von Selbstoffenbarung und Beziehung zu mehr menschlicher Nähe und echter Verständigung beiträgt. Es ist eine alte Erfahrung: Sachprobleme lassen sich oft schnell lösen, wenn die Beziehung stimmt. Und häufig stimmt sie nur, wenn man an ihr arbeitet.

Natürlich gilt es der Gefahr entgegenzuwirken, daß die Arbeitsgruppe dabei ihre Sachziele aus dem Auge verliert und sich nun
überwiegend der Pflege ihrer Beziehungen und der therapeutischen
Aufarbeitung persönlicher Probleme widmet. So geschah es vor einigen Jahren in einigen studentischen Gruppen, als die gruppendynamischen Lernverfahren aufkamen. Die durch den ständigen
Sachappell jahrelang unterdrückte Emotionalität brach nun auf und
ließ das Pendel ganz auf die andere Seite schwingen. Wir müssen
nun sehen, daß wir uns in der Mitte einpendeln – und d.h.: Klärung
von Beziehungen und Aufarbeitung individueller Arbeitshemm-
nisse nur soweit, wie zur ungestörten Sacharbeit erforderlich. Oft
reicht dazu ein kurzer metakommunikatorischer Einschub von wenigen Sekunden, manchmal wird es nötig sein, sich etwas mehr Zeit
zu nehmen; meist spart man diese Zeit später wieder ein.

1.3.2 Verständlichkeit

Was kann schiefgehen bei der reinen Übermittlung von Sachinhalten? Umfangreiche Forschungen der letzten 7 Jahre (*Langer, Schulz
von Thun* u. *Tausch*, 1974) haben gezeigt; Tagtäglich passiert es in
vielen Bereichen des öffentlichen Lebens, daß die Empfänger nur
einen Bruchteil der gesendeten Information verstehen und behalten. Wir untersuchten es an Informationstexten aller Art. Wir gaben sie Personen zu lesen, für die sie bestimmt waren. Das Ergebnis: Kaum mehr als 1/3 war im Durchschnitt *angekommen*. Dies
zeigte sich bei amtlichen Bekanntmachungen, Bedienungsanlei-
tungen, Schulbuch- und Vertragstexten, wissenschaftlichen Veröf-
fentlichungen usw. – Waren die Empfänger zu dumm, um die mitgeteilten Inhalte verstehen zu können? Als Hauptgrund stellte sich
heraus: Die Texte waren unnötig schwer verständlich geschrieben.
Schwerverständlichkeit bei der Übermittlung von Sachinhalten ist
eine weitverbreitete Krankheit, nicht nur in Texten, sondern auch
etwa in Fernsehdiskussionen, in Interviews, politischen Kommentaren, Nachrichten, überhaupt auf Veranstaltungen aller Art, die
der Information dienen. Dies hat zur Folge, daß weite Kreise der
Bevölkerung, insbesondere sprachlich benachteiligte Gruppen mit
Volksschulbildung, ständig Mißerfolgserlebnissen ausgesetzt sind:
Sie verstehen wenig, werden mutlos und lassen schließlich „die

Finger davon"; d.h., sie geben den Wunsch, sich zu informieren, allmählich auf.

Diese Erscheinung paßt nicht in die Demokratie. Mündig ist nur, wer sich informieren kann. Hinzu kommt, daß die Empfänger meist sich selbst für dumm halten, so daß schwer verständliche Information nicht nur nicht informiert, sondern darüberhinaus das Selbstwertgefühl des Empfängers beschädigt.

Was kann getan werden? Sender und Empfänger müssen beide lernen. Der Empfänger muß lernen, die Ehrfurcht zu verweigern; etwa in dem Sinne: ,,Ich verstehe kein Wort, was muß das für ein kluger Kopf sein!" Solange diese Haltung besteht, kann der Sender auf der Seite der *Selbstoffenbarung* einen Prestigegewinn für seine Person erzielen. Stattdessen muß der Empfänger lernen, ein Feed back zu geben: ,,So verstehe ich das nicht!" Dieses Feed back ist ebenfalls aus Gründen der Selbstoffenbarung so selten: Die anderen könnten mich für dumm halten: ,,Das ist jemand, der zu dumm ist, um es zu verstehen." Sie sehen, wie hier Kommunikationsverbesserungen auf der einen Seite der Nachricht (Sachinhalt) wegen einer anderen Seite der Nachricht (Selbstoffenbarung) nicht stattfinden.

Die vier Verständlichmacher

Auf Seiten des Senders aber ist es mit dem guten Willen nicht getan. Wir haben festgestellt: Nur 10 % von Lehrern und Lehrerstudenten gelang es, Informationen hoch verständlich abzufassen. 90 % waren trainingsbedürftig. – *Lernziel Verständlichkeit* – wie sieht das aus? Nach unseren Forschungen sind es insbesondere *4 Verständlichmacher*, die darüber entscheiden, ob ein Vortrag oder ein Text vom Empfänger gut verstanden und behalten wird. Was sind das für Verständlichmacher?

Die vier ,,Verständlichmacher"

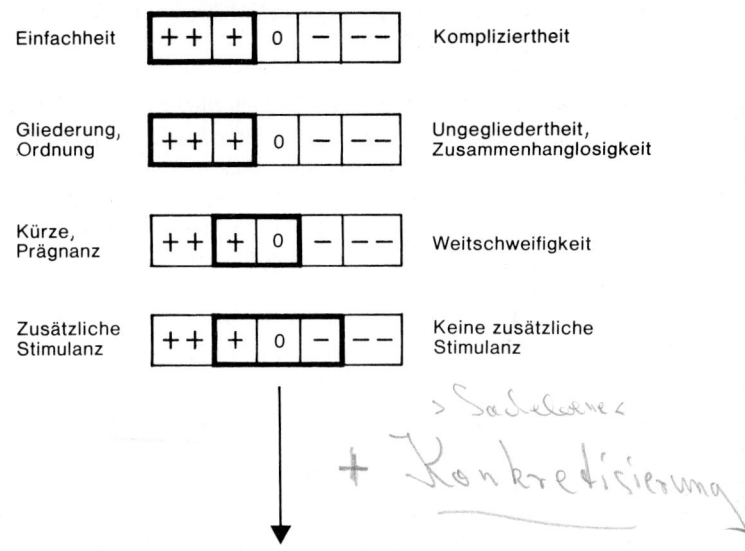

Einfachheit ++ + 0 — — — Kompliziertheit

Gliederung, Ordnung ++ + 0 — — — Ungegliedertheit, Zusammenhanglosigkeit

Kürze, Prägnanz ++ + 0 — — — Weitschweifigkeit

Zusätzliche Stimulanz ++ + 0 — — — Keine zusätzliche Stimulanz

Ergebnis einer Verständlichkeitsdiagnose

Einfachheit	Gliederung, Ordnung
Kürze, Prägnanz	Zusätzliche Stimulanz

+	—
0	++

Abb. 7: Die vier Verständlichmacher in Form abgestufter Meß-Skalen und die Eintragung eines Meß-Ergebnisses in ein vierteiliges Verständlichkeits-,,Fenster"

Ich möchte in aller Kürze erläutern, was die vier Verständlichmacher bedeuten, wie eine Verständlichkeitsdiagnose gestellt wird und wie ein Training in verständlicher Informationsvermittlung aussieht:

1) Einfachheit heißt der erste Verständlichmacher.
Damit ist gemeint: Kurze Sätze, bekannte Wörter, anschauliche und verständliche Formulierungen. Das Gegenteil: *Kompliziertheit*: Lange Schachtelsätze, viele unbekannte und Fremdwörter, insge-

33

samt abstrakt und unanschaulich. Dieser „Schwerverständlichmacher" ist am besten geeignet, der eigenen Gelehrsamkeit ein sprachliches Denkmal zu setzen.

Sie sehen in Abb. 7, daß bei jedem Verständlichmacher 5 Abstufungen vorgesehen sind: ++ bedeutet hier sehr einfach, -- sehr kompliziert, dazwischen liegen die mittleren Abstufungen.

2) Gliederung-Ordnung. Damit ist gemeint: Die Sache ist übersichtlich, man weiß immer, wohin die Reise geht. Längere Ausführungen sind in Unterabschnitte gegliedert, die Form der Gliederung wird am Anfang bekannt und im Text bzw. während des Vortrages sichtbar gemacht. Man findet sich als Empfänger gut zurecht. Gegenteil davon: *Zusammenhanglosigkeit, Unübersichtlichkeit.* Damit ist gemeint: Alles geht durcheinander, ein Wirrwarr. Keine Unterabschnitte, keine Gliederung. Wichtiges von Unwichtigem nicht getrennt. Die Sätze scheinen nicht folgerichtig aufeinander bezogen. Der Empfänger fragt sich: „Wie paßt das jetzt mit dem zusammen, was vorher gesagt wurde?"

3) Kürze-Prägnanz. Damit ist gemeint: Beschränkung auf das Wesentliche. Nur das Wichtige wird in kurzen knappen Worten gesagt. Das Gegenteil: *Weitschweifigkeit.* Dazu gehören umständliche Formulierungen, abschweifende Darstellungen, unwichtige Einzelheiten, alles wird dreimal gesagt und es geht vom Hundertsten ins Tausendste.

Auch dieser Schwerverständlichmacher hat seine Wurzel oft darin, daß der Sender allzusehr auf Selbstdarstellung bedacht ist. Wenn man wenig zu sagen hat an Sachinhalten, kann man sich trotzdem *wichtig machen*, indem man das Wenige solange dehnt, bis ein ganzer Vortrag daraus geworden ist.

Während das Optimum bei den ersten Verständlichmachern eindeutig im Plusbereich lag (++ oder +), liegt das Optimum bei Kürze-Prägnanz mehr in der Mitte (+ oder 0). Extrem knappe Darstellungen (++, Telegrammstil) sind ebenso ungünstig wie weitschweifige Darstellungen.

4) Zusätzliche Stimulanz. Hierunter sind anregende Stilmittel zusammengefaßt, die der Sender benutzen kann, um den Empfänger zu motivieren, um ihn zum Nachdenken anzuregen und um ihm die Sache ein bißchen interessant zu machen. Hierunter fallen z.B. Fragesätze, häufiges Benutzen von direkter Rede und Auftreten von Menschen, fernerhin lebensnahe Beispiele, witzige Vergleiche, saloppe Formulierungen, kurzum alles, was des Empfängers Aufmerksamkeit bei der Stange hält.

Das Gegenteil besteht einfach im *Verzicht auf zusätzliche Stimulanz*: Nüchterne, neutrale, unpersönliche Darstellungsweise. – Auch hier kann des Guten zuviel getan werden. Eine Stimulanzschwemme (++) ist ebenso gefährlich wie das totale Fehlen von Zusätzlicher Stimulanz (--).

Die Verständlichkeits-Diagnose

Um die Verständlichkeit von Texten oder Vorträgen zu *messen*, läßt sich nun eine Art „Warentest" durchführen. Und Sie sollten dies häufig tun. Stellen Sie 4 Fragen: (1) Wie war es in Einfachheit: Extrem einfach (++)? Oder mehr in der neutralen Mitte, weder sehr einfach noch kompliziert (0)? Ein Wert ist zu vergeben. Und je länger wir üben, desto einheitlicher werden unsere Werte ausfallen, die wir aufgrund unseres Eindruckes vergeben. (2) Wie war es in Gliederung – Ordnung, (3) in Kürze-Prägnanz und (4) in Zusätzlicher Stimulanz? Jeder Vortrag oder Text läßt sich in dieser Weise durch 4 Werte charakterisieren.

Das Ergebnis dieser Verständlichkeitsdiagnose wird in ein vierteiliges Fenster eingetragen, s. Abb. 7 S. 33. Bei der Analyse eines Vortrags können wir z.B. angeben, wo es noch hapert, wo etwas verbessert werden muß. In diesem Fall würden wir sagen: „Die Sache ist soweit in Ordnung, jedoch bemühe Dich mehr um Gliederung, Übersichtlichkeit und Folgerichtigkeit. Sag am Anfang, wie der Vortrag aufgebaut ist, teile ihn in Unterabschnitte ein, die jeweils eine Überschrift erhalten, und hebe das Wichtige hervor. – Was dagegen Stimulanz betrifft, kann es gern etwas weniger sein."

Training in verständlicher Informationsvermittlung

Es hat wenig Sinn, an die Sender zu appellieren: „Drückt Euch verständlich aus!" Genausowenig nützt der Ratschlag: „Macht es einfach, übersichtlich, kurz-prägnant und ein wenig stimulant!" – Ratschläge und Appelle bleiben wirkungslos, wo sich bestimmte Sprach- und Darstellungsgewohnheiten jahre- und jahrzehntelang eingeschliffen haben. Da ist es schon aussichtsreicher, systematisch zu üben. Übungsprogramme liegen vor für Pädagogen (*Langer, Schulz von Thun, Tausch*, 1974), für Schüler *(Schulz von Thun* u.a. 1975) und für Mathematik-Lehrer *(Schulz von Thun* und *Götz*, 1976).Bei der Erprobung dieser Programme zeigte sich: Verständliche Darstellung ist keine Naturbegabung – man kann es lernen (s. auch *Schulz von Thun*, 1976).

Mit diesen knappen Hinweisen verlasse ich die erste Seite der Nachricht und wende mich nun einigen Problemen zu, die mit der zweiten Seite, der Selbstoffenbarung, verbunden sind.

1.4 Zweite Seite der Nachricht (Selbstoffenbarung)

Ich erlebe es wieder und wieder, daß allein das Wort „Selbstoffenbarung" Unruhe und Abwehr auslöst: „Soll hier etwa ein „seelisches Striptease" stattfinden?" – Die Affektgeladenheit dieser Seite zeigt sich am deutlichsten in Situationen, in denen eigens um der Selbstoffenbarung willen kommuniziert wird.

Paradebeispiel: die Prüfung. Zwar übermittelt der Prüfling auch Sachinhalte (erste Seite der Nachricht) – etwa wenn ein Biologiestudent über die verschiedenen Stadien der Ei-Entwicklung in der Gebärmutter spricht. Jedoch interessieren nicht die Sachinhalte als solche, – sie sind dem Prüfer hinlänglich bekannt. Die eigentliche Information gibt der Sender über sich selbst: über sein Wissen, über seine Qualifikation. –

Die Nachricht als Kostprobe der Persönlichkeit des Senders: Das ist das Thema dieses Unterkapitels. Der Empfänger ist hier diagnostisch tätig und hat Gelegenheit, viele Fehler zu machen. Jedoch beschränke ich mich hier darauf, die Probleme des Senders zu beschreiben.

1.4.1 Selbstoffenbarungsangst

In der Prüfung steht der Sender einem Empfänger gegenüber, von dem er weiß, daß dieser über ihn aufgrund dessen, was er von sich gibt, ein Urteil fällen wird. Der Sender hat Angst: Prüfungsangst. „Werde ich vor seinem Urteil bestehen oder werde ich versagen?" Die Prüfung ist gleichsam der „reine" Fall der Selbstoffenbarung; auch Bewerbungsgespräche, psychologische Tests usw. sind gekennzeichnet durch besonderes Schwergewicht auf der Selbstoffenbarungsseite. Aber auch in allen anderen zwischenmenschlichen Begegnungen enthalten Nachrichten ein Stück Selbstoffenbarung. Ob der Sender will oder nicht: Immer empfängt und analysiert der Empfänger die Nachricht *auch* unter dem Gesichtspunkt: *Was sagt mir das über Dich?*

Dies ist der Grund, warum in fast jeder zwischenmenschlichen Kommunikation immer ein bißchen „Prüfungsangst" mit im Spiele ist: „Wie stehe ich in den Augen des oder der anderen da?" Teilweise spüren wir diese Angst sehr deutlich, etwa am Herzklopfen, bevor wir uns in einer größeren Gruppe zu Wort melden.

Das Herzklopfen signalisiert dem Sender: Hier geht es Dir keineswegs nur um die Sache, sondern auch – und vielleicht vor allem – um Deine Person! Teilweise spüren wir die Angst nicht mehr, weil wir Kommunikationstechniken erlernt haben, die die Angst mindern oder gar nicht erst aufkommen lassen. Darüber gleich etwas mehr. Halten wir zunächst fest: Der Sender weiß, daß seine Nachrichten auch unter dem Aspekt der Selbstoffenbarung empfangen und gewertet werden, deshalb ist eine Art generalisierter Prüfungsangst allgegenwärtig – ich nenne sie *Selbstoffenbarungsangst.* Übrigens rührt daher – *Hofstätter* (1974) weist darauf hin – die häufige *Angst vor dem Psychologen:* Man rechnet damit, daß er ausgebildet ist, Nachrichten unter dem Selbstoffenbarungsaspekt auszuwerten („Was auch immer ich von mir gebe – er wird mich doch gleich durchschauen!").

Im folgenden gehe ich kurz auf nachstehende Fragen ein:
- Woher kommt die Selbstoffenbarungsangst?
- Wie geht der Sender damit um (Techniken der Selbstdarstellung)?
- Wie wirken sich diese Techniken aus auf die zwischenmenschliche Kommunikation?
- Welche Konsequenzen ergeben sich für das *Lernziel Kommunikationsfähigkeit?*

Entstehung der Selbstoffenbarungsangst

Das Kind merkt sehr bald: Nur einiges an meiner Person ist für Mutter, Vater oder andere Autoritäten akzeptabel. Wenn ich gut bin (und möglichst besser als andere), und wenn ich brav und freundlich bin, dann finde ich Liebe und Anerkennung. Bin ich dagegen wütend, aggressiv, egoistisch oder unfähig, bestimmte Aufgaben und Situationen zu meistern, dann erlebe ich Herabsetzung, Demütigungen, werde bestraft oder ausgelacht. Mit der Zeit macht sich das Kind die Bewertungsmaßstäbe seiner Umwelt zueigen und wendet sie auch gegen sich selbst an (Schuld- und Minderwertigkeitsgefühle). Der *Richter* ist damit in uns, und unser Selbstwertgefühl ist in dauernder Gefahr, weil die „unansehnliche" Seite unserer Person zwar verheimlicht, aber kaum beseitigt werden kann. Je stärker das Minderwertigkeitsgefühl des Erwachsenen ausgeprägt ist, umsomehr

1) phantasiert er seine Mitmenschen in die Rolle von strengen *Richtern* hinein, vor deren Augen er zu bestehen habe und vor denen er den „unansehnlichen " Teil seiner Person zu verbergen habe, um halbwegs anerkannt zu werden;

2) faßt er auch ganz harmlose Situationen (z.B. ein Glücksspiel oder Gastgeber sein) *leistungsthematisch* auf, d.h. er erlebt das ganze als eine Art Prüfung, wo man versagen oder sich bewähren kann;

3) sieht er in dem anderen den *Rivalen* und fürchtet, als Unterlegener dazustehen.

Nicht, daß die Welt von Richtern und Rivalen ein reines Phantasieprodukt, eine Projektion wäre. Im Gegenteil, tagtägliche Erfahrungen, etwa in der Schule oder im Arbeitsleben, geben einer solchen Wirklichkeitsauffassung ständig neue Nahrung. Es ist bekannt, daß Schüler, die im Leistungswettbewerb versagen, nicht nur auf den *Aufstieg* verzichten müssen, sondern auch Geringschätzung ihrer Person durch Lehrer, Eltern und Mitschüler erfahren. Die Angst vor Richtern und Rivalen kommt also nicht von ungefähr. Darüberhinaus wird die Angst jedoch meist zu einem ständigen Lebensbegleiter und auch auf solche Situationen übertragen, die an sich keinen Wettbewerbs- und Tribunal-Charakter tragen (z.B. Freundschaften, Partnerschaften).

Wie kommuniziert jemand, der sich in einer Welt von Richtern und Rivalen fühlt?

1.4.2 Techniken der Selbstdarstellung: Imponier- und Fassadentechniken

Auf diesem Hintergrund ist es zu verstehen, daß der Sender um seine Selbstoffenbarung immer ein wenig besorgt ist und sich hier um Ansehnlichkeit bemüht. Die Vielzahl der Techniken, die ihm hierzu zur Verfügung stehen, lassen sich grob einteilen in *Imponiertechniken* und *Fassadentechniken* (Angstabwehrfassade s. *Duhm*, 1974). Imponiertechniken sind solche, die darauf abzielen, die eigene „Schokoladenseite" vorzuzeigen und Pluspunkte zu sammeln. Dieser durch *Hoffnung auf Erfolg* gekennzeichneten Teiltendenz stehen die durch *Furcht vor Mißerfolg* motivierten Fassadentechniken zur Seite: damit sind solche gemeint, die geeignet sind, den „unansehnlichen" Teil der eigenen Person geheimzuhalten.

Einige Beispiele für Imponiertechniken.

Die Sprache hat viele Begriffe, um des Senders Bemühen zu kennzeichnen, sich „von der besten Seite" zu zeigen: Sich aufspielen, sich produzieren, angeben, selbstbeweihräuchern, radschlagen wie ein Pfau, Eindruck schinden usw. Zahlreich und sehr individuell sind auch die verwendeten Techniken. Allerdings steht der Sender vor einem Problem. Es gilt als plump und würde eher eine gegenteilige Wirkung erzeugen, die eigenen Vorzüge offen herauszustellen und allzu „dick aufzutragen". Außerdem gehört es selten „zur Sache".

Also muß er sie unauffällig (aber nicht *zu* auffällig) in den Sachinhalt (1. Seite der Nachricht) hineinweben. Eine Technik ist schon angesprochen worden: Der *elitäre Sprachgebrauch.* Schwer verständliche Ausführungen dienen weniger dem Verständnis des Empfängers als dem eigenen Prestige („Ein kluger Kopf!"). Eine andere Technik besteht darin, *hochwertige Personalmeldungen auf dem Kanal der Beiläufigkeit* zu senden. Damit ist gemeint: Über sich selbst ganz beiläufig und scheinbar ohne große Absicht etwas andeuten, was Eindruck macht. Etwa wenn jemand sagt: „Ich kann Ihnen da sehr zustimmen; wir hatten damals beim Bau unseres Hauses in Bangkok haargenau dieselben Schwierigkeiten." Oder: „Was Sie da sagen, hat mein Freund Einstein in ähnlicher Form auch immer behauptet – ehrlich gesagzt, ich sehe die Sache ein klein wenig anders." Oder: „Auf den Intelligenzquotienten kann man nicht viel geben. Meiner liegt angeblich bei 131, aber ich stell mich oftmals ziemlich dämlich an." – Scheinbar Beiträge zur Sache, liegt die Hauptbotschaft mehr auf der Seite der Selbstoffenbarung und besagt: „Seht her, wer ich bin, was ich habe, was ich kann!" Solche Imponierbotschaften beherrschen nicht nur Partygespräche; auch in Sach- und Arbeitsgesprächen wird vieles gesagt, um die eigene Hochwertigkeit und Kompetenz herauszustreichen. Eine gängige Technik dabei ist auch die *Suche nach dem „Heimspiel-Vorteil".* Damit ist gemeint: Das Gespräch auf solche Aspekte lenken, zu denen man viel Gescheites sagen kann, wo man sich sozusagen zu Hause fühlt. Häufig entsteht in Gesprächsrunden geradezu eine Rangelei um den Heimspiel-Vorteil.

Ich will es mir ersparen, weitere Imponiertechniken aufzuzählen. Jeder mag durch Selbstbeobachtung den eigenen Techniken auf die Schliche kommen. Der Imponier-Inhalt hängt meist auch vom Empfänger ab: Dem einen kann man imponieren, indem man vom eigenen Swimming-Pool erzählt, dem anderen vielleicht mit progressiven Ansichten, dem dritten mit *Bildung*, dem vierten mit schlüpfrigen Zoten und dem fünften mit der Abwertung bestimmter Personen (Gruppen).

Fassadentechniken. Hierunter fallen alle Techniken, die darauf abzielen, negativ empfundene Anteile der eigenen Person zu verbergen oder zu tarnen. Überhaupt das Wort zu ergreifen – dazu gehört schon ein Mindestmaß an Selbstoffenbarungsmut, denn es könnte ja sein, daß mein Beitrag Rückschlüsse auf die Inkompetenz oder „Seltsamkeit" meiner Person zuläßt. Somit ist *das Schweigen* u.U. die konsequenteste Form der Angstabwehrfassade. Tatsächlich vermeiden viele Schüler, Fragen zu stellen („Nachher hält er mich für dumm!"); tatsächlich wagen nur wenige Studenten in Seminaren etwas zu sagen („Werde ich mich nicht blamieren?"); tatsächlich riskieren es auf Versammlungen oder sonstwo immer nur wenige, „den Mund aufzumachen".

Sobald der Sender den Mund aufmacht, treten andere Techniken in den Vordergrund. Eine Devise lautet: *Keine Schwächen, keine Gefühle zeigen!* Ich fühle mich bloßgestellt, aber ich mache „gute Mine zum bösen Spiel"; ich bin in arger Verlegenheit, aber ich versuche einen sicheren Eindruck zu machen; ich habe Angst, aber ich tue so, als sei ich die Ruhe selbst; insbesondere Männer neigen dazu, Gefühle „draußen vor" zu lassen (*Richter*, 1974). Denn Gefühle sind oft unlogisch, schwächlich, peinlich – es träte womöglich etwas zutage, was die Männlichkeitsfassade der Stärke, Problemlosigkeit und Souveränität zum Einsturz brächte.

Auch hier will ich es mir ersparen, sämtliche Spielarten der Selbstverbergung aufzuzählen. Professionelles Gehabe gehört ebenso dazu wie die konfliktscheue Pseudo-Freundlichkeit; feindselige Kritik kann ebenso wie eine affektarme, wohlpräparierte Sachlichkeit dazu herhalten, das eigene innere Erleben hinter einem dicken Schutzpanzer zu verbergen.

Bei einem derartigen Kommunikationsstil handelt es sich gar nicht einmal um bewußt eingesetzte Techniken mit dem überlegten Ziel des Tarnens und Täuschens. Vielmehr ist die Fassade zur zweiten Natur, zur *Charaktermaske* geworden.

1.4.3 Auswirkungen der Selbstdarstellungstechniken auf die zwischenmenschliche Kommunikation

Imponiergehabe und Angstabwehrfassade wirken sich schädlich aus, und zwar in mindestens dreierlei Hinsicht:

1) *Gefahr für den sachlichen Ertrag.* Natürlich: Wo die beteiligten Gesprächspartner sehr stark um ihre Geltung besorgt sind, wo die Angst vor der Mißbilligung und der Wunsch, eine gute Figur zu machen, das Verhalten allzusehr bestimmen, dort kann der Sachertrag nicht optimal sein. Vieles geht verloren, weil der Sender sich nicht traut, seinen Standpunkt offenzulegen oder weil die Selbstdarstellung Überhand gewinnt. Vieles geht auch verloren, weil der Empfänger nur *mit halbem Ohr zuhört.* Denn er ist vor allem damit beschäftigt, seinen eigenen „Auftritt" zu proben.

2) *Barriere für zwischenmenschliche Solidarität* (s. *Richter 1974).* Das Voreinandergeheimhalten von Schwächen, Ängsten, Problemen, sowie Streben nach Überlegenheit lassen die Distanzen nicht überwinden, die Menschen voneinander trennt. Solidarität setzt voraus: Das offene Eingestehen der ganzen Person mitsamt ihrer Schwächen und sogenannter Minderwertigkeiten. So erfahre ich, daß auch die anderen leiden, sich unsicher fühlen, Probleme haben, manchmal nicht ein noch aus wissen. Ich sehe: Ich bin gar nicht so allein mit meinem Problemen. Die anderen sind gar nicht so fabelhaft fit, so souverän, für wie ich sie gehalten habe, und ich kann mir all die Kraftanstrengungen sparen, die notwendig waren, um meine Unterlegenheitsgefühle zu verdecken. In der Regel aber wird alles getan, um solche Erlebnisse zu vermeiden. In gemeinsamer Kraftanstrengung schaffen wir die Isoliertheit, an der wir leiden.

3) *Gefahr für seelische Gesundheit.* Die (teilweise eingebildete) Notwendigkeit, sich nach außen anders zu geben als einem innerlich zumute ist, führt zu einer dauernden inneren Spannung. Es kostet viel psychische Kraft und bringt stets eine latente Angst vor Entlarvung mit sich. Dies ist seelisch unhygienisch und damit auch mit dem Risiko körperlicher Krankheiten verbunden (z.B. Herzinfarktgefährdung, s. *Richter* 1974).

1.4.4 Konsequenzen für das Lernziel „Kommunikationsfähigkeit"

Zunächst: Was ist überhaupt die Alternative zu dem bisher geschilderten Fassaden-Verhalten? Von klinischer Psychologie kommt der Appell: Versuche Du selbst zu sein! Versuche Dich nach außen so zu geben, wie Dir innerlich zumute ist! Und als Voraussetzung dafür: Versuche Dir selbst klarzuwerden, wie Dir innerlich zumute ist! Unterschiedliche Therapieformen haben das gemeinsame Ziel, dem Klienten den verschütteten Zugang zu dem eigenen inneren Erleben wieder zu ermöglichen. In der Gesprächspsychotherapie nach *Carl Rogers (s. Tausch*, 1973) ist der Therapeut u.a. ständig dabei, die in Sachaussagen verborgenen Gefühlsinhalte einfühlend zu entdecken und gleichsam rückzuübersetzen:

Klientin: „... Und mein Mann kann sich auch nicht darum kümmern – der kommt meistens erst sehr spät nach Hause..."

Therapeut: „Sie fühlen sich ziemlich alleingelassen mit den ganzen Problemen?"

Klientin: „Ja – nun, er hat wirklich viel zu tun und muß ja auch vorankommen."

Therapeut: „Sie versuchen sich selbst zu sagen: ‚Du mußt dafür Verständnis haben, daß er sich nicht kümmert?‚‚‚ usw.

Die Gestalttherapie (*Perls* 1971) wählt noch andere Wege, um an verschüttete Emotionen heranzukommen: Der Klient wird z.B. auf unbewußte Körperhaltungen und Körperbewegungen aufmerksam gemacht („Was tun Sie gerade mit Ihren Händen?") und aufgefordert, diesem Ausdruck selbst intensiv nachzugehen. Oft kommt es sehr schnell zu äußerst dramatischen und affektgeladenen Begegnungen mit dem inneren Ich. Der Therapeut nutzt bei diesem Vorgehen die in den nicht-verbalen Körpersignalen versteckte Selbstoffenbarung.

Das Ziel, das hinter all diesen therapeutischen Bemühungen steckt, heißt bei *C. Rogers Kongruenz* (im Deutschen auch mit *Echtheit* übersetzt, s. *Tausch* 1971). Damit ist die Übereinstimmung zwischen drei Bereichen der Persönlichkeit gemeint: Inneres Erleben (= was ich fühle, was sich in mir regt), Bewußtsein (was ich davon bewußt mitkriege) und Kommunikation (was ich davon mitteile, nach außen hin sichtbar werden lasse).

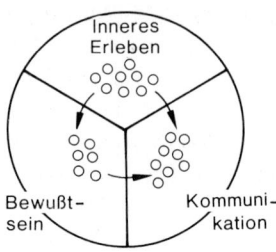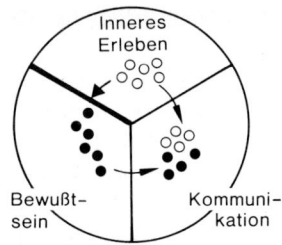

Zustand der **Kongruenz:** Freier Datenfluß und Übereinstimmung zwischen den 3 Persönlichkeitsbereichen.

Zustand der **Inkongruenz:** Inneres Erleben und Bewußtsein sind diskrepant. Was kommuniziert wird, entspricht nicht oder nur teilweise dem inneren Erleben Diskrepanz zwischen dem Gesagten (●) und der Art, wie es gesagt wird (○) – siehe Beispiel im folfolgenden Text.

Abb. 8: Das Kongruenz-Modell der Persönlichkeit (in Anlehnung an Carl Rogers (1973)

Imponiergehabe und Angstabwehrfassade sind Techniken, nach außen hin etwas anderes darzustellen, als es dem gegenwärtigen inneren Zumute-Sein entspricht. Bei einer solchen *Inkongruenz* lassen sich zwei Stufen unterscheiden. Nehmen wir das Beispiel einer Arbeitskonferenz: Jemand hat einen anderen mit einem abwertenden Kommentar „schlecht aussehen" lassen. Der Betroffene geht hocherregt und mit laut werdender Stimme zum *Gegenangriff* über. Jemand sagt: „Ich verstehe, daß Sie sich ärgern, ...". Der Betroffene unterbricht erregt: „Ich ärgere mich überhaupt nicht. Im Gegenteil, mich amüsiert das Ganze. Nur geht es mir um eine nüchterne Richtigstellung um der Sache willen!"

Diese letzte Aussage (Kommunikation) steht in deutlichem Gegensatz zum *Inneren Erleben*, wie es für jedermann wahrnehmbar ist. Zwei Sachverhalte sind hier vorstellbar: (1) Der Mann merkt, daß er ärgerlich wird, eine Wut hat und sich bloßgestellt fühlt (Inneres Erleben wird bewußt), aber er versucht dies nach außen zu verbergen („amüsiert".. „nur die Sache"). Dies wäre eine *Inkongruenz erster Art.* Oder (2) Dem Mann sind seine Gefühle gar nicht bewußt. Er glaubt sozusagen selbst, was er sagt. Dies wäre eine *Inkongruenz zweiter Art.*

Über die Bedeutung des Verhaltensmerkmals Kongruenz für die zwischenmenschliche Kommunikation macht *C. Rogers* (sinngemäß) folgende Aussagen:

● Je kongruenter der Sender kommuniziert, desto klarer und eindeutiger ist die Nachricht für den Empfänger zu verstehen. Inkongruente Nachrichten dagegen bewirken leicht Mißtrauen und Unsicherheit; der Empfänger weiß nicht recht, „woran er ist".

● Je weniger der Sender sich in positiver Selbstdarstellung übt und je offener er seine Gefühle und Gedanken „preisgibt", desto weniger braucht der Empfänger selbst auf der Hut zu sein. Und wer nicht auf der Hut sein muß, kann *zuhören*, wirklich intensiv zuhören.

● Je mehr aber der Empfänger wirklich zuhört, umso mehr wird sich der Sender verstanden fühlen. Und wenn er sich verstanden fühlt, wird er dem Empfänger *positive Wertschätzung* (auf der Beziehungsseite der Nachricht) entgegenbringen.

● Dies wiederum merkt der Empfänger, fühlt sich akzeptiert und kann seinerseits kongruenter kommunizieren. – So verstärken sich die positiven Gesprächsmerkmale gegenseitig, und der zwischenmenschliche Dialog nimmt therapeutische Qualitäten an, charakterisiert durch die drei Grundmerkmale *Kongruenz, positive Wertschätzung* und *einfühlendes Verständnis*.

Trainingsziel Kongruenz? Wie ist dieses Lernziel erreichbar? Bei der Übermittlung von Sachinhalten war es leichter zu sagen: Hier sind die 4 Verständlichmacher, hier ist ein Trainingsprogramm, und nun übt mal schön! Dagegen ist die Art, wie wir uns selbst darstellen bzw. verbergen, tiefer eingewurzelt und durch jahrzehntelange Sozialisationserfahrungen eingeschliffen. Kann man Kongruenz und Echtheit „trainieren"? Jedenfalls nicht durch programmierte Unterweisung. Denn fassadenfreie Kommunikation setzt ein Mindestmaß an *Selbstwertgefühl* voraus. Wer insgeheim überzeugt ist, daß er mit sich selbst „keinen Staat machen" könne, der wird sich nicht ungeschminkt zeigen mögen, und in vielen Fällen wird er durch ein *verstärktes Geltungsstreben* seine Minderwertigkeitsgefühle zu kompensieren trachten *(A. Adler)*. Es zeigt sich hier: Das *Lernziel Kommunikationsfähigkeit* braucht ein Curriculum, das die seelische Gesundheit der Gesamtpersönlichkeit fördert. Weiterhin setzt kongruentes Verhalten voraus, daß in der Gruppe ein Mindestmaß an *Vertrauen* und psychischer Sicherheit herrscht. Der Sender muß das Gefühl haben: Ich kann es mir leisten, „ganz ich selbst" zu sein, es wird nicht gegen mich ausgenutzt; ich brauche mich nicht zu verstellen, um anerkannt zu werden.

Ich muß es mir an dieser Stelle versagen, diejenigen Bedingungen unserer Gesellschaft und ihrer Institutionen zu analysieren, die dem einzelnen den Mut zur fassadenfreien Selbstoffenbarung nehmen. Auch die Folgerungen, die aus diesen Überlegungen für Erziehung und Unterricht zu ziehen sind, kann ich hier nicht ausführen. Stattdessen hier nur die Frage: Kann der einzelne an sich selbst etwas tun, um dem Trainingsziel Kongruenz näherzukommen, und um die übertriebene Besorgtheit um die Selbstoffenbarungsseite der Nachricht abzubauen? Zunehmend gibt es heute die Möglichkeit, unter der Anleitung eines Psychotherapeuten oder eines Gruppentrainers an einer *Selbsterfahrungsgruppe* teilzunehmen. An erster Stelle sind personenzentrierte Encounter-Gruppen nach *Carl Rogers* (1972) zu nennen; aber es gibt sehr verschiedene Richtungen und Schulen (s. *Bödiker* und *Lange*, 1975). Allen gemeinsam ist das Bemühen, durch allmählichen Abbau der Angst und Fassaden ehrlichere und tiefergehende zwischenmenschliche Begegnungen zu erreichen. Das Wesensmerkmal solcher Selbsterfahrungssgruppen läßt sich durch unser Kommunikationsmodell (vgl. Abb. 6, S. 27) deutlich herausstellen: Bei weitgehender Vernachlässigung der Sach-Seite stehen insbesondere zwei Seiten der Nachricht im Vordergrund des Interesses: Die Seite der *Selbstoffenbarung* („Wie gebe ich mich – wie werde ich von den anderen erlebt?") und die Seite der *Beziehung* („Wie gehen wir hier miteinander um?"). Man sollte von der Teilnahme an solchen Gruppen keine Wunder erwarten. Aber unter günstigen Bedingungen erfährt der Teilnehmer hier am eigenen Leibe: Ich brauche mich meiner „Schwächen" nicht zu schämen – ich werde von den anderen trotzdem (oder gerade deswegen) akzeptiert; so, wie auch ich merke, daß ich jemanden menschlich viel näherkomme, wenn er auf Imponiergehabe und Angstabwehrfassade verzichtet.

Und unter Umständen gelingt es den Teilnehmern sogar, den in der Gruppe neu erlernten Kommunikationsstil wenigstens ansatzweise in ihre normale Umwelt hineinzutragen.

1.5 Die dritte Seite der Nachricht (Beziehung)

„Wie redet der eigentlich mit mir?" mag jemand denken, der sich – sagen wir – herablassend behandelt fühlt. Dieser Jemand reagiert damit nicht auf den Sachinhalt der Nachricht. Dem mag er zustimmen. Sondern er reagiert auf die Art, *wie* der Sender ihn anspricht. In diesem *Wie* kommt zum Ausdruck: „So stehe ich zu Dir, so sehe ich Dich." Dieses Wie wird durch die *Art der Formulierung* und durch den *Tonfall*, auch durch *Mimik* und *Gestik* zum Ausdruck gebracht.

Diese dritte Seite der Nachricht ist von außerordentlich großer Bedeutung in der zwischenmenschlichen Kommunikation. Ich kann nicht Sachinhalte vermitteln (erste Seite der Nachricht), ohne gleichzeitig den anderen als Menschen in irgendeiner Weise zu behandeln. Allein dadurch, daß ich überhaupt das Wort an ihn richte, zeige ich ihm, daß er für mich nicht „Luft" ist!

Der Empfänger hat für diese Seite der Nachricht meist besonders feine Antennen ausgefahren. Besonders wenn sich Menschen zum ersten Mal begegnen, oder auch wenn die Beziehung „gespannt" ist, bekommt die Beziehungsseite der Nachricht großes Gewicht (Ehetherapeuten wissen ein Lied davon zu singen).

Der Chef und die Sekretärin. Wie unterschiedlich die Beziehungsseite bei etwa gleichem Sachinhalt und gleichem Appell ausfallen kann, sei an folgendem Beispiel gezeigt:

Der Chef merkt, daß seine Sekretärin eine Akte falsch eingeordnet hat. Hören wir, wie drei verschiedene Chefs reagieren (leider kann der Tonfall schriftlich nicht mitgeteilt werden – er ist hier aber auch von großer Bedeutung):

Chef Nr. 1:

„Frau Meier, ich sehe grad', die Akte Hühnermann ist falsch eingeordnet. Vertriebsangelegenheiten kommen in den roten Ordner."
Dieser Chef gibt einen sachlichen Hinweis, ohne auf der Beziehungsseite Schaden anzurichten. Die Sekretärin reagiert vermutlich gefühlsmäßig positiv oder neutral.

Chef Nr. 2:

„Frau Meier, darf ich Ihnen das mal zeigen. Sehen Sie mal hier: Akte Hühnermann. Das ist eine Vertriebsangelegenheit. Sie haben das nun in den blauen Ordner geheftet. Aber sehen Sie mal: Vertriebsangelegenheiten sind bei uns im roten Ordner. Hab' ich Ihnen damals erklärt, wissen Sie noch? Also roter Ordner – können Sie sich das merken? Nicht? Das müssen Sie sich gut einprägen, sonst haben wir hier bald alles durcheinander, nicht?"

Dieser Chef ist zwar freundlich; aber er nutzt ein kleines Versehen für eine umständliche Lektion. Die Sekretärin fühlt sich vermutlich „wie eine Schülerin" behandelt. Ihre Fähigkeit zur Informationsverarbeitung wird eher niedrig eingeschätzt („Können Sie sich das merken?"). Das Versehen wird ziemlich „breitgetreten" – der Chef hebt seine Überlegenheit in diesem Punkt stark hervor. Die Sekretärin reagiert vermutlich gefühlsmäßig ungeduldig und mit innerer Abwehr.

Chef Nr. 3:
(vorwurfsvoll jammernd) „Frau Meier! – Die Akte Hühnermann im blauen Ordner! Ich such mich halb tot. Mit steht die Arbeit weiß Gott bis zum Hals – (seufzt) – bitte geben Sie mir eine Kopfschmerztablette".

Die wehleidige anschuldigende Art sagt: Ich leide, und zwar durch Deine Schuld! Ruft Schuldgefühle oder innere Empörung hervor.

1.5.1 Zwei Dimensionen auf der Beziehungsseite

Dies waren nur drei Beispiele. Aber es gibt – zig Möglichkeiten, dem anderen zu verstehen zu geben, wie man zu ihm steht. Verzichten wir hier auf Nuancen und versuchen, die Vielfalt der Möglichkeiten auf einen Begriff zu bringen: Empirische Untersuchungen zum Vorgesetzten- und Erzieher-Verhalten (s. z.B. *Tausch u. Tausch*, 1973) legen nahe, daß es vor allem zwei „Techniken" gibt, den Empfänger auf der Beziehungsseite zu mißhandeln: *Herabsetzung* und *Bevormundung*.

Etwas ausführlicher gesagt: In der Art, ihre unterstellten Mitarbeiter bzw. Jugendliche zu behandeln, unterscheiden sich die Vorgesetzten / Erzieher vor allem in zwei Hauptmerkmalen: (1) Wertschätzung gegenüber Geringschätzung und (2) Lenkung / Bevormundung gegenüber Einräumen von Entscheidungsfreiheit.

Im folgenden sollen diese beiden Hauptmerkmale näher beschrieben werden:

1) Wertschätzung: Damit ist gemeint: In dem, was der Sender sagt, bringt er zum Ausdruck, daß er den Empfänger als achtenswerte, vollwertige, gleichberechtigte Person ansieht und daß er ihm Zuneigung entgegenbringt. Dazu gehören Höflichkeit und Takt, freundliche Ermutigung und *Reversibilität* im Sprachverhalten (*Tausch u. Tausch,* 1973). Reversibilität heißt soviel wie „Umkehrbarkeit". Damit ist gemeint: Der Sender spricht zum Empfänger in einer Weise, wie der Empfänger auch umgekehrt zum Sender sprechen dürfte, ohne die Beziehung zu gefährden. Dieses Untermerkmal ist besonders in hierarchischen Beziehungen von Bedeutung, so in der Beziehung Eltern-Kind, Lehrer-Schüler, Vorgesetzter-Untergebener.

Weil hier viele Mißverständnisse entstehen, möchte ich auch darauf hinweisen, was mit „Wertschätzung" *nicht* gemeint ist: nämlich gleichbleibende Freundlichkeit und In-Watte-Packen. Wertschätzung ist keine „warme Milch", sondern eine respektierende Art, den anderen als vollwertigen Partner auch bei Konflikten und harten Auseinandersetzungen zu achten.

Mit *Geringschätzung* ist gemeint: Der Sender behandelt den Empfänger als eine Art minderwertige Person: abweisend, herabsetzend, demütigend, emotional kalt, von oben herab. Weiter gehören dazu: nicht erst nehmen, lächerlich machen, beschämen, Abneigung zeigen. Dann auch „Irreversibilität": Der Sender verhält sich dem (meist untergeordneten) Empfänger in einer Weise, wie es sich dieser ihm gegenüber nicht „erlauben" dürfte (vgl. die Chefs Nr. 2 und 3).

Bei dem Merkmal Wertschätzung gegenüber Geringschätzung spricht man auch von der *emotionalen Dimension* der Kommunikation. Denn es spielen sich bei Sender und Empfänger hier vor allem gefühlsmäßige Vorgänge ab. Untersuchungen von *Tausch* und *Tausch* in Hamburg haben die Bedeutung dieser Dimension im Erziehungsgeschehen unterstrichen: Die Entwicklung des *Selbstgefühls* dürfte stark davon abhängig sein, ob ein Kind, das im Laufe seiner Entwicklung viele Millionen „Nachrichten" empfängt, überwiegend wertschätzende oder überwiegend geringschätzige Äußerungen erhält.

2) Lenkung / Bevormundung: Damit ist ein Verhaltensstil gemeint, der darauf angelegt ist, den Empfänger in seinem Denken und Handeln weitgehend unter den eigenen Einfluß zu bringen, z.B. durch Anweisungen, Vorschriften, Fragen, Verbote usw.

Wenig Lenkung und Bevormundung liegt vor, wenn der Sender dem Empfänger durch seine Nachricht zu verstehen gibt, daß er ihm weitgehend eigene Entscheidungen und selbständige Aktivität einräumt.

Ein hohes Ausmaß an Lenkung und Kontrolle löst beim Empfänger vielfach inneren Widerstand aus: „Ich hab' keine Lust, mir dauernd Vorschriften machen oder über die Schulter gucken zu lassen!" In solchen Äußerungen drückt sich der Wunsch nach Selbstbestimmung, Eigeninitiative und freier Entfaltung aus. In der Erziehung verhindert hohes Ausmaß an Lenkung die Entwicklung von Selbständigkeit und Lernen von sinnvollem Gebrauch der Freiheit. Mancher Trotz im Kindesalter und manche jugendliche Auflehnung wird als Protest gegen eine übertriebene Gängelung verständlich.

Kommunikations-Diagnostik auf der Beziehungsseite der Nachricht. Mit der emotionalen und der Lenkungs-Dimension haben wir einen bedeutsamen (wenn auch groben) diagnostischen Rahmen, um den Beziehungsaspekt der zwischenmenschlichen Kommunikation zu beschreiben. Wenn wir Erzieher oder Vorgesetzte (aber auch Ehepartner, Arbeitskollegen usw.) eine Zeitlang beobachten, wie sie mit ihren Untergebenen usw. umgehen, dann können wir sie durch je einen Punktwert in den beiden Dimensionen charakterisieren. Bei diesem Verfahren wird unterstellt, daß es zwischen äußerst wertschätzenden und äußerst geringschätzenden Äußerungen viele Zwischenstufen gibt, desgleichen bei der Lenkungs-Dimension. Das Ergebnis einer solchen Beobachtung und Punktwertvergabe läßt sich in ein solches Koordinatenkreuz eintragen:

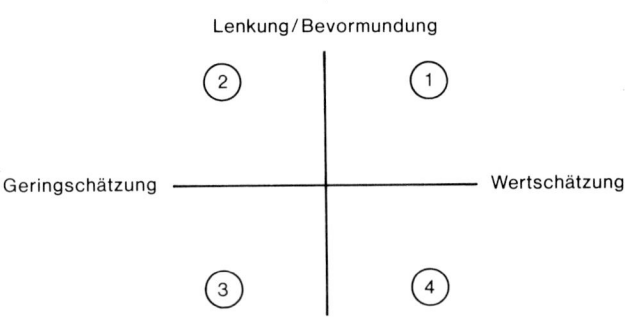

Abb. 9: Zwei wichtige Dimensionen auf der Beziehungsseite der Nachricht: Die emotionale und die Lenkungsdimension. Die eingekreisten Zahlen stehen für das Verhalten (gedachter) Personen, s. nachfolgenden Text.

Natürlich gibt es viele Mischformen. Eingetragen in vorstehende Abbildung sind 4 „reine" Vertreter. Nr. 1 ist ein Sender, der in seiner Art zu kommunizieren dem anderen viel Wertschätzung ausdrückt, gleichzeitig aber lenkend, bevormundend und kontrollierend. Nr. 2 – wie man so sagt – ein „autoritärer Knochen": Stark dominierend, einengend, gleichzeitig geringschätzende und herabsetzende Behandlung des Empfängers. Nr. 3 ist jemand, der den anderen nicht sehr achtet und ihm Abneigung ausdrückt, der gleichzeitig wenig lenkt, kontrolliert und bevormundet. Eine Art *laisser faire* nach dem Motto: „Mach was Du willst!". Nr. 4 schließlich ist jemand, der den anderen als vollwertigen Partner behandelt, ohne zu bevormunden und durch dauernde Vorschriften einzuengen.

Das Optimum dürfte – je nach Situationsumständen und Aufgabenerfordernis – etwa in der Mitte zwischen Nr. 1 und Nr. 4 liegen.

Einschätzung einzelner Äußerungen. Für eine Feinanalyse der Kommunikation lassen sich auch einzelne Äußerungen in der emotionalen und in der Lenkungsdimension einschätzen. Hierzu ein Beispiel aus der familiären Erziehung:

Die Familie will zu einer Kindtaufe und ist dabei, sich „fein zu machen". Die 14-jährige Tochter sagt: „Mutti, ich zieh meine Jeans an, ja?"

Die Reaktion verschiedener Mütter sind zur Veranschaulichung in das Koordinatenkreuz eingetragen, und zwar jeweils in den passenden Quadranten:

Lenkung/Bevormundung

„Sag mal, bei Dir
piept's wohl! Den
schwarzen Rock
ziehst Du an, und
zwar dalli!"

„Oh, mein Liebling,
das paßt heute nicht
so gut. Zieh schön
Deinen schwarzen
Rock an, ja?!"

**Gering-
schätzung**

**Wert-
schätzung**

„Mach, was Du
willst. Mit Vernunft
ist bei Dir ja doch
nichts zu wollen!"

„Mm. Ich hab Angst,
es sieht nicht
feierlich genug
aus. Aber Du
fühlst Dich in
Hosen wohler,
nicht?

Abb. 10: Vier mögliche Einzel-Äußerungen einer Mutter (Beispiel s. Text)

1.5.3 Der Umgang mit Kommunikationsstörungen

Es läßt sich denken, daß die Beziehungsseite der Nachricht Ursprung so mancher Kommunikationsstörung ist. Denn in dem Augenblick, wo der Sender dem Empfänger zu verstehen gibt, daß er nicht viel von ihm hält oder ihm nicht viel zutraut oder sonst in irgendeiner Weise Unterlegenheitsgefühle hervorruft, in dem Augenblick ist der Empfänger persönlich getroffen und nimmt innerlich eine Kampfstellung ein. Das große Unglück besteht nun darin, daß die Störung vom Empfänger meist nicht dort angesprochen wird, wo sie entstanden ist, nämlich auf der Beziehungsseite. Vielmehr wird sich der Streit in den meisten Fällen auf der Seite des Sachinhaltes austoben. Sagt ein Arbeitskollege zum anderen:„Also, was Sie vorschlagen, so geht es ja nun wirklich nicht. Das müßten Sie doch eigentlich auch sehen." Der Empfänger wird über diese

Art sehr verärgert sein. Wie aber wird er der Verärgerung Luft machen? Indem er sagt: „Es verletzt mich, wie Sie so von oben herab meinen Vorschlag abqualifizieren."? Kaum. Vielmehr wird er – bis an die Zähne bewaffnet – die Richtigkeit seines Vorschlages bis zum Letzten verteidigen. Nicht, weil er ihn für sachlich gut hielte, sondern um sein Gesicht zu wahren und um es dem anderen heimzuzahlen. Die Hartnäckigkeit der zu erwartenden Diskussion wird Zeit, Geld und Nerven kosten.

Dies ist einer der Kardinalfehler in der zwischenmenschlichen Kommunikation: *Beziehungs-Streit auf der Seite des Sachinhaltes austragen.* Dies ist so wichtig, daß es an einem Beispiel ausführlich besprochen werden soll:

Die Mutter und die Tochter. Tochter, 16 Jahre, schickt sich an, die Wohnung zu verlassen, um sich mit Freunden zu treffen. Es ergibt sich folgender Dialog:

Mutter: „Und zieh Dir 'ne Jacke über, ja! – Es ist kalt draußen."

Tochter: (in etwas „patzigem" Tonfall): „Warum denn? Ist doch nicht kalt!"

Die Mutter ist nun ein bißchen ärgerlich; nicht nur über den patzigen Ton, sondern auch über soviel Unvernunft der Tochter, und sie ist mehr denn je davon überzeugt, daß sie dafür sorgen muß, daß sich die Tochter vernünftig verhält:

Mutter: „Aber Moni, wir haben nicht einmal 10 Grad, und windig ist es auch."

Tochter: (heftig:) „Wenn Du mal auf's Thermometer geguckt hättest, dann wüßtest Du, daß es sehr wohl 10 Grad sind – es sind sogar 11 1/2!"

Neben der sachlichen Korrektur steckt in dieser Nachricht auf der Beziehungsseite ein Gegenangriff. Die Mutter ist denn auch sehr verärgert über den „unverschämten" Ton und über den „Trotz" und über die kleinliche Rechthaberei der Tochter. Sie beschließt, der „unfruchtbaren Diskussion" ein Ende zu setzen:

Mutter: „Du hörst ja, was ich Dir sage: Du ziehst jetzt die Jacke an!"

Tochter: (Ist stark empört über einen derartigen Befehlston und verläßt in hochgradigem Zorn die Wohnung – natürlich ohne die Jakke).

Warum ist diese Kommunikation gescheitert? Warum konnte sich in so kurzer Zeit eine derartige Klimavergiftung einstellen? Analysieren wir den kleinen Vorfall mit Hilfe unseres Kommunikationsmodells (vgl. Abb. 2 S. 20). Die erste Äußerung der Mutter, von der das Gespräch seinen Ausgang nimmt, enthält auf den vier Seiten etwa folgende Botschaften:

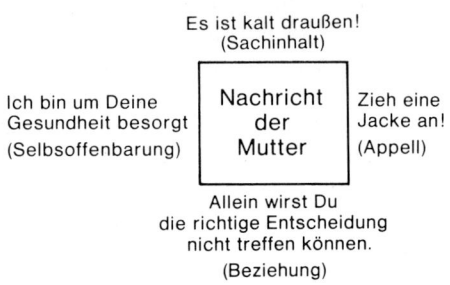

Abb. 11: Die erste Äußerung der Mutter im Lichte des 4-Seiten-Modells (s. Text)

Wie reagiert nun die Tochter auf dieses Nachrichten-„Paket"? Wir kommen hier zu einem sehr entscheidenden Punkt. Die Tochter fühlt sich „wie ein kleines Kind" behandelt und reagiert sehr allergisch auf die „wertschätzende Bevormundung" (vgl. Abb. 9 S. 50) der Mutter. Wichtig ist: Die Ablehnung der Tochter richtet sich gegen die Botschaft auf der *Beziehungs*-Seite, gar nicht einmal gegen den Sachinhalt und vielleicht auch gar nicht einmal gegen den Appell (möglicherweise hatte sie selbst vor, die Jacke anzuziehen). *Reagieren* aber tut die Tochter auf den *Sachinhalt* – hier widerspricht sie („ist doch gar nicht kalt"). Nun wurde der Konflikt dort ausgetragen, wo er überhaupt nicht vorhanden war, nämlich auf der Seite der Sachinhalte. Es wurde über Temperaturen verhandelt, während es doch in Wahrheit um die Beziehung zwischen Mutter und Tochter ging. Eine *metakommunikatorisch trainierte* Tochter hätte in ihrer ersten Reaktion geantwortet:
"Ich finde Deinen Vorschlag nicht verkehrt, aber ich mag nicht solche Anweisungen kriegen; ich fühle mich dann so bevormundet!"
    Dies wäre ein gutes Beispiel für „mehrseitiges" Kommunizieren gewesen. Die Tochter hätte auf diese Weise zum Ausdruck gebracht, daß es ihr nicht um die Frage „Jacke oder nicht Jacke" zu

tun ist, sondern um den Wunsch, ohne Bevormundungen eigene Entscheidungen in eigener Sache zu treffen. Nicht, daß damit der Konflikt aus der Welt wäre; aber die Auseinandersetzung fände an der richtigen Stelle statt.

Der an diesem Beispiel gezeigte Fehler bestand darin, die Beziehungs-Auseinandersetzung auf die Sach-Seite zu verlagern. Es gibt aber auch den umgekehrten Fehler: Einer Sach-Auseinandersetzung ausweichen, indem man auf die Beziehungs-Seite herabsteigt. Angenommen, ein Schüler bringt gegenüber seinem Lehrer in heftiger aggressiver Weise eine Kritik vor. Der Lehrer verbittet sich den „unverschämten Ton", bestraft den Schüler und nimmt sodann seine Unterrichtstätigkeit wieder auf. Wohl ist es verständlich und berechtigt, daß der Lehrer die Störung auf der Beziehungs-Seite der Nachricht anspricht, sich hier „nicht alles bieten läßt". Damit ist er jedoch zunächst nur der *einen* Seite gerecht geworden; Wie steht es mit dem sachlichen Kern der Kritik (erste Seite der Nachricht)? Und wie will der Lehrer auf den Appell reagieren, der sich mit der Kritik verbindet?

1.5.4 Rechtzeitige Metakommunikation und Beziehungsklärung.

Die angeführten Beispiele sind exemplarisch für eine allerorten anzutreffende Kommunikations-Misere: Die unentwirrbare Verflochtenheit von Sach- und Beziehungs-Auseinandersetzung:

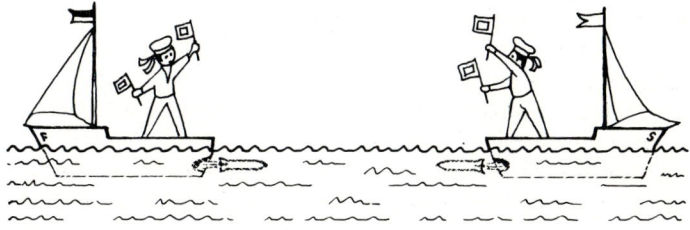

Abb. 12: Kommunikation ist nicht nur Austausch von Sachinformationen („über Deck"), sondern meist gleichzeitig eine persönliche Auseinandersetzung auf der Beziehungsseite. Diese bleibt jedoch oft „unter der Oberfläche".

Der Kommunikationspsychologe ist darin geschult, auf erste Anzeichen von Beziehungsstörungen in Sachauseinandersetzungen zu achten. So war etwa der „patzige Ton" der Tochter ein solches Anzeichen. Oder wenn in einer Konferenz gesagt wird: „Wenn Sie die Verwaltungsmitteilung vom 3. 5. gelesen hätten, dann wüßten Sie, daß ...". Oder wenn ein Mitarbeiter von seinem Vorgesetzten gebeten wird: „Können Sie uns denn nicht wenigstens die Netto-Zahlen mal nennen?" (In dem *Wenigstens* wird signalisiert ...„Wenn man von Ihnen schon keine normalen Leistungen erwarten kann..") Oder: Ein Redner hat seinen Vortrag beendet und fordert zur Diskussion auf. Ein Zuhörer meldet sich: „Mir ist schleierhaft, wie man bei diesem Thema den Gesichtspunkt X völlig außer acht lassen kann ..." Auf der Beziehungsseite der Nachricht wird dem Vortragenden mangelnde Kompetenz bescheinigt. Das tut weh, und der Wunsch nach Vergeltung kommt prompt in der Antwort zutage: „Ich meine zu Beginn meiner Ausführungen sehr deutlich gemacht zu haben, daß ..." (= und wenn Sie zugehört hätten...).

Da in unserem Nachrichten-Quadrat die Sachinhaltsseite oben und die Beziehungsseite unten gezeichnet ist, nenne ich solche Signale für Beziehungsstörungen *Störfeuer von unten.*
Sie sind häufig Vorboten für eine langsam fortschreitende und schließlich unentwirrbare Verflochtenheit von Sach- und Beziehungs-Seite. Manche zwischenmenschliche Kommunikation zwischen Arbeitskollegen, Ehepartnern, Nachbarn usw. befindet sich im Dauerzustand der „Verflochtenheit": Jede sachliche Auseinandersetzung ist durchdrungen von der (inzwischen verschärften) Beziehungsproblematik.

Spätestens jetzt hilft nur noch eines: Die Sach-Auseinandersetzung für eine Weile aussetzen und eine *explizite Beziehungsklärung* einleiten („Wie stehen wir zu einander? Was macht unsere Gespräche so unfruchtbar, so gereizt, so unterschwellig feindselig oder so distanziert?"). Zwar ist eine solche Metakommunikation recht unüblich. Denn sie führt in heikle, persönliche, gefühlsmäßige Bereiche hinein und erfordert den Mut, auf die Fassade der Sachlichkeit zu verzichten und vom hohen Roß der Unangreifbarkeit herabzusteigen. Weiterhin besteht die Angst „Porzellan zu zerschlagen", d.h. sich offiziell zu verkrachen und für später auf Feindseligkeiten und Racheakte gefaßt sein zu müssen. Besonders in hierarchischen Beziehungen mit einseitiger Abhängigkeit hat diese Angst einen realen Hintergrund. Auf der anderen Seite besteht eine oft unterschätzte Chance zu einem konstruktiven Verlauf; diese Chance kann durch die Teilnahme eines Kommunikationspsychologen (in der Rolle eines „Entflechtungshelfers") beträchtlich erhöht werden. Im günstigen Fall kommen sich die Kontrahenten durch eine solche Beziehungsklärung sogar menschlich sehr nahe und können wieder sachlich miteinander arbeiten.

1.5.5 Die Beziehungsseite der Nachricht aus der Sicht des Empfängers

Hier ein Wort zum Empfänger, obwohl ich in diesem Beitrag überwiegend die Perspektive des Senders im Auge habe. Je nachdem, was er auf der Beziehungsseite der Nachricht heraushört, fühlt sich der Empfänger als Mensch mehr oder weniger gut behandelt. Daher ist er in der Regel hochempfindlich für das, was „unten" ankommt. Mangelnde Sensibilität (= nicht mitkriegen, was gesendet wird) ist daher viel seltener als das Gegenteil: eine starke *Überempfindlichkeit.* Manche Empfänger „nehmen alles persönlich", nehmen „alles gleich krumm", sehen in jeder sachlichen Kritik und in jeder harmlosen Frotzelei einen schweren Angriff gegen ihre Person. Diese Überempfindlichkeit ist häufig Bestandteil einer neurotischen Struktur, in deren Kern ein schwerer Mangel an Selbstwertgefühl liegt. Das Minderwertigkeitsgefühl veranlaßt viele Menschen, ständig nach Geltung und Anerkennung und nach der „Oberhand" zu streben, ständig auf der Lauer zu liegen, ob nicht ein Pfeil auf die schwachen Stellen zielt und das Minderwertigkeitsgefühl wachruft, gegen das sich der Mensch mit allen seelischen Mitteln aufzubäumen sucht. Und wer auf der Lauer liegt, der empfindet die „Pfeile" nicht nur besonders schmerzhaft; er sieht auch dort welche, wo gar keine sind. Und wer sich schwer getroffen fühlt, der hat nur einen Wunsch: sich zu rächen und sich besser zu schützen. Und so reagiert der Empfänger aggressiv auf die vermeintlichen Pfeile und verschanzt sich noch mehr hinter einer Fassade der Unangreifbarkeit und legt sich noch intensiver auf die Lauer. Erinnern wir uns an das Beispiel von S. 24. Der Mann fragte beim Mittagessen: „Was ist denn das Grüne hier in der Soße?" Die Frau könnte antworten: „Das sind Kapern." Statt dessen phantasierte sie in die Frage eine versteckte Kritik hinein: Ihr minderwertiges Grundgefühl („Ich bin nicht o.k." – vgl. *Harris*, 1975) lag auf der Lauer und erwartete

Angriffe, die dieses quälende Grundgefühl bestätigen. Gereizt antwortete sie: „Mein Gott, wenn es Dir hier nicht schmeckt, kannst Du ja woanders essen gehen! Dauernd hast Du etwas herumzumäkeln."

So sehr wir uns auch wünschen, daß die Empfänger vierkantig kommunizieren und entsprechend auch mitkriegen, was auf der Beziehungsseite anklingt, so sehr müssen wir auf der anderen Seite feststellen: Die hier beschriebene Überempfindlichkeit ist der Todfeind jeder sachlichen und zwischenmenschlich befriedigenden Kommunikation.

1.5.6 Lernziel Kommunikationsfähigkeit

Auf der Beziehungsseite der Nachricht sind uns wieder *neue Teilfähigkeiten* vor Augen getreten: Die Fähigkeit des Senders, seinen Standpunkt so darzulegen, daß er den Empfänger dabei akzeptierend und vollwertig behandelt, ihn nicht unnötig dominiert und bevormundet. Ferner die Fähigkeit, Sach- und Beziehungsebene voneinander zu trennen, u.a. „Störfeuer von unten" rechtzeitig zu erkennen und metakommunikatorisch zu bearbeiten. Schließlich die „Fähigkeit" des Empfängers, den Beziehungsaspekt der Nachricht zwar feinfühlig zu registrieren, aber nicht überempfindlich darauf zu reagieren.

Wieder die Frage: Sind solche Fähigkeiten lernbar, trainierbar? Ob die von Psychologen heute angebotenen Verhaltensübungen (s. hierzu z.B. *Fittkau* und *Schulz von Thun*, S. 101 ff oder auch ausführlich *Müller-Wolf* 1975) spürbare Verhaltensänderungen ermöglichen, darüber gibt es kaum wirklich aussagekräftige empirische Befunde. Meine eigene Einschätzung ist die folgende: Erreicht wird in der Regel eine verfeinerte Wahrnehmung und eine Erweiterung des Verhaltensrepertoires. Und in den Fällen, wo ein ungünstiges Kommunikationsverhalten überwiegend begründet war in einem Repertoiremangel (etwa: gar nicht gewußt haben, daß andere sich durch meine Art herabgesetzt fühlen; oder: einfach nicht die sprachlichen Mittel besitzen, um „Störfeuer von unten" anzusprechen, d.h. mangelnde Fähigkeit, Inhalts- und Beziehungsseite zu trennen; oder: ein Mann redet mit seiner Frau „von oben herab" und väterlich bevormundend; er sieht einfach keine Alternative zu seiner Art der Kommunikation: „Wie soll ich es denn sonst sagen?")

Also: In den Fällen, wo Repertoiremangel und Unsensibilität die Ursache für Kommunikationsfehler sind, in diesen Fällen führen solche Verhaltensübungen zu „Aha-Erlebnissen" und spürbaren Änderungen.

Leider liegen aber die Ursachen für Komminikationsfehler meist „tiefer", ist die Art, wie wir senden und empfangen ein tief eingewurzelter Teil unserer Gesamtpersönlichkeit. So mag eine herabsetzende oder überhebliche Art, mit anderen umzugehen, von dem tiefsitzenden Wunsch bestimmt sein, die eigene Selbsterhöhung durch das Herabdrücken des anderen zu betreiben. Wieder begegnen wir hier dem Minderwertigkeitsgefühl, dessen Linderung durch die Entwertung anderer (vorübergehend) erreicht wird. *Adler* spricht von „Entwertungstendenz". Demselben Ziel kann die Bevormundung anderer und die ständige Suche nach der Oberhand dienen. Und schließlich liegt der Überempfindlichkeit des Empfängers und seiner daraus entstehenden Feindseligkeit ebenfalls ein Mangel an Selbstwertgefühl zugrunde. Erneut stehen wir hier vor der Erkenntnis, daß seelische Gesundheit und geglückte Kommunikation einander bedingen.

1.6 Die vierte Seite der Nachricht (Appell)

Vielleicht hatten Sie den Eindruck, daß Sender und Empfänger mit den ersten drei Seiten schon genug zu tun hatten. Aber auch und gerade die vierte Seite will bewältigt sein; und hier wird es nun erst recht schwierig. Einen Vorgeschmack auf die Kompliziertheiten, die mit der Appell-Seite verbunden sind, gibt das folgende, von *A. Adler* (1973) mitgeteilte Beispiel: (s. Abb. 13): Der 3-jährige Sohn tanzt auf dem Tisch herum. Entsetzt ruft die Mutter: ,,Komm sofort da 'runter!'' – Der Sohn tanzt weiter – Appell wirkungslos. Die 5-jährige Schwester sagt: ,,Bleib' sofort da oben und tanz weiter!'' Auf der Stelle klettert der Sohn vom Tisch. –

Abb. 13: Unterschiedliche Appell-Strategien von Mutter und Tochter

Nanu!? Welche Lehre ist aus diesem Beispiel zu ziehen? Soll man immer das Gegenteil von dem fordern, was man haben will, um auf der Appell-Seite erfolgreich zu sein?

Gehen wir der Reihe nach vor. Ich greife aus der Fülle der Probleme, die sich mit der Appell-Seite für Sender und Empfänger verbinden, nur einige heraus.

Im ersten Abschnitt möchte ich zeigen, daß auch solche Nachrichten appell-haltig sein können, denen man es auf den ersten Blick gar nicht so ansieht; Nachrichten, die ihr Schwergewicht auf der Sach- oder Selbstoffenbarungs-Seite zu haben scheinen. Lernziel für den Empfänger: Solche ,,Appelle auf leisen Sohlen'' zu erkennen.

Im zweiten Abschnitt geht es um folgendes: Dem Sender, der wirkungsvoll Einfluß nehmen möchte, steht manche Enttäuschung bevor. Denken wir etwa an die Mutter, die ihre Tochter zum Anziehen der warmen Jacke bewegen wollte (s.S.   ). Woran liegt es, daß manche – auch „gut gemeinte" Appelle – wirkungslos bleiben?

Im dritten Abschnitt geht es um Versuche, die Barrieren zu überwinden: Appellwirksam senden – aber wie? Nach einem (nur kurzem) Blick hinter die Kulisse der modernen Werbetechniken werfen wir einen Blick in die Trickkiste der zeitgenössischen Kommunikations-Psychologen.

Ganz abseits von Manipulation und Tricks stelle ich im vierten Abschnitt die Frage: Was behindert den offenen, deutlichen Ausdruck von Wünschen und Appellen im täglichen zwischenmenschlichen Umgang?

1.6.1 Appelle „auf leisen Sohlen"

Offenkundig für den Empfänger sind explizite Appelle, z.B. Befehle, Anleitungen, Gebote und Verbote. Offenkundig in ihrem Appellcharakter sind Nachrichten aus der Werbung („Mit Fluor-Super kriegen Sie ihre Zähne strahlend weiß!"), aus der politischen Propaganda („Die Regierung hat den Ausverkauf unseres Landes betrieben") oder aus dem Wirtschaftsleben („die Firma X ist in Liquidationsschwierigkeiten."). Solche Nachrichten sollen und/oder werden den Empfänger dazu veranlassen, etwas zu kaufen, eine bestimmte Partei nicht zu wählen oder bestimmte Aktien abzustoßen.

In diesem Abschnitt soll es nun um Nachrichten und Handlungen gehen, deren Appellcharakter nicht so offensichtlich zutageliegt und vom Empfänger übersehen werden kann. Damit entgeht ihm aber vielleicht die Hauptbotschaft, das *Eigentliche*. Noch etwas anderes kann passieren: Der Empfänger unterliegt dem Einfluß der Appell-Seite, ohne es zu merken: Er wird *manipuliert*. Daher das Lernziel für den Empfänger: Mache Dir bewußt, was an Appell-Anteilen in der Nachricht steckt, um dann entscheiden zu können, ob Du diesen Appellen nachkommen willst.

Zwei Arten von Manipulationen wollen wir im folgenden unterscheiden. Die eine spielt sich im größeren (politischen) Rahmen des zwischenmenschlichen Zusammenlebens ab; dort, wo Interessengruppen aufeinander Einfluß zu nehmen suchen. Die andere spielt sich ab im kleinen Rahmen des tagtäglichen Miteinanders und Gegeneinanders zwischen Eheleuten, Eltern und Kindern, Arbeitskollegen usw. – Beginnen wir mit dem „kleinen Rahmen":

Geheime Appelle im täglichen zwischenmenschlichen Umgang: Die „finale Blickrichtung"

Greifen wir zurück auf ein früheres Beispiel (S. 25): Jemand weint. Zunächst sind wir geneigt, dieses Weinen als Ausdruck von Traurigkeit zu nehmen. Das heißt: Wir empfangen das Weinen auf der Selbstoffenbarungsseite. Möglicherweise haben wir damit aber nicht die ganze psychologische Bedeutung des Weinens verstanden. Was geschieht mit mir, wenn der andere anfängt zu weinen? Ich bin getroffen, mein Zorn von eben ist verraucht, ich habe Mitleid, ich gebe nach, „mein Herz schmilzt", ich wende mich dem Weinenden zu, um ihn zu beruhigen und zu trösten, höre auf, ihn mit meinen Ansprüchen und „Wahrheiten" zu quälen. *Und wenn dies Sinn und Zweck des Weinens gewesen wäre?* Der Weinende würde diese Unterstellung entrüstet von sich weisen: Das Weinen sei einfach über ihn gekommen, mitnichten handele es sich um eine von ihm benutzte Strategie, auf den anderen Einfluß zu nehmen. Der Weinende lügt nicht wider besseres Wissen. Ihm ist die Strategie, die er benutzt, nicht bewußt. Vermutlich hat ihm diese Strategie in seiner Kindheit genützt: In bedrohlichen Situationen hat sie ihm das Schlimmste erspart. Man nennt das: „Lernen am Erfolg".

Am Beispiel des Weinens haben wir eine psychologische Arbeitsmethode kennengelernt, deren Kennzeichen in einer *finalen Blickrichtung* besteht. Damit ist gemeint: Um ein Verhalten zu verstehen oder zu erklären, wird nicht nach den (in der Vergangenheit liegenden) Ursachen gefragt, sondern nach den (vielfach unbewußten) Zielen, für die das Verhalten dienlich ist. Bei dieser von *Alfred Adler* sehr betonten „Wozu"-Frage wird allen Verhaltensweisen ein (oft unbewußter) Zweck unterstellt. Diesem Zweck kommt man am besten auf die Spur, wenn man die Reaktionen der Umwelt auf dieses Verhalten betrachtet. Am Beispiel des Weinens haben wir diese Betrachtung vorgenommen, indem wir uns in den Empfänger hineinversetzt und gefragt haben: „Was löst das Weinen in mir aus?" Über den Appell sind wir der geheimen Zielsetzung des

Senders auf die Spur gekommen und haben damit ein tieferes Verständnis für sein Verhalten erreicht.

Wenden wir diese Arbeitsmethode der finalen Blickrichtung auf ein paar Beispiele an, um uns darin einzuüben, den geheimen Appellcharakter von manchen Nachrichten und Handlungen zu entdecken:

Selbstmordversuche. Jemand versucht sich umzubringen. Auf der Selbstoffenbarungsseite ein Zeugnis von Verzweiflung und seelischem Elend. Der Sender scheint ferner seine Absicht kundzutun, Schluß zu machen. Bei näherem Zusehen erweist sich aber häufig der Selbstmordversuch als eine *Nachricht mit Appell-Botschaft an die Umwelt.* Helft mir, laßt mich nicht allein, kümmert Euch um mich! Die rechtzeitige Errettung erweist sich damit nicht als „Panne", sondern als zumindest unbewußt eingeplant. – Ebenso haben Selbstmordankündigungen oft starken Appellcharakter, etwa wenn der eine Partner sich vom anderen trennen will und dieser sagt: „Dann bringe ich mich um!" Hier kommt der Appell („Laß mich nicht allein!") allerdings keineswegs „auf leisen Sohlen", sondern lautstark und eindringlich – der Empfänger fühlt sich entsprechend erpreßt.

Angstzustände. Eine 23-jährige Frau bekommt gegen Abend starke Angstzustände, wenn der Mann später nach Hause kommt (*Schulte* u. *Thomas* 1974): Mit der Angst verbunden sind Schweißausbrüche und Magenschmerzen, gelegentlich steigert sich die Angst bis zur Ohnmacht. Wenn der Mann nach Hause kommt, versucht er seine Frau zu beruhigen, geht sorgend auf sie ein und verspricht, Rücksicht zu nehmen und abends nur in dringenden Ausnahmefällen später nach Hause zu kommen. – Der Therapeut merkt bald, daß hier eine *finale Angst* vorliegt: Die Angst erfüllt ihren Zweck. Sie erweist sich als erfolgreiche Straterie, um mit der eigenen Lebensunsicherheit halbwegs fertigzuwerden. Sie wirkt. Damit ist nicht behauptet, daß die Frau die Angstzustände nur vortäuschen würde, um ihren Mann an die Kette zu legen. Die Angstzustände sind durchaus real. Behauptet wird lediglich folgendes: Die Angstzustände haben eine starke Appellwirkung auf einen wichtigen Empfänger. Da dieser appellgemäß handelt, erweist sich die Angst als erfolgreich und – von dem Sender aus betrachtet – als sinnvoll. Die Angst-Therapie hat nun vor allem zwei Dinge anzustreben: (1) Die Angst darf keinen Erfolg mehr haben. Der Mann wird angewiesen, die Angstzustände seiner Frau nicht mehr mit liebevoller Zuwendung zu verstärken, d.h. „das Spiel" nicht mehr mitzuspielen. (2) Das Selbstgefühl der Frau muß gestärkt werden. Ihre heimliche Überzeugung: „Ich bin nur lebensfähig mit einem starken Behüter an meiner Seite" muß durch Selbstvertrauen ersetzt werden. Kommunikationspsychologisch interessant ist vor allem der erste Schritt: Indem der Empfänger die appellgemäße Antwort unterläßt, trägt er bei zur Therapie des Symptoms. Ich komme darauf zurück.

Empfindlichkeiten. Viele unserer Mitmenschen sind (allzu) empfindlich, z.B. gegen Kritik. Sie sind „immer gleich beleidigt", reagieren mit gekränkter Leidensmiene oder mit aufgebrachter Aggressivität. Auf der Selbstoffenbarungsseite geben sie damit ein Dokument ihres mangelnden Selbstwertgefühles kund. Gleichzeitig senden sie auf der Appellseite eine Art „Gebrauchsanweisung" für ihre Person: „So und so mußt Du mich behandeln, und so und so darfst Du mich nicht behandeln!" In der Regel kommt der Appell beim Empfänger an: „Den muß man wie ein rohes Ei behandeln!" – womit sie gleichzeitig zu erkennen geben, daß sie das Spiel mitspielen wollen.

Allerlei kindliche Unarten. Was stellen Kinder nicht alles an! Sie machen ohrenbetäubenden Lärm, schlagen ihre Geschwister, machen alles kaputt, kasperln herum, haben Wutanfälle, stören in der Schule den Unterricht mit allerlei Techniken, brüllen wie am Spieß, wenn sie sich etwas wehgetan haben. Haben unsere Kinder den Satan im Leib, muß man versuchen, diesen herauszuprügeln? Beobachtungen zeigen, daß der „Satan" Appellcharakter hat. Die kindlichen Unarten verschwinden nicht selten, wenn kein Empfänger da ist, an den sich der Appell richten kann. Er lautet: „Wende Deine Aufmerksamkeit mir zu!" Denn ignoriert zu werden ist viel schlimmer als ausgeschimpft, ermahnt, angeschrien zu werden. Kinder sind sehr schöpferisch im Erfinden von immer neuen Aufmerksamkeitserregungs-Techniken, sie versuchen es mit Charme ebenso wie mit Wehleidigkeit und zerstörerischem, aggressiven Gehabe. Sie haben schnell heraus, was Mutter oder Vater besonders „auf die Palme bringt". – Erneut stellt sich für den Empfänger die Frage: Wie soll ich reagieren, soll ich das Spiel mitspielen?

Allerlei Hilflosigkeiten, Unfähigkeiten und Schwächen. Auf der Selbstoffenbarungsseite haben wir die Plusmacherei kennengelernt: Imponiergehabe und das Verbergen von Schwächen und Fehlern. Zuweilen aber wird auf der Selbstoffenbarungs-Seite ganz das Gegen-

teil gesendet: „Ich bin eine Flasche!" – „Ich kann das nicht!" –
„Ohne Dich wäre ich aufgeschmissen!" –

Nanu!? Wer wird denn sein Licht unter den Scheffel stellen? Handelt es sich um einen vorbeugenden Zweckpessimismus – etwa in dem Sinne: „Je schlechter ich mich darstelle, umso weniger kann eine Niederlage mich entlarven?" Mag auch sein. Oft aber liegt das Schwergewicht auf dem Appell:„ Du mußt es für mich tun!" Dies ist der Grund, warum entmutigte Menschen es aufgeben, sich anzustrengen und sich selbst voranzubringen: Aus der „Schwäche" läßt sich Kapital schlagen. „Was ich nicht kann, kann mir auch niemand zumuten. Die Schwäche wird mir dadurch zur liebgewonnenen Eigenart, die ich hege und pflege, um sie nur recht auszubauen und um die Appelle auch glaubwürdig senden zu können."

Appellwidriges Reagieren des Empfängers

Wie soll nun der Empfänger auf die geheimen Appelle reagieren? Es ist schon mehrfach angedeutet worden: Durch ein appellgemäßes Verhalten läuft der Empfänger Gefahr, ein problematisches Verhalten zu stabilisieren. Ungewollt trägt er zum Lernen am Erfolg bei. Es ist oft eine schmerzliche Einsicht für die Eltern von *gestörten Kindern* und für die Lebenspartner neurotischer Menschen, daß sie durch ihr eigenes Verhalten die Störung wenn nicht hervorbringen, so doch zumindest stärken und zur Aufrechterhaltung der Symptome beitragen. Das neue Lernziel für den Empfänger lautet in bestimmten Fällen: *Appellwidrig reagieren.* Dies ist gar nicht so einfach, denn unsere Antworten auf geheime Appelle erfolgen fast automatisch: Jemand weint – ich spüre den Impuls, ihn (sie) in den Arm zu nehmen; jemand „stellt sich dämlich an" – ich spüre den Impuls zu sagen: „Gib her, laß mich das machen!"; ein Kind fällt mir mit ständigen Provokationen auf den Wecker - mir „platzt der Kragen" und ich lasse ein „Donnerwetter" los; Astrid petzt („Resi hat ihren Atlas in die Ecke gepfeffert!" – s. Abb. 3, S. 22) – der Lehrer antwortet: „Ich werde gleich mal sehen, was da los ist!"

In allen Fällen spielen die Empfänger das Spiel mit und leisten dadurch ihren Beitrag zur Wehleidigkeit, zur Inkompetenz, zum Tyrannisieren, zum Petzen ihrer Mitmenschen. Wie sieht die Alternative aus? Was bedeutet es, appellwidrig zu reagieren bzw. „das Spiel nicht mitzuspielen"? Eine von Psychologen an Pädagogen häufig gegebene Empfehlung lautet: Ignoriere störendes und sonstwie problematisches Verhalten – gehe nicht darauf ein. Dies ist jedoch nur eine Möglichkeit, das Spiel nicht mitzuspielen. *Dreikurs* (1971) empfiehlt dem Lehrer in bestimmten Fällen die *psychologische Enthüllung*: Damit ist ein behutsames Ansprechen desjenigen Zieles gemeint, auf das das Verhalten des Kindes gerichtet zu sein scheint („Kann es sein, daß Du möchtest, daß ich mich mit Dir mehr beschäftige?"). Eine weitere – häufig sinnvolle – Möglichkeit, appellwidrig zu reagieren, besteht im metakommunikatorischen Ansprechen der eigenen Gefühle und Probleme. Erwähnt sei letztlich auch die Möglichkeit zu verwirrenden „Gegen-Spielen": So wurde mir von einem Mann berichtet, der auf die vielfältigen Zipperlein seiner Frau mit der sehr ausführlichen Darstellung noch größerer Leiden reagierte; etwa wenn sie Zahnweh bekundete, so „übertrumpfte" er sie mit höllischen Schmerzen im ganzen Gebiß...

Geheimer Appellcharakter von Sachdarstellungen

Im letzten Abschnitt haben wir einige Verhaltensweisen betrachtet, deren Botschaften der Empfänger üblicherweise auf die Selbstoffenbarungsseite lokalisiert. Wir haben gesehen, wie ein zusätzliches „Appell-Ohr" nicht nur vor undurchschauter Manipulation schützt, sondern auch einen diagnostisch tieferen Zugang zur Person des Senders eröffnet.

Die bisher betrachteten Appelle waren „heimlich", weil die Hauptbotschaft auf der Selbstoffenbarungsseite zu liegen schien. Die nun zu betrachtenden Appelle verdanken ihre Heimlichkeit dem Umstand, daß die Hauptbotschaft auf der Sach-Seite zu liegen scheint. Nehmen wir eine Aussage wie:

„Die unterschiedliche Intelligenz der Menschen ist weitgehend durch die Erbanlagen vorbestimmt."

Ein *naiver Empfang* einer solchen Nachricht würde sich darin erschöpfen, den Sachinhalt zur Kenntnis zu nehmen und als Wissensbestand und Entscheidungsgrundlage aufzunehmen. Dagegen trägt ein *ideologiekritischer Empfang* dem Umstand Rechnung, daß jede Seite 4 Nachrichten hat: Hier geht der Empfänger davon aus, daß Sachinformationen (auch) als Schützenhilfe für die Durchsetzung von Interessen benutzt werden. Er geht ferner davon aus, daß um des Erfolges auf der Appell-Seite willen es mit mancher Wahrheit auf der Sach-Seite nicht so genau genommen wird. Sodann hat sich der Empfänger zu fragen, welcher Appell in der Nachricht stecken möge. In unserem Beispiel möglicherweise der politische Appell, mit der „Gleichmacherei" aufzuhören, Bemühungen um frühe Chancengleichheit (z.B. Vorschulprogramme) als illusionär aufzugeben. Weiter ist zu fragen: Wer (= welche Gruppen) kann ein Interessse daran haben, daß ein solcher Appell Anklang findet? Und: Gehört der Sender der Nachricht zu diesen Gruppen oder unterliegt er ihrem Einfluß (z.B. ihrer Bezahlung)?

Für den Fall, daß gewichtige Anhaltspunkte für eine solche Interessen-Appell-Verschränkung sprechen, ist die Nachricht „ideologieverdächtig" (s. Abb. 14).

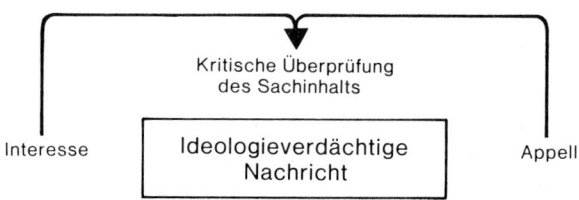

Abb. 14: Ideologiekritischer Empfang einer Nachricht: Den Appell aufzuspüren und als Dokument der Interessenlage des Senders auffassen. Diese Appell-Interessen-Verschränkung begründet den Ideologieverdacht und führt zu einer kritischen Überprüfung des behaupteten Sachinhaltes.

Ein solcher Aufweis von Anhaltspunkten entbindet jedoch nicht von der Pflicht, den objektiven Wahrheitsgehalt der Nachricht zu untersuchen. Ideologisch ist sie nämlich nur, wenn sie objektiv wirklich falsch ist. Ist sie objektiv richtig, verliert sie durch den Nachweis ihrer Interessengebundenheit nicht an Aussagekraft.

1.6.2 Über die Erfolglosigkeit mancher Appelle

Ich komme jetzt zu einem ganz anderen Problem. Der appellierende Sender muß oft feststellen, daß sein Einfluß auf den Mitmenschen sehr begrenzt ist. Dies wäre dann nicht weiter erstaunlich, wenn der Empfänger dazu gebracht werden sollte, etwas zu tun, was gar nicht in seinem Interesse läge. Ein psychologisches Problem aber scheint vorzuliegen, wenn „gutgemeinte" Appelle wirkungslos verhallen. Ich bespreche im folgenden drei Gründe, die dazu führen, daß der Empfänger für Appelle teilweise sehr unempfänglich ist.

Beziehungsbedingte Appell-Allergie

Die Wirksamkeit oder Unwirksamkeit eines Appelles hängt stark mit der Beziehung zwischen Sender und Empfänger zusammen. Ganz deutlich wurde dies am Beispiel der Mutter und der Tochter (s. Seite 53): Die Tochter widersetzte sich nicht deshalb dem Appell („Zieh Dir 'ne Jacke an"), weil sie ihn unvernünftig fand, oder weil er ihren Interessen nicht entsprach; sondern sie widersetzte sich dem Appell aus dem einzigen Grunde, daß sie von der Mutter keine derartigen Appelle akzeptierte. Der Empfänger reagiert deshalb allergisch auf den Appell, weil ihm gleichzeitig auf der Beziehungs-Seite bescheinigt wird, daß der Sender die Oberhand hat. Auf der Beziehungs-Seite läßt sich heraushören: „Ich weiß besser, was Du tun und denken solltest" oder auch: „Ich bin derjenige, der hier das Sagen hat!" Der entsprechende Beziehungs-Widerstand des Empfängers läßt sich in die Worte fassen: „Ich brauche von Dir keine Ratschläge" – „Ich lasse mir von Dir keine Vorschriften machen" – „ich habe keine Lust, nach Deiner Pfeife zu tanzen!" – Der Widerstand, der auch die trotzige Form des „Nun-Gerade-Nicht!" annehmen kann, dient also sozusagen der Ehrenrettung des Empfängers auf der Beziehungsseite. Der Drei-Jährige, der auf dem Tische tanzt (s. Abb. 13, Seite 60), erhält sein junges Selbstgefühl, indem er erst dann vom Tisch klettert, als er die Anweisung empfängt, oben zu bleiben. Freilich durchschaut er dabei nicht, daß seine Schwester als sehr schlauer Sender sich diesen Mechanismus zunutze macht. Ich komme auf derartige Schlauheiten noch zurück.

Die „Behandlung" einer Appell-Allergie ist nicht einfach – Eltern heranwachsender Kinder wissen ein Lied davon zu singen. Die einzige Chance besteht in einer Metakommunikation zwischen gleichwertigen Partnern: Wie wollen wir miteinander umgehen? In welcher Weise können wir unsere Wünsche und Forderungen gegenseitig anmelden? In welchen Bereichen wollen wir einander nicht hineinreden? usw. –

Appelle als untaugliches Mittel für „tiefgreifende" Änderungen

In vielen Fällen bleiben Appelle deswegen erfolglos, weil sie ein prinzipiell untaugliches Mittel zur Lösung des Problemes darstellen. Angenommen, ein Mann ist sehr eifersüchtig und überwacht seine Frau mißtrauisch auf Schritt und Tritt. Sein Freund rät ihm: „Du darfst nicht so eifersüchtig und mißtrauisch sein! Davon geht eine Ehe kaputt." Dieser Ratschlag ist zwar gut gemeint, dennoch eine ganz untaugliche Hilfe. Die Eifersucht sitzt zu „tief in den Knochen", als daß der Mann sie wie einen alten Hut ablegen könnte. Genauso in dem folgenden Beispiel: Eine Angestellte fühlt sich von ihrem Vorgesetzten von oben herab („ wie der letzte Dreck") behandelt und übermäßig ausgenutzt. Sie traut sich nicht, dagegen anzugehen und ihre Rechte zu vertreten. Ihr Mann sagt: „Du darfst Dir das nicht bieten lassen! Sag' ihm einfach Deine Meinung." Die Frau: „Ich bring es nicht fertig. Wenn ich etwas sagen will, kriege ich schon vorher solche Herzklopfen und bringe dann kein Wort heraus." Der Mann: „Du mußt versuchen, ganz ruhig zu sein! Der kann Dir doch gar nichts anhaben..." usw. So vernünftig die Argumente des Mannes auch sind: Wo die Angst in den Eingeweiden wohnt, hat die Vernunft keinen Zutritt. Eher erreichen die Appelle das Gegenteil: Eine erneute Begegnung mit dem eigenen Unvermögen und eine verstärkte Entmutigung. Halten wir fest: Wenn jemand Probleme mit sich selbst hat, wenn er aufgrund gefühlsmäßiger innerer Vorgänge sich ungünstig verhält, dann nützen keine Ratschläge, Empfehlungen und Ermahnungen. Sie nützen nicht nur nichts, sondern schaden sogar. Dies ist der Grund, warum ein Gesprächs-Psychotherapeut sich appell-frei verhält (s. *Tausch* 1973). Stattdessen hört er zu, versucht auf die Probleme einzugehen und sich in die Welt des Senders einzufühlen. In einem solchen therapeutischen Gespräch hat der Klient eine bessere Chance, an sich zu arbeiten und die inneren Barrieren abzubauen, die ihn daran hindern, das zu tun, was er vernunftsmäßig als richtig erkannt hat.

Kognitive Dissonanzen oder: Wofür der Empfänger nicht „empfänglich" ist

Eine bestimmte Sorte von Nachrichten nimmt der Empfänger nicht mit unbefangenem Interesse oder mit Gleichgültigkeit auf, sondern mit innerer Abwehr. Sie stören seinen Seelenfrieden, sie bringen ihn ins Unreine mit sich selbst. Betrachten wir ein paar Beispiele und versuchen wir sodann, das diesen Beispielen Gemeinsame herauszuarbeiten. *Erstes Beispiel*: Herr Maus ist starker Raucher. Er empfängt die Nachricht: „Rauchen ist gesundheitsschädlich, fördert Lungenkrebs und Herzinfarkt." Herr Maus reagiert unwirsch: „Ach was! Mit Statistik kann man alles beweisen. Und sterben müssen wir doch alle – oder??" *Zweites Beispiel:* Herr Marder hat seine Kinder streng erzogen – damit aus ihnen anständige Menschen werden, hat er sie häufig geschlagen, wenn es ihm angebracht schien. Auf einem Vortrag hört er nun die Auffassung eines Pädagogen: „Die Prügelstrafe demütigt das Kind und verstärkt seine Minderwertigkeitsgefühle. Leicht entsteht eine ängstliche und feindselige Haltung gegenüber der Umwelt, und am Vorbild des Erziehers lernt das Kind, gegenüber Schwächeren Gewalt anzuwenden." – Herr Marder ist sehr aufgebracht, als er das hört. „Haben Sie eigentlich selber Kinder?" – fragt er den Vortragenden. „Solche Weisheiten vom grünen Schreibtisch haben doch mit der Praxis nichts zu tun." *Drittes Beispiel*: Herr Ratte hat sich einen neuen Wagen der Marke X-Luxus gekauft. Ein Kollege sagt zu ihm: „Ich habe jetzt gehört, der neue X-Luxus soll noch ziemlich viele Kinderkrankheiten haben." Ratte: „Ach, weißt Du, geredet wird viel. Wer sagt denn das?" Der Kollege: „Ich glaube, Schulze sagte so etwas." Ratte: „Was hat Schulze schon Ahnung von Autos! Der ärgert sich doch nur, weil er mit seiner X-510 so reingefallen ist!" Ein anderer Kollege: „Ich habe gelesen, daß der X-Luxus in einem Test recht gut abgeschnitten hat." Ratte: „Ah, hochinteressant – könnten Sie mir den Artikel mal mitbringen?"

Worin liegt das Gemeinsame in allen diesen Beispielen? In allen Fällen stand der Inhalt der Nachricht im Widerspruch zu bestimmten Verhaltensweisen oder Überzeugungen des Empfängers. Der Appell, der in den Nachrichten steckte, war entweder schwer zu befolgen (z.B. Rauchen aufgeben); oder aber konnte überhaupt nicht befolgt werden, weil das (gemäß der Nachricht) „falsche" Verhalten bereits vollzogen und nicht mehr rückgängig zu machen war (z.B. Auto X-Luxus kaufen oder Kinder prügeln). Man spricht von einer *kognitiven Dissonanz*, in die der Empfänger gerät – die neue Nachricht paßt ihm nicht in den Kram. Was gut in den Kram paßt, das sind Nachrichten, die den eigenen Lebensstil und die eigenen Handlungen als gerechtfertigt und „gut" erscheinen lassen. So wird der Reiche, der in Saus und Braus lebt, empfänglich sein für Nachrichten, die den Erfolg eines Menschen auf seine Tüchtigkeit und seine Anstrengungen zurückführen. Und er wird sehr unempfänglich sein für Nachrichten, die den privaten Reichtum als Resultat ungerechter gesellschaftlicher Verhältnisse ansehen. Der Empfänger hat große Augen und große Ohren für alles, was seine Art zu leben und zu handeln rechtfertigt. Alles andere wehrt er ab oder deutet es in seinem Sinne um. Schon die Wahrnehmung tritt hier in den Dienst der Sicherung des Seelenfriedens, genauso der Verstand und die Art zu kommunizieren.

Welche Möglichkeiten hat der Empfänger, mit Dissonanz-erzeugenden Nachrichten umzugehen? Es gibt drei Möglichkeiten: *(1) Die Dissonanz aushalten und bestehen lassen;* eine selten gewählte Lösung, denn der gestörte Seelenfrieden versetzt den Empfänger in einen recht quälenden Zustand. *(2) Das Verhalten bzw. die alte Überzeugung ändern*, so daß eine Übereinstimmung mit der Dissonanz-erzeugenden Nachricht und ihrem Appell erreicht wird. Also z.B. das Rauchen aufgeben. Dies ist, wie jeder Raucher weiß, nicht einfach. Gerade „eingefleischte" Verhaltensweisen lassen sich nicht leicht ändern. Und bereits vollzogene Verhaltensweisen lassen sich gar nicht wieder rückgängig machen (das Auto X-Luxus kann nicht mehr umgetauscht werden). *(3) Widerstand gegen die Nachricht und ihren ärgerlichen Appell.* Hierzu stehen dem Empfänger verschiedene Abwehrmaßnahmen zur Verfügung: Er kann versuchen, unliebsame Nachrichten einfach zu überhören. Am Beispiel mit den Brillen (s. Seite 14) hatten wir schon gesehen, daß die Wahrnehmung „ganze Arbeit" leistet, um das Weltbild intakt zu halten. Hierzu eignet sich auch das *Vermeiden* von solchen Situationen, in denen mit hoher Wahrscheinlichkeit Dissonanz-erzeugende Nachrichten gesendet werden. Ein alter Sozialdemokrat besucht so leicht keine CDU-Wahlveranstaltung, ein Konservativer stellt keine Fernsehsendungen an, die als „links" gelten usw. Und Leuten, die ganz andere Ansichten vertreten und einen ganz anderen Lebensstil propagieren, geht man besser aus dem Wege.

Für den Fall, daß man sich Dissonanz-erzeugenden Nachrichten nicht entziehen kann, gilt es, gut gerüstet zu sein: Informationen und Gegenargumente parat zu haben, die den Sender widerlegen. Manche Sachauseinandersetzung, manche „Diskussion" lebt von der Hartnäckigkeit derjenigen Kontrahenten, die mehr auf einen dissonanzfreien Zustand als auf die Wahrheit abzielen.

Wenn alles nichts hilft, läßt sich der eigene Seelenfrieden durch Herabsetzung des Senders leidlich wiederherstellen („Was hat Schulze schon Ahnung von Autos. Der ärgert sich ja nur, ...", s. S. 70) Diese Abwehrtechnik ist praktisch, denn es werden „zwei Fliegen mit einer Klappe geschlagen": Zum einen, wenn ich dem Sender Unfähigkeit oder einen anderen Defekt unterstelle, brauche ich den Sachinhalt und Appell der Nachricht nicht mehr ernst zu nehmen; ich empfange sie auf der Selbstoffenbarungsseite und nehme sie als Dokument dieses Defektes. In totalitären Staaten ist es eine geläufige Praxis, Dissonanz-Erzeuger für verrückt zu erklären und in psychiatrischen „Pflegeanstalten" einzusperren. Zum anderen: Der Dissonanz-Erzeuger hat mich in einen quälenden Zustand versetzt, er ist für mich eine Quelle von Frustration. Indem ich ihn herabsetze, haben auch meine Rache-Wünsche ein Ventil gefunden.

1.6.3 Wirksames Senden von Appellen (Beeinflussungsmethoden)

Wie muß die Nachricht abgefaßt sein, um den Empfänger am ehestens zum appellgemäßen Verhalten zu bewegen? Zu dieser Frage wußten schon die antiken Redner einiges zu sagen, ihre Aktualität hat sie bis heute nicht eingebüßt. Die eingehende Behandlung dieses Themas würde diesen Beitrag sprengen. Willkürlich und exemplarisch greife ich eine bestimmte Art von Beeinflussung heraus, um an diesem Beispiel drei allgemein gültige Prinzipien aufzuzeigen: Die Fernsehwerbung. Als „Kontrastprogramm" hierzu werfen wir sodann einen Blick in die „Trickkiste" moderner Kommunikationspsychologen.

Einige Prinzipien der Fernsehwerbung

Welche Strategien verfolgen die berufsmäßigen Beeinflusser, die Werbefachleute? Eine Analyse bundesrepublikanischer Werbesendungen (*Schulz von Thun* u.a. 1975) ergab: Direkte, offen ausgesprochene Appelle (,,Trink Coca-Cola!'') waren eher selten. Stattdessen standen drei Prinzipien im Vordergrund, die von grundlegender Bedeutung sind: (1) Vormachen, (2) Konsequenzen darlegen und (3) Assoziationen stiften:

(1) Vormachen. In einem Großteil der Werbesendungen werden Personen gezeigt, die das vom Sender gewünschte Verhalten (Kauf- oder Konsumverhalten) vormachen. Gerechnet wird mit der *Imitationsbereitschaft* des Empfängers. Diese ist, wie Untersuchungen bestätigen, umso größer, je attraktiver und ansehnlicher die vormachende Person (= das sog. Verhaltensmodell, kurz: Modell) wirkt. Tatsächlich sehen die Modelle in den Werbespots überwiegend jung, gepflegt und hübsch aus. Wir stoßen hier auf die Tatsache, daß die Imagepflege auf der Selbstoffenbarungs-Seite der Nachricht auch die Chancen auf der Appell-Seite erhöht.

Das *Lernen am Modell* spielt auch eine sehr große Rolle in der Erziehung. Hervorhebenswert ist, daß Eltern und Erzieher auch dann – und gerade dann – auf das Kind Einfluß nehmen, wenn sie darauf gar nicht abzielen. Etwa dann, wenn sie rauchen und trinken, wenn sie bei ,,rot'' über die Straße laufen, wenn sie bei Konflikten einander in einer gereizten Form herabsetzen und beschimpfen, wenn sie bestimmten Themen ausweichen oder wenn sie übertriebene Angst vor gewissen Ereignissen erkennen lassen. Ein berühmter Witz verdeutlicht die Problematik (s. Abb. 15). Ein Vater legt aufgebracht seinen Sohn über das Knie, der seinen jüngeren Bruder geknufft hatte. Während er ihn prügelt, ruft er: ,,Ich werde Dich lehren, Schwächere zu schlagen!''

Abb. 15: Ein Vater „lehrt" seinen Sohn, Schwächere (nicht) zu schlagen.

Tatsächlich ist er just dabei, seinen Sohn dieses zu lehren, nämlich durch sein eigenes Verhaltensmodell. Vormachen ist wirksamer als alles „Predigen".

(2) Konsequenzen in Aussicht stellen.
In den Werbesendungen wird fast immer gezeigt oder gesagt, welche Vorteile das Konsumverhalten dem Empfänger (angeblich) einbringt. Nach dem Gebrauch einer bestimmten Zahnpasta hat der junge Mann mit seinem Mundgeruch kein Problem mehr und erlebt ein Rendezvous mit einem entzückenden jungen Mädchen. Eine glückliche Familie am Frühstückstisch: „Die Liebe ihrer Kinder erreichen Sie durch Homa-Gold!" (Margarine). Das neue Bohnermittel macht alles blitzblank und erzeugt ringsum fröhliche Gesichter.

Die Darlegung von Konsequenzen ist ein sehr allgemeines Prinzip und beruht auf der Erkenntnis, daß Verhaltensweisen sich am *Erfolg* orientieren, durch angenehme Konsequenzen gefördert und durch unangenehme unterdrückt werden. Die Einhaltung von Verhaltensnormen wird durch Modellverhalten in Verbindung mit Konsequenzdarlegung weitgehend sichergestellt: „Wer eine fremde bewegliche Sache einem anderen in der Absicht wegnimmt, dieselbe sich rechtswidrig anzueignen, wird wegen Diebstahls bestraft." Dieser Paragraph aus dem deutschen Strafgesetzbuch enthält den Appell: „Du sollst nicht stehlen!" Die Wirksamkeit dieses Appells ist in Verbindung mit der Strafandrohung zu sehen. Aber auch jegliche Überredungs- und Überzeugungsversuche enthalten Konsequenzdarlegungen.

Wenn der Sender Konsequenzen in Aussicht stellt, legt er seiner Sendung bestimmte Annahmen über die Motivation des Empfängers zugrunde. Denn was würde es nützen, Konsequenzen in Aussicht zu stellen, die den anderen nicht „hinter dem Ofen hervorzulocken" vermögen? Teilweise unterscheiden sich die Menschen erheblich darin, was für sie erstrebenswert und vermeidenswert ist. Eine bestimmte laute Musik versetzt den einen in einen glückseligen Rausch, der andere hält sich entsetzt die Ohren zu. Die Aussicht, gelobt zu werden, ist für ein Kind aus der Unterschicht oft kein nachhaltiger Anreiz – auf einen Bonbon dagegen spricht es an, beim Kind aus der Mittelschicht ist es umgekehrt.

Für welche Dinge ein Mensch empfänglich ist, hängt zunächst von seiner Lerngeschichte ab und dann auch davon, in welchen Bereichen seine Bedürfnisse weitgehend befriedigt sind und in welchen nicht. Tendentiell gilt die *Maslow*'sche Regel, *daß mit der Befriedigung lebensnotwendiger materieller Bedürfnisse* (genügend Luft, Essen, Schlaf, materielle Sicherung) *mehr psychische Bedürfnisse nach Liebe, Anerkennung und Selbstverwirklichung in den Vordergrund treten.* Wer einigermaßen verdient, kann mit Geld nicht mehr so sehr „hinter dem Ofen hervorgelockt" werden, wohl aber mit der Aussicht auf Prestige und Ansehen. Unsere Werbefachleute werden analysiert haben, auf welcher Stufe der *Maslow*'schen Pyramide der Bedürfnisse die Käufer von heute stehen. In vielen Fällen werden Konsequenzen für das Kaufverhalten in Aussicht gestellt, die in einem *Prestigezuwachs* oder in der Verbesserung zwischenmenschlicher Beziehungen bestehen (*Schulz von Thun* u.a. 1975). Solche Vorteile liegen zwar selten in der Natur des Kaufgegenstandes begründet, treffen dafür aber besser in das Zentrum zeitgenössischer Sehnsüchte, zumindest bei den zahlungskräftigen Empfängern.

(3) Assoziationen stiften. Ob ich auf etwas zustrebe oder mich davon abwende, das hängt stark davon ab, welche Gefühle der Gegenstand in mir auslöst. Die Art der Gefühle wiederum hängt davon ab, welche Erfahrungen ich damit gemacht habe, genauer gesagt: in seiner Gegenwert gemacht habe. Angenommen, ein Kind bekommt vom Arzt eine Spritze „verpaßt", es tut weh. Eine Woche später beim Friseur fängt das Kind an zu weinen. Nanu? Der Friseur hat einen weißen Kittel an, wie der Arzt. Das Kind hat „in Gegenwart" eines weißen Kittels schmerzhafte Erfahrungen gemacht – der an sich harmlose Kittel ist zum Auslöser von Angst geworden.

Dieser Vorgang heißt *Klassische Konditionierung*, gemeint ist die Verknüpfung eines Reizes (Kittel) mit einer Reaktion (Angst).

Wir leben in einer Welt von weißen Kitteln. Kaum etwas, was uns begegnet, läßt uns gefühlsmäßig neutral. Aufgrund früherer Verknüpfungserfahrungen werden bestimmte Gefühle ausgelöst, und die Gefühle versetzen uns in bestimmte Handlungsbereitschaften (z.B. schafft Angst Flucht- und Vermeidungsbereitschaft). Dieser Mechanismus läßt sich gut zur Beeinflussung nutzen. Unsere Werbefachleute sagen sich: Wir können nicht davon ausgehen, daß der Empfänger bei unserem Produkt von vornherein positive gefühlsmäßige Reaktionen (und eine entsprechende Handlungs-, nämlich Kaufbereitschaft) hat. Wie können wir aus unserem „harmlosen weißen Kittel" einen Kittel machen, der – nun allerdings *positive* – gefühlsmäßige Reaktionen hervorruft? Antwort: Indem wir ihn mit angenehmen Reizen koppeln. – Und so findet der Empfänger schöne Frauenbeine neben einem Autoreifen und eine Schnapsflasche vor dem Hintergrund einer reinen, „gesunden" Berglandschaft vor. Merkt der Empfänger, daß sich hier eine Assoziation von Alkohol und Gesundheit einschleicht? Entsprechende Verknüpfungen finden statt zwischen Zigaretten und dem Duft einer großen, weiten Welt und zwischen Zitronenbrause und unbeschwerter Jugendlichkeit.

Die systematische *Neu-Herstellung* solcher Assoziationen ist das Geschäft der Werber und Propagandisten. Dagegen ist die *Nutzung* bereits *vorhandener* Assoziationen unser aller Geschäft, und zwar durch den *Gebrauch der Sprache*. Jedes Wort, das wir aussprechen, enthält nicht nur die lexikalische Bedeutung für das, was es bezeichnet, sondern hat allerlei gefühlsmäßige Anteile im Schlepptau, die sich aus vergangenen Erfahrungen ergeben. Diese gefühlsmäßigen Anteile machen die *Wertung* aus, die wir mit dem Wort verbinden. Wertungen aber stellen keinen ästhetischen Luxus dar, den wir uns leisten, sondern haben eine ganz praktische Funktion: Sie steuern und rechtfertigen unser Verhalten, sie enthalten Appelle. Betrachten wir den Vorgang an einem Beispiel. Angenommen, jemand hat mit Personen, die auf der Straße stehen und um Geld bitten, folgende Erfahrungen gemacht: Immer, wenn ein solcher Mensch zu sehen war, machte die Mutter mit ihrem Kind einen kleinen Bogen und sagt: „Das ist ein *Bettler*, er ist faul und läßt sich von anderen Leuten Geld geben." Dieses Kind lernt nicht nur das

Wort *Bettler* wie eine Vokabel, sondern auch die Ablehnung, die sich mit dem Wort von nun an verbindet:

| „Bettler" | Verabscheue ihn, mach einen Bogen darum! |

Abb. 16: Beispiel für appellhaltige Begriffe

Bei späterer Verwendung des Wortes wird die alte Ablehnung auf neue so bezeichnete Personen übertragen. Nehmen wir an, jemand sagt: „Per-Anhalter-Fahren ist doch nichts anderes als eine moderne Form von Bettelei!" Das Wort „Bettler" bzw. „Bettelei" hat hier den Transport von Gefühlen übernommen und enthält den entsprechenden Appell, einen „kleinen Bogen" um die so bezeichneten Personen zu machen, d. h. nicht anzuhalten.

Wir stoßen hier auf die Tatsache, daß die Wörter, die uns zur Darstellung von Sachverhalten zur Verfügung stehen, aufgrund von früheren Verknüpfungen fast sämtlich diese gefühlsmäßig wertenden Anteile im Schlepptau haben und *somit in sich selbst bereits appellhaltig sind*. Eine Zeitlang tobte durch die Nachrichten-Medien der Streit, ob von Baader-Meinhof-„Gruppe" oder von Baader-Meinhof-„Bande" zu sprechen sei. Abgesehen von der politischen Selbstoffenbarung, die in der Wortwahl lag, war der Streit deswegen so belangvoll und hartnäckig, weil mit der gewählten „Sprachregelung" unterschiedliche Appelle an die Bevölkerung verbunden waren: „Bande" enthält den eindeutigen Appell: „Setz dich davon ab, unterstütze diese Leute weder durch die Tat noch durch Deine stille Sympathie!"

| "Gruppe" | Unterstützen, selbst beitreten, gewähren lassen! | "Bande" | Absetzen, bekämpfen! |

Abb. 17: Zwei Bezeichnungen mit unterschiedlichen damit verbundenen Appellen

Aus diesen Überlegungen ist der Schluß zu ziehen: Da die Sprache, die uns zur Darstellung von Sachverhalten zur Verfügung steht, appellhaltig ist, können wir *nicht nicht* Einfluß nehmen. Wie jemand die Sachverhalte dieser Welt sprachlich darstellt, dies ist abhängig von seiner „Brille", mit der er die Welt sieht; und diese Brille wiederum ist abhängig von seinen Interessen. Jede sprachliche Darstellung enthält nun den Versuch, auch dem Empfänger diese Brille aufzusetzen. Denn umgekehrt ist die Brille auch Resultat der sprachlichen Darstellung – der Begriffe und Kategorien nämlich, die mir zur Verfügung stehen und meine Wahrnehmung ausrichten. Die Begriffe und Kategorien werden mir aber zur Verfügung gestellt von denen, die vor mir da sind und von denen, die sprachlich „am Drücker" sind (Inhaber der Medien und der Bildungsinstitutionen). In der ständigen Wechselwirkung von interessengeleiteter Brille und sprachlicher Darstellung (s. Abb. 18) haben diese Personen sozusagen den Vorteil des ersten Zuges.

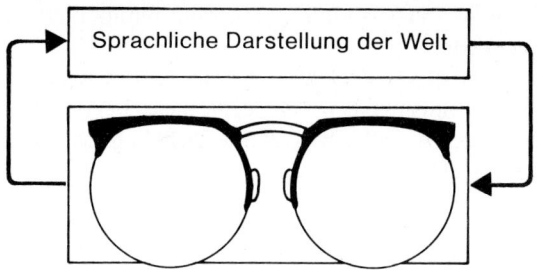

Abb. 18: Wie ich die Welt sprachlich darstelle, hängt von meiner (interessengeleiteten) ,,Brille'' ab. Umgekehrt nimmt die mir zur Verfügung stehende Sprache Einfluß auf die meine ,,Brille''

So kann es kommen, daß ich die Welt teilweise mit der Brille derer sehe, die ganz andere Interessen haben als ich. In der Herstellung eines solchen ,,falschen Bewußtseins'' sehen Systemkritiker eine Hauptfunktion der Schule im kapitalistischen System. – Als Einzelbeispiel dafür, wie die zur Verfügung gestellten und von allen übernommenen Sprachregelungen Appelle mit einseitier Interessenausrichtung enthalten, wird gern das Begriffspaar *Arbeitgeber – Arbeitnehmer* angeführt: Das Wort *Arbeitgeber* legt nahe, daß hier jemand ,,gibt'', und enthält den Appell an den ,,Nehmenden'' dankbar zu sein und eine keine allzu fordernde oder gar klassenkämpferische Haltung einzunehmen.

Abb. 19: Die Appell-Seite des Begriffes ,,Arbeitgeber''

Mit mindestens gleicher Berechtigung könnte man das Begriffspaar genau umgekehrt verwenden: Arbeitgeber für den, der seine Arbeitskraft gibt, nämlich zur Verfügung stellt; und Arbeitnehmer für den, der die Arbeit(sleistung) in Empfang nimmt und für seine Zwecke verwertet.

Das sprachliche Gegenstück zeigt sich in der Bezeichnung „Ausbeuter". Die gefühlsmäßigen Anteile, die dieser Begriff im Schlepptau hat, legen den Appell nahe: „Wehre Dich! Laß das mit Dir nicht machen!"

| „Aus-beuter" | Wehre Dich gegen ihn! |

Abb. 20: Die Appell-Seite des Begriffes „Ausbeuter"

Wie überhaupt die herabsetzende sprachliche Etikettierung von Menschen oder Gruppen die „Erlaubnis" und die Aufforderung zur Gewalttätigkeit enthält (Judensau, linke Gammler, Bullen, Ungeziefer usw.) Mit Recht spricht man von *emotionalen Appellen*, wenn die Handlungsaufforderung nicht argumentativ begründet wird, sondern wenn durch Verwendung von Begriffen und Formulierungen diejenigen Gefühle (und Handlungsbereitschaften) geweckt werden, die diese Begriffe – wie wir es nannten – „im Schlepptau" haben.

Aus der „Trickkiste" der modernen Kommunikationspsychologen

Eines haben die bisher besprochenen Beeinflussungstechniken gemeinsam: In den Appellen kam die Richtung zum Ausdruck, in die der Empfänger sich bewegen sollte. Dies scheint banal und selbstverständlich. Wenn ich möchte, der andere soll kommen, dann werde ich sagen: „Komm her!" und nicht: „Bleib, wo Du bist!" Wenn ich möchte, daß der Empfänger ein bestimmtes Getränk kauft, dann werde ich in einer Werbesendung jemanden zeigen, der es trinkt und sagt: „Herrlich erfrischend!" – dagegen werde ich nicht zeigen, wie er sagt: „Schmeckt scheußlich!" und sich hinterher erbricht.

So scheint es zunächst widersinnig, *Appelle in die Gegenrichtung* überhaupt in Betracht zu ziehen. Erinnern wir uns aber des Beispiels zu Beginn des Kapitels (S. 60). Der 3-jährige Sohn tanzte auf dem Tisch, den Appell der Mutter („Komm sofort da runter!") nicht achtend. Schlagenden Erfolg dagegen hatte ein Appell in die Gegenrichtung: „Bleib sofort da oben und tanz weiter!" rief die Tochter. *Alfred Adler*, der diesen Vorfall berichtet, kommentiert: „Es ist gar keine Frage, daß man einem Kinde beibringen kann, darin seine Größe zu fühlen, wenn es das Gegenteil tut, was einer ihm rät." (*Adler*, 1973) – Wir hatten schon erörtert, daß der um seine Selbstachtung besorgte Empfänger sich unter Umständen einem Appell nicht deshalb widersetzt, weil er ihm ungelegen kommt, sondern weil die Befolgung das Eingeständnis einer Art persönlicher Niederlage und der Überlegenheit des beeinflussenden Senders wäre. Umgekehrt kann die Nicht-Befolgung als Beweis der eigenen Unabhängigkeit erlebt werden und somit als Gelegenheit, die eigene „Größe zu fühlen" (schon dadurch, daß dem appellierenden Sender ein Mißerfolg beschert wird).

Aufgrund etwas anderer Überlegungen kommen die Psychotherapeuten und Kommunikationspsychologen *P. Watzlawick, J. Weakland* und *R. Fisch* (1974) zu einer Beeinflussungsmethode, die wir *Appelle in die Gegenrichtung* genannt haben. Für den vorliegenden Zweck können ihre Gedanken vereinfacht wie folgt zusammengefaßt werden:

Probleme bestehen darin, daß gewisse wünschenswerte Ereignisse oder Zustände nicht oder zu wenig vorhanden sind oder darin, daß etwas nicht Wünschenswertes (zuviel) vorhanden ist. Beispiel: In einem Raum ist es zu kalt (= zuwenig Wärme), der 12-jährige Sohn macht seine Hausaufgaben nicht (= zuwenig Einsatz für die Schule), Herr X hat einen Raucherkatarrh (= zuviel Rauchen). Die naheliegende und häufige erfolgreiche Lösung solcher Probleme besteht in der *Einführung des Gegenteils:* Dem kalten Raum wird Wärme zugeführt; der 12-jährige wird angehalten, mehr Einsatz für die Schule zu bringen; Herr X erhält vom Arzt ein Rauchverbot. Kennzeichnend für diesen Lösungstyp ist, daß, wenn die getroffene Maßnahme sich als zu schwach erwiesen hat, durch *ein Mehr derselben Maßnahmen* schließlich der Erfolg sichergestellt wird: Hat die Wärmezufuhr nicht ausgereicht, muß noch mehr geheizt werden; haben sanfte Ermahnungen des 12-jährigen nicht genug bewirkt, setzen die Eltern „mehr Druck dahinter" usw.

Wesensmerkmale dieser *Lösung erster Ordnung* ist also die Einführung des Gegenteils und im Falle mangelnden Erfolges die Verstärkung derselben Maßnahmen. Für uns von Bedeutung ist der Fall, daß die Lösungs-Maßnahme in einer kommunikativen Beeinflussung besteht. Lösungen erster Ordnung sind dann gleichbedeutend mit „Appellen in die gewünschte Richtung".

Nun gibt es aber Probleme, für die eine Lösung erster Ordnung unangemessen ist; wo die Einführung des Gegenteils nichts bewirkt und ein Mehr derselben Maßnahmen alles nur noch schlimmer macht. Oftmals wird in solchen Fällen der Lösungsversuch selbst zum Hauptproblem.

Beispiele: (in Anlehnung an *Watzlawick* u.a. 1974)

● Dem Problem des Alkoholismus versuchte man (z.B. in USA) beizukommen, indem man den Konsum einschränkte (Einführung des Gegenteils) und schließlich ganz verbot (Mehr derselben Maßnahmen). „Doch das „Heilmittel" der Prohibition erweist sich als das größere Übel als die zu behandelnde Krankheit" (*Watzlawick* u.a. 1974): Schwarzbrennereien, kriminelle Verteilerorganisationen, Korruption, Gangstertum, Gesundheitsschäden durch unreinen „Fusel".

● Der Melancholische ist betrübt und sieht mit seiner negativen Brille nur die unvorteilhaften Seiten des Lebens. Freunde und Verwandte versuchen ihn „aufzuheitern" und führen ihm die schönen Seiten des Lebens vor Augen (Einführung des Gegenteils). Wie wir wissen, sind Appelle ein untaugliches Mittel zur Veränderung gefühlsmäßiger Zustände (vgl. S. 69). Der Melancholische wird noch trauriger, da man ihm zeigt, wie „unvernünftig" seine Reaktionen sind. Freunde und Verwandte verdoppeln nun ihre Anstrengungen (Mehr derselben Maßnahme), und am Ende ist aus der ursprünglichen Traurigkeit eine schlimme Depression geworden.

● Ein Ehemann wünscht in der Ehe „seine Freiheit" zu bewahren und geht zuweilen allein fort. Die Frau ist darüber beunruhigt und sendet Appelle in die gewünschte Richtung: Vorwürfe, Vorschläge, aus diesem oder jenem Grund zu Hause zu bleiben usw. Der Mann fühlt infolge dieses Drucks seine Ehe als eine Art Fessel (oder Gefängnis). Je mehr die Frau ihn bedrängt, desto stärker wird dieses Gefühl und desto größer sein Wunsch nach Freiheit und desto häufiger seine „Ausbrüche" – um sich selbst (und seiner Frau) diese Freiheit zu beweisen.

Auch bei dem letzten Beispiel liegt auf der Hand, daß ein „Mehr derselben Maßnahmen" (Vorwürfe, Versuche der Einflußnahme) genau das Gegenteil des gewünschten Effektes bewirken; und daß die einzig aussichtsreiche Lösung (aus der Sicht der Frau) darin besteht, „weniger derselben Maßnahmen" zu verwirklichen: Wenn sie (durch ihr gesamtes Verhalten) signalisiert: „Es ist o.k., wenn Du gehst!" – dann wird der Wunsch hinfällig, aus einem „Gefängnis auszubrechen" – denn es ist ja gar kein Gefängnis mehr!

Aus den bisherigen Überlegungen ergibt sich: Bei manchen Problemen helfen Lösungen erster Ordnung nicht nur nicht, sondern tragen derart zur Verschärfung des Problemes bei, daß die Lösung selbst zum eigentlichen Problem wird. Diese Einsicht führt zu einer neuen Lösungsstrategie. Sie lautet: Wenn Du ein Problem vor Dir hast, das offenbar schwierig zu lösen ist, dann prüfe, ob nicht die Hartnäckigkeit des Problems durch falsche Lösungsversuche erster Ordnung bedingt ist. Ist dies der Fall, dann richte Deinen Lösungsversuch nicht gegen das Problem selbst, sondern gegen diese falschen Lösungsversuche. Oftmals wird dadurch das Problem nicht nur entschärft, sondern auf überraschende Art vollends gelöst. *Watzlawick* u.a. (1974) sprechen von *Lösungen zweiter Ordnung.* Wesensmerkmal solcher Lösungen: Sie richten sich nicht gegen die Schwierigkeit selbst, sondern gegen die Lösungsversuche erster Ordnung, die aus der bloßen Schwierigkeit ein „dickes" Problem machen.

Symptomverschreibungen. Wir haben gesehen, daß Appelle in die Gegenrichtung den Versuch einer Lösung zweiter Ordnung darstellen. In der psychotherapeutischen Praxis nehmen solche paradoxen Appelle oft die Form einer „Symptomverschreibung" an. Der Klient wird nicht ermahnt, das Symptom aufzugeben. Denn Appelle fruchten nichts bei Reaktionen, die keiner willkürlichen Steuerung unterliegen. Statt dessen wird der Klient angewiesen, das Symptom *auszuführen!* Ein paar *Beispiele* hierfür:

● Jemand hatte Schwierigkeiten einzuschlafen. Seine Lösungsversuche bestanden darin, den Schlaf durch allerlei Techniken herbeizuführen („Schafe zählen", Selbstsuggestionen usw.). Schlaf aber muß sich spontan ereignen, läßt sich durch bewußte Willensakte nicht herbeiführen – ja, die Willensanstrengungen verhindern geradezu das Einschlafen. So wurde aus der Schwierigkeit ein ernstes

Problem (verschärft durch Medikamente). Eine Lösung zweiter Ordnung richtet sich gegen die versuchten Fehllösungen und besteht in dem Appell des Therapeuten: „Halten Sie die Augen offen und versuchen Sie wach zu bleiben. Erst wenn der Schlaf Sie übermannt, dürfen Sie die Augen schließen!" Durch diesen Appell in die Gegenrichtung wird der Klient an seinen Lösungsversuchen (erster Ordnung) gehindert. Damit wird die Hauptbarriere für das spontane Einschlafen beseitigt.

● Ein Ehepaar, das sich nicht mehr versteht, wird angewiesen, sich täglich zweimal, sagen wir von 8 – 8.10 Uhr und von 19.45 – 19.55 Uhr, in gereizter , feindseliger Art zu streiten.

● Ein Patient mit einem bestimmten Tic (1/2) erhält die Anweisung, diesen Tic in exzessiver Weise absichtlich auszuführen.

Um zu verstehen, wieso Symptomverschreibungen geeignet sein können, den Klienten von seinem Symptom zu heilen, müssen wir einen kurzen Einblick in das Wesen der sog. *Sei-spontan-Paradoxie* nehmen:

Paradoxe Appelle als Krankmacher und als Gesundmacher. Manche Appelle, die Eltern an ihre Kinder, Vorgesetzte an ihre Mitarbeiter, (Ehe-) Partner aneinander richten, sind *paradox.* „Sei doch nicht immer so nachgiebig, immer tust Du genau das, was ich Dir sage!" sagt ein Mann zu seiner Freundin. Das Paradoxe an dieser Aufforderung liegt darin, daß die Freundin dem Appell nur nachkommen kann, indem sie ihm *nicht* nachkommt. Denn kommt sie ihm nach, dann hat sie schon wieder das getan, was er ihr auftrug. Will sie dem Appell aber nicht nachkommen (und somit Eigenständigkeit zeigen), dann muß sie ihr altes, nicht-eigenständiges Verhalten beibehalten. Das Teuflische an solchen paradoxen Appellen ist, daß der Empfänger – was er auch tut – immer nur verlieren, d.h. ein Verhalten zeigen kann, das der Sender ihm hinterher vorwerfen kann. Ein anderes Beispiel: Ein Mann brachte seiner Frau nur selten Blumen mit; und wenn, dann nur, wenn sie ausdrücklich darum gebeten hatte. Nun sagt sie: „Ich möchte, daß Du mir auch mal *freiwillig, von Dir aus* Blumen mitbringst!" Ein appellgemäßes Verhalten ist dem Mann gerade dadurch unmöglich gemacht worden, daß der Appell an ihn gerichtet wird. Handlungen, die ihrer Natur nach spontan sind, lassen sich nicht befehlen. Kommunikationsforscher meinen herausgefunden zu haben, daß derartige „Sei spontan!" – Paradoxien gehäuft in Familien mit schizophrenen Mitgliedern gesendet werden, daß solche Appelle vermutlich gefährliche „Krankmacher" sind, da sie dem (zur Metakommunikation unfähigen) Empfänger keinen Ausweg lassen.

Umgekehrt lassen sich paradoxe Appelle aber auch als „Gesundmacher" verwenden, wenn man sie gezielt gegen Symptome einsetzt, die naturgemäß auch spontan sind und durch „Verschreibungen" daher irgendwie „unmöglich" werden. Das Ehepaar, das sich „auf Befehl" streiten soll, wird feststellen, daß es nicht recht gelingen will. Wenn aber die Ausführung eines Symptoms nicht gelingt, ist dies die Heilung (oder doch wenigstens ein erster wichtiger Schritt). In ähnlicher Weise führt das absichtliche Herbeiführen des Tics dazu, daß dieser seinen spontanen Charakter verliert. Der Klient wird „Herr" über sein Symptom, ist ihm nicht mehr ausgeliefert.

Paradoxe Appelle als taktisches Manöver. Die bisher dargestellten Überlegungen lassen sich zusammengefaßt auf einen etwas einfacheren Nenner bringen: *Eine Handlung ändert ihre psychologische Qualität, wenn sie appellgemäß erfolgt.* Dieser Umstand läßt sich taktisch nutzen, und zwar dann – wie wir gesehen haben – wenn die Handlung in ihrem Wesen spontan ist. Durch Instruktion verliert sie ihren Charakter oder wird ganz unmöglich. Dasselbe gilt für Handlungen, die als Beweis für die eigene Unabhängigkeit und Unbeeinflußbarkeit dienen sollen. Das Verhalten von Kindern und Jugendlichen ist vielfach von diesem Motiv bestimmt, besonders wenn die Erzieher mit deutlich autoritärem Anspruch auftreten. In dem Augenblick, wo dem 3-jährigen gesagt wird: „Bleib sofort da oben und tanz weiter!" verändert sich der Charakter seiner Handlung: Bis eben die dreiste Demonstration einer „Ich-mach-was-ich-will-Haltung" wird sie nun zu einer Befehlsausführung (die dann auch prompt „verweigert" wird).

1.6.4 Undeutliche Appelle im zwischenmenschlichen Umgang

Im letzten Abschnitt haben wir Einblick in die Werkstätten der Werbefachleute und der Kommunikationspsychologen geworfen, um zu sehen, wie sie ihre Appelle mit möglichst guter Aussicht auf Erfolg gestalten. Man könnte denken, daß in ähnlicher Weise jedermann bemüht ist, die Appell-Seite der Nachricht zu optimieren. Erstaunlicherweise aber trifft dies für weite Bereiche des zwischenmenschlichen Umgangs nicht zu. Zwar sagen manche rundheraus, was sie möchten. Aber es gibt viele Menschen, die ihre Wünsche bis zur Unkenntlichkeit verschlüsseln, man muß sie „zwischen den Zeilen" herauslesen. So wissen etwa Ehetherapeuten zu berichten, daß manche Partnerschaft daran krankt, daß die Individuen ihre Wünsche nicht oder nur in ganz verschlüsselter Form mitteilen. Der Sender legt damit gleichsam die Saat für die eigene Enttäuschung; die Nicht-Erfüllung der Wünsche durch den Empfänger mag schlicht auf seiner Uninformiertheit beruhen.

Woran mag das liegen? Warum verzichtet der Sender auf die Chance, seine Bedürfnisse befriedigt zu bekommen? Liegt hier einfach ein Kommunikationsfehler vor, also „Dummheit"? Oder weiß der Sender recht gut, was er tut, indem er auf deutliche Appelle verzichtet? Liegt doch „Klugheit" vor?

Sehen wir uns die Gründe an, die den Sender zu undeutlichen Appellen veranlassen können, obwohl damit häufig Schwerverständlichkeit auf der Appell-Seite verbunden ist:

Selbstoffenbarungsangst. Wer Appelle sendet, gibt damit eigene Interessen und Wünsche preis. Jeder Appell hat somit eine Selbstoffenbarungs-Komponente, die der Sender bekanntlich gern verbirgt (vgl. Kap. 1.4.1, S. 37). Manche Appelle enthalten eine Bitte um Hilfe, einen Wunsch nach Kontakt oder „gar" das Bedürfnis nach „unnormalen" sexuellen Praktiken. Indem der Sender seinen Appell sehr indirekt gibt, hat er einerseits die Chance, daß der Empfänger die Signale versteht und „von sich aus" darauf eingeht. Der Sender kann dies dann „über sich ergehen lassen" er hat, was er will, ohne durch Preisgabe seiner Bedürfnisse eine (vermeintliche) Prestige-Einbuße erlitten zu haben. Andererseits kann er – auf Nachfrage „Möchtest Du etwa, daß ich...?") den Appell *dementieren* („mit keinem Wort habe ich von Dir verlangt ...") und sich so vor *Entlarvung* schützen.

Angst vor Zurückweisung. Bei jedem Appell besteht die Möglichkeit, daß der Empfänger das Ansinnen zurückweist. Der um sein Selbstwertgefühl besorgte Sender würde diesen „Korb" als Zurückweisung seiner Person erleben. Indem er indirekt und verschlüsselt appelliert, gibt er dem Empfänger die Möglichkeit, den Appell zu „überhören" und erspart sich damit eine ausdrückliche Zurückweisen.

„Kinder mit 'nem Willen ...". Viele haben in ihrer Erziehung gelernt, sich mit eigenen Wünschen zurückzuhalten („Kinder mit 'nem Willen kriegen was auf die Brillen!"). So wirkt dann das

86

Gefühl, „Es steht mir gar nicht zu, meine Wünsche zu äußern und zu vertreten" als eine Art Dauerbremse. Dies ist oft ein Teil des Leidens derer, die aufgrund ihrer Gehemmtheit und Schüchternheit um Psychotherapie ersuchen. Sie lernen in einem *Assertiven Training* (Übungen zur Selbstbehauptung), ihre Interessen selbstbewußt und deutlich zu vertreten. Die Übungen sind so gestaffelt, daß am Anfang leichte Aufgaben zu bewältigen sind (z.B. jemanden um Feuer bitten), dann mit zunehmenden Erfolgserlebnissen immer schwierigere (z.B. im Restaurant ein Gericht zurückgehen lassen, wenn es unzumutbare Mängel aufweist).

Unklares Ausmaß an „Zumutung". Vor jedem Appell schätzt der Sender unter Berücksichtigung vieler Umstände ab, ob es dem Empfänger zuzumuten ist, dem Wunsch nachzukommen. Wenn dies eindeutig zu verneinen ist, kann ein dennoch geäußerter Appell geradezu als aggressive Handlung aufgefaßt werden. Oft aber bewegt sich ein Appell im Grenzbereich von Zumutbarkeit und Nicht-Zumutbarkeit, auch davon abhängig, wie die Motivationslage des Empfängers beschaffen ist. Ein indirekter, verschleierter Appell, testet die Zumutbarkeit, ohne als aggressive Handlung eine Verschlechterung der Beziehung zu riskieren. *Beispiel:* Nach einer gemeinsamen Unternehmung wollen A und B abends nach Hause. B besitzt ein Auto. Ist es zumutbar, daß er A nach Hause fährt? A läßt einen „Versuchsballon" steigen: „Wie komme ich denn jetzt nach Hause – fährt hier irgendwo eine Straßenbahn?"

Ermöglichung von „Freiwilligkeit". Wie wir gesehen haben, verändert eine Handlung ihren Charakter, wenn sie appellgemäß erfolgt (s. S. 85) Oftmals wird sie für den Empfänger infolge des Appells unattraktiv. Was soll der Sender tun, der dies weiß, aber trotzdem Einfluß nehmen möchte? „Appelle in die Gegenrichtung" (S. 81 ff), so wirksam sie in gewissen Fällen sein mögen, sind doch eher als Ausnahme-Lösung anzusehen. Also wird der Sender versuchen, einen Appell so indirekt zu geben, daß der Empfänger ihn „überhören" und anschließend „freiwillig" appellgemäß handeln kann. Wenn ein Gastgeber sagt: „Es war ein schöner Abend ..." und durch das „war" zu erkennen gibt, daß er einen Abschluß nun durchaus für am Platze hält, dann kann der Gast nach einiger Tarnungszeit „von sich aus" zum Aufbruch blasen: „Sei nicht böse, aber wir müssen jetzt gehen."

Befürchtung, daß dem Empfänger der Mut zum „Nein" fehlt. In vielen Fällen möchte der Sender einen Wunsch nur dann erfüllt bekommen, wenn der Empfänger es auch „wirklich gerne" tut oder wenn es ihm zumindest „nicht allzuviel ausmacht". Eigentlich läge nichts näher, als dies durch eine Frage zu erkunden. Aber manche Empfänger halten eine Ablehnung für beziehungsschädlich und kommen dem Appell in falsch verstandener Nächstenliebe nach, vielleicht innerlich grollend. Genau dies aber fürchtet der Sender. Was tut er? Entweder verzichtet er ganz darauf, seinen Wunsch vorzutragen, oder er begnügt sich mit einer schwachen Andeutung, um dem anderen eine implizite Ablehnung zu ermöglichen, die im „Überhören" der Appell-Seite besteht.

Vermeidung von Verantwortung. Ein Abteilungsleiter steht bei seinen Mitarbeitern in dem Ruf, nie klar zu sagen, was er wirklich will, daß sie tun sollen. „Er bittet mich zu einem Gespräch, macht lange, umständliche Ausführungen (auf der ersten Seite der Nachricht, (Verf.)), und ich rätsel immer nur, was er von mir will (= welcher Appell in seiner Nachricht steckt, (Verf.)). Ich ahne es manchmal, aber er läßt sich da auch nie festlegen, berichtet einer seiner Mitarbeiter. Vermutlich hat sich dieser Abteilungsleiter einen Kommunikationsstil angewöhnt, der ihn aus folgendem Dilemma befreit: Einerseits möchte er Einfluß nehmen. Andererseits besteht aber immer die Möglichkeit, daß sich Entscheidungen als falsch herausstellen, daß die Sache „schief" geht, oder daß die Entscheidung für andere Personen nachteilig ist und man sich „Feinde macht". Für solche Fälle ist es am besten, die Urheberschaft der betreffenden Entscheidung dementieren zu können, notfalls sogar gekonnt „aus allen Wolken zu fallen". Die Appelle werden so gesendet, daß sie zwar dem Empfänger die Richtung weisen, aber daß der Sender hinterher nicht darauf „festgenagelt" werden kann. Eine (oft unbewußt eingesetzte) Strategie, der Verantwortung zu entgehen. Auch hier wieder: Es tun, aber es hinterher nicht gewesen sein . . .

Wie wir sehen, mangelt es nicht an Erklärungen und „guten Gründen", Appelle auf leisen Sohlen daherschleichen zu lassen. Dennoch bleibt als Tatsache bestehen, daß der implizite Appell-Stil äußerst anfällig ist für Pannen in der zwischenmenschlichen Kommunikation.

Mit Störungen ist vor allem dann zu rechnen, wenn Sender und Empfänger sich in ihrem „Appell-Stil" unterscheiden. Dann kommt es etwa zu folgenden Mißverständnissen (Beispiele von *Rabkin,* zitiert nach *Mandel, Mandel,* u. a. 1971):

I Die Frau kommt aus einer Familie, in der Wünsche vorsichtig als indirekte Anfragen geäußert werden, damit sie bestimmt nicht als Befehle wirken. Der Mann dagegen aus einer Familie, in der eine direkte Frage, ein Verlangen nicht als bedrängend empfunden wurden:

Frau: „Würdest Du gern ins Kino gehen?"

Mann: „Nein."

Frau: (Nach 10 Minuten)* . „Du gehst nie mit mir aus; warum hast Du das Kino abgelehnt?"

Mann: „Du hast mich ja nie darum gebeten."

Frau: „Nie gebeten. Vor 10 Minuten! Du hörst mir nie zu! Ich bin Dir gleichgültig."

II *Frau:* „Würdest Du den Hahn in der Küche zumachen?"

Mann: „O.K." (er geht in die Küche, verärgert)

Die Frau kommt hier aus einem Familiensystem, in dem Wünsche frei geäußert und leicht abgelehnt werden konnten. In der Familie des Mannes konnten Wünsche, Bitten nicht abgeschlagen werden; man äußerte sie nur, wenn es absolut notwendig war.

Was rät der Kommunikationspsychologe? Am günstigsten wäre es, einen Appell-Stil einzuüben, der sich durch folgende Regeln kennzeichnen läßt:

1) Der Sender soll sich darüber klar werden, was er möchte, und dies deutlich zum Ausdruck bringen.

2) Dieser deutlich ausgedrückte Appell habe für den Empfänger *Informationscharakter.* Dies bedeutet: Der Sender verbindet seinen Appell nicht mit unbedingtem Anspruch auf Erfüllung. Also *nicht*: „Jetzt weißt Du, was ich möchte, und wehe, Du handelst nicht appellgemäß!" – *sondern*: „Jetzt weißt Du, was ich möchte – diese Information kannst Du nun in Deine (freie) Entscheidung mit einbeziehen. Du riskierst mit mir keine Beziehungsstörung, wenn Du ablehnst."

3) Der Empfänger soll sich frei fühlen, wie er auf den Appell reagieren will. Kommt er dem Appell nach, so ist es *seine* Entscheidung. (Er darf nicht hinterher sagen: „Du hast mich ja dazu gebracht, es ist nicht meine Verantwortung.")

4) Für den Fall, daß er dem Appell *nicht* nachkommt, gilt:

a Der *Sender* akzeptiert dies, ohne daß ein „schlechter Nachgeschmack" bleibt

b Der *Empfänger* hat zwar abgelehnt, aber er hält es für ganz in Ordnung, daß der Sender seinen Wunsch vorgetragen hat (Er klagt also nicht über die „Zumutung", – denn eine Zumutung hat ja nur dann einen aggressiven Charakter, wenn man darauf nicht ungestraft „Nein" sagen darf).

Der durch diese Regeln gekennzeichnete Appell-Stil läßt sich etwas kürzer auf die folgende Formel bringen:

„Es ist erlaubt und erwünscht, daß der Sender seine Wünsche deutlich anmeldet – und es ist erlaubt und erwünscht, daß der Empfänger dem Appell unter Umständen nicht nachkommt."

Eine solche Umgangsform bedarf meistens der ausdrücklichen Vereinbarung, muß also metakommunikatorisch erarbeitet werden. Auch dieses Trainingsziel ist nicht leicht erreichbar: Vielerlei Ängste und Verwundbarkeiten stehen dem hier beschriebenen Ideal entgegen. Erneut stehen wir hier vor der Tatsache, daß seelische Gesundheit und geglückte Kommunikation zwei Seiten derselben Medaille sind.

1.7 Feed Back (Rückmeldung)

Bislang haben wir den Grundvorgang der zwischenmenschlichen Kommunikation betrachtet: Ein Sender übermittelt eine Nachricht an einen Empfänger. Die Nachricht, so haben wir gesehen, „hat es in sich": Eine Vielfalt von Botschaften auf allen vier Seiten steckt darin, teils explizit, teils implizit, teils absichtlich vom Sender hineingetan, teils unabsichtlich mit „hineingerutscht".

Dieses ganze Paket kommt nun beim Empfänger an. Aber im Unterschied zu Paketen, die mit der Post kommen, ist der *empfangene* Inhalt hier nicht gleich dem *abgesendeten* Inhalt. Dies wurde etwa sichtbar im Beispiel mit den Kapern („Was ist das Grüne in der Soße?" – s. Seite 24).

Wie kommt das? Um zu kommunizieren, muß der Sender seine zu übermittelnden Gedanken, Absichten, Kenntisse – kurz: einen Teil seines inneren Zustandes – in vernehmbare *Zeichen* übersetzen. Diese Übersetzungtätigkeit heißt: *Kodieren*. Die Zeichen sind es, die zum Empfänger „auf die Reise" geschickt werden. Was *nicht* mit auf die Reise gehen kann: Das sind die *Bedeutungen*, die der Sender mit den Zeichen verbindet. Vielmehr ist ein empfangendes Gehirn notwendig, das in der Lage ist, Bedeutungen in die Zeichen neu *hineinzulesen*. Diese Empfangstätigkeit heißt: *Dekodieren*. Bei diesem Akt der Bedeutungsverleihung ist der Empfänger in starkem Maße auf sich selbst gestellt; das Ergebnis der Dekodierung hängt mit ab von seinen Erwartungen, Befürchtungen, Vorerfahrungen – kurzum: von seiner ganzen Person. So mag es geschehen, daß manche Botschaft überhaupt nicht ankommt (etwa wenn der Empfänger den „mürrischen Unterton" nicht mitkriegt); oder daß er mehr „hineinliest" in die Nachricht, als der Sender hineinstecken wollte (etwa wenn der Empfänger einen „Vorwurf" auf der Beziehungsseite heraushört, den der Sender nicht erheben wollte); oder daß er sich angegriffen fühlt, obwohl der Sender nur einen „lustigen" Gesprächsanlaß suchte.

Fassen wir zusammen: In die ankommende Nachricht investiert der Empfänger gleichsam seine ganze Person – sie ist zu einem Gutteil „sein eigenes Werk".

Um also permanente Übermittlungsfehler zu vermeiden, müssen Sender und Empfänger sich darüber verständigen, ob die angekommene Nachricht mit der abgesendeten Nachricht leidlich übereinstimmt – und zwar übereinstimmt auf allen ihren vier Seiten. Als

Sender weiß ich sonst nicht, was der andere mit meiner Nachricht „macht": Ich steck ja nicht in ihm drin, ich bin mir nicht sicher, wie ich auf ihn wirke, wie er sich von mir behandelt fühlt und wie er meine Aussage insgesamt interpretiert.

Wenn Feed Back einer der Schlüsselbegriffe eines jeden Kommunikationstrainings ist, so hat dies neben seiner Funktion als Verständigungshilfe noch einen anderen Grund: *Kein Lernen (und Umlernen) ohne Feed back!* Wie soll ich mich in meinem Verhalten, der Art meiner Kommunikation verändern und verbessern, wenn ich nicht die Wirkung meiner Kommunikation kennenlerne? Daß ohne Feed back kein Verhaltenslernen möglich ist, sehen wir am Beispiel des Zielschießens: Nur wenn ich nach jedem Schuß erfahre, wo das Geschoß gelandet ist, werde ich mit der Zeit treffsicherer. Erfahre ich dies nicht, wird sich meine Leistung auch nach vielen hundert Übungsschüssen nicht verbessern. Viel „Praxis" allein nützt also nichts.

Aber so sehr wir auch die Vorteile von reichlichem Feed back anerkennen, so sehr ist uns doch auch „mulmig" dabei, und wir drücken uns gern davor. Warum ist das zwischenmenschliche Feed back ein so heißes Eisen? Unsere Erziehungserfahrungen waren meist derart, daß wir mit negativen Feed backs schmerzliche Erfahrungen gemacht haben.

„Was bist Du für ein unartiges Kind, schäm' Dich!" Dieses Feed back richtet sich nicht gegen ein bestimmtes Verhalten, sondern gegen die ganze Person und beschädigt das Selbstwertgefühl. Diese unselige Verknüpfung von negativem Feed back und Selbstwertgefühlverminderung steckt in uns drin und macht uns „empfindlich". Diese Empfindlichkeit setzen wir – meist zu Recht – auch bei anderen voraus und versuchen, durch Feed back-Vermeidung Selbstgefühl zu schonen, sei es aus Mitleid oder sei es aus Angst vor Rache. Ein weiterer Grund: Feed back wird leicht wie Lob und Tadel empfunden. Lob und Tadel aber kommen üblicherweise „von oben" (Eltern, Lehrer). Und dann wird das Feed back innerlich abgelehnt, weil man sich von anderen nicht „schulmeistern" lassen will. (Gefahr auf der Beziehungsseite der Nachricht!).

Angenommen, jemand trägt in einer Arbeitskonferenz etwas vor, und er wird unterbrochen und erhält das Feed back: „Also, Herr Müller, das kommt mir doch nun reichlich umständlich vor, wie Sie das alles so darlegen. Sie müssen sich mal bemühen, die Sachen ein bißchen knapper und geraffter zu bringen." Dieses Feed back wird dem Betreffenden empfindlich an die Nieren gehen. Zwar wird er sich nichts anmerken lassen, so daß der Chef beim nächstenmal auch in genau derselben Weise reagieren wird. Er hat keine Chance zu lernen. Aber wir sehen an diesem Beispiel, *daß Feed back-Geben gelernt sein will*, daß man da Fehler machen kann. Statt von oben herab zu tadeln, hätte der Chef einfach seine Gefühle mitteilen sollen: „Ich krieg' jetzt Angst, daß es zu ausführlich wird, Herr Müller. Wäre es möglich, daß Sie es jetzt mehr raffen und zusammenfassen?" Zwar wäre für Herrn Müller diese Unterbrechung auch kein schönes Erlebnis. Jedoch was wäre die Alternative? Daß man ihn weitermachen ließe, um ihn zu schonen? Daß alle innerlich nervös dasitzen mit leidlicher Interessenfassade nach außen? Vielleicht einander Blicke tauschen? Versetzen Sie sich in die Situation von Herrn Müller. Wie möchten *Sie* behandelt werden, in einer solchen Situation?

Richtiges Feed back-Geben will gelernt sein. Ich möchte hier einige Fehler ansprechen, die beim Feed Back-Geben häufig gemacht werden (einmal jetzt abgesehen von dem Hauptfehler, sich das Feed back überhaupt zu verkneifen):

(1) Du-Botschaft statt Ich-Botschaft. „Du bist ein ewiger Dauerredner!" Dieses Feed back bringt den anderen in die Defensive. Sofort stellt sich die Frage: Ist dieser Vorwurf berechtigt? Und vermutlich wird das Gespräch einen gänzlich unfruchtbaren Weg nehmen, nämlich in gereizter Form nach Klärung suchen, ob der Vorwurf berechtigt ist oder nicht. Derjenige, der diese „Du-Botschaft" („Du bist") ausgesprochen hat, teilt gar nichts über seine Gefühle und Gedanken mit, die ihn zu dieser Aussage bewegen. Sitzt er wie auf Kohlen da, weil er auch gern etwas sagen möchte? Dann soll er genau *das* sagen: „Ich sitze hier wie auf Kohlen, mir brennt etwas unter den Nägeln". Dies wäre eine *Ich-Botschaft*. Oder schlafft er allmählich ab und kann nicht mehr zuhören? Soll er das doch sagen: „Tut mir leid, aber mir fällt die Klappe herunter. Etwas zu viel für mich."

„Du–Botschaft"   Mögliche „dahinterstehende" Ich–Zustände

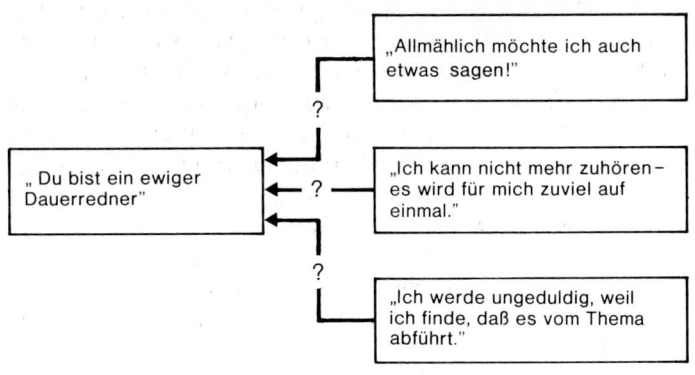

```
                    ┌──────────────────────────┐
                    │ „Allmählich möchte ich auch│
                 ┌──│  etwas sagen!"             │
                 │  └──────────────────────────┘
                 ?
┌──────────────┐ │  ┌──────────────────────────┐
│ „Du bist ein │◄─┤  │ „Ich kann nicht mehr zuhören –│
│ ewiger       │◄─?──│  es wird für mich zuviel auf │
│ Dauerredner" │ │  │  einmal."                  │
└──────────────┘ │  └──────────────────────────┘
                 ?
                 │  ┌──────────────────────────┐
                 └──│ „Ich werde ungeduldig, weil│
                    │  ich finde, daß es vom Thema│
                    │  abführt."                 │
                    └──────────────────────────┘
```

Abb. 21: Die „Du-Botschaft" ist nicht nur feindseliger im Ton – sondern verbirgt auch den Zustand des Senders, der letztlich zur Du-Botschaft führt (Mangel an Selbstoffenbarung)

Solche „Ich-Botschaften" (*Gordon*, 1972) haben mehrere Vorteile:
● Sie sind ehrlicher. Denn der Sprecher teilt dem anderen wirklich das mit, das in ihm vorgeht. Er verzichtet darauf, eigene innere Zustände in eine Aussage über den anderen zu übersetzen. Und er verzichtet darauf, die *Selbstoffenbarung* unkenntlich zu machen, die ja in jeder Nachricht und damit auch in jedem Feed back steckt.
● Ich Botschaften greifen den anderen nicht so an. Der Sprecher macht hier eine Ausage über sich selbst, ohne den anderen herabzusetzen.
● Es entfällt die fruchtlose Diskussion darüber, ob der Feed back-Spender recht hat. Denn daß *er* etwas sagen möchte, oder daß *er* nicht mehr zuhören kann: Darüber gibt es überhaupt keine Diskussion. Darüber kann nur er selbst Auskunft geben, und die Frage nach der Berechtigung entfällt. Die Frage lautet jetzt nicht mehr: Wer hat recht? Sondern: Was können wir angesichts der nun entstandenen Lage tun? Also Blick nach vorn und nicht zurück im Zorn.

(2) Globale Abrechnung statt unmittelbares Feed back. Ein zweiter Fehler besteht darin, viele sogenannte Kleinigkeiten, über die „es sich nicht zu sprechen lohnt", zu unterdrücken, es in sich hineinzufressen. Und irgendwann, wenn das Faß – vielleicht bei einem nichtigen Anlaß – überläuft, wird ausgepackt und abgerechnet. Dies sind oft schlimme Eskalationen, wo man sich anschreit oder gar handgreiflich wird. Sie enden nicht selten mit tödlicher Beleidigung und totalem Abbruch der Kommunikation. Oder sie verlaufen in zänkischer Rechthaberei, in der vergangene Ereignisse „aufgewärmt" werden und jeder dem anderen klarzumachen versucht, wie es wirklich war und wer Schuld hatte. Dies sind unfruchtbare Auseinandersetzungen. Deshalb: auch kleine Störanlässe unmittelbar ansprechen. Ein kleines Problem ist leichter zu lösen als ein großes und angestautes.

(3) „Negativlupe". Manche Menschen haben eine große Meisterschaft entwickelt, beim anderen Fehler zu finden und anzusprechen:

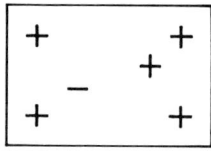 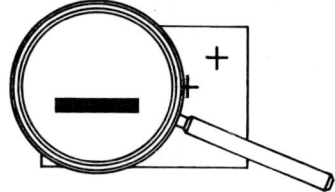

Abb. 22: Die „Negativ-Lupe", die angesichts eines ausgewogenen Nebeneinanders von Vor- und Nachteilen die Nachteile besonders vergrößert

Diese Aktivität dient meist der Erhöhung des eigenen Selbstwertgefühles. Unnötig zu sagen, daß ein solcher Auswahlstil die Beziehung verschlechtert und bei dem anderen den Wunsch erzeugt, auch einmal ein Haar in der Suppe zu finden. Daher ist es wichtig, auch positive Gefühle als Feed back auf die Reise zu schicken. „Ich habe mich gefreut, daß ..." – „Ich habe Sie bewundert, wie Sie ...". Auf der Grundlage eines solchen „Erfolgsspecks" wird der andere auch negative Feed backs leichter annehmen können.

(4) Feed back nur von oben nach unten. Wo es Rangunterschiede gibt, dort fließt häufig reichlich Feed back von oben nach unten. Meist in Form von Leistungsbeurteilungen oder Bewertungen, ohne daß der Feed back-Spender viel von sich selber preisgibt. Jedoch muß Feed back natürlich in beide Richtungen fließen. Und da das Feed back von unten nach oben so unüblich ist, zum Teil weil Sanktionen des Mächtigeren gefürchtet werden, ist es zunächst erforderlich, daß derjenige, der oben ist, seine Feed back-Empfangsbereitschaft signalisiert. In diesem Sinne ergeht der Appell: ,,Verschaffe Dir ein Feed back! Denn es kommt oft nicht von selbst."

Solche ,,Regeln" helfen die Wahrnehmung zu schulen und die Kommunikationsdiagnose zu verbessern. Auch als Wegweiser für Verbesserungen kommen sie infrage. *Jedoch ist ein Kommunikationstraining, das sich in der Bekanntgabe und Einübung von Regeln erschöpft, nur begrenzt aussichtsreich. Entscheidend ist die gefühlsmäßige Grundlage für den Umgang mit dem Feed back: Was traue ich mir zu sagen, was mag ich nicht ansprechen, was löst das Feed back in mir aus, wie verarbeite ich es, wie stehe ich zum anderen, erlebe ich das Feed back als Hilfe oder als Waffe – an diesen Fragen entscheidet sich gelungene und mißlungene Kommunikation.*

1.8 „Kommunikationsfähigkeit": Chancen für Lernen und Umlernen

Wir haben gesehen, was alles passieren kann, wenn ein Sender dieses vierseitige Gebilde „Nachricht" auf die Reise schickt – und wir haben gesehen, was der Empfänger damit alles machen kann. Eine Verständigung ohne unnötige gegenseitige Mißhandlung setzt voraus, daß Sender und Empfänger fähig sind, alle vier Seiten der Nachricht zu handhaben. Uns sind viele psychologische Aspekte der Kommunikationsfähigkeit vor Augen getreten. Immer wieder hat sich dabei die Frage gestellt: Welche Chancen haben wir, uns in unserem Kommunikationsstil zu verbessern?

Einige der notwendigen Teil-Fähigkeiten schienen weiter vom „Persönlichkeitskern" entfernt zu sein – hier ist durch systematisches Üben zweifellos manches zu erreichen; Paradebeispiel: Die verständliche Informationsvermittlung (s. Seite 31 ff). Aber kann man auch „üben", nicht so empfindlich und weniger selbstoffenbarungs-ängstlich zu sein, andere vollwertig, d.h. ohne Bevormundung und Herabsetzung, zu behandeln? Immer wieder verwendete ich Formulierungen wie: „... daß seelische Gesundheit und geglückte Kommunikation einander bedingen." (Seite 59); oder: „ ... das Lernziel Kommunikationsfähigkeit braucht ein Curriculum, das sie seelische Gesundheit der Gesamtpersönlichkeit fördert." (Seite 45)

Vor allem sind wir immer wieder auf Kommunikations-Fehler von Menschen gestoßen, bei denen jede zwischenmenschliche Begegnung von einer überstarken Sorge um die eigene Vollwertigkeit überschattet ist: Sachlichkeit, Partnerschaftlichkeit und Deutlichkeit leiden hier unter dem ständigen Ringen nach persönlicher Anerkennung, nach Selbstaufwertung und unter der empfindlichen Abwehr alles dessen, was die Fassade der Makellosigkeit infrage stellt; auch eine geringschätzende oder polemische oder aggressive oder bevormundende Art, mit anderen umzugehen, läßt sich so leicht nicht „wegtrainieren", da diese Haltungen von dem tiefsitzenden Wunsch bestimmt sein mögen, sich selbst zu schützen und die Selbstaufwertung durch Herabsetzung des anderen zu betreiben.

Wo jahrzehntelange Entwicklungen die Persönlichkeit geformt haben und wo die tagtäglichen Lebensbedingungen die Beibehaltung des „alten Trottes" nahelegen, da nimmt sich ein psychologisches Kommunikationstraining aus wie ein Tropfen auf einem heißen Stein, der auf dem Ofen liegen bleibt. Die „Einübung eines neuen Verhaltens" bewirkt manchmal kaum mehr als die Eingewöhnung neuer Formulierungstechniken, die im Dienste alter Strebungen stehen. Offenere Selbstoffenbarung, „Ich-Botschaften" (vgl. S. 93) und metakommunikatorische Diagnosen werden zum neuen Mittel, sich auf der Beziehungs-Seite die Oberhand zu sichern.

Diese Überlegungen sind geeignet, einen naiven Trainings-Optimismus zu dämpfen. Aber schütten wir das Kind nicht mit dem Bade aus! Wenn wir auch unsere Persönlichkeits-Strukturen wohl nicht grundlegend ändern können und wollen, so bietet sich in Verbindung mit dem Begriff der „Metakommunikation" doch noch ein anderer Ausweg:

Die Herstellung eines metakommunikatorischen Klimas.

Damit ist gemeint: Wir können so bleiben wir wir sind, und wir können die Unterschiede bejahen, die zwischen uns bestehen. Aber wir machen die Art, wie wir miteinander umgehen und die Probleme, die beim „Aufeinanderprallen" unserer Persönlichkeiten entstehen, zum Gegenstand des (ständigen) Gespräches und Feed backs. Wenn jemand sagt: „Zwischen mir und Herrn X läuft nicht alles optimal, da gibt es viele Probleme. Aber was das Gute ist: Wir können darüber reden!" Eine solche Aussage kennzeichnet ein metakommunikatorisches Klima, in dem es weniger „verhärtete Fronten" und unterschwellige Mißhandlungen gibt. Für die Etablierung eines solchen Klimas ist es günstig, wenn sich in einem Kommunikationstraining Gruppen zusammenfinden, die täglich miteinander zu tun haben (vor allem Arbeitsgruppen und Familien). So verstanden ist ein Kommunikationstraining kein Tropfen auf dem heißen Stein, sondern ein Schneeball, der eine Lernlawine ins Rollen bringt.

1.9 Literatur

Adler, A. : Individualpsychologie in der Schule. Frankfurt/Main 1973.

Bödiker, M.-L. und Lange , W.: Gruppendynamische Trainingsformen. Reinbek bei Hamburg, 1975.

Bühler, K.: Sprachtheorie., Jena 1934.

Dreikurs, K.: Psychologie im Klassenzimmer. Stuttgart, 5. Aufl. 1971

Duhm, D.: Angst im Kapitalismus. Lambertsheim 1973.

Gordon, T.: Familienkonferenz, Hamburg 1972.

Harris, T.A.: Ich bin o.k. – Du bist o.k. Reinbek bei Hamburg, 1975.

Höfstätter, P.R.: Individuum und Gesellschaft.

Langer, I., Schulz von Thun, F., T. u. Tausch, R.: Verständlichkeit in Schule, Verwaltung, Politik und Wissenschaft, München 1974.

Mandel, A., Mandel, K.H., Stadter, E. u. Zimmer, D.: Einübung in Partnerschaft durch Kommunikationstherapie und Verhaltenstherapie. München 1971.

Müller-Wolf, H.-M.: Lehrertraining in sozialem und affektivem Verhalten. In: Fittkau, B., Müller-Wolf, H.-M. und Schulz von Thun, F. (Herausg.): Kommunikations- und Verhaltenstraining. Pullach bei München 1974.

Perls, F.: Gestalt-Therapie in Aktion. Stuttgart 1974.

Richter, H.E.: Lernziel Solidarität. Reinbek bei Hamburg, 1974.

Rogers, C.: Entwicklung der Persönlichkeit. Stuttgart 1973.

Rogers, C.: On Encounter Groups. New York Evanston, London, 1972.

Schulte B. u. Thomas, B.: Verhaltensanalyse und Therapieplanung bei einer Patientin mit multiplen Ängsten. In: Schulte, B. (Hrsg.): Diagnostik in der Verhaltenstherapie. München-Berlin-Wien, 1974.

Schulz von Thun, F., Steinbach, I., Tausch, A.- M. u. Neumann, K.: Das Werbefernsehen als Erzieher von Millionen Zuschauern – eine vergleichende Studie BRD – DDR. Psychologie in Erziehung und Unterricht, 21. Jahrgang, S. 355 – 364, 1974.

Schulz von Thun, F., Enkemann, J., Leßmann, H. u. Steller, W.: Verständlich informieren und schreiben – Trainingsprogramm Deutsch. Freiburg – Basel – Wien, 1975.

Schulz von Thun, F. u. Götz, W.: Mathematik verständlich erklären. München-Berlin-Wien 1976.

Schulz von Thun, F.: Die Aneignung von Kenntnissen im Unterricht durch verständliche Lehrtexte. Unterrichtswissenschaft (Nr. 2), S. 101-113, 1976.

Tausch, R. u. Tausch, A.-M.: Erziehungspsychologie. Göttingen, 6. Aufl. 1971.

Tausch, R.: Gesprächspsychotherapie. Göttingen, 5. Aufl. 1973.

Watzlawick, P., Beavin, J.H. u. Jackson, D.D.: Menschliche Kommunikation. Bern-Stuttgart, 1969.

Watzlawick, P., Wekland, J.H. u. Fisch, R.: Lösungen. Bern-Stuttgart-Wien 1974.

2 Grundzüge unseres Kommuni- kations- und Verhaltenstrainings für Berufspraktiker (2/1)*

Bernd Fittkau
Friedemann Schulz von Thun

Zusammenfassung

Wir begründen zunächst kurz, warum wir Kommunikationstrainings für wichtig halten und durchführen: Die meisten von uns haben erhebliche Defizite im Bereich ihrer kommunikativen Fähigkeiten. Insbesondere aber fehlt es an der Fähigkeit, abgelaufene Kommunikationsprozesse zu klären und so aus ihnen zu lernen (metakommunikative Kompetenz). Unsere Trainings sollen anregen, diese Defizite auszugleichen. Dabei wird ein ganzheitliches Lernen angestrebt, bei dem alle Bereiche der Persönlichkeit angesprochen werden sollen: Der kognitive Bereich durch Informationsvermittlung und -Erarbeitung, der aktionale durch Verhaltensübungen, wie Rollenspiele und der emotionale durch Selbsterfahrung mit Hilfe von (Video-) Feedbacks, Prozeßanalysen und der Aufarbeitung aktueller zwischenmenschlicher Konflikte. In diesem Zusammenhang weisen wir auf eine Reihe von Gefahren hin, die gegen Spezialtrainings nur jeweils eines Persönlichkeitsbereiches sprechen. Nach einem exemplarischen Einblick in den Trainingsablauf und die Funktion der Trainer werden zum Schluß die Probleme einer angemessenen Überprüfung der Trainingseffekte diskutiert.

Psychologie heute, 2, 1976, mit freundlicher Genehmigung

2.1 Wozu Kommunikationstrainings?

Seit etwa fünf Jahren führen wir Veranstaltungen durch, die wir „Kommunikationstraining" nennen. Teilnehmer waren Lehrer, Kindergärtner, Betriebs- und Schulpsychologen, Studenten, innerbetriebliche Ausbilder und Führungskräfte. In der Regel war die Teilnehmergruppe berufshomogen.

Was ist das Ziel solcher Trainingskurse? Darüber gleich einige einleitenden Gedanken (2.1). Etwas ausführlicher nehmen wir zu der Frage Stellung: Wie können solche Kurse durchgeführt werden, wenn man drei bis fünf Tage Zeit hat, bei etwa 16-24 Teilnehmern und zwei Referenten? Soll man den Teilnehmern möglichst viele Informationen über psychologische und soziologische Konzepte vermitteln? Oder soll man möglichst viel üben, üben und nochmal üben, etwa bestimmte Techniken psychologischer Gesprächsführung? Oder soll man die Teilnehmer an Ort und Stelle Erfahrungen mit sich selbst und der Gruppe machen lassen, möglichst mit emotionalem „Tiefgang" und unter Verzicht auf Informationen und Übungen? Unsere Art der Durchführung von Komminikationstrainings schildern wir unter (2.2). Schließlich fassen wir unter (2.3) einige Vermutungen über die Auswirkungen solcher Veranstaltungen zusammen – die heikle Frage der „Effektivitätskontrolle" soll wenigstens angesprochen , wenn auch beileibe nicht befriedigend beantwortet werden.

Damit Menschen befriedigend miteinander klarkommen und nutzbringend kooperieren können, brauchen sie *kommunikative Grundfähigkeiten*. Damit ist zum Beispiel gemeint:
– Sich trauen, den Mund aufzumachen,
– andere so ansprechen, daß sie sich persönlich akzeptiert fühlen,
– anderen etwas erklären und sich dabei verständlich ausdrücken,
– eigene Wünsche offen darlegen,
– mitkriegen, was mit dem anderen los ist,
– sagen können, was einem nicht paßt,
– zuhören und auf das Gesagte eingehen können usw.

Zum anderen brauchen Menschen, die befriedigend miteinander kommunizieren wollen, die Fähigkeit, Kommunikationsstörungen zu erkennen und in ihren Ursachen zu durchschauen, damit diese Störungen behoben werden können. Gebraucht werden also, *metakommunikatorische Fähigkeiten:* Man muß die Art der zwischenmenschlichen Kommunikation selbst zum Gegenstand der Kommunikation, der Diagnose und der Therapie werden lassen können.

Der Sinn von Kommunikationstraining beruht nun auf drei Annahmen:

1) Hinsichtlich der skizzierten kommunikativen und metakommunikativen Fähigkeiten besteht ein Lernbedarf.

Wir sind alle wohl nicht gerade Weltmeister in zwischenmenschlicher Kommunikation. Teilweise haben wir zu *wenig gelernt*; etwa dadurch, daß unsere Rolle als Schüler sehr einengend war: Zuhören, mitschreiben, auf Fragen antworten, richtiges Deutsch sprechen. Teilweise haben wir *etwas Falsches gelernt*; z.B. daß wir unsere Gefühle verbergen müssen und Angst davor haben müssen, eine schlechte Figur zu machen. Und: Auf der Basis von Gleichberechtigung miteinander umgehen – dafür war in der Schule des Lebens oft keine Stunde reserviert.

2) Es ist wichtig für den einzelnen und die Gesellschaft, daß kommunikative und metakommunikative Fähigkeiten besser ausgebildet sind.

Die Wichtigkeit für die Gesellschaft ergibt sich aus folgendem:

Die Lösungen der großen und kleinen Probleme unserer Zeit hängen entscheidend davon ab, daß Politiker, Fachexperten, Interessenvertreter, Verwaltungsbeamte und Bürger vernünftig miteinander kooperieren und kommunizieren. Schon auf kleinstem Raum – etwa in einem mittelgroßen Betrieb oder in einem Lehrerkollegium – ist zu beobachten, daß wirkungsvolle Arbeit durch persönliche Feindseligkeiten, Empfindlichkeiten, Rivalitäten und Ungeschicklichkeiten in der zwischenmenschlichen Kommunikation enorm behindert wird. (Die Beziehungsprobleme behindern erheblich den Sachertrag.)

Die *Wichtigkeit für den einzelnen* ergibt sich aus folgendem:

Zwischenmenschliche Kommunikation ist nicht nur Mittel zum Zweck, sondern auch Selbstzweck. Sie dient der menschlichen Bedürfnisbefriedigung. Gerade in hochindustriellen Staaten, in denen materielle Bedürfnisse ja teilweise gedeckt sind, wächst der Wunsch nach befriedigenden menschlichen Begegnungen; ebenso am Arbeitsplatz (Schlagwort: Humanisierung der Arbeitswelt). Wo die Grenzen des (materiellen) Wachstums allmählich erreicht sind, entsteht für das psychische Wachstum zunehmend ein (Nachhol-) Bedarf; Freizeit- und Partnerprobleme treten in den Vordergrund. Solidarität und Gemeinschaft muß mühsam errungen werden - unsere Art zu wohnen und zu arbeiten bringt die Gefahr von Einsamkeit und Entfremdung mit sich. Kommunikation heißt: Eine Brücke zum anderen schlagen.

3) Es gibt Methoden (und wir beherrschen sie), um günstige Lernvorgänge im Bereich der zwischenmenschlichen Kommunikation zu fördern.

Diese dritte Annahme steht auf noch recht wackligen Beinen. Gewiß: Die Wissenschaften vom menschlichen Verhalten haben manche Erkenntnisse ans Licht gebracht, wodurch Kommunikationsstörungen entstehen, worin sie sich zeigen und wie man ihnen vorbeugen und an ihnen arbeiten kann. Gewiß: Bestimmte Prinzipien der Lernpsychologie, Sozialpsychologie und Klinischen Psychologie legen nahe, wie Vorgänge des Lernens und Umlernens angeregt werden können. Und doch: Eine ,,Pille" ist für diese Zwecke noch nicht erfunden – zumal die Art, wie jemand kommuniziert, in seiner jahrzehntelang gewachsenen Persönlichkeit mitbegründet liegt.

Im folgenden wollen wir einige Grundzüge darlegen, die unsere Art von Kommunikationstrainings kennzeichnen.

2.2 Wie machen wir Kommunikationstraining?

Am besten beantworten wir diese Frage, indem wir zunächst sagen,
wir wir unsere Veranstaltungen *nicht* durchführen:
1) Es beginnt sich herumzusprechen: Wenn Lernvorgänge auch
Einstellungs- und Verhaltensänderungen hervorbringen sollen,
dann nützt es wenig, Vorlesungen zu halten. Also: Unsere Veranstaltungen laufen nicht so ab, daß wir als Dozenten einen Vortrag
nach dem anderen halten. Schon gar nicht versuchen wir, durch ein
„Lehrgespräch" die Teilnehmer zur Formulierung derjenigen Erkenntnisse anzuregen, die wir selber mitbringen.

Dennoch: Verbesserungen der Kommunikationsfähigkeit setzt
eine sensible Wahrnehmung voraus; und um etwas wahrzunehmen, brauche ich Kenntnisse und Konzepte. Deshalb vermitteln
wir *auch* Informationen – durch Kurzvorträge („Musik von vorn")
und durch Merkblätter. Gegenstand dieser Informationsvermittlung sind vor allem die Grundlagen der Kommunikationspsychologie. Wir bemühen uns, solche Informationen möglichst genau
dann in improvisierter Form zu geben, wenn das Geschehen in der
Gruppe zu solchen Informationen Anlaß gibt. Es ist immer überzeugend, etwas am Beispiel des gemeinsam Erlebten darzustellen.
2) Manche Fertigkeiten eignet man sich am besten an, wenn man
sie so lange übt, bis sie sitzen. Auch bei kommunikativen Teilfähigkeiten geht man zuweilen erfolgreich diesen Weg – etwa bei Ver-
käuferschulungen oder bei der Einübung von *skills* in der Lehrerbildung („Micro-Teaching"). Das Wort „Training" hat bei dieser
Form der Fortbildung seine stärkste Berechtigung.

Unsere Veranstaltungen bestehen nicht überwiegend aus Übungen. Die Gefahr ist zu groß, daß die Teilnehmer Techniken perfek-
tionieren, die weder zu ihrem sonstigen Verhaltensstil passen, noch
immer zu den Situationen, in denen sie später diese Techniken „anwenden". Von einer Verbesserung der Kommunikationsfähigkeit
oder gar von einer Persönlichkeitserweiterung kann dann überhaupt keine Rede sein.

Dennoch: Auf Verhaltenstraining und Übungen kann man nicht
verzichten, wenn man Verhaltensänderungen anstrebt. Deshalb
machen wir *auch* Übungen (z. B. in verständlicher Informationsvermittlung oder in Diskussionsleitung oder in Konfliktregelungsge-
sprächen) – jedoch im Kontext von rationaler und gefühlsmäßiger
Auseinandersetzung. In diesen Übungen wird die *jeweilige Berufs-*

praxis der Teilnehmer möglichst konkret simuliert (z.B. in Rollenspielen).

3) Echte, tiefgreifende Änderungen der Persönlichkeit sind nur durch tiefgehende Selbsterfahrung in der Gruppe, durch persönliches Feed back und Auseinandersetzung damit erreichbar; durch eine Konfrontation mit dem „Hier und Jetzt", ohne intellektualisierende Ausflüchte und geläufige Abwehrtechniken. Deshalb gibt es heutzutage viele gruppendynamische Veranstaltungen, in denen ausschließlich eine stark emotionale Auseinandersetzung mit dem gemeinsam erlebten Interaktionsgeschehen in der Gruppe angestrebt wird. Mit dieser Form verbinden sich ganz unterschiedliche Trainingsphilosophien und Rollendefinitionen der Trainer. Gemeinsames Merkmal aber ist, daß die Gruppenteilnehmer weitgehend sich selbst überlassen sind, daß der Trainer kein zeitlich strukturiertes Programm vorlegt, keine Vorträge hält und kein Verhaltenstraining anbietet. *Gefahren* dabei:

● *Die ausschließliche Betonung des „Hier und Jetzt" macht es fraglich, ob die Teilnehmer die in der Gruppe gemachten Erfahrungen auf ihre Berufspraxis nutzbringend beziehen und übertragen können. Oft verführt die Möglichkeit , „hier einmal ganz Mensch" sein zu können, dazu, den Blick von der betrüblichen Realität abzuwenden.*

● *Die Betonung der Emotionalität ist zwar wohlbegründet als Gegengewicht zu der üblicherweise übertrainierten Rationalität („Kopflastigkeit"). Die Gefahr besteht aber auch hier wieder darin, des Guten zu viel zu tun. Vom Verpönen „intellektuellen Gehabes" zum Verpönen von rationaler Problembewältigung (und damit dem Aufbau kognitiver Strukturen) überhaupt, ist oft nur ein kleiner Schritt.*

● *Unstrukturierte Selbsterfahrung kostet viel Zeit. Oft brauchen Gruppen tagelang, bevor sich etwas Wichtiges ereignet. Aus diesem langen „Prozeß" kann man wohl auch etwas lernen, aber das Verhältnis von Zeitaufwand und Lernertrag scheint uns nicht optimal.*

4) Drei Straßen des Lernens: Wir hoffen, gezeigt zu haben, daß sich die angesprochenen drei Lehr- und Lernmethoden – die *Drei Straßen des Lernens:* also die Informationsvermittlung, das Verhaltenstraining und die Selbsterfahrung – fruchtbar miteinander integrieren lassen. Wir haben die *Chancen* jeder Methode gesehen, aber auch die *Gefahren.* In der Abbildung 1 haben wir die bisherigen Überlegungen noch einmal zusammengefaßt.

Die Drei Straßen des Lernens	Chancen	Gefahren
Informationsvermittlung *(kognitiv)*	rationale Auseinandersetzung mit der Realität. „Durchblick" aufgrund von Kenntnissen und kognitiven Strukturen. Sensibilität durch wahrnehmungserweiternde Konzepte.	Unverbindliches Gerede im abstrakten Raum. Folgenlosigkeit für konkretes Verhalten. Passivierung, Infantilisierung u. Entmotivierung der Teilnehmer.
Verhaltenstraining *(aktional)*	Verhaltenssicherheit. Effektivitätsssteigernde Techniken. Konkretes Erproben theoretischer Konzepte.	Technokratischer Drill ohne Reflexion und Persönlichkeitsintegration.
Selbsterfahrung *(emotional)*	Direkte emotionale Betroffenheit. Erfahrungen, die „unter die Haut" gehen. Exemplarisches Erfahren von und Arbeiten an zwischenmenschlichen Problemen.	Realitätsabkehr durch Verbleiben im „Hier und Jetzt". Verpönen der rationalen Seite der Person. Zeitraubend.

Abb. 1: Drei Straßen des Lernens: Chancen und Gefahren

Die Gefahren, die jede Methode in ihrer „reinen" Form in sich trägt, lassen sich offenbar vermindern, wenn jede Methode durch die beiden anderen ergänzt und relativiert wird. Wir versuchen daher in unseren Trainingsveranstaltungen, die *Drei Straßen des Lernens* in der Balance zu halten:

Informationsvermittlung? Ja, aber wohldosiert und nur, um Übungen zu begründen, die Ziele zu reflektieren und für Selbsterfahrung Begriffe an die Hand zu geben.

Verhaltenstraining? Ebenfalls! Aber nicht mit dem Ziel, bestimmte, von uns vorgegebene Verhaltensmuster einzubimsen. Praxissimulierende Verhaltensübungen (mit gleichzeitiger Video-

Aufnahme) führen wir zum einen durch, damit jeder Teilnehmer mit Hilfe des Video-Feedbacks selbst erfahren kann, wo seine Verhaltensdefizite liegen ("Selbstdiagnose"). Zum anderen, damit ein breites Angebot alternativer Verhaltensmodelle entsteht, was anregt, die eigenen eingeschliffenen Verhaltensmuster zu überprüfen und das eigene Repertoire durch Nachahmung zu erweitern und/oder zu verändern.

Gruppendynamische Selbsterfahrung im ,,Hier und Jetzt''? Jawohl auch, aber in zweifacher Weise ergänzt: (1) Durch praxissimulierende Verhaltensübungen, die gezielt aus dem ,,Hier und Jetzt" herausführen. (2) Das ,,emotionale Eintauchen" wird später durch eine rationale Geschehensanalyse ergänzt und durchschaubar gemacht. Außerdem hat die dritte Straße des Lernens Selbsterfahrung) im Kontext der beiden anderen Straßen eine wirkliche Funktion: Durch *Beziehungsklärungen* (,,Wie stehen wir zueinander – wieso gehe ich immer innerlich hoch, wenn Sie etwas sagen?") und durch *Aufarbeitung emotionaler ,,Überbleibsel''* (,,Ich muß immer noch an vorhin denken, als Sie mir im Rollenspiel ..") ist es hinterher wieder besser möglich, sachlich am Thema zu arbeiten: Besseres Zuhören, entkrampftes Klima, keine Hemmungen bei Rollenspielen und weniger Angst vor den anderen.

Halten wir die Methoden, die mit den *Drei Straßen des Lernens* einhergehen, fest:

Straße des Verstandes:

Informationsvermittlung, rationale Auseinandersetzung mit Trainingsinhalten und -zielen und Berufsproblemen der Teilnehmer; primär verbal-digitale Informationsverarbeitungen.

Straße des Verhaltens:

Verhaltensübungen, Praxissimulation, Einsatz von Video-Feedback.

Straße der Gefühle:

Selbsterfahrung, metakommunikatorische Auseinandersetzung mit dem Geschehen in der Gruppe, Prozeßanalysen, Beziehungsklärungen; primär nonverbal-analoge Informationsverarbeitungsprozesse.

Zwischen den Dreien versuchen wir, eine Balance zu halten.

Bevor wir nun darauf eingehen, wie sich die Konzeption von den drei Straßen des Lernens konkret im Programm und im Ablauf einer Trainingsveranstaltung niederschlägt, sei auf folgendes hingewiesen: Die *Drei Straßen des Lernens* haben ihre Entsprechung in den drei Bereichen der Persönlichkeit: dem kognitiven, dem emotionalen und dem aktionalen Bereich. Ein Lernangebot, das den *ganzen Menschen* (nicht nur z.b. seine oberste Hirnrinde) anspricht, muß entsprechend vielfältig sein, sonst besteht nämlich die Gefahr, die einseitige Ausbildung eines Persönlichkeitsbereiches und die Desintegration und Inkongruenz zwischen den drei Bereichen durch die Art der Veranstaltung noch zu verfestigen. Einseitige Über- und Unterbetonungen einzelner Persönlichkeitsbereiche sind in Abbildung 2 illustriert.

Persönlich-keitsbereich	einseitige Überbetonung	einseitige Vernachlässigung
kognitiv	„Kopflastigkeit" – „Intellektualisierer" – „praxisferner Theoretiker" – „hat sich schon mal jemand totreflektiert" – „Hirnling" – „kalter Rechner" – „kein Mensch, sondern ein Computer"	„Dummheit" – „Engstirnigkeit" – „den Wald vor lauter Bäumen nicht sehen" – „zu enger Horizont" – „Vereinfacher" – „verkürzter Blickwinkel"
emotional	„Gefühlsduselei" – „Affektrausch" – „ausgeflippt" – „regressives Verhalten" – „Wahrnehmungs-verzerrungen" – „blind vor Wut" – „sentimental"	„gefühlstot" – „eiskalt" – „herzlos" – „distanziert" – „unecht" – „fassadenhaft" – „innerlich hohl" – „apathisch" – „kalter Fisch"
aktional	„blinder Aktionismus" – „technokratischer Macher" – „Zack-zack, nicht lange gefackelt" – „erst handeln, dann denken!"	„Verhaltensdefizite" – „wie der Ochs vorm Berg" – „Praxisferne" – „nicht zu Potte kommen" „Handlungsunfähigkeit" – „zwei linke Hände"

Abb. 2: Persönlichkeitsbereiche und -„verzerrungen"

Da Kommunikationsprobleme nicht zuletzt in „eindimensionalen Optimierungen" der Persönlichkeiten wurzeln, muß ein Kommunikationstraining möglichst die Integration aller Bereiche fördern.

5) Verwirklichung des Drei-Straßen-Konzeptes in Programmgestaltung und Trainingsablauf: Wir wollen hier nicht ein Wochenprogramm vorstellen. Aber die Art, wie wir versuchen, die *Drei Straßen des Lernens* in einer Balance zu halten, wird vielleicht durch die folgenden Hinweise deutlich.

Vom zweiten Tag an beginnt jeder Tag unserer Kommunikationstrainings morgens mit einer *Prozeßanalyse* des vorangegangenen Tages. Jeweils ein Team von ca. vier Teilnehmern ist dafür zuständig. Sie lassen den vorangegangenen Tag aus ihrer Sicht noch einmal Revue passieren, sprechen an, was ihnen wichtig war, versuchen das Verhalten der Teilnehmer und Trainer zu beschreiben und zu interpretieren und üben evtl. „Manöverkritik", mit dem Ziel rechtzeitiger Kurskorrekturen. Danach wird im Plenum diskutiert; auch die Trainer beteiligen sich an der Diskussion. Die Prozeßanalyse dient hauptsächlich der Auseinandersetzung mit dem „Hier und Jetzt" (bzw. Gestern, hier und in Zukunft").

Nach der Prozeßanalyse kommt in der Regel eine halbe Stunde „Musik von vorn": Vortrag über Kommunikationspsychologie (z.B. verschiedene Aspekte an einer Nachricht, der Umgang mit Feedbacks, Trennung von Inhalt und Beziehung, Techniken der Selbstoffenbarung usw.) oder über Verhaltenssteuerung (z.B. Grundzüge der Lern- und Rollentheorie).

Danach zum Beispiel eine Übung, die Lernmöglichkeiten auf allen drei Straßen gleichzeitig bietet: Die Teilnehmer bilden Zweier-Teams. Jedes Team löst eine Aufgabe, die eine problematische Berufsrollen-Situation zum Inhalt hat. Zum Beispiel in einem Training für Schulpsychologen folgende Aufgabe:

„Sie sind Schulpsychologe an einer Gesamtschule. Sie bemühen sich, längerfristige Aufbauarbeiten in einigen Klassen zu leisten (Schüler-Elterngruppen und Lehrerberatung). Fast täglich jedoch werden Sie mit akuten Problemfällen konfrontiert (ein Schüler hat gestohlen, ein anderer schwänzt, ein dritter hat randaliert usw.). Diese Fälle beanspruchen den größten Teil Ihrer Arbeitszeit. Bei der nächsten Schulkonferenz haben Sie die Möglichkeit, der Schulleitung und den Lehrern Ihre Vorstellungen von Ihrer Arbeit darzulegen.

Sie haben dafür zehn Minuten. Rechnen Sie auch mit praxisnahen Fragen, Einwänden und Wünschen von seiten der Lehrer."

Die Situation wird dann entsprechend gespielt und auf Video-Recorder aufgenommen. Das Verhalten der Akteure wird später in zweifacher Hinsicht ausgewertet:

● hinsichtlich der vertretenen Standpunkte. Das Rollenverständnis des Schulpsychologen läßt sich an konkreten Beispielen am besten diskutieren; und

● hinsichtlich der Art der Vermittlung: Wie verständlich war die Darstellung (Einschätzung nach den „vier Verständlichmachern" – vgl. *F. Schulz von Thun,* Verständlich informieren. Psychologie Heute 5/75)? Wie wurde auf die Beiträge der „Lehrer" eingegangen? usw. Hier verbindet sich Verhaltenstraining mit rationaler Rollen-Auseinandersetzung.

Aber auch die dritte Straße (emotionale Selbsterfahrung) kommt zur Geltung: Der Streß, vor der Kamera eine gute Figur machen zu wollen, sich dem Feedback stellen, das Umgehen mit Kritik von seiten der Anderen – all dies bietet vielfältige Anlässe, die Art des Miteinanders in der Lerngruppe zum Gegenstand metakommunikatorischer Aufarbeitung zu machen. Diese Aufarbeitung wird zweimal in der Woche vertieft durch unstrukturierte Gruppengespräche (Beziehungsklärungen, Bearbeitung emotionaler Überbleibsel; manchmal in Anlehnung an die themenzentrierte interaktionelle Methode: „Ich und die Gruppe", oder „Die Angst vor den anderen").

Die *Rolle der Trainer* wechselt in Abhängigkeit von der jeweiligen Straße, die gerade „befahren" wird. Der Trainer ist

● Informationsvermittler und Strukturierer von Diskussionsbeiträgen;

● Organisator von Verhaltensübungen – möglichst jemand, der bestimmte Verhaltensziele selbst (als Modell) vormachen kann; ferner ist er, wie die Teilnehmer auch, Feedback-Spender;

● Was die Straße der Selbsterfahrung betrifft ist der Trainer Metakommunikator, Prozeßanalytiker, Anwalt des Unplanbaren und jemand, der seine Gefühle mit in die Gruppe einbringen kann, der sich um echte, fassadenfreie Kommunikation bemüht und darauf verzichtet, „den Perfekten" spielen zu wollen.

2.3 Die „Effekte"

Welche Wirkungen hinterläßt ein solches Training bei den Teilnehmern? Ändern sie ihr Verhalten? Oder fühlen sie sich sicherer in ihrem Verhalten? Oder sind sie eher verunsichert? Oder haben sie weniger Angst? Oder kriegen sie mehr mit, was um sie herum passiert – sehen es mit anderen Augen? Oder haben sie mehr Mut, schwierige Dinge in Angriff zu nehmen, mit dem Wind eines erstarkten Selbstgefühles im Rücken? Oder „picken" Sie sich einige äußerliche Techniken aus dem Trainingsangebot heraus, die ihnen in zwischenmenschlichen Situationen die Oberhand sichert? Oder verfallen sie bald wieder „in den alten Trott"? Oder profitieren sie für ihr Privatleben mehr als für die Berufspraxis? Oder tun sie sich zusammen und stärken sich gegenseitig in einer solidarischen Gemeinschaft ? Oder kommen sie in Konflikt mit Kollegen, die ein solches Training nicht besucht haben?

Wir möchten wetten: Alles dies tritt ein – bei dem einen Teilnehmer mehr dieses, bei dem anderen mehr jenes. Wir können den Erfolg nicht standardisieren. Aber müßten wir nicht durch empirische Forschung zu ermitteln versuchen, was sich im einzelnen tut? Ja, müßten wir eigentlich! Aber wie? Herkömmliche Erfolgsmessung (z.B. Fragebogen vorher und nachher) ist zwar gut gemeint; besonders dann, wenn die verwendeten Instrumente bestimmten formalen Bedingungen genügen. Aber obwohl die berichteten Ergebnisse dann einen sehr „wissenschaftlichen" Eindruck machen, geben sie kaum Auskunft über eigentlich Wissenswertes. Was bedeutet etwa ein Zuwachs von zwei Punkten auf irgendeiner Fragebogenskala im Leben der betreffenden Testpersonen?

Zudem haben wir die Erfahrung machen müssen, daß wir aufgrund der Durchführung eines Vortestes zu Beginn eines Trainings ziemliche Lernbarrieren und Beziehungshindernisse zwischen uns und den Teilnehmern aufbauen oder verstärken: Die Teilnehmer nehmen sich in der Rolle des Prüflings, Schülers oder Versuchskaninchens wahr und erwarten dann entsprechend Lehrer- oder Expertenhaftes vom Trainer. Oder aber sie wehren sich gegen eine solche Rollenverschreibung, indem sie den Vortest wenig ernst nehmen oder Aggressionen gegen die Trainer und das Lernangebot entwickeln u.ä. Da zu Beginn eines Trainings solche Beziehungsprobleme kaum angemessen, d. h. von Teilnehmern und Trainern gemeinsam, bearbeitet werden können, kann ein solcher Vortest die

Erreichung der eigentlichen Ziele stark behindern, und es kann die Aufarbeitung eines solchen, künstlich erzeugten Konfliktes einen wesentlichen Teil der Trainingsarbeit ausmachen. Wir verzichten deshalb, wenn auch mit ziemlich schlechtem Wissenschafts-Gewissen, auf einen Vorher-Nachher-Testvergleich. Wir möchten aber an dieser Stelle gern auf einen umfassenden Evaluationsversuch hinweisen, der im Rahmen eines größeren Forschungsprojektes durchgeführt wurde: „Training von Unterrichts- und Erziehungsverhalten – Evaluation eines Curriculums.", von *Minsel, Minsel & Kaatz*, München, 1976. In diesem Projekt wurden nicht nur die Trainingseffekte bei den Teilnehmern mit Hilfe von Einstellungsfragebögen, Persönlichkeitstests, Tonbandaufnahmen des Unterrichtsverhaltens und Nachbefragungen untersucht, sondern es wurden auch die Kollegen, Schüler und Lebenspartner der Trainierten nach Veränderungen befragt: Eine Reihe von Trainingsprofiten konnten so sehr wahrscheinlich gemacht werden.

Die validen Aufgaben für jeden Test stellt das Leben. Also brauchten wir viele Forscher, die als Lebensbegleiter der Teilnehmer vorher und nachher ihre Beobachtungen machen. Oder wir müssen die Teilnehmer selbst befragen, ob und wo sie Änderungen an sich feststellen. Dies ist wohl der beste Weg, obwohl wissenschaftlich begründete Einwände zahlreich und berechtigt sind. Wir selbst begnügen uns im Augenblick damit, die Teilnehmer nach dem Training ausführlich – schriftlich und anonym – zu befragen: „Hat Ihnen die Veranstaltung etwas gebracht? Wenn ja, was haben sie profitiert?" usw. Wir sehen es schon als Erfolg an, wenn Veranstaltungen in der Erwachsenenbildung von den Teilnehmern positiv aufgenommen werden. Dies ist fast immer in starkem Maße der Fall („Die erste nicht langweilige Fortbildungsveranstaltung, die ich erlebt habe ...").

Natürlich garantiert die positive Resonanz am Ende eines Trainings nicht seine Effektivität über den Tag hinaus. Einige Hinweise geben Nachbefragungen nach sechs bis zwölf Monaten. Die Antworten sind vielfältig. Sie deuten insgesamt darauf hin, daß viele Teilnehmer mehr Sicherheit im Umgang mit zwischenmenschlichen Problemen spüren (z. B. „Ich achte jetzt vielmehr auf die gefühlsmäßigen Dinge in meiner Arbeitsgruppe und wage sie anzusprechen").

3 Kooperationstraining für Lehrer (3/1)*

Bernd Fittkau

Zusammenfassung

Es wird zunächst kurz die Notwendigkeit des Lernens von Kooperationsfähigkeit in unserer Gesellschaft diskutiert. Ein wesentliches Einübungsfeld könnte ·die Schule sein. Welche Widerstände der schulischen Förderung von Kooperationsfähigkeit (im wesentlichen durch Gruppenarbeit) entgegenstehen, werden dann skizziert: Sowohl äußere Bedingungen wie ungünstige Lehrmaterialien, Zensuren- und Konkurrenzdruck (im Hinblick auf Studien- und Arbeitsplatzmangel) als auch Ängste, Einstellungen und Verhaltensweisen der Lehrenden und Lernenden erschweren einen kontinuierlichen Umlernprozeß. Welche konkreten Lernmöglichkeiten es insbesondere für Lehrer gibt, dennoch die eigene Kooperationsfähigkeit und die der Schüler zu verbessern, wird im Hauptteil der Arbeit behandelt: Übungen zur Erhöhung des Vertrauens, zur Erfahrbarmachung der Vorteile von Kooperation, zu Selbsterfahrungen der eigenen kooperationshemmenden und -fördernden Verhaltensweisen und zur praktischen Einübung kooperativer Fähigkeiten im Klassenzimmer und in selbstorganisierten Lehrerfortbildungsgruppen.

3.1 Widerstände gegen Gruppenarbeit

Wenn man in einer Lehrergruppe auf die Tatsache hinweist, daß auch heute noch in den meisten Klassenzimmern so gut wie keinerlei Gruppenarbeit praktiziert werde (s. z.B. *Tausch* u. *Tausch*, 1971, S. 238; *Nickel* u. *Dumke*, 1970 , S. 465), so folgt als Reaktion oft ein Schwall von Rechtfertigungen, warum Gruppenarbeit in der Schule so schwierig sei.

---

* Mit freundlicher Genehmigung des Verlages Quelle und Meyer

Es ist, als ob sich durch diesen Hinweis jeder einzelne Lehrer der Gruppe persönlich angegriffen fühle und die eigene Person verteidigen müsse. Diese psychologische Interpretation der Situation erweist sich in der weiteren Diskussion meist auch als richtig: Auf der einen Seite sehen viele Lehrer heute die Gruppenarbeit rational als eine sehr wichtige neue Unterrichtsmethode an; auf der anderen Seite aber praktizieren sie dennoch überraschend selten in ihren Klassen Gruppenarbeit. Dieser Widerspruch zwischen rationaler Einsicht und praktischem Verhalten (= kognitive Dissonanz) wird als inneres Unbehagen erlebt und rational durch Rechtfertigungen abzubauen versucht.

Diese psychodynamische Betrachtung obigen Gruppengeschehens weist auf einen wichtigen psychischen (Abwehr-) Mechanismus hin, sich gegen praktische Veränderungen zur Wehr zu setzen: Ergibt sich als Konsequenz aus neuen Erkenntnissen die Notwendigkeit, sein Verhalten zu ändern, so wird man extrem verunsichert, denn man muß sein eingeschliffenes, mühsam perfektioniertes Verhalten (hier: Frontalunterrichtung) ablegen und gegen ein neues, weitgehend unbekanntes, kaum geübtes Verhaltensrepertoire (hier: demokratisches Unterrichtsverhalten mit Gruppenarbeit) eintauschen. Diese Angst vor neuen Situationen, genauer vor der eigenen Unperfektheit in neuen Situationen, macht den Blick besonders scharf für alle Argumente, die gegen das geforderte neue, verunsichernde Verhalten sprechen oder die dieses unter den bestehenden äußeren Bedingungen als kaum möglich erscheinen lassen. Anders gesagt: Wir haben in uns die Tendenz, die Welt durch eine Brille zu sehen, die hauptsächlich solche Dinge durchläßt, die unsere innere Harmonie wieder herstellt bzw. keine Disharmonie entstehen läßt – kurz: die uns in den Kram passen.

Wollen wir die Gruppenarbeit in der Schule stärker zur Geltung bringen, so müssen wir von den hier beschriebenen psychischen Barrieren gegen Veränderung ausgehen und diese durch systematisches Training zu überwinden versuchen.

Überblick:

Im folgenden sollen deshalb wesentliche Barrieren gegen die Durchführung von Gruppenarbeit zusammengestellt werden, wie sie in Diskussionen mit Lehrerstudenten, Referendaren, Lehrern häufig genannt werden. Dann sollen Hinweise zu deren Überwindung gegeben werden.

Die gruppenarbeitsverhindernden Barrieren lassen sich grob unter vier Aspekten ordnen:

● Fehlende rationale Argumente für Gruppenarbeit und/oder die Schwierigkeit, Argumente gegen Gruppenarbeit zu entkräften. Es muß die Frage geklärt werden:
Mit welchen Argumenten ist Gruppenarbeit begründbar?

● Die äußeren Bedingungen der Schule behindern die Durchführung von Gruppenarbeit. Frage:
Ist Gruppenarbeit unter den gegebenen schulischen Bedingungen möglich?

● Egoistische Interessen, innere Unsicherheit und Angst vor Veränderung stehen neuen Unterrichtsformen, wie Gruppenarbeit, entgegen. Frage:
Können die emotionalen Widerstände gegen Gruppenarbeit abgebaut werden?

● Sozialverhaltensdefizite bei der Durchführung von Gruppenarbeit. Frage:
Sind wir als Lehrer selbst fähig zur Kooperation?

Nach einer kurzen Diskussion dieser Barrieren, sollen dann ausführlicher Hinweise für

● *Trainingsmöglichkeiten zur Verbesserung der Kooperationsfähigkeit*
gegeben werden.

3.2 Ist Gruppenarbeit begründbar?

Für systematische Gruppenarbeit in der Schule spricht u.a.:

● Wir leben in einer demokratischen Gesellschaftsform, in der angestrebt wird, daß diese von einer Mehrheit „mündiger Bürger" durch Mitbestimmung und Mitverantwortung getragen wird. Dazu müssen möglichst alle Individuen die Möglichkeit erhalten, demokratische Fähigkeiten zu erwerben und Verhaltensweisen zu üben. Die Arbeit in Gruppen in der Schule fordert von jedem Gruppenmitglied unter allen Lehrmethoden die meisten demokratischen Verhaltensweisen: Erkennen und Verbalisieren der eigenen Interessen und die anderer, Mitverantwortung, Mit-Führung, gewaltlose Konfliktregelung u.a.. Gruppenarbeit macht für die Mitglieder die Probleme und Möglichkeiten demokratischer Entscheidungsprozesse erlebbar, sie ist praktizierte *Demokratie im Kleinen.*

● Wir alle leben die meiste Zeit unseres Lebens in Gruppen: Familie, Freundeskreis, Arbeitsgruppe (z.B. Schulklasse, Lehrerkollegium). In jeder dieser Gruppen laufen bestimmte, für Gruppen charakteristische Prozesse (sog. gruppendynamische Prozesse) ab. Damit diese Prozesse sich nicht negativ auf die jeweiligen gemeinsamen Aufgaben oder die emotionale Befindlichkeit der Gruppenmitglieder auswirken, sondern möglichst positiv, ist es wichtig zu lernen, wie man die Gefahren von Gruppenarbeit erkennen und verhindern und die positiven Möglichkeiten und Chancen von Gruppen verbessern kann. Hierzu ist praktische Gruppenarbeit mit nachträglicher Analyse der abgelaufenen Gruppenprozesse wünschenswert.

● Die Gruppe ist dem Einzelnen in vielen Leistungsaspekten überlegen:

– beim „Heben und Tragen" („4 Arme heben mehr als 2");
– beim „Suchen" („4 Augen sehen mehr als 2");
– beim Lösen komplexer Aufgaben, insbesondere bei denen verschiedene Spezialfähigkeiten und Wissensgebiete eingehen und koordiniert werden müssen;
– neuere empirische Untersuchungen in Schulen zeigen, daß Gruppenarbeit der Frontalunterrichtung auch bei der Vermittlung von Wissen und anderen kognitiven Fähigkeiten nicht nur nicht unterlegen ist, sondern überlegen sein kann (s. *Dietrich*, 1969; *Bödiker, Langer, Tausch*, 1972). Insbesondere kann Gruppenarbeit eine effektive Lern-(Nach-)Hilfe für die weniger guten Gruppen-

mitglieder sein bei gleichzeitiger Förderung der Lehrfähigkeit und sozialen Verantwortung der besseren Mitglieder (innere Funktionsdifferenzierung nach dem Prinzip „Lernen durch Lehren" bzw. „Schüler unterrichten Schüler").

● Der arbeitsteilige Produktionsprozeß und die verstärkten Mitbestimmungsmöglichkeiten im Hochschulbereich und in Betrieben erfordern in immer höherem Maße die Fähigkeit zur Zusammenarbeit. Die *Gesamtschulen* erfordern von Lehrern und Schülern ebenso in verstärktem Maße kooperative Fähigkeiten.

● Für sozial schwächere und benachteiligte Individuen besteht meist in solidarischem Gruppenverhalten und gemeinsamer Interessenvertretung die einzige Möglichkeit, ihre Interessen gegenüber mächtigeren Einzelinteressen wirkungsvoll zu vertreten (s. die Geschichte des Arbeiterkampfes).

● Für Individuen mit persönlichen Schwierigkeiten (z.B. Isolationsgefühlen) kann die Gruppe oft Hilfe und Unterstützung geben. Diese emotional unterstützende und therapeutische Funktion von Gruppen wird systematisch in Gruppentherapien genutzt.

● Der Großgruppenleiter (hier: Lehrer) wird bei der Durchführung von (arbeitsgleicher) Kleingruppenarbeit frei, sich um die spezifischen Probleme einzelner Schüler oder um übergeordnete Aufgaben zu kümmern (z.B. Vorbereitung der Koordination der Gruppenergebnisse im Plenum, Beschaffung von Anschauungsmaterialien, Stukturierung der laufenden Arbeit: „Zwischenbilanz" ziehen).

Eine sehr ausführliche Zusammenstellung wichtiger Argumente für arbeitsgleiche Kleingruppenarbeit in der Unterrichtung ist bei *R. Tausch* und *A. Tausch*: Erziehungspsychologie (1971, S. 234 ff.) zu finden.

3.3 Ist Gruppenarbeit unter den gegebenen Bedingungen möglich?

Als wichtige Argumente gegen Gruppenarbeit in der Schule werden oft die schlechten äußeren Bedingungen im Bereich Schule genannt:

– die räumlichen Gegebenheiten (fehlende Gruppenräume, zu kleine Klassenräume, ungünstige Möblierung) verhindern Gruppenarbeit und Teamteaching;

– Lehrpläne und entsprechend vorhandene Lehrmaterialien sind auf Frontalunterricht und Schülereinzelarbeit ausgerichtet;

– die Lehrpläne fordern fast ausschließlich das Erreichen kognitiver Lernziele und enthalten nur vage Andeutungen zu emotionalen und sozialen Lernzielen, so daß Gruppenarbeit in der Schule kaum legitimiert erscheint;

– in der Lehrerausbildung besteht kaum die Möglichkeit, in Gruppen kooperieren praktisch zu erlernen;

– Lehrermangel, fehlende Großräume, autoritäre Stundenplanorganisation verhindern Teamarbeit der Lehrer und Teamteaching;

– die Zensierung muß auch bei Gruppenarbeit individuell erfolgen;

– starker individueller Konkurrenzdruck verhindert echtes Gruppenengagement (verschärft durch den Numerus Clausus und den Arbeitsmarktdruck; s. *Amelang* u. *Zaworka, 1976*)

Diese die Gruppenarbeit objektiv behindernden Bedingungen führen bei vielen Lehrern sehr frühzeitig zur Resignation. Auf der anderen Seite aber wäre es naiv, diese Hemmnisse zu übersehen. Vielmehr muß jeder Lehrer, der die Notwendigkeit von Gruppenarbeit sieht, diese äußeren Barrieren bei seinen praktischen Bemühungen um Gruppenarbeit in der Schule berücksichtigen, damit nicht durch ein unrealistisch hohes Anspruchsniveau der Mißerfolg gleich mit eingeplant wird. Diese Konzessionen an die unzureichende Praxis sollte den Lehrern aber umso deutlicher die Notwendigkeit zeigen, daß die *Interessen der Lernenden und Lehrenden* durch solidarisches Verhalten auch *politisch vertreten* werden müssen.

Welche Möglichkeiten hat nun der Lehrer, trotz schlechter äußerer Bedingungen Gruppenarbeit zu praktizieren?

Für eine fast voraussetzungsfreie und unter nahezu allen Bedingungen praktizierbare Form von Gruppenarbeit in der Schule ist gerade in jüngster Zeit deren *hohe Lerneffektivität* nachgewiesen worden (*Langer* et al., 1973; *Bödiker* et al, 1973): Die Verwirklichung von kurzzeitiger (ca. 20 Min.) themengleicher Kleingruppenarbeit (2-4 Schüler) innerhalb der sonst üblichen Unterrichtung führt bei verschiedenen Problemlöseaufgaben zu besseren Arbeitsleistungen und größerer emotional-sozialer Zufriedenheit verglichen mit Einzelarbeit und reinem Frontalunterricht. Diese Form der Gruppenarbeit hat folgende Vorteile:

Die *kurzzeitige* Gruppenarbeit gestattet ein hohes Ausmaß an Flexibilität während der Unterrichtung. Bei spontan auftretenden Problemen (wie Begriffsunklarheiten, Unklarheiten über weiteren Unterrichtsverlauf oder die möglichen Lösungswege) kann der Lehrer die Schüler für 3-5 Minuten bitten, das Problem mit den übrigen Gruppenmitgliedern zu diskutieren. In dieser Zeit kann der Lehrer auch die Lösung des Problems aus seiner Sicht überdenken. Für lösungsorientierte Gruppendiskussionen sollte der Lehrer schon bei der Unterrichtsvorbereitung ca. 2 x 10 Minuten vorsehen.

Die *themengleiche* Gruppenarbeit erfordert vom Lehrer kaum mehr Unterrichtsvorbereitung als der Frontalunterricht. Dagegen erfordert die arbeitsteilige Gruppenarbeit deutlich mehr Vorbereitungszeit : Formulierung unterschiedlicher Arbeitsaufträge, die problemlos integrierbar sein sollten. Damit wird der Lehrer oft rein zeitlich überfordert. Ferner scheitert bei arbeitsteiliger Gruppenarbeit oft die Übermittlung der gruppenspezifischen Arbeitsergebnisse an die übrigen Gruppen, u.a. wegen der geringen Routine der Schüler, Informationen verständlich weiterzugeben. Das zwingt den Lehrer dann wieder zu verstärkten Frontalaktivitäten.

Falls in den Gruppen die Informationen aus vorangegangener Einzelarbeit verarbeitet werden sollen, ist es allerdings wichtig, daß die Lehrtexte sehr gut verständlich sind. Für den Fall schlechter Lehrtexte dürfte eine verständliche Lehrerzusammenfassung effektiver sein als Gruppenarbeit. Ein effektives Selbsttrainingsprogramm zur Verbesserung der Verständlichkeit bei der Wissensvermittlung liegt vor (s. *Langer* et. al, 1974).

Diese Form der *Kleingruppenarbeit* führt zu einer weitgehenden Unabhängigkeit von den räumlichen Voraussetzungen und den Sitzordnungen im Klassenzimmer: Bei Frontalsitzordnung kann mit dem jeweiligen Nachbarn in Zweiergruppen gearbeitet werden („Partnerarbeit"), bei Kreissitzordnung können ohne Schwierigkeiten auch Dreiergruppen gebildet werden, bei Gruppentischsitzordnung arbeiten jeweils die ca. vier Schüler eines Tisches zusammen.

Die empfohlene Gruppengröße 2 - 4 Schüler berücksichtigt die Beobachtungen, daß sich schon Gruppen der Größe 6 - 8 Schüler oft während der Diskussion spontan in Untergruppen der Größe 2 - 4 Schüler aufteilen, um ohne hemmende Wortmeldungslisten engagiert und zielstrebig diskutieren zu können.

Die eben geschilderte einfachste Form praktizierbarer Gruppenarbeit setzt allerdings einen Lehrer voraus, der bereit ist, im Rahmen seiner Eigenverantwortlichkeit - u.a. aufgrund der unter 3.2 genannten Argumente – die veralteten Lehrpläne entsprechend zu interpretieren und zeitgemäß zu modifizieren. In der Regel besteht darüberhinaus auch heute an den meisten Schulen die Möglichkeit, daß sich diejenigen Lehrer, die parallele Klassen zu unterrichten haben, in Teams auf den Unterricht vorbereiten. In solchen Teams könnten jüngere Lehrer von dem praktischen Erfahrungsschatz älterer Lehrer profitieren und die älteren Kollegen könnten sich mit den neuen Unterrichtskonzepten der Lehrerausbildungsstätten auseinandersetzen. Diese gegenseitigen Lernchancen in heterogenen Gruppen dürfte wegen der bestehenden emotionalen Barrieren gegen Gruppenarbeit allerdings deutlich reduziert sein (s. 3.4). Für Lehrer mit ähnlich positiver Einstellung gegenüber Gruppenarbeit dürfte die Teamvorbereitung kein besonderes Problem darstellen und (nach einer Eingewöhnungsphase) als deutlich hilfreich empfunden werden.

3.4 Können die emotionalen Widerstände gegen Gruppenarbeit abgebaut werden?

In sehr vertrauensvollen Gruppengesprächen (in sog. *Basic-Encounter-Gruppen)* mit Lehrern kann man erfahren, welche emotionalen Widerstände die Einführung neuer Lehrformen, insbesondere Gruppenarbeit, oft erschweren: Es ist der häufig geäußerte innere Anspruch, vor den anderen und vor sich selbst möglichst perfekt zu erscheinen, besser als die anderen zu sein, sozial möglichst anerkannt zu sein. Dieser oft ehrgeizige Wunsch nach persönlichem Erfolg ist einerseits als Ausdruck der Wettbewerbsnormen unseres Gesellschaftssystems zu verstehen, andererseits aber auch als Bestreben des Individuums, ein fehlendes Selbstwertgefühl zu kompensieren und fehlende innere Sicherheit und Ausgeglichenheit durch äußere Erfolge auszugleichen. Als Folge innerer Unsicherheit lassen sich auch die oft starken Abwehrgefühle gegenüber Schülern verstehen, wenn diese andere Meinungen als der Lehrer vertreten, seinen Vorschlägen nicht folgen oder gar vom Lehrplan abweichen wollen: Gefühle wie innere Spannungen, Ärger, Wut, Aggressionen, sich persönlich angegriffen, innerlich verunsichert fühlen und Angst bestimmen dann das Lehrerverhalten. Der geringen Fähigkeit, unterschiedliche Standpunkte und Interessen zu akzeptieren (geringe Ambiguitätstoleranz), folgt oft entsprechend intolerantes Verhalten.

Die hier genannten, oft verborgenen und unklaren Gefühle sind offensichtlich kooperationsfeindlich:

– Will man erfolgreicher sein, als die Kollegen, so wird man ihnen gute eigene Ideen egoistisch vorenthalten, wird einem Kollegen bei Schwierigkeiten nicht helfen, sondern heimlich schadenfroh sein und die Schwächen des anderen für sich ausnutzen, Teamvorbereitung und Teamteaching werden gemieden, weil die anderen sonst zu viel profitieren könnten. (Die psychischen Lasten des isolierten Einzelkämpfers werden übersehen.)

– Will man möglichst perfekt erscheinen, so wird man die Teamarbeit mit Kollegen vermeiden, damit diese nicht die eigenen fachlichen und persönlichen Schwächen entdecken. (Die ständigen Frustrationen, die sich aus einem unrealistisch hohen Anspruchsniveau ergeben, werden abgewehrt.)

– Will man sozial imponieren, so wird man kaum Gruppenarbeit mit den Schülern durchführen, weil man sich dann nicht wie ein

Professor in Frontalposition fühlen und selbstdarstellen kann. Ferner würden die Schüler durch Gruppenarbeit auch selbstsicherer, so daß die soziale Überlegenheit des Lehrers geringer würde.

– Will man innere Verunsicherung und Ärger durch abweichende Auffassungen vermeiden, so wird man Gruppenarbeit vermeiden, weil diese den Schülern einen vergleichsweise großen Spielraum läßt, eigene Standpunkte zu entwickeln und zu vertreten.

Will man Gruppenarbeit in der Schule fördern, so sollten diese emotionalen Barrieren ernst genommen werden, weil diese oft verhaltensbestimmend sind und wie hier angedeutet, die Kooperation zwischen den Lehrern und mit den Schüler verhindern.

Die Lehrer sollten deshalb in ihrer Ausbildung Trainingsmöglichkeiten erhalten, sich klarer zu werden über ihre versteckten, oft primär egoistischen Gefühle, Wünsche, Motive und Abwehrmechanismen ; sie sollten lernen, diese in Gruppen offen und ohne rationale Verkleidung auszusprechen und als einen Teil ihrer Person zu akzeptieren. Nur so kann jeder einzelne erfahren, daß die anderen ähnliche Probleme haben. Daß man nicht allein „schlecht" ist. Daß man dazu fähig ist, Schwächen zuzugeben, ohne dafür von den anderen verachtet zu werden. Daß man sich innerlich entspannter fühlt, weil man den anderen gegenüber nicht mehr ständig perfekt erscheinen muß. Und daß man die eigenen Gefühle nicht mehr zugunsten einer Idealfassade verdrängen muß.

Diese Ablehnung der Rolle des einfürallemal fertigen Lehrers, die Offenheit gegenüber der eigenen Unperfektheit und die damit eröffnete Möglichkeit, wieder neu zu lernen, ist eine wichtige Voraussetzung, sich neuen kooperationsorientierten Lehrformen zuzuwenden.

Bei diesen Überlegungen sollten Lehrer und Lehrerausbilder aber nicht übersehen, daß sie psychisch angewiesen sind auf einen gewissen Erfolg in ihrem Unterricht. Deshalb sollten sie sich bei der Einführung von Gruppenarbeit nicht selbst überfordern. Der vorgeschlagene Weg (s. 3.3, S. 119) der häufigeren Einführung von kurzzeitiger, arbeitsgleicher Kleingruppenarbeit im normalen Unterricht stellt eine günstige Selbst-Trainingsmöglichkeit für die meisten Lehrer dar, in kleinen Schritten vom Frontallehrstil zum gruppenzentrierten Lehrstil zu kommen, ohne sich selbst zu überfordern.

3.5 Sind wir fähig zur Kooperation?

Nicht nur
– die fehlende rationale Überzeugung, Gruppenarbeit sei notwendig oder/und
– die schlechten äußeren Bedingungen oder/und
– die gruppenfeindlichen Emotionen
erschweren oder verhindern Gruppenarbeit, sondern auch die fehlenden, nicht erlernten *gruppenfreundlichen* sozialen Verhaltensweisen, sowie die statt dessen oft erlernten *gruppenfeindlichen* Verhaltensmuster.

Welche Verhaltensweisen sind *gruppenfeindlich* – und welche *gruppenfreundlich*?

Gruppenfeindliche Verhaltensweisen sind solche, die verhindern oder erschweren, daß *die Gruppe* ihre Ziele erreicht;

gruppenfreundliche Verhaltensweisen ermöglichen oder erleichtern *der Gruppe* die Erreichung ihrer Ziele.

Zunächst die *Feinde der Gruppe*. Aus eigenen Erfahrungen in Gruppen wird man den in der Literatur (u.a. *Brocher*, 1971, S. 140 f.; *Antons*, 1973, S. 227 f) angegebenen kooperationsfeindlichen Verhaltensweisen (dysfunktionale Rollen) zustimmen können:

– *Aggressives Verhalten* = Arbeiten für den eigenen Status, indem andere kritisiert oder blamiert werden; Feindlichkeitsäußerungen gegen die Gruppe oder einzelne Mitglieder; Herabsetzen des Selbstwertes oder des Status anderer Mitglieder; Versuch, ständig zu dominieren.

– *Blockieren* = Die Weiterentwicklung der Gruppe durchkreuzen durch Ausweichen auf Randprobleme; Angebot persönlicher Erfahrungen, die nichts mit dem vorliegenden Problem zu tun haben; hartnäckige Argumentation zu einem einzigen Punkt; Abweisung von Ideen ohne jede Überlegung aus affektiven Vorurteilen.

– *Selbstgeständnisse* = Benützen der Gruppe als Resonanzboden für rein persönliche, nicht an den Gruppenzielen orientierte Gefühle oder Gesichtspunkte.

– *Rivalisieren* = Mit anderen um die produktivsten oder besten Ideen zanken, ständig am meisten sprechen, die größte Rolle spielen, die Führung an sich reißen.

– *Suche nach Sympathie* = Versuch, andere Gruppenmitglieder zur Sympathie mit den eigenen Problemen und Mißgeschicken zu verleiten; die eigene Situation verwirrend darstellen oder die eigenen

Ideen so erniedrigen, daß auf diese Weise Unterstützung durch andere erreicht werden soll.

– *Spezialplädoyer* = Einführung oder Unterstützung von Vorschlägen, die mit eigenen, eingeengten Bedenken oder Philosophien verbunden sind. Hierher gehört auch das Lobbyistenverhalten.

– *Clownerie* = Jux veranstalten, Witzeln, Nachäffen, um die Arbeit der Gruppe möglichst immer wieder zu unterbrechen (und sich selbst in den Mittelpunkt zu stellen).

– *Beachtung suchen* = Versuche, die Beachtung auf sich zu ziehen, durch lautes und ausgiebiges Reden, extreme Ideen oder ungewöhnliches Verhalten.

– *Sich zurückziehen* = Überwiegend indifferentes, passives Verhalten, beschränkt auf äußerste Formalität; Tagträumen; Unsinn machen; mit anderen flüstern, vom Thema weit abweichen („Mich-interessiert-die-Gruppe-nicht"-Verhalten)

Gemeinsam ist diesen gruppenfeindlichen Verhaltensweisen das Bestreben des Einzelnen, seine persönlichen Interessen auf Kosten der übrigen Gruppenmitglieder und des gemeinsamen Gruppenziels zum Mittelpunkt der Gruppenaktivität zu machen. Ein solches egozentrisches Verhalten ist Ergebnis eines Sozialisationsprozesses, der Lebensprinzipien (Normen, Verhaltensstrategien) vermittelt hat, wie: „Eigennutz geht vor Gemeinwohl", „Ich muß besser sein als die anderen", „Nur der Stärkste überlebt". Solche (sozialdarwinistischen) Prinzipien führen im Extrem zum Kampf jedes gegen jeden und würden ein Zusammenleben unmöglich machen. Sie werden gefordert und gefördert von einem Wirtschaftssystem, das extremen Wettbewerb, Konkurrenzdruck und private (nicht soziale!) Gewinnmaximierung als oberstes Ziel hat, obwohl auch hier die Grenzen deutlich werden: Umweltverschmutzung, unwohnliche Städte, Fehlentwicklungen und Produktivitätseinbußen durch selbstherrlich-autoritären Führungsstil und durch „Aufstiegsgerangel und Intrigen".

Die *gruppenfreundlichen Verhaltensweisen* (funktionale Rollen), die in der Literatur zusammengefaßt sind (u. a. *Brocher*, 1967, S. 137 ff.; *Antons*, 1973, S. 226 f.; s. auch *Spangenberg*, 1969, S. 26 ff.) kann ebenfalls jeder aufgrund seiner eigenen Gruppenerfahrungen bestätigen:

Inhaltsorientierte kooperationsfördernde Verhaltensweisen

– *Initiative und Aktivität* = Lösungen vorschlagen, neue Ideen vorbringen, neue Definitionen eines gegebenen Problems versuchen, neues In-Angriff-Nehmen des Problems, Neu-Organisation des Materials.

– *Informationssuche* = Frage nach genauerer Klärung von Vorschlägen, Forderung nach ergänzenden Informationen oder Tatsachen.

– *Meinungserkundung* = Versuche, bestimmte Gefühlsäußerungen von Mitglieder zu bekommen, die sich auf die Abklärung von Werten, Vorschlägen oder Ideen beziehen.

– *Informationen geben* = Angebot von Tatsachen oder Generalisierungen. Verbinden der eigenen Erfahrung mit dem Gruppenproblem, um daran bestimmte Punkte und Vorgänge zu erläutern.

– *Meinung geben* = Äußern einer Meinung oder Überzeugung, einer oder mehrerer Vorschläge betreffend, speziell eher hinsichtlich seines Wertes als der faktischen Basis.

– *Ausarbeiten* = Abklären, Beispiele geben oder Bedeutungen entwickeln; Versuche, sich vorzustellen, wie ein Vorschlag sich auswirkt, wenn er angenommen wird.

– *Übereinstimmung prüfen* = Versuchsweise nach der Gruppenmeinung fragen, um herauszufinden, ob die Gruppe sich einer Übereinstimmung für eine Entscheidung nähert. Versuchsballons loslassen, um die Gruppenmeinung zu testen.

– *Koordinieren* = Aufzeigen der Beziehungen zwischen verschiedenen Ideen oder Vorschlägen; Versuch, Ideen oder Vorschläge zusammenzubringen; Versuch, die Aktivität verschiedener Untergruppen oder Mitglieder miteinander zu vereinigen.

– *Zusammenfassen* = Zusammenziehen verwandter Ideen oder Vorschläge; Nachformulierung von bereits diskutierten Vorschlägen zur Klärung.

Beziehungsorientierte kooperationsfördernde Verhaltensweisen

– *Ermutigung* = Freundlichsein, Wärme, Antwortbereitschaft gegenüber anderen; andere und deren Ideen loben; Übereinstimmen und Annehmen von Beiträgen anderer.

– *Grenzen wahren* = Versuch, einem anderen Gruppenmitglied einen Beitrag dadurch zu ermöglichen, daß andere darauf aufmerksam gemacht werden: z.B. „Wir haben von X noch gar nichts zu diesem Thema gehört", oder „Y wollte etwas sagen, erhielt aber nicht die Gelegenheit". Begrenzung der Sprechzeit für alle, um damit allen eine Chance zu geben, tatsächlich gehört zu werden.

– *Regeln bilden* = Formulierung von Regeln für die Gruppe, die für Inhalt, Verfahrensweisen oder Entscheidungsbewertungen gebraucht werden sollen; Erinnerung der Gruppenmitglieder, Entscheidungen zu vermeiden, die mit den Regeln kollidieren.

– *Folge leisten* = Den Gruppenentscheidungen folgen, nachdenklich die Ideen anderer annehmen und anhören, als Auditorium während der Gruppendiskussion dienen.

– *Ausdruck der Gruppengefühle* = Zusammenfassung, welches Gefühl innerhalb der Gruppen zu spüren ist. Beschreiben der Reaktionen der Gruppenmitglieder, Mitteilung von Beobachtungen und unbewußten Reaktionen von Gruppenmitgliedern, geäußerten Ideen oder Lösungen gegenüber.

– *Auswerten* = Überprüfen der Gruppenentscheidungen im Vergleich mit den Regeln; Vergleich der Bemühungen im Verhältnis zum Gruppenziel.

– *Diagnostizieren* = Bestimmen der Schwierigkeitsquellen und der situationsgerechten nächsten Schritte; Analysieren der Haupthindernisse, die sich dem weiteren Vorgehen entgegenstellen.

– *Vermitteln* = Harmonisieren, verschiedene Standpunkte miteinander versöhnen, Kompromißlösungen vorschlagen.

– *Spannung vermindern* = Negative Gefühle durch einen Scherz ableiten, beruhigen, eine gespannte Situation in einen größeren Zusammenhang stellen.

Gemeinsam ist diesen gruppenfreundlichen Verhaltensweisen das Bestreben des Einzelnen, aktiv den Zielen der Gruppe zu dienen und der Gruppe zum Erfolg zu verhelfen durch Förderung sowohl der *inhaltlichen Arbeit* als auch der *sozial-emotionalen Beziehungen* in der Gruppe, des „Gruppenklimas".

Ein solches Verhalten, das sowohl die Leistungsnotwendigkeit der Gesellschaft gegenüber als auch den Leistungswunsch und die emotional-sozialen Bedürfnisse des Einzelnen berücksichtigt, haben die meisten Menschen gar nicht oder nur unzureichend im Laufe ihrer Sozialisation gelernt. Entsprechend fehlt den meisten ein gruppenfreundliches Verhaltensrepertoire. Die Einsicht allein, daß man sich gruppenfreundlich verhalten soll, und auch das ernste Bestreben, sich entsprechend zu verhalten, können diese „Repertoiremängel" nicht ersetzen. Gruppenfeindliche Verhaltensweisen müssen vielmehr überflüssig gemacht werden durch systematisches Training von gruppenfreundlichen Verhaltensweisen. Die Durchführung von Gruppenarbeit allein auf der Basis von Einsicht und gutem Willen ohne systematisches Training ist meist zum Scheitern verurteilt. Denn die überwiegend vorhandenen egoistischen, gruppenfeindlichen Verhaltensweisen bestimmen in der praktischen Arbeit die Gruppeninteraktion stärker als der allseits gute Wille. Das führt zum Kampf in der Gruppe, Entscheidungsunfähigkeit, endlosen Diskussionen, erheblichen Frustrationen bei den Teilnehmern und schließlich zur scheinbar logischen Konsequenz: „Gruppenarbeit funktioniert nicht! Es geht eben doch nur autoritär!"

Diese Konsequenz ist natürlich falsch:

Es hat sich lediglich gezeigt, daß man an Aufgaben fast zwangsläufig scheitert, wenn man nicht auch die zur Bewältigung notwendigen praktischen Voraussetzungen gelernt hat. Kein Lehrer würde ernsthaft auf die Idee kommen, aus der Tatsache, daß Schüler bestimmte Physikaufgaben nicht lösen können, den Schluß zu ziehen: „Physik taugt nichts. Wir verzichten darauf!" Die richtige Konsequenz ist: Wir müssen Gruppenarbeit praktisch lernen (*learning by doing*) und das ist, wie bei allem Neuen, am Anfang recht mühselig.

Im folgenden sollten eine Reihe von Trainingsmöglichkeiten zur Gruppenarbeit kurz dargestellt werden.

3.6 Trainingsmöglichkeiten zur Verbesserung der Kooperationsfähigkeit

Vorbemerkungen: Hier könnten nun fast alle vorliegenden Verfahren dargestellt werden, die in die Rubrik „gruppendynamisches Training" fallen. Denn alle gruppendynamischen Trainingsmethoden haben mehr oder weniger deutlich zum Ziel, die Kooperationsfähigkeit des Einzelnen zu verbessern: Durch Erfahrbarmachung der wesentlichen Verhaltensgesetzmäßigkeiten in Gruppen. Das kann im Rahmen dieses Beitrags nicht geleistet werden – und braucht es auch nicht, denn es liegen einige Bücher vor, die einen recht guten Überblick über gruppendynamische Trainingsmethoden vermitteln (s. *Spangenberg*, 1969; *Antons*, 1973; *Kirsten & Müller-Schwarz*, 1976).

Hier soll auf einige wichtige Phasen und Prinzipien von Trainings zur Gruppenfähigkeit hingewiesen werden, die es Lehrern und Erziehern erleichtern können, in Formen des *Selbsttrainings* ihre Gruppenfähigkeit zu verbessern. Die Notwendigkeit zur Selbstorganisation ergibt sich aus den geringen Aus- und Weiterbildungsmöglichkeiten in diesem Bereich heute (3/2), aber auch aus der Einsicht, daß die Veränderung des Unterrichtsstils durch kurze Trainings mit Lehrern zwar angeregt werden kann, der Veränderungsprozeß dann aber in der Praxis von allen Betroffenen getragen und selbsttätig weiterentwickelt werden muß. Wenn im folgenden von Trainingsgruppe oder Gruppe die Rede ist, so sind in erster Linie Lehrer und Schüler einer Schulklasse oder eines Lehrerkollegiums gemeint, die durch gemeinsames Lernen ihre Gruppenfähigkeit verbessern wollen.

Die Planung, Organisation, Koordination, Moderation der Trainingseinheiten, die sonst von den Trainern wahrgenommen wird, erfolgt durch wechselnde *Planungsgruppen*. Jeder Trainingsteilnehmer sollte mindestens einer Planungsgruppe angehören. In diesen Gruppen können die Probleme kooperativer Planung, Entscheidung und Verantwortlichkeit hautnah erlebt werden. Diese aufgetretenen Probleme können dann ebenfalls zum Lerngegenstand der Trainingsgruppe gemacht werden.

Bei allen Trainingsphasen sollte berücksichtigt werden, daß Kommunikation und Lernen immer mindestens auf zwei Ebenen gleichzeitig stattfindet: auf der Inhaltsebene und der Beziehungsebene (s. *Watzlawick* et al., 1969; *Schulz von Thun*, 1976) Die

Inhaltsebene umfaßt die Ziele, Inhalte, das „Was" des Lernens und spricht primär die kognitiven, rationalen Persönlichkeitsprozesse an. (Die Barrieren und Defizite in diesem Bereich wurden in 3.2. und 3.3 behandelt.) Die *Beziehungsebene* umfaßt das „Wie" des Lernprozesses und spricht primär über das Sozialverhalten die emotional-sozialen Persönlichkeitsprozesse an. (Die Lernbarrieren und Defizite in diesem Bereich wurden in 3.4 und 3.5 kurz behandelt: emotionale und Sozialverhaltensdefizite). Die Vernachlässigung einer Lernebene führt in der Regel zu Hemmungen auf der anderen Ebene: Motivational-emotionale Sperren vermindern die Aufnahmebereitschaft wichtiger Inhalte, die wegen des fehlenden Verhaltensrepertoires nicht handlungswirksam werden können. Lernziele, Inhalte, Methoden, Sozialverhalten sollten untereinander verträglich sein: Die Kooperationsfähigkeit muß gleichzeitig rational, emotional und aktional gefördert werden. Lernen und Umlernen sollte ganzheitlich-integrativ erfolgen.

Trainingsmöglichkeiten:

Folgende vier Phasen sollten bei Trainings zur Verbesserung der Gruppenfähigkeit durchlaufen werden:
● Abbau von Ängsten und Erhöhung des Vertrauens bei den Trainingsteilnehmern.
● Erfahrbarmachung der Vorteile von Gruppenarbeit.
● Selbsterfahrung der eigenen gruppenfeindlichen und gruppenfreundlichen Verhaltensweisen und Analyse der Ursachen.
● Systematisches Training zur Verbesserung der individuellen Kooperationsfähigkeit.

3.7 Abbau von Ängsten und Erhöhung des Vertrauens

Zu Beginn jeder neuartigen sozialen Lernsituation verhindern oft Ängste, Mißtrauen, Unsicherheiten wesentliche Lernerfahrungen. Auch bei Trainingsgruppen, die sich aus der fachlichen Arbeit gut kennen, wie Lehrerkollegien oder Schulklassen, hemmen diese meist unausgesprochenen emotionalen Barrieren die Lernbereitschaft und erzeugen bei den Teilnehmern Widerstände gegen das Lernangebot: „Hoffentlich entdeckt keiner meine Schwächen", „Ich befürchte , daß ich mich vor den anderen blamiere", „Ich will kein schlechtes Bild abgeben", „Die anderen nutzen vielleicht später meine Schwächen gegen mich aus", „Ich bin unsicher, was ich sagen und tun soll". Damit diese Gefühle möglichst schnell überwunden werden können, sollte die Planungsgruppe für die erste Trainingsphase deshalb gleich zu Beginn des Trainings darauf hinweisen, daß es für eine gute Zusammenarbeit wichtig ist, sich untereinander etwas besser kennenzulernen und sich einigermaßen wohl zu fühlen in der Gruppe. Dazu können sogenannte „Kennenlernübungen", „Vertrauensübungen" und andere „nonverbale Kommunikationsübungen" durchgeführt werden, die das „Wir"-Gefühl der Gruppe erhöhen:

Kennenlern-Übungen z.B.:

Die Gruppenmitglieder setzen sich im Kreis auf den Fußboden. Jeder erzählt sein Hobby oder was ihm Spaß macht. Modifikation. Jeder stellt sein Hobby pantomimisch dar. Oder: „Jeder sagt kurz, was er vom Training erwartet oder befürchtet." Oder: „Jeder sucht sich einen Gesprächspartner, den er vorher noch nicht kannte, und spricht mit ihm darüber, wie er sich im Moment fühlt." (s. *Antons*, S. 23 ff.)

Vertrauens-Übungen, z.B.:

Suche (stumm) einen Partner. Schließe die Augen, laß Dich durch den Raum führen. Haltet nur mit den Fingerspitzen Kontakt: Derjenige, der führt, achtet darauf, daß sein „blinder" Partner nirgendwo anstößt. Variation: Der „blinde" Partner wird an Gegenstände, Mitspieler usw. herangeführt, die er ertasten und erraten soll.

Non-verbale Kommunikations-Übungen z.B.:

– Entspannungsübung zu zweit: Suche stumm einen Partner. Einer legt sich mit geschlossenen Augen auf den Rücken, der andere hebt sehr, sehr langsam nacheinander die Arme, die Beine, den Kopf.
– Gefühlssolidarisierung: Sagt zunächst nichts. Bewegt Euch alle durch den Raum. Stellt dabei ohne Worte ein Gefühl dar. Wenn ihr einen mit einem ähnlichen Gefühl trefft, geht zusammen mit ihm weiter. Wenn einer keinen Gefühlspartner gefunden hat, schließt er sich der Gefühlsgruppe an, die seinem Gefühl am nächsten kommt. Wenn sich alle „gefühlssolidarischen" Gruppen gebildet haben, bilden sie im Raum kleine Kreise, setzen sich hin und jeder sagt erst jetzt, welches Gefühl er dargestellt hat und vergleicht, ob er zu dieser Gefühlsgruppe gehört.

Diese Übungen (3/3) haben gemeinsam, daß die Teilnehmer in für sie ungewöhnliche Situationen gebracht werden, in denen die normalen sozialen Bewertungskriterien nur noch schwer anwendbar sind und fast alle Gruppenmitglieder gleichermaßen ungeübt und unperfekt sind. Das führt zu einem Gefühl eines „schwierigen gemeinsamen Schicksals" und zur Verringerung des Perfektheitsanspruchs und des Konkurrenzdenkens und damit zu einem stärkeren „Wir"-Gefühl der Solidarität in der Trainingsgruppe.

3.8 Erfahrbarmachung der Vorteile von Kooperation

Damit man eher bereit ist, in Gruppen zu arbeiten, muß man selbst möglichst erlebnisnah die Vorteile von Gruppenarbeit erfahren haben und genügend Argumente haben, um die Notwendigkeit von Gruppenarbeit gegenüber reiner Einzelarbeit oder Frontalunterrichtung begründen und vertreten zu können.

● Die Vorteile von Gruppenarbeit bei der Lösung sachlicher Probleme werden für jeden einzelnen am deutlichsten erfahrbar bei komplexen, mehrdimensionalen Entscheidungssituationen. Hierzu können mehr oder weniger praxisnahe Übungen durchgeführt werden, die von der Planungsgruppe vorbereitet werden müssen.

Ein bekannt gewordenes Beispiel ist die sog. NASA-Übung (s. *Antons*, 1973, s. 155 ff):

(1) Jedes Gruppenmitglied wird zunächst (als Mitglied einer Raumfahrergruppe) vor eine *individuelle Entscheidungssituation* gestellt: Bei einer Notlandung (auf der erleuchteten Seite des Mondes) in ca. 300 km Entfernung vom Mutterschiff ist vieles von der Bordausrüstung zerstört worden. Das Überleben hängt davon ab, daß man das Mutterschiff zu Fuß erreicht und dazu nur die lebenswichtigsten Dinge mitnimmt. Die unzerstört gebliebenen Dinge (15 Teile: u.a. Streichhölzer, Sauerstofftank, Wasser, Magnetkompaß) sollen deshalb nach ihrer Wichtigkeit in eine Rangordnung gebracht werden.

(2) Nach der individuellen Entscheidung folgt eine *Kleingruppenphase*. Die Teilnehmer werden gebeten, sich in Raumfahrerteams (Gruppengröße 3 - 5 Personen) aufzuteilen. Die Aufgabe der Gruppen ist es, möglichst einstimmig eine Gruppenrangreihe aufzustellen. Dazu ist es günstig, die Gruppenmitglieder auf generell beachtenswerte *Kooperationsrichtlinien* hinzuweisen:

– Vermeide, Deine persönliche Entscheidung den anderen aufzuzwingen. Argumentiere ruhig und logisch.

– Vermeide nachzugeben, bloß um Einstimmigkeit zu erzielen oder Konflikten auszuweichen. Unterstützt nur dann andere Ansichten, wenn sie mit Deinen wenigstens teilweise übereinstimmen.

– Vermeide Konfliktlösungstechniken, wie Mehrheitswahl, Mittelwertsberechung oder „Kuhhandel" (wenn Du mir, dann ich Dir).

– Betrachte abweichende Meinungen eher als einen nützlichen Beitrag, statt sie als störend zu empfinden.

Event. können jetzt noch die einzelnen Gruppen Vertreter benennen, die sich in einer *Delegiertenkonferenz* vor dem *Plenum* auf eine Großgruppenrangreihe einigen.

(3) In der folgenden *Auswertungsphase* sollen die Gruppenleistungen mit den Einzelleistungen verglichen und bewertet werden. Dazu werden die Individual- und Gruppenrangreihen mit der sachlich richtigen Rangreihe, die ein Planungsteammitglied jetzt bekannt geben muß: u.a. Rang 1, d.h. am wichtigsten: Sauerstoff; Rang 2: Wasser; Rang 14: Magnetkompaß; Rang 15: Streichhölzer). Je kleiner die Abweichung zur richtigen Rangreihe ist, desto besser ist die Leistung (3/4).

Die Auswertung kann analog zu den 3 Arbeitsphasen erfolgen : (1) jeder bewertet seine eigene Entscheidung; (2) die Kleingruppen bewerten ihre Entscheidung und vergleichen diese mit den Einzelentscheidungen der Gruppenmitglieder; (3) die Delegiertenentscheidung wird bewertet und mit den Gruppenergebnissen verglichen.

Erwartete Ergebnisse: Die Delegiertenrangreihe ist besser als die Kleingruppenrangreihen, und diese sind wiederum besser als die Individualrangreihen – entsprechend zur Informationsmenge, die in die Entscheidung eingeflossen ist. Durch diese oder ähnliche Übungen läßt sich so recht eindrucksvoll demonstrieren, daß durch Gruppenentscheidungen bei komplexen Problemen und einem angemessenen Gruppenentscheidungsprozeß in der Regel weniger Fehler gemacht werden als bei Individualentscheidungen. Vorsichtig kann hieraus auch der Vorteil *demokratischer Entscheidungsprozesse* gegenüber „einsamen" Entscheidungen von oben abgeleitet werden.

● Im Anschluß an die eben beschriebene Übung können recht gut die Vorteile des darin benutzten *unterrichtsmethodischen Dreierschritts: 1) Individualarbeit, 2) arbeitsgleiche Kleingruppenarbeit, 3) Plenumsarbeit insbesondere für den Schulunterricht* herausgearbeitet werden:

1) Jeder schreibt die Vorteile dieses Dreierschritts auf (z. B. „in der Individualphase muß jeder persönlich Stellung nehmen und sich engagieren; in der Kleingruppenphase können im kleinen Kreis die eigenen Stellungnahmen mit denen anderer verglichen und die eigenen Unsicherheiten abgebaut werden, im Plenum können dann die verschiedenen Gesichtspunkte koordiniert werden, ohne daß

von vorn herein einzelne, insbesondere der Lehrer, alle anderen dominieren und dadurch die bekannte Plenumsfrustration auftritt").

2) Es werden dann kleine Arbeitsgruppen gebildet, in denen jeweils die Einzelgesichtspunkte gesammelt, korrigiert und zusammengefaßt werden (z. B. würde zum obigen Standpunkt ergänzt werden, daß man in Kleingruppen spontaner diskutiert, weil die Kontrolle des Lehrers hier nicht so stark wirkt und man dann auch eher einen solidarischen Standpunkt entwickeln kann und daß die unterschiedlichen Einzelgesichtspunkte zu einer besseren Gesamtlösung führen und daß in Kleingruppen jeder mal zu Wort kommt und lernt seine Gedanken auszusprechen und daß nach Kleingruppenarbeit die Beteiligung im Plenum besser ist usw., s. hierzu: *Tausch u. Tausch,* 1971, S. 234 ff).

3) Im Plenum werden dann die Gruppenergebnisse am besten schriftlich zusammengestellt. Dazu ist es günstig, wenn jede Kleingruppe ihre Fachergebnisse schriftlich für alle lesbar stichwortartig darstellt, auf einen Wandtafel-Teil oder mit Filzschreiber auf Packpapierbögen oder Flip-Charts. Dadurch wird die Plenums-Präsentation der Kleingruppenergebnisse verständlicher und leichter zusammenfaßbar.

Die hier beschriebene *Übereinstimmung zwischen Trainingsinhalt und Methode* sollte so oft wie möglich praktiziert werden.

● Um den Trainingsteilnehmern eine bessere *Argumentationsbasis* für die Durchführung von Gruppenarbeit zu vermitteln, kann außerdem in folgender Weise vorgegangen werden: Die Gesamtgruppe wird in zwei Hälften geteilt. Die eine Hälfte erarbeitet in Kleingruppen Argumente „Pro" Gruppenarbeit, die andere Hälfte „Contra" Gruppenarbeit. Nach dieser Vorbereitungsphase könnten dann die Delegierten der Kleingruppen in einer *Podiumsdiskussion* oder einer *Debatte amerikanischen Stils* die erarbeiteten Argumente der Großgruppe (Plenum) vorstellen (s. *Sader,* 1970, S. 170 ff).

3.9 Selbsterfahrung der eigenen gruppenfeindlichen und gruppenfreundlichen Verhaltensweisen

Nach dieser eher distanzierten, kognitiven Erfahrbarmachung von Problemen der Gruppenarbeit, sollte die Trainingsgruppe sich nunmehr den spezifischen Verhaltensproblemen der einzelnen Trainingsteilnehmer in Gruppen möglichst hautnah zuwenden. Jeder Teilnehmer sollte dazu in möglichst unterschiedlicher Art mit seinem Verhalten in Gruppen und dessen Auswirkungen konfrontiert werden.

Diese Rückmeldungen *(Feed backs)* über das eigene Verhalten sind für das soziale Lernen von besonderer Bedeutung: Viele haben in ihrem Verhaltensrepertoire als einzige Möglichkeiten sozialen Feed backs verschieden krasse Formen von destruktiv wirkender Kritik, die die ganze Person des anderen abwertet und fast ausschließlich gegenüber Schwächeren praktiziert wird. Vor dieser Form des Feed backs haben wir Angst, dagegen setzen wir uns zur Wehr. Wir sind überempfindlich gegenüber jeder Form von Kritik und vermeiden oft gegenüber Gleich- oder Höhergestellten übervorsichtig jegliche Kritik, um nicht selbst Zielscheibe von Kritik zu werden. Die Folge ist, daß kaum jemand soziale Feed backs und damit Chancen für ein Umlernen erhält. Dieser Feedbackmangel muß im Training überwunden werden. Dazu müssen wir angemessene Formen des sozialen Feed backs lernen und offener werden für die Feed backs von anderen. *Antons* (1973, S. 110) faßt diese Regeln für wirksames Feed back wie folgt zusammen:

a) Für den der Feed back erteilt:

– Beziehe Dich auf konkrete Einzelheiten, auf Material (Verhalten, Gefühle) der Hier- und Jetzt-Situation,

– Unterwerfe Deine Beobachtung der Nachprüfung durch andere,

– Gib Deine Information auf eine Weise, die wirklich hilft, (denke z. B. daran, daß für den anderen positive Informationen ein wesentlicher Bestandteil des Feed back sind.)

– Gib sie sobald als möglich,

– Vermeide moralische Bewertungen und Interpretationen,

– Biete Deine Information an, zwinge sie nicht auf, dränge Dich nicht auf,

– Sei offen und ehrlich,

– Gib zu, daß Du Dich möglicherweise irrst (und es sich um Deinen subjektiven Eindruck handelt)

b) Für den, der Feed back erhält:
– Nicht argumentieren und verteidigen,
– Nur zuhören, nachfragen und klären.

Eine solche Selbsterfahrungsphase durch angemessenes Feed back erfordert drei Trainingsschritte:
1) Praxissimulation (von Gruppenarbeit),
2) simultane Verhaltensregistrierung (durch Video-Recorder, Tonbandgerät, Beobachter),
3) Feed back (an die „Akteure")

● *Praxissimulation*
Damit die Teilnehmer wesentliche Erfahrungen über sich machen können in bezug auf ihre Kooperationsfähigkeit, müssen sie Gruppensituationen simulieren. Diese sollten im Laufe des Trainings zunehmend praxisnäher werden, damit die Übertragbarkeit *(Transfer)* der Lernerfahrungen auf die Praxis leichter fällt. Als günstig haben sich u. a. folgende Übungen erwiesen:
a) *Kooperation unter Wettbewerbsbedingungen.* Die Gesamtgruppe wird in Untergruppen aufgeteilt, jede Gruppe soll in bestimmter Zeit eine möglichst gute Leistung erbringen, die danach von einer Jury bewertet und mit den Leistungen der übrigen Gruppen verglichen wird. Die Gruppenarbeit steht also unter realitätsnahen Zwängen: Zeitdruck, Leistungs- und Konkurrenzdruck. Die Auswirkungen dieses Außendrucks sollten in der Feedbackphase kritisch diskutiert werden.

Als eine „außerordentlich beliebte und erfolgreiche Übung" gilt die sogenannte „Turmbau-Übung" (genaue Instruktionen usw. s. *Antons*, 1973, S. 131 ff): Jede Gruppe soll bei Einhaltung bestimmter Bauanweisungen aus Pappbögen mit Hilfe einer Schere, einer Klebetube, eines Lineals in ca. 1 Std. einen Turm bauen, der drei Kriterien erfüllen soll: Er soll hoch, standfest und schön bzw. originell sein. Nach der Konstruktions- und Bauzeit werden die Gruppenprodukte von der Jury bewertet und danach erfolgt in den Arbeitsgruppen und im Plenum die Reflexion der Gruppenarbeit (Feed back).

Entsprechend können den Gruppen andere schwierigere Aufgaben gestellt werden: z. B. Planung einer interessanten Trainingseinheit für eine der nächsten Trainingssitzungen zur Förderung der Gruppenfähigkeit; oder Entwurf einer Satzung, die den Schülern (Lehrern, Eltern) möglichst viel real praktizierbare Mitbestimmung in der Schule erlauben soll; oder Durchführung eines *Planspiels:* Die Teilnehmer ordnen sich den unterschiedlichen Interessengruppen einer möglichst aktuellen Konfliktsituation zu mit dem Ziel, diese in vorgegebener Zeit zu regeln (z. B. ein sogenannter progressiver, bei den Kollegen und Eltern umstrittener, bei den Schülern beliebter Lehrer X soll versetzt werden; als Interessengruppen treten auf: kleine progressiv-liberale Pro-X-Kollegengruppe, größere konservative Contra-X-Lehrergruppe, Schulleiter und Stellvertreter, Pro-X-Elterngruppe, Contra-X-Elterngruppe, Schulbehördenvertreter, Schülergruppe). Die Kommunikation zwischen Gruppen läuft nach bestimmten Regeln ab und sollte nachprüfbar, d. h. möglichst schriftlich erfolgen (s. *Antons,* 1973, S. 135 ff.).

b) *Gruppendiskussion mit fluktuierender Gruppenleitung:* Die eben beschriebenen Gruppensituationen erlauben die Beobachtung der Entwicklung von Gruppenstrukturen während des Gruppenarbeitsprozesses. Die Gruppe beginnt ihre Arbeit formal führerlos. In Arbeitsgruppen der Praxis sind in der Regel solche Führungspositionen formal vorhanden und werden mit einem bestimmten Führungsverhalten durch den jeweiligen Rollenträger ausgefüllt. Die Gesamtheit des Führungsverhaltens eines Gruppenleiters bezeichnet man als seinen *Führungsstil.* Das Führungsverhalten kann recht unterschiedlich sein und hat entsprechend unterschiedliche Auswirkungen auf die übrigen Gruppenmitglieder. Um das eigene Gruppenleitungsverhalten zum Lerngegenstand zu machen, kann man in folgender Weise die Praxis simulieren: Die Teilnehmer werden in Gruppen mit ca. acht Mitgliedern aufgeteilt. Jedes Gruppenmitglied erhält eine Liste mit Kurzbeschreibungen beruflicher Konfliktsituationen der Trainingsgruppe, die in einer früheren Trainingssitzung erhoben worden sind. In einer kurzen Lesephase macht sich jeder mit den vorliegenden Konfliktfällen vertraut. Dann wird jedem Gruppenmitglied folgende Instruktion schriftlich gegeben (s. *Fittkau,* 1972, S. 264):

„Die Hauptaspekte jedes der folgenden 8 Punkte sollten von der Gruppe in einem ersten Arbeitsdurchgang innerhalb von jeweils ca. 8 Min. bearbeitet werden. Als Zeichen klingelt nach 7 Min. ein Wecker. Nach jeweils 8 Min. sollte die Gruppenleitung wechseln, so daß jeder Teilnehmer einmal formal die Gruppenleitungsfunktion innehat:

Acht Arbeitsschritte:

1) Einigen Sie sich bitte in der Gruppe auf einen der von Ihnen vorgeschlagenen Konfliktfälle, an dem sich wesentliche Aspekte der Konfliktproblematik konkretisieren lassen (s. Punkt 2 – 7).

2) Analysieren Sie bitte die Konfliktanlässe und „oberflächlichen" Konfliktursachen.

3) Welche „tieferliegenden" (sog. system-, gesellschaftsimmanenten) Konfliktursachen liegen dem Konflikt zugrunde?

4) Welche kurzfristigen Konfliktregelungsmöglichkeiten sehen Sie?

5) Planen Sie bitte ein oder mehrere Rollenspiele, in denen diese kurzfristigen Konfliktregelungsversuche praktisch erprobt werden können. (Dabei sollten möglichst alle Gruppenmitglieder beteiligt werden.)

6) Führen Sie bitte diese Rollenspiele durch.

7) Was müßte man längerfristig tun, um solche Konflikte zu vermeiden?

8) Kritische Selbstreflexion („Bilanz") der abgelaufenen Gruppenarbeit: Wer oder was hat die Gruppenarbeit positiv und negativ beeinflußt?" (Metakommunikation)

In der Feedback-Phase wird dann jeder der acht Arbeitsschritte inhaltlich und bezogen auf das Gruppenleitungsverhalten kritisch analysiert.

Leicht modifiziert kann der obige Arbeitsauftrag auch als Grundlage einer Gruppendiskussion ohne formale Führung benutzt werden (sog. *leaderless-group-discussion*).

● *Simultane Verhaltensregistrierung*

Damit die Teilnehmer ein angemessenes Feed back über ihr in der Gruppe gezeigtes Verhalten bekommen können, muß ihr Verhalten möglichst objektiv registriert werden. Nach dem Ausmaß der gespeicherten Information und damit der Objektivität lassen sich mindestens vier praktikable Registriermethoden unterscheiden: a) *Video-Aufzeichnung*, b) *Tonaufnahmen*, c) *Beobachter-Protokoll des Gruppenprozesses*, d) *Beobachter- und/oder Teilnehmer-Einschätzung des Gruppenprozesses.*

a) Die *Video-Aufzeichnung* ist fraglos die beste, wenn auch aufwendigste Form der Verhaltensregistrierung. Bei hinreichender Aufnahmequalität kann das Material beliebig häufigen und detaillierten

Analysen im Feed back und Gruppenforschungsprozeß unterzogen werden: Man kann später genau ermitteln, wann wer was wie mit welcher Wirkung kommuniziert hat. Auch die *nicht-verbale-Kommunikation* kann erfaßt werden.

b) *Tonaufnahmen* enthalten zwar fast alle verbalen Gruppenaktivitäten, erlauben aber später nur sehr schwierig die jeweiligen Sender und Empfänger eindeutig zu identifizieren. Für eine Inhaltsanalyse der Gruppenarbeit, zur Analyse des Führungsverhaltens und zur globalen Einschätzung der Gruppeninteraktion sind Tonaufnahmen sehr gut geeignet.

c) *Beobachter-Protokolle des Gruppenprozesses* sind mehr oder weniger stark durch die subjektive Brille und das Beobachtungs- und Registriertempo des Beobachters gefärbt. Diese Beobachterfehler lassen sich durch mehrere unabhängig arbeitende, vorher trainierte und mit standardisierten Kategorien arbeitende Beobachter vermindern und kontrollieren. Ein wesentlicher Nachteil bleibt: Das Feed back an die Gruppe erfolgt gefiltert durch den Wahrnehmungsapparat und die mehrdeutige Sprache der Beobachter. Der Hauptvorteil dieses Verfahrens liegt in der größeren Ökonomie. Die Möglichkeit, gleichzeitig mit der Aufgabe der Gruppenbeobachtung in effektiver Weise die *Sensitivität und Diskriminationsfähigkeit* in der sozialen Wahrnehmung bei den Beobachtern zu erhöhen, kann und sollte allerdings bei Video-Speicherung nachträglich ebenfalls genutzt werden.

Zur Registrierung der Interaktionen in der Gruppe sind verschiedene Kategoriensysteme entworfen worden. Das bekannteste und gebräuchlichste ist das von *R. F. Bales.* Mit ihm können Beobachter nach kurzer Einweisung pro Gruppenmitglied oder für die Gruppe insgesamt alle Zustimmungen, Fragen, Vorschläge, Ablehnungen usw. signieren (s. *Antons,* 1973, S. 63):

DAS BEI DER BEOBACHTUNG KL... VERWENDETE KATEGORIENSYSTEM

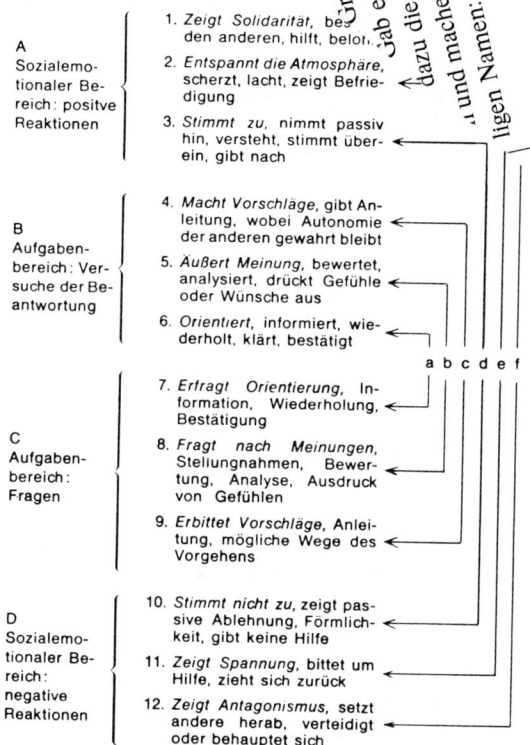

A
Sozialemotionaler Bereich: positve Reaktionen

1. *Zeigt Solidarität*, be...den anderen, hilft, belor...
2. *Entspannt die Atmosphäre*, scherzt, lacht, zeigt Befriedigung
3. *Stimmt zu*, nimmt passiv hin, versteht, stimmt überein, gibt nach

B
Aufgabenbereich: Versuche der Beantwortung

4. *Macht Vorschläge*, gibt Anleitung, wobei Autonomie der anderen gewahrt bleibt
5. *Äußert Meinung*, bewertet, analysiert, drückt Gefühle oder Wünsche aus
6. *Orientiert*, informiert, wiederholt, klärt, bestätigt

a b c d e f

C
Aufgabenbereich: Fragen

7. *Erfragt Orientierung*, Information, Wiederholung, Bestätigung
8. *Fragt nach Meinungen*, Stellungnahmen, Bewertung, Analyse, Ausdruck von Gefühlen
9. *Erbittet Vorschläge*, Anleitung, mögliche Wege des Vorgehens

D
Sozialemotionaler Bereich: negative Reaktionen

10. *Stimmt nicht zu*, zeigt passive Ablehnung, Förmlichkeit, gibt keine Hilfe
11. *Zeigt Spannung*, bittet um Hilfe, zieht sich zurück
12. *Zeigt Antagonismus*, setzt andere herab, verteidigt oder behauptet sich

Legende: a) Probleme der Orientierung; b) Probleme der Bewertung; c) Probleme der Kontrolle; d) Probleme der Entscheidung; e) Probleme der Spannungsregulierung; f) Probleme der Integration

Auch mit dem folgenden, selbstentwickelten Beobachtungs- und Einschätzungsbogen können Beobachter für wesentliche Aspekte der Gruppenarbeit sensitiviert werden:

141

b) . . . .

c) . . . . :

d) . . . . :

e) . . . . :

2) Haben die Teilnehmer versucht, bei ihrem Beitrag auf die Beiträge der Vorredner einzugehen oder versuchten sie überwiegend bezugslos ihre Meinung einzubringen?
. . . .

3 a) Haben die Gruppenmitglieder versucht, das Gespräch zu strukturieren (Zielfestlegung, Reihenfolge der Arbeitsschritte festlegen, Zwischenzusammenfassungen versuchen, Verdeutlichung der unterschiedlichen und gemeinsamen Standpunkte, etc.)?
. . . .

b) Welche Teilnehmer haben sich am meisten um Strukturierung bemüht?
. . . .

4) Gab es Rivalitäten zwischen den Gruppenmitgliedern (z. B. um die Führung)?
Wer rivalisierte mit wem? . . . .

142

5) Wurde die Diskussion engagiert oder eher lahm geführt? Woran lag das?

. . . .

6) Wer war das
a) . . . ideenreichste: . . . . ,
b) . . . dominanteste: . . . . ,
c) . . . verständnisvollste: . . . . ,
d) . . . ungeduldigste: . . . . ,
e) . . . am verständlichsten sprechende: Gruppenmitglied?

d) *Beobachter- und/oder Teilnehmer-Einschätzung des Gruppenprozesses.* Einen weiteren Schritt weg von der objektiven Verhaltensregistrierung hin zur subjektiv zusammenfassenden Interpretation des Gruppengeschehens tun die Einschätzverfahren. Der Vorteil dieser Verfahren liegt in der Möglichkeit, sehr komplexe, subjektiv wichtige soziale Informationen integriert zum Ausdruck zu bringen. Der Nachteil liegt darin, daß die objektiven Verhaltensgrundlagen für bestimmte Einschätzungen verloren gehen. Einschätzungen sollten deshalb möglichst im Zusammenhang mit Video- oder Tonaufnahmen verwendet werden.

Die Einschätzungen sind Ausdruck der Auswirkung des Gruppengeschehens auf den Einschätzenden. Sie beinhalten also immer gleichzeitig zwei Komponenten: das objektive Gruppengeschehen und den subjektiven Erfahrungshintergrund des Beobachters. Insofern können Einschätzverfahren manchmal mehr über den Beurteiler als über das Gruppengeschehen aussagen. Die objektive Bedeutung einer Einschätzung nimmt dabei in dem Maße zu, wie diese mit den Einschätzungen anderer Beurteiler übereinstimmt.

Die Beobachter und/oder Teilnehmer können auf Einschätzskalen verschiedene subjektiv relevante Wahrnehmungen aus der Gruppe wiedergeben:
– Persönliche Bewertung des Gruppengeschehens zu verschiedenen Zeitpunkten des Trainings, so daß der *Gruppenprozeß* objektiviert werden kann: Das kann z. B. durch Beantwortung u. a. folgender Fragen erfolgen:

„Wie fühle ich mich in dieser Gruppe?"
1. Sehr unbehaglich und gespannt, 2. . . . ., 7. völlig wohl.
„War die Diskussion sachfremd oder sachbezogen?"
1. Völlig sachfremd, 2. . . . . . ., 7. völlig sachbezogen.
(Eine vollständige Fragenliste findet man z. B. bei *Brocher,* 1967, S. 228 ff und *Antons,* 1973, S. 200 ff.).

– Einschätzung des gruppenfeindlichen und gruppenfreundlichen Verhaltens der Gruppenteilnehmer (z. B. nach den vorn beschriebenen Kategorien, s. S. 124 ff.; s. auch *Antons,* 1973, S. 210) oder nach wichtigen Grundmerkmalen emotional-sozialen Verhaltens: Wertschätzung vs. Geringschätzung; Aktivität vs. Passivität; dirigierende Aktivität vs. anregende Aktivität; Echtheit vs. Unechtheit (s. *Fittkau,* 1972, S. 266).

– Angabe der sozial-emotionalen Beziehungen zu anderen Gruppenmitgliedern durch Beantwortung von Fragen wie:
„Wer ist mir am sympathischsten?", „Wen möchte ich noch am ehesten als Vorgesetzten haben?"
Die Beantwortungen jeder solchen Frage können graphisch zu einem *Soziogramm* zusammengefaßt werden, das in der Feedbackphase diskutiert werden sollte (s. *Antons,* 1973, s. 205 ff.).

● *Feed back*
Praxissimulation und Verhaltensregistrierung dienen hauptsächlich dazu, den Trainingsteilnehmern selbst erfahrbar zu machen, wie ihr Verhalten in Gruppen ist und wie es auf die anderen wirkt. Diese für jedes Lernen wesentliche Rückmeldung (Feed back) sollte sich möglichst unmittelbar an jede Praxissimulation anschließen, da die Aufgeschlossenheit der Teilnehmer und damit der Lerneffekt dann am größten zu sein scheint.

Das Feed back hat eine *motivationserzeugende und -steuernde Funktion:* Ein Teilnehmer erfährt z. B. von den anderen Gruppenteilnehmern übereinstimmend, daß sein Verhalten von den anderen als stark dominant und eher kooperationshemmend erlebt wurde. Er hatte in seiner Selbstwahrnehmung sein eigenes Verhalten lediglich als sehr interessiert und engagiert empfunden; ferner möchte er durch seine Arbeit andere mitreißen und ihnen ebenfalls Spaß an der Arbeit vermitteln. Durch das Feed back werden ihm zwei (Soll-Ist-)Diskrepanzen deutlich: 1) seine *Selbstwahrnehmung* ist anders (hier: besser) als die *Fremdwahrnehmung* (Ist-Wert) und orientiert sich eventuell zu sehr am eigenen Wunsch- oder Idealbild (Soll-

Wert); 2) die realen Verhaltensauswirkungen (Ist–Wert) entsprechen nicht den eigenen Verhaltenszielen (Soll-Wert). Diese erlebten Soll-Ist-Diskrepanzen sind deshalb so wichtig, weil sie die motivationelle Grundlage jedes Lernprozesses darstellen: Unser Teilnehmer wird – allgemeine Lernbereitschaft vorausgesetzt – in Zukunft eher um ein gruppenfreundlicheres Verhalten bemüht sein und interessiert sein, ob ihm dieses nach und nach besser gelingt. Er wird wieder lernoffener, was sich oft in stärker werdenden Feedback-Wünschen äußert.

Wie sieht nun die Feedbackphase aus, die sich jeder Praxissimulation anschließt? Im Prinzip wird den Gruppen-Akteuren zunächst nur das jeweils registrierte Verhalten dargestellt, es wird ihnen „ein Spiegel vorgehalten". Diese Rückmeldung ist, je nach der angewandten Verhaltensregistriermethode, mehr oder weniger objektiv:

a) *Video-Feedback.* Den Akteuren (oder auch der Gesamtgruppe) wird die Video-Aufzeichnung über einen Monitor vorgeführt (Playback). Die Teilnehmer können dann die oben kurz beschriebenen Beobachtungsmethoden (s. S. 141) auf ihr eigenes Verhalten anwenden. Nach unseren Erfahrungen führt diese direkte *Konfrontation der Teilnehmer mit sich selbst* zu einer sehr hohen emotionalen Beteiligung und Feedback-Offenheit und -Sensitivität. Ein wesentlicher Grund hierfür dürfte sein, daß man sich jetzt in einer ähnlichen Situation befindet, wie sonst nur die anderen Gruppenmitglieder: Man spürt am eigenen Leib, welche Auswirkungen das gezeigte Sozialverhalten auf andere hat. Hieraus dürfte sich eine hohe Bereitschaft zur gruppenfreundlicheren Verhaltensänderung ergeben. Gleichzeitig bietet sich so eine recht motivierende Form des *Beobachtungs- bzw. Diskriminationstrainings.*

b) Das *Ton-Feedback* wird entsprechend durchgeführt.

c) *Feedback durch die Beobachter-Protokolle.* Die Beobachter teilen in einem Feedback-Gespräch den Akteuren die Ergebnisse ihres Beobachtungsprotokolls mit. Diese Wahrnehmungen sollten mit den Selbstwahrnehmungen der Gruppenteilnehmer verglichen werden. Jeder einzelne sollte für sich Verhaltenskonsequenzen ableiten.

d) *Feedback durch Einschätzungsurteile.* Die verschiedenen Einschätzungen können in folgender Weise in der Feedbackphase bearbeitet werden:

– Die Auswertung der Fragen zur persönlichen Bewertung des Gruppenprozesses können in der Gruppe gemeinsam besprochen werden und evtl. graphisch zusammengefaßt werden (Auswertungshinweise s. *Antons*, 1973, S. 201 und 204). Diese Phase eines *(metakommunikatorischen)* Rückblicks auf die Gruppenprozesse kann auch als unstrukturiertes Feedback-Gespräch die Trainingssitzungen abschließen oder als *Prozeßanalyse* zu Beginn einer neuen Trainingssitzung an die vorangegangene anknüpfen.

– Die Bögen mit den Einschätzungen des gruppenfeindlichen und gruppenfreundlichen Verhaltens jedes Teilnehmers durch die übrigen Gruppenmitglieder und Beobachter werden (anonym, d.h. ohne Namen des Senders) dem jeweiligen Empfänger übergeben. Günstig ist, wenn vorher während der Einschätzphase jeder Teilnehmer zusätzlich einen Bogen so ausfüllt, wie er sich selbst gesehen hat (*Selbstbild*). Jedes Gruppenmitglied sollte sich dann zunächst einen Überblick über die Fremdeinschätzungen verschaffen, indem es die Einzeleinschätzung auf einem weiteren Bogen zusammenfaßt (*reales Fremdbild*). Dann sollte er der Gruppe mitteilen, in welchen Aspekten die Fremdeinschätzung von der Selbsteinschätzung besonders stark abgewichen ist und um Klärung dieser Wahrnehmungsdiskrepanzen bitten. Die Zielsetzungen dieses Selbst-Fremdbildvergleiches können mit Hilfe des sog. Johari-Fensters verdeutlicht werden (s. *Kirsten* u. *Müller-Schwarz*, 1976, S. 13 ff).

– Die Soziogramm-Auswertung kann in entsprechender Weise von der Gruppe gemeinsam durchgeführt werden, wenn die Beantwortung der Soziogrammfragen anonym erfolgt. Es kann dann die Anzahl der erwarteten Wahlen mit den tatsächlich erhaltenen verglichen werden und eine Rangreihe der Beliebtheit der Gruppenmitglieder aufgestellt werden. Man kann dann zusätzlich unter Heranziehen der Verhaltensbeobachtungen oder -einschätzungen gemeinsam ermitteln, welche Verhaltensmuster in Gruppen als besonders beliebt und unbeliebt erscheinen.

So wichtig diese Erkenntnisse über gruppenfreundliches und -feindliches Verhalten ist, so sind die Einschätzverfahren in Trainings nicht unproblematisch: Es ist für viele im ersten Moment ein schwerer Schock zu erfahren, daß sie z.B. zu den unbeliebtesten in der Gruppe zählen. Es nützt dann auch wenig zu erfahren, daß sich die momentane Beliebtheitsstruktur in Gruppen sehr schnell ändern kann oder daß der Tüchtige eben nicht beliebt sei. Solche Aussagen wirken bestenfalls als gutgemeinte Abschwächungsversuche und Rationalisierungen. Damit solche persönlichen Feedbacks keine destruktiven Auswirkungen haben, müssen alle Gruppen mitglieder bereit und fähig sein, sich gegenseitig echt und uneigennützig zu helfen, ihre Probleme in Gruppen zu verringern. Diese soziale Hilfsbereitschaft ist nach unseren Erfahrungen oft nicht ausreichend gegeben, so daß Feedbacks über schriftlich gegebene Einschätzungen nur sehr behutsam eingesetzt werden sollten.

Nach solchen Feedback-Phasen ist bei den meisten Trainingsteilnehmern die Motivation relativ stark, sich klarer darüber zu werden, warum man so viele gruppenfeindliche Emotionen und Verhaltensweisen in sich hat. Hier sollten sich die Teilnehmer über die verschiedenen Beschreibungs- und Erklärungsversuche der individuellen Verhaltensentwicklung während des Sozialisationsprozesses in unserer Gesellschaft informieren. Wichtig ist, daß die Komplexität des Sozialisationsprozesses deutlich wird: Aktiviert durch primäre physiologische Bedürfnisse entwickelt sich der Mensch innerhalb eines erbmäßig zwar vorbegrenzten, in seiner Ausdehnung aber nicht voraussagbaren Rahmens durch aktive Auseinandersetzung mit seiner materiellen und sozialen – von den gesellschaftlichen Grundprinzipien und Rahmenbedingungen geprägten – Umwelt, die ihrerseits durch Ausnutzen verschiedener Lernprinzipien die Aktivitätsinhalte und Richtungen des Individuums formt. Erbbiologische, physiologische, psychoanalytische, lernpsychologische, sozialpsychologische, soziologische, pädagogische, gesellschaftspolitische Erkenntnisse müssen bei einer umfassenden Betrachtung der Entwicklung und Determination menschlichen Verhaltens eingehen (s. u.a. *Brocher*, 1967, insbes.: S. 12-43; *Tausch* und *Tausch*, 1971, insbes. S. 5-138; *Lüdtke*, 1971; *Hiebsch* und *Vorwerg*, 1972, insbes. S. 57-74; *Jaeggi*, 1973, insbes. S. 206-316).

Man wird bei dieser Betrachtung nicht um die Feststellung herumkommen, daß wesentliche Prinzipien unseres Gesellschaftssystems der Entwicklung von Kooperationsfähigkeit zuwider laufen: u.a. ausschließlich individuelle Leistungsbelohnung, extremer Konkurrenzkampf, Statusdenken, Konsumzwang. Ein auf Kooperation statt auf Rivalität basierendes soziales Zusammenleben verlangt nach einer kontinuierlichen Veränderung kooperationsfeindlicher gesellschaftlicher Rahmenbedingungen und ein entsprechendes Umlernen der Individuen.

3.10 Systematisches Praxis-Training

Nach dem Abbau lernhemmender Ängste, der Demonstration von Vorteilen von Gruppenarbeit und Schaffung der Motivation für die Verbesserung der eigenen Gruppenfähigkeit, sollte die Trainingsgruppe jetzt für alle Teilnehmer ein stetiges und systematisches (Weiter)Training insbesondere direkt in der Praxis organisieren.

Die praxisbegleitenden Trainingssitzungen sollten die Möglichkeit geben, Gruppenprobleme des einzelnen während des Praxistrainings gemeinsam zu lösen und systematisch wesentliche gruppenfreundliche Verhaltensweisen zu lernen und zu vertiefen.

Bei jedem Trainingsschritt sollten die lernnotwendigen Feedbackphasen eingeplant werden, damit jeder Trainierende seine eigenen Lernfortschritte selbst kontrollieren kann. Die für das Feedback notwendige Verhaltensregistrierungen können durch einzelne Schüler oder hospitierende Kollegen (oder Eltern) direkt im Unterricht erfolgen oder durch eine Tonaufnahme, die der Lehrer selbst, einzelne „Feedback-Schüler" oder die Klasse gemeinsam auswerten (z.B. nach den vorn angegebenen Beobachtungs- und Einschätzverfahren).

● *Gruppentraining in der schulischen Praxis*
Drei relativ leicht praktizierbare Trainingsmöglichkeiten bieten sich im Schulbereich an:

a) *Teamvorbereitung der Lehrer* auf den Unterricht. Lehrer, die in vergleichbaren Klassenstufen das gleiche Unterrichtsfach unterrichten, sollten kleine Fachteams bilden und den Unterricht gemeinsam planen und vorbereiten. Jüngere Kollegen könnten so von den Erfahrungen der älteren profitieren. Durch entsprechende Stundenplanabstimmung wäre dann eventuell sogar die Möglichkeit von *Teamteaching* möglich.

b) *Teamvorbereitung der Schüler* auf den Unterricht. Auch die Schüler sollten angeregt werden, sich in Arbeitsgruppen auf den Unterricht vorzubereiten. Die Hausaufgaben würden dann als Gruppenaufgaben gestellt werden. Ein systematischer Wechsel der Gruppenzusammensetzung würde zu einem besseren Kennenlernen der Schüler untereinander und zum Abbau von Vorurteilen und Cliquenbildung beitragen.

c) *Gruppenarbeit während des Unterrichts.* Insbesondere eignet sich der vorn öfter erwähnte (s.S. 134 f.) *unterrichtsmethodische Dreierschritt: (1) Individualarbeit* (z.b. Lesen eines Lehrtextes, Bearbeitung einer Aufgabe, Perzeption eines Lehrer- oder Schülervortrages oder Lehrfilms oder Schulfunksendung), (2) kurzzeitige *arbeitsgleiche Kleingruppenarbeit* (z.b. Diskussion der wichtigsten Aspekte aus dem Lehrtext, Vergleich und eventuell Modifikation der individuellen Aufgabenbeantwortungen, Zusammenstellung der wesentlichen Punkte des dargebotenen Lehrstoffes und Kritik), (3) *Plenumsarbeit* (z.b. Plenumsdiskussion – eventuell der Delegierten aus den Arbeitsgruppen, zentrale Zusammenfassung durch den Protokollanten der jeweiligen Stunde, Ergänzungen und event. notwendige Strukturierung der Ergebnisse durch den Lehrer).

● *Gruppentraining in unterrichtsbegleitenden Trainingssitzungen*
Neben den bisher beschriebenen Trainingsmöglichkeiten, soll hier noch kurz auf einige weitere Trainingsmethoden hingewiesen werden, die die Gruppenfähigkeit der Trainingteilnehmer fördern. Siehe hierzu insbesondere die mit Recht so erfolgreiche Anleitung zum Selbsttraining von *Schwäbisch* und *Siems, 1974.*
a) *Modell-Filme oder Videobänder* können sehr gut demonstrieren, wann und wie man im Unterricht erfolgreich welche Form von Gruppenarbeit durchführen kann. Das Sehen solcher Beispiele regt sehr stark zum *imitieren* an, weil man sieht: wenn es so gemacht wird, dann funktioniert es.
b) *Übungen in partnerzentrierter Kommunikation.* Gruppenarbeit wird oft dadurch erschwert, daß man den anderen zu wenig zuhört, weil man zu sehr mit sich selbst beschäftigt ist oder sich schon innerlich für seine Erwiderung präpariert. Das kann durch den sogenannten *Kontrollierten Dialog* deutlich gemacht und abgebaut werden: Jeweils Paare unter Beobachtung eines Dritten diskutieren unter folgender Regel: ,,Du darfst Dein (Gegen-)Argument erst dann anbringen, nachdem Du das Argument Deines Gesprächspartners in Deiner Sprache zusammenfassend wiederholt hast und er sich verstanden fühlt." (Genauere Erläuterung: s. *Antons*, 1973, S. 87 ff.). Durch das Bemühen, auf die Argumente der anderen Gruppenmitglieder einzugehen *(aktives Zuhören)* wird vermittelt: ,,Eure Beiträge, Eure Mitarbeit, Ihr selbst seid wichtig für die Gruppe!", was für die Motivation des einzelnen in der Gruppe sehr wichtig ist.

c) *Entscheidungstraining.* Das Treffen von angemessenen Gruppen-entscheidungen ist eine wesentliche Voraussetzung für effektive Mitbestimmung. Wichtige Analysekategorien zur Bewertung von-Entscheidungsprozessen in Gruppen, die möglichst video-gespeichert vorliegen sollten, gibt *Antons* (1973, S. 163 ff) an. Die Gruppe, insbesondere der Gruppenleiter, sollte versuchen, sich bei Entscheidungen der Gruppe an die als günstig empfohlenen Schritte im Entscheidungsprozeß zu halten (s. 171 ff.), um die Konkretisierung lernen und die Vorteile (und Probleme) erfahren zu können: (1) Beschreibung und Analyse des Problems und Definition des Ziels, (2) Motivierung der Beteiligten, (3) Aufstellen von Lösungsmöglichkeiten und Alternativen in einer Brainstorming-Phase, (4) Entscheidung, (5) Handeln (Reflexion der Handlungskonsequenzen für die Beteiligten und Festlegen der Verantwortlichkeiten), (6) Bewertung (der Entscheidung), (7) Wünsche und Interessen, die bei der Entscheidung nicht berücksichtigt wurden, reflektieren.

d) *Einübung der Regeln der 'Themen-zentrierten Interaktion' (TZI).* Die Gestalttherapeutin *Ruth C. Cohn* hat versucht, ,,Spielregeln'' zu formulieren, die es dem einzelnen Gruppenmitglied eher ermöglichen sollen, bei der Sacharbeit in einer guten Kooperationsatmosphäre auch seine individuellen Bedürfnisse und Gefühle zu berücksichtigen und ernst zu nehmen. Sie versucht damit einer Tendenz zu begegnen, die vom Menschen verlangt, sich rein sachlich und neutral – wie eine Maschine – zu verhalten. Diese Forderung führt dazu, daß der einzelne seine inneren Gefühle immer wieder zurückdrängt und als zweitrangig abtut. Er verschüttet damit seine Erlebnisfähigkeit und seine innere Orientierungsquelle, die persönliche Sicherheit gibt und unabhängiger von den Urteilen der Umwelt macht.

Das Ziel der *Cohn*'schen Kooperationsregeln ist, eine möglichst gute Balance zwischen den Komponenten, die jede sachbezogene Gruppenarbeit bestimmen, herzustellen: Zwischen der Sachaufgabe (,,Es''-Bereich = Inhalts-Aspekt der Kommunikation), den individuellen Bedürfnissen der Gruppenmitglieder (,,Ich''-Bereich = Selbstoffenbarungs-Aspekt) und dem Interaktions-/Gruppenklima (,,Wir''-Bereich = Beziehungs- und Appell-Aspekt). Wenn man die Gruppenarbeit nach Prozeß und Ergebnissen trennt, so lassen sich die Wechselwirkungs-Komponenten und Ziele von Gruppenarbeit recht übersichtlich in folgendem Modell darstellen:

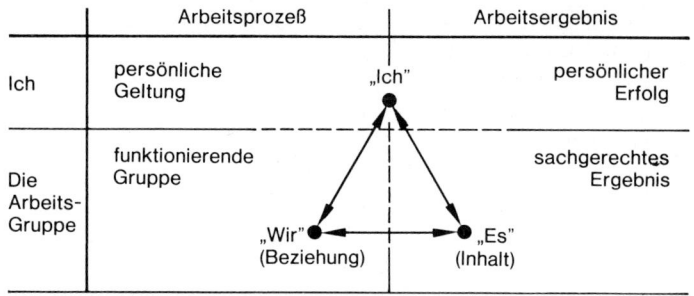

	Arbeitsprozeß		Arbeitsergebnis
Ich	persönliche Geltung	„Ich"	persönlicher Erfolg
Die Arbeits-Gruppe	funktionierende Gruppe	„Wir" (Beziehung) „Es" (Inhalt)	sachgerechtes Ergebnis

Die von *R. Cohn* aufgestellten bzw. inspirierten Verhaltensregeln lassen sich im wesentlichen dem „Ich"- und „Wir"–Bereich zuordnen:

„Ich"-Bereich:

„Sei Dein eigener Chairman" (bestimme, wann Du reden oder schweigen willst; richte Dich nach Deinen Bedürfnissen, im Blick auf das Thema).

– „Beachte Signale aus Deinem Organismus und beobachte ähnliche Signale bei anderen Gruppenmitgliedern" (z.B. Magen, Herz, Verspannungen).

– „Wenn Du nicht wirklich dabei sein kannst, d.h. wenn Du gelangweilt oder ärgerlich bist oder aus einem anderen Grunde Dich nicht konzentrieren kannst, unterbrich das Gespräch".

– „Versuche zu sagen, was Du wirklich willst, nicht was Du möglicherweise sagen solltest, weil es von Dir erwartet wird".

„Wir"-Bereich:

– „Sprich nicht per *man* oder *wir*, sondern per *ich*".

– „Persönliche Aussagen sind normalerweise besser als unechte Fragen". (Versuche möglichst mitzuteilen, was die Frage für Dich bedeutet.)

– „Wenn mehrere Gruppenmitglieder sprechen bzw. sprechen wollen, ist es empfehlenswert, eine Einigung über den Gesprächsverlauf herbeizuführen".

– „Vermeide nach Möglichkeit Seitengespräche". (Wenn es einmal der Fall ist, versuche, die Gruppe hinterher daran zu beteiligen.)

– „Vermeide nach Möglichkeit Interpretationen anderer und teile statt dessen lieber Deine persönliche Reaktion mit".

– „Sprich andere Gruppenmitglieder direkt an, wenn Du Dich auf sie beziehst".

– „Gib Feedback: Sag' wie das Verhalten anderer auf Dich wirkt, wenn Du Dich davon berührt fühlst".

– „Wenn Du Feedback erhältst, höre ruhig zu und versuche zu verstehen (keine Rechtfertigungen und Klarstellungen). (Ausführlichere Erläuterung s. *Genser* et al., 1972, S. 11 ff., kritische Diskussion der Anwendung im Schulunterricht s. *Garlichs*, 1974.)

„Es"-Bereich:

Dieser Bereich wird im TZI-System explizit nicht näher behandelt, läßt sich aber u.a. aus den Forschungsergebnissen zur „Verständlichkeit" ergänzen (s. *Langer* u.a., 1974):

– „Sprich verständlich, d. h. einfach: (kein „Fachchinesisch, kurze Sätze), strukturiert; (nenn' das Ziel Deines Beitrages, dann 1..., 2., ... 3. , ... Schlußfolgerung); eher kurz; (keine Monologe, sondern Wesentliches); etwas stimulant (konkrete Beispiele aus dem Leben gegriffen, schaden nie)."

– „Versuche das Problem zu visualisieren (z.B. Tafelskizze)".

– „Versuche Zwischenzusammenfassungen u.ä.".

e) *Training durch Rollenspiel.* Auf schwierige Situationen in Gruppen (wie Konflikte mit Gruppenmitgliedern, gruppenfeindliches Verhalten, Außenseiterprobleme) können wir meist nicht angemessen reagieren, so daß wir durch unser Verhalten die Situation eher erschweren („anheizen, verhärten") als erleichtern. Um solche schwierigen Gruppensituationen in der Praxis bewältigen zu können, ist es günstig, sie schon öfter vorher in einer weniger ernsten Situation praktisch durchgespielt zu haben. Zum besseren Verständnis des (Konflikt-)Partners ist es überdies gut, sich einmal in dessen „Haut" zu begeben und seine Rolle zu spielen. Insgesamt erweist es sich als sehr hilfreich, schwierige schulische Gruppensituationen mehrere Male mit häufigem Rollenwechsel durchzuspielen: Lehrer können sich so praxisnah auf Lehrerkonferenzen vorbereiten oder ein aggressionsfreies Konfliktregelungsverhalten gegen Schüler einüben oder Schüler können formal akzeptable Formen der Kritik an Erwachsenen einüben usw..

f) *Klärung der individuellen Ängste und geheimen Wünsche.* Um mehr Verständnis für die innerpsychischen Ursachen bestimmter Formen gruppenfeindlichen Kommunikationsverhaltens anderer Gruppenmitglieder zu gewinnen, ist es manchmal günstig, wenn die Gruppenteilnehmer offen über ihre Ängste, Unsicherheiten, geheimen Wünsche usw. sprechen und sich gegenseitig bei der Deutlichmachung und Klärung dieser inneren Probleme helfen. Das Aussprechen solcher persönlichen „Schwächen" ist aus folgendem Grund wichtig: Jedes Individuum hat für sich im Laufe seiner Entwicklung zur Bewältigung solcher Schwächen mehr oder weniger starke Abwehrmechanismen aufgebaut. Wenn in einer Gruppensituation ein schwacher Punkt eines Mitglieds tangiert wird, (ohne daß es die anderen wissen können), reagiert es mit Abwehr. Diese Abwehr stört in der Regel die Gruppenarbeit, weil sie vom Thema wegführt. Einige wichtige gruppenfeindliche psychodynamische (Abwehr-)Mechanismen sind: *Rationalisierung* bzw. Intellektualisierung (z.B. aus Angst, im Rollenspiel nicht perfekt zu erscheinen, wird oft versucht, den Sinn von Rollenspielen „rational zu hinterfragen" und anzuzweifeln); *Projektion* (z.B. für Probleme und negative Gefühle, die man selbst hat, ist man bei anderen besonders sensitiv; hieraus resultieren in Gruppen oft aggressionserzeugende Interpretationen und Unterstellungen); *Narzißmuß* (z.B. der geheime, aber überstarke Wunsch nach Anerkennung bzw. die Befürchtung, nicht genügend anerkannt zu werden, führt in Gruppen oft zu Dauerreden, die weniger der Sache als der Selbstdarstellung dienen) (s. hierzu auch *Antons*, 1973, S. 196 ff.). Wenn die Gruppe nun die persönlichen „Schwächen" (Ängste, starke Anerkennungsswünsche, u.a.) kennt, kann eher auf die arbeitsstörenden Abwehrmechanismen verzichtet werden. Das ermöglicht eine befriedigendere und effektivere Gruppenarbeit. Entsprechenden Zielen können auch sog. *Encounter-Sitzungen* dienen (s. Rogers, 1976).

3.11 Literaturhinweise:

Amelang, M., Zaworka, W. (1976): Lernziel Unsolidarität. In: Psychologie heute, 5, 76, S. 11-18.

Antons, K. (1973): Praxis der Gruppendynamik. Göttingen.

Bödiker, M., Langer, I., Tausch R. (1973): Effekte kurzzeitiger themengleicher Kleingruppenarbeit bei Schülern und Studenten. In: Bericht vom 22. Kongreß der DGfP in Saarbrücken. Göttingen.

Brocher, T. (1967): Gruppendynamik und Erwachsenenbildung. Braunschweig.

Dietrich, G. (1969): Bildungswirkungen des Gruppenunterrichts. München.

Fittkau, B. (1972): Kommunikations- und Verhaltenstraining für Erzieher. In: Gruppendynamik, 3, 252-274.

Garlichs, A. Gruppentherapeutische Ansätze im Unterricht? In: Neue Sammlung, Sept./Okt. 1974, 445-469.

Genser, B., Vopel, K.W., Buttgereit, P., Heinze, B. (1972): Lernen in der Gruppe: Theorie und Praxis der themenzentrierten interaktionellen Methode. (Ruth C. Cohn) Blickpunkt Hochschuldidaktik, Heft 25.

Hiebsch, H., Vorwerg M. (1972): Einführung in die marxistische Sozialpsychologie. Berlin.

Interaktionsspiele, Interaktionstraining (1972). Beiheft zum „Spielkreis"– Landesarbeitsgemeinschaft für Spiel und Amateurtheater im Land NRW.

Jaeggi, U. (1973): Kapital und Arbeit in der Bundesrepublik. Frankfurt.

Kirsten, R.E. u. Müller-Schwarz, J. (1976): Gruppentraining. rororo 6943.

Langer, I., Schulz von Thun, F., Tausch, R. (1973): Förderung leistungsschwacher Schüler durch kurzzeitige Kleingruppendiskussion im Anschluß an das Lesen eines Lehrtextes. Psychol. in Erziehung und Unterricht, 20, 156-162.

Langer, J., Schulz von Thun, F., Tausch, R. (1974): Verständlichkeit. München.

Lüdtke, H. (1971): Soziale Schichtung, Familienstruktur und Sozialisation. In: Familienerziehung, Sozialschicht und Schulerfolg. Weinheim.

Lutz, M., Ronellenfitsch, W. (1971): Gruppendynamisches Training in der Lehrerbildung. Ulm.

Minsel, W.-R., Minsel, B., Kaatz, S. (1976): Training von Unterrichts- und Erziehungsverhalten. München.

Nickel, H. u. Dumke, D. (1970): Unterrichtsformen und Unterrichtsstile auf der Oberstufe des Gymnasiums in retrospektiver Sicht von Studienanfängern. In: Die Deutsche Schule 7/8, 457-468.

Prior, H. (1970; Hrsg.): Gruppendynamik in der Seminararbeit. Blickpunkt Hochschuldidaktik, Heft 11.

Prose, F. (1972): Gruppendynamisches Training für Lehrer an Gesamtschulen. In: Gruppendynamik, 3, 275-296.

Rogers, C.R. (1970): On Encounter Groups. New York.

Sader, M., Clemens-Lodde, B., Keil-Specht, H., Weingarten, A. (1970): Kleine Fibel zum Hochschulunterricht. München

Schulz von Thun, F. (1976): Psychologische Vorgänge in der zwischenmenschlichen Kommunikation. In diesem Band S. 9 ff.

Schutz, W.C. (1973): Freude-Gruppentherapie, Sensitivitytraining, Ich-Erweiterung. Reinbek b. Hamburg.

Schwäbisch, L., Siems, M. (1974): Anleitung zum sozialen Lernen für Paare, Gruppen und Erzieher. rororo 6846.

Spangenberg, K. (1969): Chancen der Gruppenpädagogik. Weinheim.

Tausch, R., Tausch, A.-M. (1971): Erziehungspsychologie. Göttingen.

Vopel, K.W. (1972; Hrsg.): Gruppendynamische Experimente im Hochschulbereich. Blickpunkt Hochschuldidaktik, Heft 24.

Watzlawick, P., Beavin, J.H., Jackson, D.D. (1969): Menschliche Kommunikation. Bern.

4 Kommunikations- und Interaktionstraining für Lehrer und Schüler in Verbindung mit curricularen Reformen

Hans-Martin Müller-Wolf

Zusammenfassung

Der Artikel wendet sich an Lehrer und Studenten sowie an diejenigen, die Lehrerausbildung betreiben.

In der *Einleitung* (4.1) wird auf die Gefahren bzw. die Einschränkung herkömmlicher Verhaltenstrainings für Lehrer hingewiesen; für die Veränderung von Lehr- und Lernprozessen in der Schule sind *Interaktionstraining und inhaltliche (curriculare) Reformen* erforderlich. Verhaltensveränderungen auf seiten der Lehrenden sind für sich zwar schon hilfreich, erscheinen aber ohne eine Veränderung der Lerninhalte und -prozesse (d. h. des Curriculum) nicht als hinreichend.

Im *ersten Teil* (4.2) wird die *Entwicklung und Überprüfung eines Curriculum „Soziales und affektives Lernen"* dargestellt. Den Vorüberlegungen zu den strukturellen Bedingungen der Schule (4.2.1) folgt die Schilderung der Phasen und Merkmale der Curriculum-Entwicklung (4.2.2). Die didaktische Konzeption des Curriculum wird an zwei Beispielen mit konkreten Erfahrungen in Schulen verdeutlicht (4.2.3). Lernen an der eigenen Person, sozialwissenschaftliche Elemente, die Analyse von Entscheidungsprozessen, die Neuanwendung von schon vorhandenem Wissen, Selbsterfahrung, autonomes Lernen, Förderung der sozialen Sensitivität und forschendes Lernen werden so in den Unterricht einbezogen. Die Verbesserung kommunikativer und kooperativer Fähigkeiten, transparentes Rollenverhalten, die Einbeziehung des Lehrers in das „lernende System" der Klasse und damit eine Verbesserung des Lern- und Gruppenklimas sind die durch das Curriculum angestrebten Ziele. Nach einigen exemplarischen Ausschnitten aus den Berichten von Lehrern und Schülern (4.2.4) werden die wichtigsten Ergebnisse der Überprüfung (Evaluation) des Curriculum durch Schüler, Lehrer,

Beobachter und Vorher-/Nachher–Tests (4.2.5) geschildert. Die Möglichkeit, ein solches Curriculum mit seinen förderlichen Lernprozessen in anwendungsorientierten Unterricht sowie in Projektarbeit in der Schule einzubeziehen, wird abschließend aufgezeigt (4.2.6).

Im *zweiten Teil* (4.3) des Artikels werden zwei *Kommunikations- und Interaktionstrainings für Lehrer und Schüler* behandelt: Neben einer ausführlichen Skizzierung der Trainingsinhalte (vor allem bei Training I mit einer Gymnasialklasse) wird auch das zweite Training (mit einer Berufsschulklasse) in seiner inhaltlichen Gestaltung dargestellt; das Schwergewicht liegt dabei aber mehr auf der Überprüfung der Trainingsauswertung (Evaluation). Es zeigt sich, daß solche Trainings zu einer Aufarbeitung von bestehenden Konflikten, zu einem intensiveren Lernen an der eigenen Person und damit zu einer Verbesserung der Gruppensituation und des Lernklimas führen können. „Autonomie" und „soziale Kompetenz" sind somit die zwei Grundziele des veränderten Lehr- und Lernprozesses.

4.1 Theoretische Einleitung und Überblick

Bestimmte Formen des Verhaltenstrainings werden häufig kritisiert. Wir meinen, daß der Vorwurf, solche Trainings seien „unreflektiert" und führten nur zu „kosmetischen Oberflächenwirkungen" häufig zu recht erhoben wird. Das klassische Verhaltenstraining umfaßt nämlich nur eine von insgesamt 3 Ebenen , die wir zu Zwecken der Analyse etwas vereinfachend unterscheiden können und von denen eine wiederum zu unterteilen ist:

1) das *konkrete Unterrichtsgeschehen*, die Interaktion zwischen Schüler und Lehrer, die Ebene des Verhaltens- oder Interaktionstrainings;

2) das *curriculare Geschehen*, die Vermittlung von Lernstoff anhand bestimmter Lehr- und Lernmethoden;

3) die übergeordnete *Ebene der strukturellen Bedingungen*, wobei die Struktur der betreffenden Schule mit ihren vielfältigen Erscheinungsweisen *(Mikrostruktur)* von der übergreifenden gesamtgesellschaftlichen Struktur *(Makrostruktur)* zu differenzieren ist.

Die *Gefahr des herkömmlichen Verhaltenstrainings* liegt also in der Nichtbeachtung der zugrunde liegenden gesamtgesellschaftlichen Bedingungen, wie sie sich z.B. auch im Bildungs- und Schulwesen und in bestimmten lokalen Gegebenheiten ausdrücken. Zur Veranschaulichung mag nebenstehende Skizze dienen:

Wir teilen nicht den Optimismus derjenigen, die allein durch gesellschaftlich-strukturelle Veränderungen (im Sinne „objektiver" Emanzipation) Schulreformen für gewährleistet halten; Reformen müssen auch durch Menschen (als Individuen und in Kollektiven) getragen werden. Wir stehen aber einer Auffassung, die Veränderung zwischenmenschlicher Interaktionsformen zöge notwendigerweise auch strukturelle Veränderungen nach sich, ebenso skeptisch gegenüber. Es ist vielmehr eine Vielfalt wechselseitiger Bedingungen und Verknüpfungen zu vermuten: Strukturelle gesamtgesellschaftliche Zustände finden im Curriculum und in der Schüler – Lehrer – Interaktion ihre Entsprechung; gleichzeitig macht die Summe konkreter Interaktionen und curricularer Ereignisse auch die Realität des Bildungswesens aus.

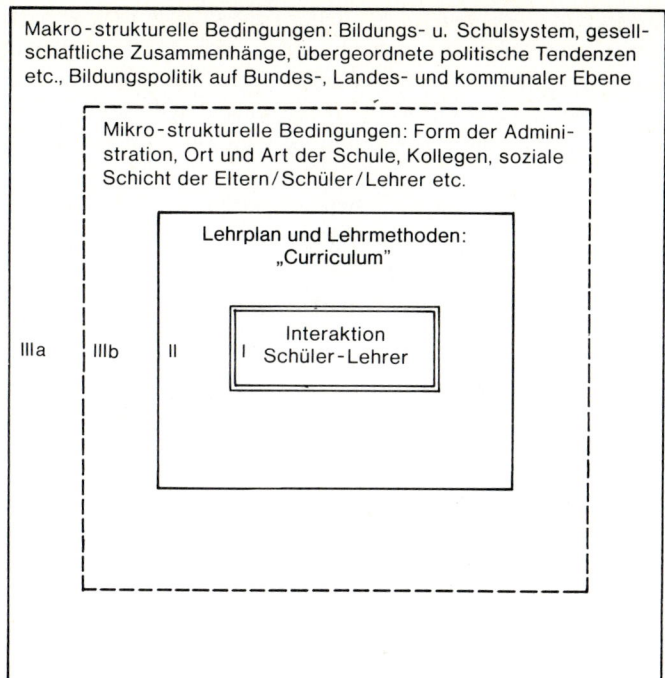

Makro-strukturelle Bedingungen: Bildungs- u. Schulsystem, gesell-schaftliche Zusammenhänge, übergeordnete politische Tendenzen etc., Bildungspolitik auf Bundes-, Landes- und kommunaler Ebene

Mikro-strukturelle Bedingungen: Form der Administration, Ort und Art der Schule, Kollegen, soziale Schicht der Eltern/Schüler/Lehrer etc.

Lehrplan und Lehrmethoden: „Curriculum"

Interaktion Schüler-Lehrer

IIIa IIIb II I

Abbildung 1:

Wir leiten daraus ab:

● Strukturelle Veränderungen (wie z.B. die Schaffung der Gesamt-schule) sind *unzureichend*, wenn nicht auch die Entwicklung ent-sprechender Curricula und eines angemessenen Lehrertrainings ge-währleistet wird.

● Herkömmliche Formen des Verhaltens- bzw. des Interaktions-trainings sind *ergänzungsbedürftig*. Die Abhängigkeit des Verhal-tens von curricularen und übergreifenden strukturellen Bedingun-gen (Schulverwaltung, Sozialisation der Schüler etc). muß im Trai-ning thematisiert werden. Schüler und Lehrer als Trainingsteilneh-mer dürfen nicht nur wegen ihrer Verhaltensdefizite beschuldigt werden; sie benötigen Hilfe. Die *Erkenntnis* der ihr Verhalten (mit-) bedingenden strukturellen bzw. curricularen Komponenten

159

ist wiederum *nicht hinreichend*. Neben der Fähigkeit zu angemessenem Kommunikations- bzw. Interaktionsverhalten müssen die Trainingsteilnehmer auch die *Bereitschaft* und *Qualifikation* erwerben, in ihren Lebensbereichen Bedingungen zu schaffen, die ein solches erstrebenswertes Kommunikations- und Interaktionsverhalten fördern.

Aus diesen Erkenntnissen heraus wurde in der hier geschilderten Reihe von Projekten zur Veränderung der schulischen Wirklichkeit auf zwei Ebenen angesetzt:

● *Curriculare Veränderungen* durch Entwicklung und Erprobung eines handlungsorientierten Curriculum-Ansatzes, bei dem soziales und affektives Lernen von zentraler Bedeutung sind;

● *Interaktionstraining* für Schüler und Lehrer bzw. Klassenverbände (Schüler mit ihren Lehrern) unter Einbeziehung von Selbsterfahrung, Kommunikations- und Konfliktregelungstraining sowie der Analyse von Bedingungen bzw. der Entwicklung von (auch strukturellen) Veränderungsstrategien.

4.2 Entwicklung und Evaluation eines Curriculum „Soziales und affektives Lernen"

4.2.1 Vorüberlegungen zu den strukturellen Bedingungen der Schule: Chancen und Notwendigkeit eines soziales und affektives Lernen fördernden emanzipativen Unterrichts

Erfahrungen in der Vergangenheit

Das Curriculum „soziales und affektives Lernen" wurde im Rahmen des UNESCO-Modellschulprogramms initiiert. Evaluationen anläßlich des zwanzigjährigen Bestehens dieses Programmes hatten ergeben, daß in den beteiligten Ländern vergleichsweise geringe innovatorische Auswirkungen erzielt wurden. Von der Vermittlung von *Einsichten* auf der rationalen Ebene ist es ein weiter Weg zur Veränderung von *Einstellungen* und schließlich zur Gewinnung neuer *Verhaltensweisen*. Das sozial-affektive Lernziel „Internationale Verständigung" wurde mit dem Modellschulprogramm in den Jahren 1952 bis 1972 nicht erreicht.

„Erziehung zur internationalen Verständigung", wie sie im Rahmen des Modellschulprogramms der UNESCO betrieben wurde, kann als exemplarisches Beispiel für einen – historisch verständlichen und gut gemeinten – aber zum Scheitern verurteilten Ansatz herkömmlichen schulischen Lernens aufgefaßt werden. Der Ansatz beschränkte sich weitgehend auf den traditionellen Bereich der Schule, d. h. den Bereich des Kognitiven, der Appelle und „Lektionen über internationale Verständigung". Hier zeigt sich die Verkürzung durch den Rahmen der Schule (die strukturellen Bedingungen): In der Schule der Alten Welt vollziehen sich nämlich in der Regel noch immer mehr oder minder ritualisierte, meist kognitive und vor allem informationsbezogene Lernprozesse in relativer *Abgehobenheit von der Lebenswirklichkeit* der Schüler und ihrer Eltern, ihrer näheren Umgebung sowie der gesellschaftlichen Praxis. Leben und menschliches Verhalten mit seinen Aspekten *sozialen und affektiven Lernens* wird in diese traditionellen Ansätze nicht einbezogen.

Die damalige Erziehungsphilosophie der UNESCO (1952) stand unter dem Eindruck zweier Weltkriege und ist charakterisiert durch den Versuch, Verhalten (von Völkern, Gruppen und einzelnen Menschen) über *rationales Lernen* zu verändern: 1952 hatten die Mitgliedstaaten der UNESCO auf ihrer siebten Generalkonferenz beschlossen, ein Modellschulprogramm (Assosiated Schools

161

Project in Education for International Understanding) ins Leben zu rufen. Leitthemen waren dabei:

1) Das Studium fremder Länder, Völker und Kulturen;
2) die Allgemeine Erklärung der Menschenrechte;
3) die Vereinten Nationen und ihre Sonderorganisationen.

Der damalige Ansatz zeigt in seiner Verkürzung exemplarisch auf, wie soziales und affektives Lernen *nicht* in genügender Weise berücksichtigt wird und wie auch die Schule als Institution dazu beiträgt: Das Modellschulprogramm der UNESCO ging von der Überzeugung aus, daß Konflikte zwischen den Völkern aus Unkenntnis, Mißverständnis und Überschätzung erwachsen. Es lebt aus dem Glauben daran, daß die Bereitschaft, Eigenart und Eigenwert des anderen kennenzulernen und seine Leistungen zu achten, ein neues und besseres Verhältnis der Völker zueinander ermöglicht. Deshalb sollten in der Jugenderziehung bereits die Voraussetzungen für Verhalten- und Einstellungsweisen geschaffen und gefördert werden, die „ein in Sachwissen begründetes Gespräch zwischen allen Menschen möglich machen" (Deutsche UNESCO-Kommission 1967, S. 9). Hieraus läßt sich bereits entnehmen, daß die Lernziele des Programms weitgehend *kognitiv* waren und daß weiterhin das Projekt einen vornehmlich *appellativen Charakter* hatte. Bei der Entstehung des Projekts lag die Anschauung zugrunde, „daß Konflikte zwischen den Völkern aus Unkenntnis, Mißverständnissen und Selbstüberschätzung erwachsen" (Deutsche UNESCO-Kommission 1967). Folgerichtig beruhten die pädagogischen Konzepte darauf, daß die zu fördernde Bereitschaft, „Eigenart und Eigenwert des anderen kennenzulernen und seine Leistungen zu achten, ein neueres und besseres Verhältnis der Völker zueinander ermöglicht" (Deutsche UNESCO-Kommission 1967). Internationale Verständigung stellte sich also als ein Problem mangelnder Informationen und sozial-psychologischer Kenntnisse dar: Ihre Verwirklichung wurde weitgehend als die Folge entsprechender (rational zu vermittelnder) *Einstellungsveränderungen* aufgefaßt.

An diesem Beispiel wird die *historische und gesellschaftliche Bedingtheit schulischen Geschehens* deutlich. Weder ein Verhaltenstraining für Lehrer bzw. Schüler noch eine technologische Überformung des Lernens hätte an der Ineffektivität der UNESCO-Modellschulen im Bereich „Erziehung zur internationalen Verständigung" etwas ändern können - auch nicht ein stärkerer Bezug der Lerninhalte zu den Wissenschaftsdisziplinen. Erforderlich war vielmehr eine Veränderung des „schulischen Geschehens", d.h. des Curriculum. Um soziales und affektives Lernen in der Schule zu ermöglichen, müssen die strukturellen und curricularen Voraussetzungen dafür geschaffen werden, daß die *Schule nicht mehr ein Getto* ist, „in dem wenig Gelegenheit besteht, im Alltag des *eigenen Lebens* Alltagsbewußtsein aufzubrechen". Es müßte vielmehr ermöglicht werden, „die *eigene Lebenswirklichkeit* als paradigmatische zu verstehen und an ihr – gleichsam stellvertretend – Möglichkeiten der Einlösung von Autonomieansprüchen zu erproben, die als gesamtgesellschaftliche gelten können" (*Zimmer* 1973).

Notwendige curriculare Bedingungen für soziales Lernen

Eine veränderte Schulwirklichkeit, die soziales und affektives Lernen ermöglicht, ist durch eine Revision der *Lerninhalte* bzw. durch neue Curricula anzustreben, wobei aber auch zugleich *Lehrmethoden* verändert werden müssen. Lehrer wie auch Schüler müssen auf ihre *veränderten Rollen im Unterrichtsgeschehen* vorbereitet werden; Interaktions- und Verhaltenstraining können hier hilfreich sein. Während der *Lehrer* mehr *Moderator* von (auch affektiven und sozialen) Lernprozessen ist, sind die *Schüler* weitgehend *selbstverantwortlich* und nicht so sehr „unter Kontrolle" des Lehrers. Anstelle eines passiven, vom Lehrer bestimmten Lernens tritt ein *forschendes, aktives, von eigenen Interessen bestimmtes Lernen*, so daß in der Schule erworbene Kompetenzen vor allem unter dem Aspekt gesehen werden, welchen Beitrag sie zur *Autonomisierung des Schülers* leisten. Neben Lehrern und Schülern sollten langfristig auch Eltern zur Curriculumentwicklung herangezogen werden. Soziales und affektives Lernen kann besser in strukturell veränderten, „entschulten" Schulen stattfinden, in denen das Lernen und Erfahren stärker dorthin zurückverlagert wird, wo in der Regel gelebt und gehandelt wird – in die Lebenssituationen der Familie und des Gemeinwesens.

Erst eine Aufbrechung des Alltagsbewußtseins, ein Hinterfragen der Wertvorstellungen, die hinter dem eigenen Handeln und dem anderer Gruppen in der jeweiligen Gesellschaft stehen, bringt autonome Lernprozesse mit sich. Wirksamer als eine „bewußtmachende Aufklärung" über gesellschaftliche Verhältnisse ist es, wenn Schüler selbst ausschnittsweise aus *ihren eigenen Erfahrungen* gesellschaftliche Realität rekonstruieren.

Schlußfolgerungen

Ein emanzipatorisches Curriculum „soziales und affektives Lernen" muß also einerseits im subjektiven Bereich des Schülers ansetzen, um die Voraussetzungen für eine schließlich auch objektive, die Gesellschaftsstrukturen umfassende Emanzipation zu schaffen: Beide Komponenten – objektive und subjektive Emanzipation – stehen dabei in einem dialektischen Bezug. Es wäre allerdings naiv, daraus abzuleiten, daß individuelle bzw. subjektive Emanzipation notwendigerweise auch gesellschaftsverändernd wirken müsse oder daß jede strukturelle Veränderung gesellschaftlicher Verhältnisse auch auf der Ebene des Individuum emanzipative Auswirkungen habe.

Durch ein Curriculum „soziales und affektives Lernen" können wichtige Lebensbereiche, die im überlieferten Fächerkanon noch keine zureichende Entsprechung finden, in den Lernprozeß einbezogen werden. Dadurch werden den Schülern mehr *Entwicklungsmöglichkeiten zu autonomen und kompetentem Verhalten* in entsprechenden Situationen gegeben. Es kann angenommen werden, daß die bestehenden curricularen Defizite sich von fachdidaktischer Seite her allein nicht aufheben lassen. Daher sollte bei der Entwicklung des Curriculum „soziales und affektives Lernen" versucht werden, unmittelbar solche Lebensbereiche und die in ihnen enthaltenen *fundamentalen gesellschaftlichen Problemstellungen* einzubeziehen, mit denen Absolventen von Bildungseinrichtungen als Mitglieder ihrer Gesellschaft konfrontiert werden und auf deren Lösung sie im Sinne einer Autonomisierung der gesamten Gesellschaft mit hinwirken könnten.

4.2.2 Phasen und Merkmale der Curriculum-Entwicklung

Entwicklungsphasen

Der Entwicklungsversuch eines sozial-affektiven Curriculum im Bereich „Education for International Cooperation and Peace" war am Hamburger UNESCO-Institut für Pädagogik angesiedelt und entstand in Zusammenarbeit mit dem UNESCO-Sekretariat in Paris. Zu dem einleitenden Werkstattseminar im Januar 1972 kamen 15 Lehrer aus 8 Ländern (Bundesrepublik Deutschland, Dänemark, Großbritannien, Österreich, Tschechoslowakei, Ungarn, USA und Zypern) in Hamburg zusammen. Der Workshop wurde von Dr. *Da-*

vid Wolsk (Dänisches Pädagogisches Institut, Kopenhagen) als Beauftragtem des UNESCO-Sekretariats und vom Verfasser, damals Programmreferent am UNESCO-Institut, geleitet. Da eine Beteiligung von Schülern aus organisatorischen und finanziellen Gründen nicht möglich war, entwickelten Lehrer und Wissenschaftler während des 9-tägigen Seminars 40 Curriculum-Einheiten ohne Schülerbeteiligung und probierten – in Form von Simulationsübungen – diese selbst aus.

Es folgte eine *erste experimentelle Phase der Verbesserung* (im Sinne einer „formativen Evaluation") zwischen Februar und September 1972. In dieser Zeit führten die Lehrer die Einheiten in ihren Schulen durch und stellten sie auch innerhalb des Kollegiums vor. Nach der Durchführung wurden die Curriculum-Einheiten jeweils von Lehrern und Schülern gemeinsam evaluiert und gegebenenfalls verbessert. Die Verbesserungen wurden über eine Zentralstelle zwischen den Lehrern bzw. den Klassen in den verschiedenen Ländern kommuniziert.

Mit dem verbesserten Curriculum führten dann 12 Lehrer, die am Werkstattseminar teilgenommen hatten, und 28 Kollegen an insgesamt 20 UNESCO-Modellschulen vom Oktober 1972 bis Mai 1973 eine *Erprobungsphase* durch. Neben der Beurteilung der Curriculum-Einheiten durch die jeweils betroffenen Lehrer, Schüler und Eltern selbst wurden auch noch Testinstrumente zu Beginn und am Ende dieser Erprobungsphase eingesesetzt.

Die Schüler waren 12 bis 17 Jahre alt und besuchten unterschiedliche Schultypen – der Hauptschule, der Realschule und dem Gymnasium in der BRD entsprechend.

Im Juni 1973 kamen die am Projekt beteiligten Lehrer (wiederum ohne Schüler) noch einmal zu einem abschließenden Seminar in Hamburg zusammen. Neben der *Evaluation* des Curriculumansatzes diente diese Veranstaltung vor allem einer *Erweiterung des Kommunikationsnetzes* und der Einbeziehung neuer Schulen sowie der Modifikation bestehender Einheiten bzw. der Erstellung neuer Curriculum-Einheiten. Insgesamt liegen nunmehr ca. 80 Curriculum-Einheiten vor, die eine Stunde oder auch mehrere Projekte umfassen (vgl. *Wolsk* und *Müller-Wolf* 1973).

Erfahrungen

Die Zusammenarbeit zwischen Lehrern und Wissenschaftlern erwies sich als relativ unproblematisch – vielleicht deshalb, weil die beteiligten Wissenschaftler selbst Unterrichtspraxis hatten und ihre eigenen Erfahrungen mit den Curriculum-Einheiten im Unterricht sammeln konnten. Schwieriger war es indes, die Schüler in vollem Umfange an der Curriculumentwicklung – d.h. auch an den beiden Seminaren – zu beteiligen. Neben organisatorischen und finanziellen Schwierigkeiten war hier vielleicht auch das Ungewohnte eines solchen Ansatzes ein Hindernis. Ebenfalls als problematisch erwies sich – von Ausnahmen abgesehen – zumindest in den Anfangsstadien die Beteiligung der Eltern. Die traditionelle Isolation der Schule, die Trennung zwischen Schulleben und alltäglichem Leben mögen dazu beigetragen haben.

Prinzipiell scheint jedoch zumindest langfristig eine Curriculumentwicklung unter Beteiligung der Betroffenen – d.h. insbesondere der Schüler, aber auch der Eltern und eventuell anderer Gemeinwesenmitglieder – als möglich. Beeindruckend war insbesondere die Fähigkeit der Lehrer, *selbst* bei der Curriculumgestaltung tätig zu werden und damit den traditionellen Ansatz der „von oben verordneten" Curricula zu überwinden.

4.2.3 Zur didaktischen Konzeption des Curriculum „soziales und affektives Lernen"

● Bei dem vorliegenden Ansatz handelt es sich um ein *erfahrungszentriertes, offenes Curriculum*, bei dem also Schülern und Lehrern weitgehende Freiheit gegeben ist, innerhalb eines gewissen Rahmenangebotes von Lerninhalten und Methoden (den sogenannten Curriculum-Einheiten) *selbst* deren konkrete Realisierung im Unterrichtsgeschehen zu bestimmen.

● Im Unterschied zu traditionellen schulischen Lernprozessen liegt das Schwergewicht auf der vom Schüler selbst durchgeführten *Analyse* seines *eigenen Verhaltens* und des seiner Klassenkameraden: In einer 10 bis 25 Minuten dauernden *Erfahrungssituation* zu Beginn einer Klassenperiode erleben die Schüler ein vom moderierenden Lehrer gestaltetes vereinfachtes Experiment.

● Die *Inhalte* sind dabei sehr unterschiedlich; es kann sich um Vorgänge der sozialen Wahrnehmung, Kommunikation oder Kooperation – oder aber auch um ein Simulations-, Rollen- oder Planspiel handeln, in dem bestimmte Erfahrungen des täglichen Lebens und aus der konkreten Umwelt der Schüler nachgespielt und nach-empfunden werden.

● Da soziales und affektives Lernen fachunabhängig sind, war eine *Integration in die verschiedensten Fachbereiche* möglich; die jeweilige Muttersprache, Fremdsprachen, Sozialwissenschaften, Geschichte, Geographie, Humanbiologie waren in dem vorliegenden UNESCO-Projekt vertreten.

● Neben den persönlichen Erfahrungen und den Reaktionen der Mitschüler wurde in diesem Projekt durch einen Austausch der Er-gebnisse mit Klassen des Auslandes die internationale Komponen-te eingebracht.

●*Selbstverständnis*, gewonnen durch *Selbsterfahrung*, diente somit als Grundlage für das Curriculum „soziales und affektives Lernen", das einen Beitrag zur sogenannten „Erziehung zur internationalen Verständigung" leisten sollte. Dabei wurden folgende Variablen für ein Selbstverständnis als wesentlich betrachtet:

– Verständnis für rationales und irrationales Verhalten;
– Einsicht in und Verständnis für die Quellen individueller Unter-schiede;
– Sensitivität uind Sensibilität für sich selbst, eigenes Verhalten;
– Verständnis der Wahrnehmungs- und Kommunikationsprozes-se;
– Verständnis der Lernprozesse und der damit verbundenen Ver-änderungen menschlichen Verhaltens;
– Einsicht in und Erleben von Autonomie und Abhängigkeit.

Diese von den Schülern im Rahmen des Curriculum zu erfah-renden Variablen erleichtern Prozesse der Kooperation, Solidarisie-rung und Kommunikation – zunächst in der Kleingruppe (z.B. in der Familie; deshalb auch Beteiligung der Eltern) , denn in größeren Gruppen (z.B. innerhalb einer Schulklasse, zwischen Angehörigen verschiedener sozialer oder rassischer Gruppen) und schließlich auch zwischen nationalen Gruppen im Sinne „Internationaler Ver-ständigung" (vgl. *Wolsk* 1975).

Als *Beispiel* sei eine der Erfahrungssituationen „Four Hands on the Clay" („Vier Hände beim Kneten") kurz beschrieben:
Ein Schüler sitzt mit verbundenen Augen einem ihm unbekannten Klassenkameraden gegenüber (ebenfalls „blind"), beide dürfen nicht sprechen; zwischen ihnen liegt auf dem Tisch ein großer Block Knetmasse. Beide haben die Instruktion erhalten mit dem

unbekannten Partner zusammenzuarbeiten und etwas, was nicht genauer bestimmt ist, aus der Knetmasse zu formen. – 15 oder 20 Minuten später wird die Binde abgenommen und die Schüler schauen freudig auf den Elefanten, den sie zusammen modelliert haben. Ringsum in der Klasse haben andere Schalen gemacht oder Köpfe, Figuren, abstrakte Formen oder andere Tiere; manche haben zusammen gearbeitet, manche konnten sich nicht einigen und haben für sich etwas hergestellt.

Jetzt beginnt die zweite Phase, die *Diskussion:* Der Schüler versucht zu beschreiben, wie es zu der Entscheidung gekommen ist, einen Elefanten zu formen: daß er die Initiative ergriffen habe, dann aber fühlte, daß sein Partner darüber gar nicht so froh war. Jemand fragt, wie sich denn der andere Schüler gefühlt habe und das bringt bald die ganze Klasse zur Diskussion der Frage, wie es denn überhaupt ist, mit einem unbekannten Partner zu arbeiten und wie sie jeweils versuchten herauszufinden, wer ihr Partner war.
Warum aber? Warum war es so wichtig das zu wissen? Was ist überhaupt ein „Fremder"?

Später fragt ein Schüler den Lehrer, wie es war, die ganze Klasse zu beobachten. Einige andere Schüler wollen ebenfalls eine Klasse dabei beobachten und so kommt es zu *Folgeaktivitäten,* die häufig *Projektform* annehmen.

Was hat in dieser Klasse stattgefunden? Die Schüler haben gemeinsam eine Erfahrungssituation erlebt. Sie alle waren mit einer ähnlichen Situation konfrontiert, die ihre Tätigkeit und Reaktionen als Menschen (nicht als Schüler, die Buchwissen oder Museumsbesuche in sich aufnehmen) hervorrief. Sie haben etwas zu diskutieren – sie selbst, ohne daß ein Lehrer dabei notwendig wäre. Unter denselben Bedingungen haben sie individuell unterschiedlich reagiert. Warum? Und wie?

Die Erfahrungssituation ist so strukturiert worden, daß bestimmte Themen in der nachfolgenden Diskussion angesprochen werden mögen. Aber es ist eine *offene* Situation, es gibt *keine verbindlichen Lernziele.* Da die angesprochenen Themen sich aus persönlicher Betroffenheit und einer gemeinsamen Erfahrung entwickeln, ist eine hohe Aktivität, Motivation und Eigenbeteiligung der Schüler in der Regel gesichert. Anschließend kann der Rahmen der Diskussion dann erweitert werden und es kommt zu Konzeptbildungen: Neben der sozial-affektiven Komponente des Lernens wird also auch die kognitive integriert. – Ein Schüler sagt: „Ich fühlte mich nicht verpflichtet, etwas besonders Schönes herzustellen wegen der Binde – der Druck war weg." – „Verpflichtet? Druck? Das klingt, als wenn Du das Gefühl hattest, Du müßtest keine Rolle spielen." – „Was heißt das, eine Rolle zu spielen? Spielen wir verschiedene Rollen, wenn wir verschiedene Menschen sind?" – „Was kann das bedeuten? Ist das bei Erwachsenen (und Lehrern) genauso?" – „Und wie steht es mit den Politikern? Ist es bei Ihnen irgendwie anders, wenn sie Rollen spielen?" – „Aber wenn ich das Gefühl hatte, daß ich meine Entscheidung wegen der Augenbinde und weil ich in einer anderen Rolle war unterschiedlich getroffen habe, wie ist es dann mit einem Politiker? Wie trifft er seine Entscheidungen, wo doch die gesamte Gesellschaft darauf schaut oder er unter dem Druck seiner politischen Freunde steht?" – „Wie können wir etwas darüber herausfinden?" – „Ich möchte einige Autobiographien von Politikern lesen." – „Ich würde gern mal eine Interview-Studie mit einigen anderen zusammen machen." – „ Ich würde gern mal die Zeitungen der letzten Zeit durchsehen, unter welchem Druck von ‚Rollen' Politiker wohl ihre Entscheidungen treffen."

Und so geht es weiter (es handelt sich um eine Zusammenstellung aus zwei Unterrichtsstunden in Kopenhagen und Budapest; die Zitate sind echt). Die *Diskussion* und die *Folgeaktivitäten* könnten auch in viele andere, ganz verschiedene Richtungen gegangen sein. Das hängt ebenso vom Lehrer und den Schülern als auch von den Vorerfahrungen, dem Lehrplan und sonstigen Umständen ab. Der Lehrer hat die Wahl, die Diskussion sich ganz frei entwickeln zu lassen, oder aber auch sie zu lenken bzw. sie unter ein bestimmtes Thema zu stellen. Vermutlich wichtiger ist zweierlei, nämlich die *hohe Qualität der Diskussion*, die sich aus einer *gemeinsamen Erfahrung* heraus entwickelt, an der *jeder* in einer Klasse (auch die sogenannten „Schweiger") teilnehmen kann, und das *hohe Ausmaß an persönlicher Beteiligung* der Schüler an ihren eigenen Lernprozessen, die nicht ich-fern sind wie bei traditionellen akademischen Lernprozessen, sondern hautnah. – Durch den Austausch dieser Erfahrungen mit Schulklassen aus anderen Ländern kann eine Erweiterung des Erfahrungspotentials erreicht werden; der Dialog findet dann nicht nur innerhalb einer Schulklasse sondern auch zwischen den Schülern verschiedener Nationen statt.

Zusammenfassende Beschreibung des didaktischen Ansatzes

Das Projekt ist also im wesentlichen durch Erfahrungslernen und eine für die traditionelle Schule ungewöhnliche Anordnung von Lernsituationen charakterisiert. Insgesamt ist der Ansatz durch 10 Elemente (sozial-affektiven Lernens) zu beschreiben (vgl. *Müller-Wolf* 1974):

1) *Sozialwissenschaften* und andere Wissenschaften, die sich auf das Verhalten der Menschen beziehen, werden in das Schulcurriculum einbezogen – jedoch nicht als trockener Lernstoff, sondern als eigene Erfahrung.

2) Klasse, Schule und Gemeinde - überhaupt das gesamte soziale Umfeld des Schülers – geben den Hintergrund für die Erfahrung individueller und sozialer Prozesse menschlichen Verhaltens ab. *Selbsterfahrung und Praxissimulation* haben eine zentrale Bedeutung.

3) Erfahrungssituationen bilden die Grundlagen für nicht vorstrukturierte Diskussionen und Folgeaktivitäten. Die Schüler lernen so, *vom beschreibenden zum analytischen Niveau* kognitiver Prozesse zu gelangen, d.h. zu generalisieren, Beziehungen zwischen spezifischen Situationen in der Klasse und allgemeinen Problemen der sozialen Praxis einer bestimmten Gesellschaft herzustellen. Dabei werden die Vorteile von Konzepten direkt erfahrbar, und die Fähigkeit zur *Konzeptbildung* wird gefördert.

4) *Analyse von Entscheidungsprozessen:* Die Diskussion nach der Erfahrungssituation ist häufig auf die Vielzahl großer und kleiner Entscheidungen zentriert, aus denen sich Verhalten zusammensetzt und erklären läßt. Unterschiede im Entscheidungsverhalten zwischen einzelnen Schülern, die Rolle der Information bei Entscheidungsprozessen, unterschiedliche Gefühlsreaktionen beim Treffen sicherer oder riskanter Entscheidungen, die Bedeutung positiver und negativer Antworten durch andere (tatsächliche, vorgestellte und vorweggenommene) auf die Sequenz von Entscheidungsprozessen werden erfahrbar gemacht.

5) *Sensitivität und einfühlendes Verständnis:* Gefühlsmäßige Verbundenheit mit anderen Menschen und Solidarisierung hängen zusammen mit Selbstvertrauen und Selbstakzeptierung, woraus ein Gefühl der Sicherheit und Entspanntheit im Umgang mit Sozialpartnern entsteht. Zugleich handelt es sich dabei um eine Fähigkeit, die gelernt werden kann, indem sich der Schüler z. B. auf die Gesamt-

heit verbaler und non-verbaler Botschaften konzentriert, die von anderen kommen, und seine Sensitivität dafür erhöht.

6) Einerseits wird schon vorhandenes Wissen neu angewendet. Bei der Diskussion der Erfahrungssituationen entdecken die Schüler z.B. häufig, daß Entscheidungen leichter fallen und mit weniger Angst verbunden sind, wenn sie mehr Informationen und Verständnis für die konkrete Situation haben. Daraus entsteht häufig bei Schülern die Haltung, Informationen nicht mehr losgelöst „für sich" zu lernen, sondern sogleich ihre Anwendbarkeit und Relevanz für sich selbst, die Schule, Familie und das Berufsleben mitzubeachten.

Weiterhin geht es darum, *intrinsische Motivation und forschendes Lernen* beim Schüler zu fördern: Wissen ist nicht als etwas „da draußen", etwas Erhabenes, zu sehen, das nach den Kategorien des Lehrers oder des Schulbuchs kapitelweise geordnet ist, sondern als etwas, was in dem Schüler und für ihn selbst da ist – als ein Mittel für die eigene Entwicklung, als brauchbar für die Entscheidungen, die der Schüler selbst trifft und treffen wird.

7) Der *Lehrer* ist *in einer neuen Rolle:* Er ist Lernender, Mituntersucher, Kollege – Mitglied eines „lernenden Systems" , einer lernenden Gruppe. Nur insofern ist er mitunter aus der Gruppe herausgehoben, als er zumindest anfangs die Lernsituationen für die gesamte Gruppe vorbereitet und seine größeren Kenntnisse und Erfahrungen der Gruppe als Berater und Moderator zur Verfügung stellt.

8) *Transparentes Rollenverhalten* in der Klasse: Der Lehrer kann so im Verlauf der Erfahrungssituationen und der damit verbundenen Diskussions- und Projektarbeit die einschränkende und depersonalisierende Rolle des „Herr Lehrer" fallen lassen. Es entsteht dann eine Klassenatmosphäre, die durch mehr Offenheit und gegenseitiges Vertrauen gekennzeichnet ist. Wenn der Lehrer sich als Mensch in die Klasse einbringt, vergrößert sich zugleich die Lerneffektivität der Gruppe – im Rahmen dieses Ansatzes , aber auch in anderen Fachbereichen (vgl. Evaluationsergebnisse).

9) *Verbesserung kommunikativer und kooperativer Fähigkeiten:* In Diskussionen und schriftlichen Ausführungen, die den Erfahrungssituationen folgen, lernen die Schüler (über) ihre persönlichen und mit anderen geteilten Erfahrungen zu kommunizieren. Daraus ergibt sich häufig eine Verbesserung der Interaktionen zwischen

den Schülern und schließlich auch zwischen Schülern und Lehrer eine verbesserte Kooperation.

10) *Verbesserung des Gruppenklimas und der Arbeitsatmosphäre:* Wegen der Neuigkeit des Ansatzes sind Schüler bei den ersten Einheiten und Erfahrungssituationen dieses Curriculumansatzes verständlicherweise etwas argwöhnisch gegenüber dem Lehrer. Deshalb ist es erforderlich, daß die Methode dieses Ansatzes selbst in der Klasse diskutiert wird. Diese Art einer gemeinsamen Prozeßanalyse durch Schüler und Lehrer erweist sich als hilfreich dafür, eine lernende Gruppe zu schaffen und die Barrieren zwischen Lehrern und Schülern zu überwinden.

4.2.4 Exemplarische Ausschnitte aus Berichten von Schülern und Lehrern

Eine Einheit des sozial-affektiven Curriculum (4/1), die dem herkömmlichen Unterrichtsgeschehen zumindest äußerlich sehr gleicht, besteht aus einer Folge von drei Fragen, die jeder Schüler für sich beantwortet, bevor die Diskussion beginnt:
„Was ist ein Mensch?" – „Was ist ein Deutscher (oder eine andere Nationalität)?" – „Wer bin ich?"

Hier die Antworten einiger Schüler (4/2):

1) „Was ist ein Mensch?" (What is Man?)

„Ein Mensch ist ein lebender Organismus, der sich fortzuentwickeln und Kenntnisse bzw. Fähigkeiten zu erwerben sucht. Das bringt jedoch einen Konflikt zwischen Stabilität und Sicherheit einerseits sowie den in einem solchen Entwicklungswachstum enthaltenen Risiken andererseits mit sich. Der Mensch hat unglücklicherweise die Möglichkeit, sich dem Leben mit seinen Risiken zu entziehen und sich in einer Masse unter einem ‚Beschützer' und ‚Führer' zusammenzutun, um maximale Sicherheit zu erlangen. So kommt es zu Bewegungen wie dem Nationalsozialismus und zu ähnlichen Tendenzen in den meisten Gesellschaften." (Von einem 17-jährigen Schüler der United Nations International School, New York.)

2) „Was ist ein Ungar?" (What is a Hungarian?)

„Ungarn arbeiten für Ungarn. Jeder hat seine Aufgabe, die sich im Laufe seines Lebens wandelt. Ein Junge lernt, um später größere Aufgaben erfüllen zu können. Wenn er 18 Jahre alt ist, wird er Soldat und verteidigt seine Heimat mit der Waffe. Als Erwachsener arbeitet er als ungelernter Arbeiter, Fahrer oder Lehrer. Wir können für unser Heimatland nicht nur in Ungarn arbeiten, sondern auch im Ausland – als Diplomat. Ein Ungar zu sein bedeutet für Ungarn zu leben." (Von einem 13-jährigen Schüler einer Gesamtschule in Budapest.)

3) „Wer bin ich?" (Who am I?)

„Ich bin ein Junge wie alle anderen Jungen rund um die Welt. Wie jedermann sonst bin ich mal ein 'guter' und mal ein 'schlechter' Junge. Ich versuche zu lernen und mich in meinem Verhalten zu verbessern. Ich möchte ein Mann mit einem guten Namen, Ruf und Ansehen werden. Ich bin gern künstlerisch tätig. Ich liebe die Menschen. Ich esse nicht alles gern, sondern bin wählerisch. Ich hasse es geschlagen zu werden. Ich bin ziemlich stark und weine nur selten. Gerne spiele ich Krieg; aber ich liebe den Frieden. Beim Spielen bin ich ziemlich wild. Während meiner Freizeit male ich." (Von einem 12-jährigen Schüler einer Grundschule in Famagusta, Zypern.)

Die Beantwortung dieser drei Fragen hat in vielen Klassen als Ausgangspunkt für eine Diskussion gedient – sie sind scheinbar einfach. Doch sie sind auch ungewöhnlich und sehr komplex. Der Beginn der auf die Niederschrift jeweils folgenden Diskussion spiegelt häufig diese Schwierigkeit wider. Wann werden Schüler sonst mit sich selbst *konfrontiert*, sich auf einem Stück Papier zu beschreiben? Wann sonst erhalten sie *Rückmeldung* darüber, wie ihre Klassenkameraden oder ihr(e) Lehrer sie sehen? Wann hat ein Lehrer die Möglichkeit, sich durch seine Teilnahme als *Person* in die Klasse zu *integrieren* und „von dem Podest herunterzukommen", wie es ein bis dahin reserviert-konservativer englischer Lehrer und seine Schüler ausdrückten?

Bei der Frage „Was ist ein . . . (eigene Nationalität)?" bemerkten Schüler in allen beteiligten Ländern, wie schwer es ist, anders als mit den – sonst Ausländern nachgesagten – stereotypen Vorstellungen über die eigene Nationalität zu sprechen. Das *Problem des Stereotyps* wird in der Regel sehr differenziert diskutiert; ein Londoner Schüler schreibt über eine Unterrichtseinheit:

„Wir bemerkten, daß wir die Frage beantworteten, wie wir es wohl von einem ausländischen Besucher erwartet hätten, . . . natürlich ist das Image nicht identisch mit der Realität. – Das Problem lag dabei nicht so sehr in dem, was gesagt, sondern in dem, was *nicht* gesagt wurde: Die Schüler hatten ihr anerzogenerweise reserviertes „Englisches Ich' hinter einer elaborierten Schilderung des Mr. Jones im dunklen Anzug, mit Bowler, Regenschirm und der ‚Times' unter dem Arm versteckt. Deshalb war auch die folgende Diskussion zur Frage ‚Wer bin ich' so ergiebig ..." (von einem 17-jährigen Schüler der Garth High School bei London).

Als sehr effektvoll haben sich Formen der *Praxissimulation* (vgl. Merkblatt M 12 im Anhang) erwiesen, z.B. Rollenspiele über eigene schulische oder familiäre Probleme – aber auch über kontroverse lokal- oder innenpolitische und außenpolitische Fragestellungen. Die Ichnähe der Spielinhalte führte in der Regel zu eindrucksvollen Lernerlebnissen der Beteiligten und häufig auch zu anschließenden Folgeaktivitäten – z.B. in Form von kleineren Projekten.

Doch neben sozialen und affektiven Lernprozessen werden durch die Schaffung solcher offener, auf eigener Erfahrung basierender Lernsituationen auch *kognitive Lernprozesse* erleichtert und stimuliert: Bei einem – als Kinderspiel bekannten – einfachen Experiment sollte ein Bild mit einem indischen Laden zunächst von einem Schüler 2 Minuten lang betrachtet und dann einem anderen geschildert werden. Diese beschreibende Weitergabe wurde noch dreimal wiederholt, bis dann der fünfte Schüler das ihm beschriebene Bild zeichnen sollte (Gerüchtebildung).

Zur Illustration anbei die Ergebnisse dieses Experimentes in der United Nations International School, New York und im Bundesgymnasium Wien:

Original

Bundesgymnasium Wien   United Nations International School,
                         New York

In dem Bericht der Lehrerin des Bundesgymnasiums Wien, Frau
Dr. *Sträter*, heißt es über die 16-jährigen Mädchen ihrer Klasse z.B.:
„Es wurde gefragt, wie *Gedächtnisprozesse* des Menschen zu erklären sind (ein Schülerprojekt entwickelte sich daraus später), wie be-
deutend die *Sprache* für den Ausdruck von Gedanken sei und wie
zuverlässig eigentlich ‚Augenzeugen' seien. – Die Mädchen fragten
sich auch, was sie aus dem Experiment hinsichtlich ihrer eigenen
Lernmethoden lernen könnten: Wenn sie sich darauf verließen, das
im Gedächtnis zu behalten, was der Lehrer in der Klasse gesagt hatte, ohne sich selbst durch Lektüre oder *eigene Anschauung* zu überzeugen, würden sie nicht genug bzw. fehlerhaft lernen. Für den Unterricht wurde vorgeschlagen, mehr mit *Visualisierungen* (als Unterstützung) zu arbeiten, denn was man mit eigenen Augen sähe sei
realer als etwas, wovon man nur etwas höre."
   Über dasselbe Experiment zirkulierte ein Tonband einer gleich-
altrigen Klasse der United Nations International School, wo die
Schüler zu folgenden Schlußfolgerungen kommen:
1) Was Menschen bemerken und erinnern hängt von ihren eigenen
Interessen und Erfahrungen ab;
2) Menschen sehen oft, was sie erwarten zu sehen – ob es wirklich
da ist oder nicht;
3) Menschen machen Dinge glaubhafter, indem sie Details hinzu-
fügen;

4) Manche Menschen erweitern eine Geschichte bei der Wiedergabe, indem sie ihr mehr Bedeutung beimessen und sie aufregender darstellen; andere verkürzen sie;

5) Einen Mann als ‚Inder' zu bezeichnen, erweckt Stereotype, die in den folgenden Beschreibungen deutlich werden."

Die kognitiven Lernprozesse bei der Auswertung dieses kleinen Experiments sind bemerkenswert: Wichtige Ergebnisse der Wahrnehmungs- und Sozialpsychologie werden von den Schülern *selbständig* und aus *eigener* Anschauung heraus erarbeitet – und zugleich auf *ihr* Leben bezogen, bleiben also nicht folgenloses akademisches Lernen.

Ob Experimente zur Wahrnehmungsstörung, Kommunikation und Kooperation, ob Rollenspiele, non-verbale Übungen oder Selbsterfahrungseinheiten zur Anwendung kommen – in all diesen und den hier angeführten Beispielen sehen immer die Schüler *selbst* ihr eigenes Verhalten und das anderer. Sie *selbst* haben etwas erfahren; es sind *ihre* Reaktionen, *ihre* Gefühle und *ihre* Entscheidungen, die der anschließenden Diskussion zugrunde liegen. Aber dieser „individualistische" Ansatz der eigenen Erfahrung stellt nur die (in hohem Maße zu forschendem Lernen motivierende) Basis dar. Die der Erfahrungssituation folgende Diskussion muß gleichermaßen über die konkreten und spezifischen Erfahrungen der beteiligten Schüler hinausgehen. Dabei lernen die Schüler, „einen Schritt zurückzutreten" und sich selbst aus der Distanz zu sehen. Sie lernen zu generalisieren, mögliche Beziehungen zu anderen Situationen und Erfahrungen zu erkennen, und sie können versuchen, selbst allgemeine Gesetzmäßigkeiten menschlichen Verhaltens zu formulieren, und können dabei – ohne Bücher, aus eigener Anschauung – den Wert von *Konzeptbildungen* entdecken: Soziales und affektives Lernen bereichert in dieser Form kognitive Lernprozesse und bezieht sie direkt auf den Lernenden; insofern stellt die Einbeziehung sozial-affektiver Lernprozesse in den Unterricht nicht einen „Trick von Schulmeistern" oder „psychologische Taschenspielerei" dar, sondern einen dem *gewöhnlichen Lehrer* stufenweise möglichen Beitrag zur *Humanisierung und Effektivierung* des Lernens sowie vor allem zur *Autonomisierung* der Lernenden.

Die durch die Anwendung des Curriculum „soziales und affektives Lernen" innerhalb eines halben Jahres bei *nicht* vorselegierten Lehrern eintretenden Veränderungen in der Schüler-Lehrer-Interaktion, im Schul- und Lernverhalten der Schüler sowie im Verhalten der Lehrer gehen aus der folgenden Kurzdarstellung der Evaluationsergebnisse hervor.

4.2.5 Evaluation des Curriculum „soziales und affektives Lernen"

Eine Evaluation des Curriculum mit Hilfe sogenannter objektiver Tests (*externe Evaluation*) sowie durch die beteiligten Schüler und Lehrer selbst (*interne Evaluation*) ergab wesentliche Verbesserungen.

Interne Evaluation:
Von 582 Schülern in 20 Klassen aus den genannten 7 europäischen Ländern gaben im Rahmen der *internen Evaluation* an, in den Stunden mit den neuen Curriculum-Einheiten:
– mehr zu lernen als in normalen Stunden 83 % (Lehrerurteil: 95%),
– bessere Schulleistungen insgesamt in dem betreffenden Fach zu erbringen 82 % (Lehrerurteil: 85 %),
– ein generell höheres Diskussionsniveau in der Klasse zu erreichen 79 % (Lehrerurteil: 95 %),
– ein höheres Interesse am Unterrrichtsgeschehen zu haben 90 % (Lehrerurteil : 90 %),
– eine bessere (entspanntere) Klassenatmosphäre zu haben 83 % (Lehrerurteil : 85 %),
– bessere Beziehungen zwischen den Schülern ergaben sich bei 82 % (Lehrerurteil: 85 %) ebenso wie
– bessere Beziehungen zwischen Lehrern und Schülern bei 82 % (Lehrerurteil: 95%),
– die Eigeninitiative der Schüler stieg an (Schüler: 82 %, Lehrer: 90 %) – auch bei Projektarbeit außerhalb der Schule,
– die Schulangst der Schüler wurde reduziert (86 %; Lehrer: 85 %),
– die Ausdrucks- und Kommunikationsfähigkeit der Schüler verbesserte sich (78 %; Lehrer: 80 %),
– das Selbstvertändnis der Schüler (84 %; Lehrer: 90 %) sowie das Verständnis anderer – auch im Sinne von „internationaler Verständigung" – (83 %; Lehrer: 85 %) scheint sich zumindest bewußtseinsmäßig deutlich verbessert zu haben;

– die Schüler lernen also mehr über sich und menschliches Verhalten generell (90 %; Lehrer: 100 %).

Externe Evaluation:

Die *objektiven Daten* der externen Evaluation bestätigen diese Befunde:

Mit Hilfe des *Wilcoxon* H-Tests wurden die *Vor- und Nachtest-Ergebnisse* miteinander verglichen; es ergaben sich signifikante Verbesserungen in folgenden Bereichen:

– *Schüler-Lehrer-Beziehungen:* Die Schüler erleben ihr Verhältnis zu ihrem Lehrer als deutlich verbessert – im Sinne von mehr Einfühlungsvermögen und Verständnis, Wertschätzung und Annahme (5%-Niveau).

– *Klassenatmosphäre; Beziehungen der Schüler zueinander:* Nach den Angaben der Schüler ergab sich eine auf dem 5%-Niveau signifikante Verbesserung der Klassenhomogenität (Abbau von Cliquen) verbunden mit einem erhöhten Gefühl der Schüler in die Klasse als Gruppe bzw. Gemeinschaft integriert zu sein.

– *Lernbereitschaft:* Die Auswirkungen des sozial-affektiven Curriculum scheinen sich in einer allgemein erhöhten schulischen Lernbereitschaft niederzuschlagen, wobei diese positive Einstellung zum Lernen auf ein Wegfall des Zwanges zu „passivem" Lernen und eine Verringerung der Hausarbeiten zurückzuführen ist.

– *Ängstlichkeit und Schulunlust:* Es ergab sich eine auf dem 5%-Niveau signifikante Verringerung der allgemeinen Ängstlichkeit sowie der Schulunlust bei den Schülern.

– *Aufgeschlossenheit gegenüber Angehörigen anderer Nationen bzw. „internationale Verständigung":* In verschiedenen Wahlsituationen zeigen die Schüler eine auf dem 5%-Niveau erhöhte Bereitschaft, mit Kindern und Familien fremder Nationalität zusammenzutreffen. Dieser Effekt zeigte sich jedoch nur bei Gruppenbeziehungen, nicht bei Wahlsituationen, die Kontakte zwischen zwei Einzelpersonen erforderten.

– *Soziales Lernen; Konfliktregelung:* Anhand von offenen Fragen zu vorgegebenen, dem täglichen Leben entnommenen Konfliktsituationen wurde im Vor- und Nachtest erfaßt, in welchem Maße die Schüler soziale Sensitivität und soziale Kompetenz zeigen. Es ergab sich ein auf dem 1%-Niveau signifikanter *Anstieg der sozialen Sensitivität* (gemessen durch neutrale Beurteilung der schriftlichen Antworten) wobei Einfühlungsvermögen, Akzeptierung, Wertschätzung und „Echtheit" die vier Einzelskalen bildeten. Weiterhin zeigte sich ein auf dem 10%-Niveau signifikanter *Anstieg der sozialen Kompetenz*, worunter Kommunikation der eigenen Einstellungen und Gefühle, Verdeutlichung der eigenen Interessenlage, Verständnis für die Situation des Konfliktpartners, konstruktive Vorschläge zur Lösung des Problems und Planung mittel- und langfristiger Strategien zur Verhinderung eines erneuten Konflikts als einzelne Aspekte zusammengefaßt wurden.

Zusätzlich wurde durch zwei Beurteiler im Rahmen des Vor- und Nachtests eine *Unterrichtsbeobachtung* von jeweils zwei Unterrichtsstunden des betreffenden Lehrers durchgeführt. Dabei ergab sich in der Nachtest-Situation (rund 1/2 Jahr später):
– daß die Schüler vergleichsweise spontaner, häufiger und insgesamt mehr sprechen als zuvor;
– daß mehr (eigenständige) Kleingruppenarbeit stattfindet;
– das sich das Unterrichtsklima deutlich verbessert hat (mehr sozialintegrativ, entspannter, gekennzeichnet durch mehr positive Emotionalität etc.).
Gleichzeitig ergab sich eine Verringerung der Lehrersprechzeit (von 53 % auf 32 % pro Stunde). Im *Lehrerverhalten* zeigten sich deutliche Verbesserungen (auf einer Skala von -3 bis +3) in den Bereichen:
– Aktivität und Engagement (vorher: +1,5; nachher: +2,4;
– Förderung der Selbstständigkeit der Schüler (- 0,2 und + 2,0);
– emotionale Wärme, Wertschätzung (+ 0,9 und + 2,1);
– Verständnis für Schüler, Einfühlung (+ 0,2 und + 1,8);
– Echtheit, rollen-distanziertes Verhalten (+ 0,3 und + 1,5);
– Optimismus hinsichtlich der Leistungsfähigkeit der Schüler; positive Verstärkungen für die Schüler (+ 0,5 und + 2,0).

4.2.6 Integration des Curriculum „soziales und affektives Lernen" in projektorientierte, praxisnahe Curricula

Mit diesem Curriculumansatz werden durch die Förderung sozialer und affektiver Lernprozesse die Grundlagen für die Entwicklung und Durchführung projektorientierter, praxisnaher, offener Curricula geschaffen.

● Als erster didaktischer Schritt auf dieses Ziel hin ist eine *grundsätzliche Veränderung der Lern- und Interaktionsprozesse in der Klasse* notwendig, wie sie durch das sozial-affektive Curriculum oder aber auch durch gezieltes Schüler- und Lehrertraining hervorgerufen werden können. Anstelle eines lehrerzentrierten Unterrichtsgeschehens und passiv-aufnehmendem Lernen der Schüler (das häufig extrinsisch motiviert ist, also durch „Druck " von Eltern, Lehrern oder bevorstehenden Prüfungen) soll ein *schüler*-zentrierter Unterricht herbeigeführt werden: Der Lehrer hat mehr die Rolle eines Moderators, der Lernsituationen schafft, in denen die Schüler *aktiv lernen* und *selbst* weitgehend die Lernziele und Unterrichtsmethoden *(mit-)bestimmen;* daher herrscht dann auch Interesse an den Unterrichtsinhalten und Prozessen selbst vor, d.h. die Schüler sind *intrinsisch motiviert.* Dazu trägt auch bei, daß die Schüler aufgrund *eigener Erfahrungen* und nicht nur aus Textbüchern lernen und daß sie *selbst* mit *ihrem Verhalten* und *ihren Empfindungen* Gegenstand des Unterrichts werden. Die oft kritisierte Diskrepanz zwischen dem schulischen Lernen und dem wirklichen Leben kann durch Einbringung sozialaffektiven Lernens entscheidend verringert werden; die „Tafel-Kreide-Schule" wird überwunden.

● Wenn – wie es in der traditionellen Schule die Regel ist – affektives und soziales Lernen nicht ebenfalls als zentrale Lernziele aufgefaßt werden und eine einseitige Förderung rational-kognitiver, für die Praxis häufig folgenloser Fähigkeiten stattfindet, wird die *Diskrepanz zwischen Schule und Leben* weiter bestehenbleiben und der Ruf nach einer „Entschulung der Gesellschaft" (*Illich* 1971) berechtigterweise noch lange zu hören sein: Schulische Lernprozesse müssen einen *größeren Praxisbezug* aufweisen *und* dabei den Schüler *autonom* machen.

● Der neue Curriculumansatz ist zudem im Sinne eines „offenen" Curriculum mehr auf *Lernprozesse* und *-techniken* zentriert, wenn man die traditionelle Dreiteilung eines Curriculum (in Inhalte – Prozesse – Techniken) zugrunde legt. Der *Inhalt* des neuen Ansatzes ist nicht eine weitere „Lernstoffsammlung" neuer Themen; das „neue Lernen" erfordert vielmehr neue Vermittlungsformen und eine neuartige Organisation von Lernprozessen, die entsprechend im Vordergrund steht und den „Inhalt" ausmacht.

● Zu Beginn einer Klassenperiode steht also eine *Erfahrungssituation*, die Lehrer und Schüler miteinander teilen. Langfristiges Ziel ist indes stets *konkrete Projektarbeit* (auch außerhalb der Schule in der Gemeinde) z.B. mit Gastarbeitern, alten Menschen oder

Schülern anderer Nationalität über Fragen und Probleme, die sowohl „hautnah" als auch von gesellschaftlich-politischer Bedeutung sind. Mit einem breiten Spektrum an Techniken und sonst in der Schule kaum üblichen Vorgehensweisen (z.B. Rollenspielen, die Realität abbilden) wird also zunächst ein *Sensibilisierungsprozeß* bei Schülern eingeleitet. Auf der Basis eines veränderten und erweiterten *Selbstverständnisses* kann auch *zwischenmenschliches* und schließlich *politisches Handeln* im Sinne solcher abstrakt klingender Ziele wie Kooperation, Verständigungs- und Friedensbereitschaft erreicht werden. Allerdings muß der zugrundeliegende Prozeß einer Sensibilisierung der Schüler in *konkretes Verhalten* eingelöst werden, um nicht einen individualistisch begrenzten, psychologistischen Ansatz sozialen und affektiven Lernens zu verwirklichen. Deshalb werden in der zweiten Stufe, die mitunter sofort einsetzt, manchmal aber auch erst Jahre später, *Projekte* als Bausteine des Curriculum durchgeführt. Curriculumentwicklung wird dann anhand der Realisierung situationsbezogener Projekte zu gesellschaftlich bedeutsamen, „hautnahen", von den Schülern identifizierten Problemstellungen geleistet. Es eröffnet sich also die Möglichkeit, unmittelbar von den *Lebensbereichen der Schüler* auszugehen und die in ihnen enthaltenen fundamentalen gesellschaftlichen Problemstellungen mit ihren kontroversen Lösungsmöglichkeiten im Curriculum zu behandeln.

● So identifizierte eine internationale Expertenkommission des UNESCO-Werkstattseminars in Hamburg im Dezember 1972 unter anderem folgende *exemplarische Problembereiche* (vgl. *Zimmer* 1973, *Classen-Bauer* 1974):

– Möglichkeiten der Verringerung des Bildungsgefälles zwischen Industrie- und Entwicklungsländern;

– Probleme und Wirkungen von Kapitalinvestitions- und -verwertungsprozessen in Ländern der Dritten Welt;

– Möglichkeiten der Regelung des Eigentums an Grund und Boden sowie der Durchführung von Bodenreformen;

– Möglichkeiten der sozialen Regelung des Eigentums an Produktionsmitteln und der Verfügungsgewalt über sie, insbesondere Möglichkeiten der betrieblichen Mit- und Selbstbestimmung;

– Möglichkeiten der Verringerung sozialstruktureller Ungleichheiten, insbesonere des Abbaus soziales, kultureller und ökonomischer Privilegien;

– Möglichkeiten der Überwindung öffentlicher Armut bei vorhandenem gesellschaftlichem Reichtum, insbesondere der Aufhebung der relativen Benachteiligung sozialer Dienstleistungsbetriebe;

– Fragen der privaten beziehungsweise gemeinschaftlichen Bewirtschaftung von Land;

– Fragen des Schutzes von rassischen und religiösen Minderheiten;

– Fragen der Integration ausländischer Arbeitnehmer.

Durch die *Arbeit an konkreten Projekten* werden den Schülern – neben einer erhöhten Sensibilisierung und Möglichkeit zur Selbstverwirklichung durch den sozial-affektiven Ansatz – also die *zentralen Lernziele* des Curriculum vermittelt (vgl. *Zimmer* 1973, *Müller-Wolf* 1972):

– die Fähigkeit, internationale Erfahrungen der Lösung solcher Probleme heranzuziehen und die dabei möglicherweise kontroversen Wege vor ihrem jeweiligen gesellschaftlichen Hintergrund zu verstehen;

– mit Angehörigen anderer Nationen und Gesellschaftssyteme darüber zu kommunizieren;

– die Fähigkeit, den Bezug zwischen solchen Problemen und den eigenen unmittelbaren Lebenssituationen herzustellen, Strategien eines auf individuelle und kollektive Selbstbestimmung gerichteten Handeln zu entwickeln und damit aktiv an entsprechenden gesamtgesellschaftlichen Prozessen mitzuwirken.

4.2.7 Fazit

Da jeden Tag Millionen Schulkinder der verhaltensverändernden Beeinflussung durch Lehrer ausgesetzt sind, wird den Lehrern zu Recht eine ungemein *bedeutsame Rolle für den Sozialisationsprozeß* der einzelnen Mitglieder unserer Gesellschaft und damit für die Gesellschaft selbst zugeschrieben. Lehrerverhalten wird tausendfach im kognitiven, sozialen und affektiven Verhalten der Schüler multipliziert. Lange Zeit wurde der Lehrer vor allem als Informationsvermittler begriffen. Diese Auffassung übersieht jedoch, daß kein Lehrinhalt vermittelt werden kann, ohne daß der Lehrer nicht zugleich auch bestimmte Merkmale sozialen und emotional-affektiven Verhaltens zeigt, durch die wiederum die Schüler (über Imitations- und Bekräftigungslernen) beeinflußt werden. Deshalb ist eine *Neustrukturierung der Rolle des Lehrers* (u.a. durch *Lehrer-*

training) notwendig, wenn eine Curriculumreform zum Tragen kommen soll. Die traditionelle Lehrerausbildung ermöglicht den Studenten und angehenden Lehrern kein systematisches Training im Bereich des sozialen und affektiven Verhaltens. Wesentlich aber ist auch, daß die Interaktionsformen bei der Gestaltung schulischer Lernprozesse verändert werden. Dazu kann *Schülertraining* bzw.

Klassentraining (als gemeinsames Lernen von Lehrern und Schülern) einen entscheidenden Beitrag leisten, wie im nächsten Teil der vorliegenden Arbeit aufzuzeigen versucht wird.

4.3 Ablauf und Auswirkungen von Kommunikations- und Interaktionstrainings für Lehrer und Schüler (Klassentraining)

Der im Teil 4.1 dargestellte , auf sozial-affektive Lernprozesse zentrierte Ansatz kann als *Schüler- und Lehrertraining innerhalb des Unterrichts* aufgefaßt werden. Zusätzlich besteht aber auch die Möglichkeit, daß die Schüler einer Klasse außerhalb des normalen Unterrichts zusammenkommen, um mit möglichst allen bei ihnen unterrichtenden Lehrern an einem auf Selbsterfahrung gegründeten Kommunikations- und Interaktionstraining teilzunehmen.

Zwei Versuche dieser Art wurden unternommen: mit einer 15 Schülerinnen und 2 Lehrer umfassenden Gruppe (Kl. 11) eines Husumer Gymnasiums an einem Wochenende (Training I) sowie mit einer Hamburger Berufsschulklasse von 21 Schülerinnen mit allen 5 in der Klasse unterrichtenden Lehrern während einer Ferienwoche. Die Trainingseinheiten und die beobachteten Auswirkungen sollen jeweils dargestellt werden.

4.3.1 Ein zweitägiges Selbsterfahrungs- und Kommunikationstraining mit einer Gymnasialklasse

Den Ablauf des Trainings und die Vorüberlegungen dazu schildert die *Klassenlehrerin* der 15 Obersekundanerinnen eines Husumer Gymnasiums in einer Zusammenfassung für die Klasse in folgender Weise (wir beschränken uns auf einige ergänzende Kommentare):

Vorüberlegungen

Situationsanalyse vor dem Training
„Das ungefähre Programm des Seminars wurde festgelegt, nachdem wir (der „Trainer" und ich) die Situation in der Klasse erörtert hatten. Es war mir (der Lehrerin) aufgefallen, daß die *Cliquen wenig Kontakt untereinander* hatten. Außerdem schien mir die allzu *stille Art* einiger Schülerinnen veränderungsbedürftig zu sein, die sich *nicht trauten*, im Unterricht und auch bei privaten Gelegenheiten

(soweit ich das beurteilen kann) mal einigermaßen mutig ihre Meinung zu artikulieren."

Ziele der Lehrerin

„Ich ging von der Annahme aus, daß ein etwas *stärkeres Selbstbewußtsein* des einzelnen in der Gruppe in ihrer *Aktivität und Leistungsfähigkeit* nur zugute kommen könnte, wobei gleichzeitig den einzelnen Schülerinnen ein bißchen geholfen werden sollte. In der Unterrichtssituation bedeutet solch eine Anleitung zum *Sich-äußern*, *Sich-durchsetzen*, daß z. B. *Diskussionen* besser geführt werden können. *Effektiver* Unterricht soll aber nicht das einzige Ziel sein, es geht vor allem darum, daß der „Schüler-*Mensch*" und der „Lehrer-*Mensch*" lernen, *soziales Verhalten* zu entwickeln und sich selbst und den anderen besser wahrzunehmen und kennenzulernen."

Zum Trainingsprogramm

„Aus diesen Überlegungen heraus ergab sich das Programm: *Kooperationstraining, Selbsterfahrungstraining* (bzw. Selbstbehauptung), damit zusammenhängend Ansätze zum *Konfliktregelungstraining*. Die Vorüberlegungen scheinen sehr hoch gesteckte Ansprüche zu enthalten; es geht aber in jedem Fall nur um den „Anstoß". Was daraus gemacht wird, ist Sache jedes Teilnehmers, dem nicht etwas „vorgedacht" werden soll; jeder soll vielmehr seine Bedürfnisse selbst entdecken."

Trainingsablauf

„Der so beschriebene Anstoß erfolgte in Form von „Spielen" bzw. Erfahrungssituationen verschiedener Art, in Form von Rollenspielen und Gesprächen bzw. (auswertenden) Diskussionen zwischen den Trainingsteilnehmern."

1) Kooperation (erster Tag)

1.1) Anleitung zur Kooperationsübung I

„Je zwei Personen haben gemeinsam ein Blatt Papier, einen Kuli. Sie zeichnen ein Haus, einen Baum, einen Hund, dann ein Portrait der beiden Zeichner. Schließlich ist ein gemeinsamer Künstlername darunter zu schreiben. Es darf während der gesamten Übung nicht gesprochen werden; am Beginn der Übung halten beide gemeinsam den einen Kuli."

Auswertung: „Wir zeigten uns gegenseitig die Kunstwerke und stellten fest, daß zunächst einer der beiden „untergebuttert" worden war; durch Abwarten oder Blickkontakt waren bei einigen Paaren aber auch wirklich „gemeinsame' Bilder entstanden. Das Spiel war ein Aufhänger für die Überlegungen, was zur Kooperation erforderlich ist."

1.2) Arbeitsauftrag an die 4 Gruppen (4-5 Teilnehmer jeweils)
„In einigen Minuten *Stichwörter* zusammenzutragen zu der Frage, was alles *zur Kooperation* nötig ist."

1.3) Kooperationsübung II
„Ob das Ergebnis dieser Aufgabe angewendet wurde, konnte das nächste Kooperations-Spiel zeigen: Es ging dabei darum, daß jeweils Gruppen von 5 Teilnehmern aus Einzelstücken Quadrate zusammensetzen sollen; die anderen Teilnehmer sind Beobachter und notieren, was ihnen am Verhalten der Spieler auffällt. Jede der beiden Gruppen hat die Aufgabe, 5 gleichgroße Quadrate aus Einzelteilen zusammenzusetzen."

Zur Spielgestaltung: „Jeder Spieler erhält einen Umschlag mit einigen Teilen. Für den Spieler unbrauchbare Stücke können in die Mitte gelegt werden (hier liegt die Chance zur Kooperation). Es darf nicht gesprochen werden."

Ergebnis: „Beide Gruppen benötigten etwa 20 Minuten. (Die Leistung kann in 1 - 2 Minuten erbracht werden bei guter Kooperation). Bei der Besprechung wurde klar, daß wenig kooperativ gehandelt wurde: Wer mit *seinem* Quadrat fertig war, bemühte sich nicht um eine Lösung für die ganze Gruppe, sondern sah zufrieden zu, wie die anderen arbeiten. Schließlich, erst nach einer sehr langen Zeit, waren die Scheinbar-Fertigen bereit „ihr" Quadrat zugunsten der Gruppe aufzulösen." (Die Übung ist so aufgebaut, daß in jeder Gruppe *einer* ein fertiges Quadrat in Einzelstücken erhält. Gibt er jedoch nicht Teile davon weiter, können die 4 weiteren Gruppenmitglieder ihre Quadrate nicht zusammensetzen; sie benötigen dazu Teile des Spielers mit dem fertigen Quadrat.)

2.) Erfahrungssituationen zur menschlichen Wahrnehmung und Kommunikation

Hier wurden Übungen durchgeführt, wie sie teilweise auch im Teil 4.1 dieser Arbeit beschrieben sind (z.B. Betrachtung eines Bildes und dessen Schilderung mit Worten gegenüber einem Zweiten, Weitergabe der Information durch diesen an einen Dritten usw). Dabei könnten Lehrer und Schüler feststellen, „wie sehr wir alle auf unsere Sichtweise fixiert sind" und „daß wir manchmal ganze Teile weggelassen haben, die uns unwichtig erschienen" oder aber auch „neue Sinnzusammenhänge und Informationen hineinbrachten, die ursprünglich gar nicht enthalten waren."

Die Erfahrung, wie schwer z.B. relativ einfache geometrische Figuren zu zeichen sind, die einem von einem Zweiten beschrieben werden, ohne daß man Rückfragen stellen darf, stellte in Zusammenhang mit den anderen Übungen zum Kommuniktaionsvorgang zwei wichtige Prinzipien heraus:

● die Notwendigkeit der Rückkopplung (Feedback) in der Kommunikation (vgl. Merkblatt M 3 im Anhang) und

● die Bedeutung der Kommunikationsklärung (vgl. Merkbaltt M 2 im Anhang) zur Klärung von Mißverständnissen bzw. zur Vermeidung von Kommunikationsbarrieren.

3.) Selbsterfahrung, Feedback und Intensivierung der Kommunikation untereinander

Die „Cocktailparty" genannte Übung hatte vor allem das Ziel zu einer Intensivierung der Kommunikation (zwischen den Schülern, aber auch zwischen Lehrer und Schülern) beizutragen. Zugleich sollte dadurch eine Anregung für Feedback-Gespräche zwischen allen Beteiligten gegeben werden. In vielen Trainings zeigte sich, daß Gespräche im Sinne eines „Encounter" (vgl. Merkblatt M 13 im Anhang) durch eine derartige vorgeschobene Übung erleichtert und intensiviert werden können. – Die Lehrerin beschreibt die Übung mit ihren Auswirkungen auf die Gruppe folgendermaßen:

Übungsbeschreibung: „Jeder schreibt auf ein Blatt Papier seinen *Namen*, eine *Pflanze* und eine *Landschaft*, die ihn indirekt charakterisieren bzw. ihn „abbilden" oder ihm ähneln. Es ist auch möglich, sich zusätzlich durch ein Tier oder einen Phantasienamen zu charakterisieren oder sich direkt durch drei charakteristische Eigenschaften zu beschreiben. Zusätzlich ist ein „Interessenkuchen" aufzuteilen: Jeder zeichnet auf seinem Blatt in einem Kreis durch verschieden große „Tortenstücke" ein, welche Interessen er hat. Schließlich wird die Aufteilung eines „Energiekuchens" verlangt; er zeigt, womit ich tatsächlich beschäftigt bin. Diesen Zettel heftet sich jeder an und begibt sich auf die Party".

Erfahrungen bei der Übung: „Wir versuchten, den anderen kennenzulernen, ließen uns die Angaben erläutern und stellten auffällige Diskrepanzen zwischen Interessen (= Lebenszielen) und tatsächlichem Energieaufwand (= eigentlichem Verhalten, d.h. Lebensführung) fest. Es war verwunderlich, daß wir so wenig voneinander wußten bzw. daß wir so schlecht über uns selbst informiert waren (das Ausfüllen des Zettels machte einige Mühe). Diese „Party-Situation" eines tieferen persönlichen Kennenlernens war ein guter Ansatz zu weiteren Gesprächen, die den ganzen Abend in Anspruch nahmen."

Diese im Sinne eines „Encounter" (vgl. Anhang Merkblatt M 13) geführten Gruppengespräche konnten eine Intensivierung der persönlichen Auseinandersetzung herbeiführen. Schule und Lernen werden so nicht auf intellektuelle, kognitive Förderung eingeschränkt, sondern es ergeben sich so auch für die Persönlichkeitsentwicklung des einzelnen gute Erfahrungs- und Lernsituationen.

Über die Weiterverwendung der Selbstdarstellungs-Zettel der „Cocktail-Party" und die damit verbundene Erweiterung des Feedback zwischen den Teilnehmern schreibt die Klassenlehrerin in ihrem zusammenfassenden Bericht;:

„Die Zettel wurden später an die Wand geheftet. Jeder konnte im Laufe der nächsten zwei Tage dem anderen Notizen dazuschreiben, um ihm ein *Feedback (über seine Wirkung auf andere)* zu geben. Das erwies sich zumindest für einige Beziehungen in der Klasse, aber auch für die Klassenlehrerin, als sehr nützlich: Unerfreuliche Mißverständnisse wurden geklärt; einige erhielten ziemlich viel Rückmeldung (Ermunterung oder Kritik), offensichtlich war in diesen Fällen bisher noch vieles ungesagt geblieben."

4.) Hilfreiche Kommunikation und effektive Gruppenarbeit
Die im Anhang aufgeführten Merkblätter (M 1 bis M 14) werden nach und nach in das Training einbezogen, wenn sich das inhaltlich und methodisch anbietet:
– z.B. das Feedback-Merkblatt (M 3) und das Merkblatt über hilfreiche Kritik (M 8) in Zusammenhang mit den Rückmeldungs-Ge-

sprächen zwischen den teilnehmenden Schülern und Lehrern, damit hilfreiches und konstruktives Feedback gegeben wird;

– z.B. die Merkblätter über Kommunikationsklärung (M 2), Hilfreiches Zuhören (M 6) und Ich-Aussagen (M 7) als Vorbereitung für intensivere Klärungsgespräche zwischen Teilnehmern, um Mißverständnisse, unbeabsichtigte Härten und damit unnötige Konflikte zu vermindern;

– z.B. vor Beginn der Kleingruppengespräche das Merkblatt über konstruktive und hilfreiche Gruppenarbeit mit der themenzentrierten Balance zwischen den Gruppenbedürfnissen und den individuellen Einzelbedürfnissen (vgl. im Anhang M 11 über „TZI").

Wenn dann schließlich das konkrete Konfliktregelungstraining zur Klärung und konstruktiven Bewältigung der aktuellen Konflikte zwischen den Teilnehmern beginnt, sind die Merkblätter zum großen Teil schon bekannt. Es müssen nur noch spezielle Merkblätter zur Konfliktregelung nachgetragen werden.

5.) Zur Situation der Klasse als Gruppe (Beginn des zweiten Tages)
5.1) ,,Pulverfaß" als Vorbereitung
Noch am Abend des ersten Trainingstags waren zur Vorbereitung Informationen der Teilnehmer eingesammelt worden. Die Teilnehmer bleiben dabei anonym; der Trainer faßt das „Pulverfaß" aller Aussagen zusammen. (Durch die Anonymität soll gewährleistet werden, daß *alle* wirklichen und vermeintlichen Probleme – vor allem auch die bisher unterdrückten – auf den Tisch kommen). Gefragt wurde nach Problemen der Klasse im Unterricht, zwischen Schüler(n) und Lehrer(n) sowie zwischen Schülern (z.B. Cliquenbildung etc.) .Es ist dabei nicht nur möglich, eigene Probleme anzugehen, sondern auch auf Probleme/Konflikte zwischen anderen Gruppenmitgliedern hinzuweisen.

5.2) Die ,,Situation der Klasse" in der Diskussion
Die Lehrerin schreibt hierzu: „Das vom Trainer mit den Angaben aus der Klasse erstellte *Soziogramm* wird als Plakat aufgehängt und diskutiert. – Aus dem „Pulverfaß" referiert der Trainer die Probleme der einzelnen Schüler mit anderen, mit Lehrern und überhaupt in der Schule (z.B. fühlt sich jemand durch das Verhalten von Klassemkameraden gehemmt). Daraus ergeben sich Gespräche in kleineren Gruppen."

Anschließend wurden drei Gruppen mit 5 bzw. 6 Personen gebildet, um in Kleingruppengesprächen einzelne Probleme ausführlicher ansprechen und gegebenenfalls klären zu können. Als einleitende Vorbereitung dieser Gespräche wurde jedem Teilnehmer – bezogen auf seine Kleingruppe – zwei Aufgaben gestellt:

1) „Beschreibe, worin die anderen Mitglieder dieser Gruppe Dir ähnlich zu sein scheinen."

2) „Sage, wer in dieser Gruppe Dich verunsichert und warum."

Die anschließenden Gespräche innerhalb der Gruppen dienten insbesondere der Beziehungsklärung. Die Klassenlehrerin stellt in ihrer Auswertung fest: „Die Gespräche in den kleinen Gruppen erwiesen sich als geeignet, Probleme in den Beziehungen zu verdeutlichen oder zu beseitigen."

6.) Vertiefung der Selbsterfahrung und Training in Selbstbehauptung

6.1) Darstellung der zwischenmenschlichen Beziehungen

Als Auflockerungsübung wurde in den drei Kleingruppen mit 5 bzw. 6 Personen folgende Übung durchgeführt: Ein Gruppenmitglied erhält die Aufgabe, eine Art „Denkmal" der Gruppe herzustellen, wobei die einzelnen Gruppenmitglieder durch ihre Körperhaltung bzw. ihre Mimik ihre Beziehungen zu den anderen Gruppenmitgliedern ausdrücken sollen. Der „Baumeister" stellt z.B. zwei Gruppenmitglieder, die er als eng befreundet wahrnimmt, Arm in Arm hin; zwei Gegner stellt er mit gegeneinander erhobenen Fäusten einander gegenüber; den Außenseiter der Gruppe plaziert er mit abgewandtem Gesicht in eine Ecke des Raumes. – Interessant ist es, diese Übung mehrfach hintereinander von verschiedenen Gruppenmitgliedern als „Baumeistern" durchführen zu lassen. Aus dem Vergleich der einzelnen Gruppenbilder ist dann zu ersehen, welche Beziehungen zwischen Gruppenmitgliedern jeweils gleich gesehen werden und welche – je nach Betrachter – sehr unterschiedlich erscheinen.

6.2) Eine weitere Auflockerungsübung mit erstem Hintergrund: „Personen erraten"

Die Klassenlehrerin beschreibt diese Übung so: „Es bilden sich Gruppen mit 5 bzw. 6 Personen. Jeweils zwei Mitglieder entfernen sich von ihrer Gruppe. Die übrigen drei oder vier Gruppenmitglieder bestimmen unter sich eine Person der Gruppe, die von den anderen zwei durch Fragen zu erraten ist. Es zeigte sich, daß die Fragen später so gestellt werden mußten, daß die Unterschiede zwischen den infrage kommenden Personen deutlich wurden. Alle Gruppenmitglieder konnten deshalb bei dieser Wahrnehmungsübung auch einiges über sich lernen bzw. darüber, wie sie von den anderen in ihrer Gruppe gesehen wurden." (Eine wichtige Voraussetzung ist dabei, daß alle Fragen nach äußeren Merkmalen wie z.B. Haarfarbe, Alter, Hobbies etc. nicht zugelassen waren; nur die Persönlichkeit betreffende Fragen durften gestellt werden).

6.3) Selbstbehauptung: ,,Halte eine (ernsthafte) Lobrede auf dich selbst"
Über die Erfahrungen mit dieser Aufgabe schreibt die Lehrerin: ,,Diese Übung war offensichtlich ziemlich belastend. Viele Schülerinnen wollten zunächst nicht mehr mitmachen. Aber schießlich gelangen die Reden recht gut."

Offensichtlich war die Schwierigkeit der Übung zu diesem Zeitpunkt des Trainings nicht mehr zu hoch. Je geringer die Selbstakzeptierung und je höher die anerzogene ,,Bescheidenheit" von Menschen ist, desto schwerer fällt ihnen die Übung. In der Trainingsgruppe dieser Klasse hatten viele Schülerinnen einige Schwierigkeiten in diesem Bereich.

Die Lehrerin fährt in ihrem Kommentar fort:,, Es wäre gut, wenn diese Übung dazu führt, daß sich jeder ein bißchen Mut macht, sich selbst zu akzeptieren und zugleich zu einer realistischen Selbsteinschätzung kommt. Jeder stellt einen Selbstwert dar und ist unvergleichlich ,,anders". – Ein bewertender Vergleich wurde also vermieden –. Anders als in der Schule, wo der Schüler im Vergleich mit anderen in Zensuren bewertet wird. – Das Vortragen der Reden war eine schwere Selbstbehauptungsaufgabe; für die Zuhörer ergab sich darauf jedoch eine weitere Gelegenheit, die Klassenkameraden bzw. die Lehrer näher kennenzulernen."

6.4) Positive Rückmeldung
Gerade am Abschluß einer Gruppenarbeit ist es – nach vielen Problemdiskussionen und Schwierigkeiten – hilfreich und sinnvoll, daß Positive zu betonen. Dazu trägt die folgende Übung bei, die sowohl Merkmale einer Selbstbehauptungsaufgabe enthält als auch zur Selbsterfahrung beiträgt:
,,Es wurden zwei Gruppen gebildet, die sich in einem Kreis zusammensetzten. Der Reihe nach machte jeder aus der Gruppe einen

Rundgang. Dabei gibt er jedem anderen Gruppenmitglied die Hand und sagt ihm, was er an ihm als Person (besonders) gut findet."

Die Lehrerin sagt dazu in ihrer Auswertung: „Diese Übung verlangte von dem Sprecher ziemlich viel Mut. Für viele der so Angesprochenen ergaben sich offensichtlich positive Überraschungen; insgesamt wirkte die Übung ermutigend und verstärkte das gute Klima in der Gruppe."

7) Konflikregelungstraining

Das Training in der kooperativen Regelung von Konflikten „ohne Niederlagen" bildet in jedem Kommunikations- und Kooperationstraining einen wesentlichen Teil. Einige Selbsterfahrungen, Feedback zwischen den Trainingsteilnehmern und Erfahrungslernen in hilfreicher Kommunikation sind unserer Erfahrung nach *günstige Voraussetzungen* für ein effektives Konfliktregelungstraining. So wurde auch in diesem Training der Konfliktregelungsteil erst im letzten Drittel begonnen. Eine weitere Ausdehnung dieses wesentlichen Teils und eine Weiterverfolgung in einem Folgetraining sind notwendig.

7.1) Einführung in kooperative Methoden der Konfliktregelung durch Praxissimulation

Zunächst wurde in Form eines *Rollenspiels* (vgl. Merkblatt M 12) eine Erfahrung ermöglicht, wie sich die Trainingsteilnehmer normalerweise bei einer Konfliktsituation verhalten. Das inhaltliche Problem (Vergabe eines neuen Dienstwagens) war relativ ich-fern und aus einem anderen Bereich, nämlich dem Arbeitsbereich, genommen. In der Diskussion, wer von den Angestellten nun den neuen Dienstwagen haben solle, zeigten sich eigentlich keinerlei kooperative Ansätze. Die Lehrerin schreibt in ihrem Bericht dazu: „Es stellte sich heraus, daß im Spiel zunächst alle nur ihre persönlichen Interessen durchsetzen wollten und kaum jemand dem anderen zuhörte. Allerdings dominierten hier teilweise auch andere Schülerinnen als sonst im Unterricht. Einige ließen sich sehr leicht unterdrücken; sonst stille Schülerinnen wurden plötzlich ganz munter und konnten sich gut behaupten. Kooperative Formen der Behauptung der eigenen Interessen gab es indes nicht."

Die Wiedergabe des Rollenspiels auf Tonband gab einige anschauliche Einblicke – an einem nicht persönlich belastenden Beispiel – darüber, welche Probleme bei der kooperativen Regelung von Konflikten auftreten können. In Verbindung mit diesen Lernerfahrungen am eigenen Verhalten wurden die entsprechenden Merkblätter über kooperative Konfliktregelung und dabei hilfreiche Verhaltensweisen erörtert (vgl. die Merkblätter M 9 und M 10 im Anhang).

7.2) Bearbeitung aktueller Probleme und Konflikte

Die methodischen Aspekte des Konfliktregelungstrainings sind im Merkblatt M 12 (vgl. Anhang) recht detailliert wiedergegeben. Inhaltlich wurde durch das „Pulverfaß" eine Vorbedingung des Konfliktregelungstrainings geleistet: Die inneren Konflikte der einzelnen Teilnehmer (Schüler wie Lehrer), die Probleme „zwischen Gleichberechtigten" (z.B. zwischen Schülern oder zwischen Lehrern) und die Probleme zwischen „verschiedenen Funktionsebenen" (also zwischen Schülern und Lehrern) lagen sozusagen „auf dem Tisch". In den Kleingruppengesprächen und Encounter-Gesprächen wurden häufig wesentliche „innere Konflikte" geklärt. Auch manche der interpersonellen Konflikte und Mißverständnisse waren zu diesem Zeitpunkt des Trainings bereits ausgeräumt worden.

Nun ging es also daran, unter den bestehenden Problemstellungen und Konflikten diejenigen herauszugreifen, die für die Gruppe am interessantesten erschienen. Sodann wurde in zwei Gruppen gleichzeitig an einer Lösungsmöglichkeit gearbeitet. Dabei gehen wir so vor: Nach einer gewissen Zeit wird die erste Lösungsmöglichkeit im Rollenspiel gezeigt und auf Band aufgenommen. Beim Abspielen des Bandes wird an den interessanten Stellen auf Wunsch der Teilnehmer bzw. des Trainers unterbrochen; es werden kritische Punkte genannt; es wird aber auch auf positive Ansätze hingewiesen. Anschließend geht die zweite Teilgruppe daran, eine noch bessere Lösung des betreffenden Problems im Rollenspiel darzustellen, falls das erforderlich ist. (Das Training ist dabei immer so ausgerichtet, daß nur derjenige, der das Problem *hat*, sein Verhalten trainiert. Wenn z.B. ein Schüler einen Lehrer hat, der ihn „ungerecht" behandelt, so wird der Schüler trainieren, wie er dieses Problem dem „ungerechten" Lehrer gegenüber zur Sprache bringen kann. Es wird im Training aber nicht „heile Welt" gespielt, daß der Lehrer etwa auf einmal überhaupt nicht mehr ungerecht, sondern vielmehr ein Musterexemplar eines einfühlsamen und verständnisvollen Lehrers ist.)

Die Lehrerin sagt zu diesem Trainingsteil: „Die Konfliktregelung ohne Sieg und Niederlage erwies sich von der Methode her als durchaus überzeugend. Mit Hilfe von „Ich-Aussagen" (vgl. Merkblatt M 7) und mit Hilfe von „Hilfreichem Zuhören" (vgl. Merkblatt 6) sowie ohne Vorwürfe wird versucht, das Problem zu klären. Wenn ich ein Problem habe, *sage ich*, was *mich* bekümmert, ohne den Vorwurf anzuschließen, daß *„Du"* dieses oder jenes falsch gemacht hast. Es wird *kein logischer Schlagabtausch* gemacht, sondern auf die Bedürfnisse des anderen, auf seine Ängste und Befürchtungen eingegangen. Aber auch die eigenen Bedürfnisse werden deutlich angemeldet. Wichtig ist es eben, zwischen Eigenbedürfnissen und den Interessen des anderen eine ausgewogene Balance zu finden."

Erfahrungsgemäß bietet das Konfliktregelungstraining zwar einige gute Ansätze für die Praxis, muß aber selbst im Training an praktischen Problemen *mehrfach* durchgeführt werden und zu *praktischen Konsequenzen* führen, bevor bei den Teilnehmern eine weitgehende Überzeugung herrscht, *so* könnten Konflikte auch – und zwar besser – gelöst werden. Ansonsten ist es häufig notwendig, nach einer kurzen Phase praktischer Erfahrungen in einem *Folgetraining* die in der Praxis weiter bestehenden Schwierigkeiten aufzuarbeiten, um das Konfliktregelungstraining intensiver und vertieft fortzusetzen.

So schreibt auch die Lehrerin dieser Gymnasialklasse abschließend über das Konfliktregelungstraining: „Dieser Teil des Trainings bildete den Abschluß des Kurses. Die Einsicht in die Möglichkeiten einer solchen partnerschaftlichen Konfliktregelung war ebenso groß wie die Skepsis über deren Realisierbarkeit ohne Unterstützung – draußen in der Wirklichkeit."

8.) Folgeaktivitäten und Fortsetzungstraining

Wichtig ist es, daß solche *Trainings nicht „Eintagsfliegen"* bleiben. Mittel- und langfristig können unserer Erfahrung nach sogar negative Auswirkungen auftreten, wenn eine Gruppe während eines Trainingswochenendes – unter ganz anderen und besseren Rahmenbedingungen – so etwas wie die „heile Welt" kennengelernt hat. Wir sehen darin eine große Gefahr, anschließend Gruppen sich selbst hilflos zu überlassen. Diese Gefahr ist dann besonders groß, wenn die Gruppe innerhalb des Trainings vom Trainer noch darin bestärkt wird, daß sie es nun geschafft habe und über ihre Schwierigkeiten hinweggekommen sei.

● Wir halten in dieser Hinsicht zwei Dinge für besonders wichtig: Zum einen ist es wesentlich, daß die Gruppe nicht von sich erwartet, nach dem Training „perfekt" zu sein. *„Nicht von 0 auf 100"*, ist dabei das Motto, *„sondern die 5%-Verbesserung anstreben"*. Zum zweiten erscheint es uns als wesentlich, daß *Konflikte* von vornherein nicht als etwas Schlechtes oder gar Minderwertiges angesehen werden, sondern *als lebensnotwendige Bestandteile* und Ausdrucksformen einer Gruppe. Darüber hinaus müssen Trainingsteilnehmer häufig gegenüber ihren bisherigen Erfahrungen – insbesondere im Erziehungs- und Berufsleben – umlernen, in Konflikten und Auseinandersetzungen sogar etwas Positives zu sehen, nämlich eine *Lernchance*. Eine solche grundlegende Lebensumstellung in den eigenen inneren Einstellungen ist natürlich nicht punktuell durch ein Trainingswochenende zu erzielen. Kontinuierliche Trainings können aber wohl dazu beitragen.

8.1) Erstellung von Maßnahmen- und Tätigkeitskatalogen
Wir halten es für wichtig, daß Trainingsteilnehmer nach einem Training nicht die Erfahrung machen, die sie sonst in der Regel in ihrem Leben beim Zusammenkommen von Gruppen erfahren: daß nämlich viele schöne Worte gefallen sind, sich aber nichts ändert. Deshalb werden mit den *Methoden der Visualisierung* alle konkreten Ergebnisse, Maßnahmen und Aktivitäten während des Trainings *mitprotokolliert*. Häufig werden auch zum Abschluß der einzelnen Trainingsteile *maßnahmenorientierte Diskussionen* geführt, die generelle Absichten in konkrete Tätigkeiten überführen. (Es bleibt also nicht dabei, daß ein Lehrer sagt, er werden sich „zukünftig mehr um die persönlichen Belange der drei Schüler A, B und C kümmern". Vielmehr wird festgesetzt, daß sich diese drei mit dem Lehrer z.B. am 12. Juni, um 19.00 Uhr in der Wohnung von A; Am 5. Juli um 20.00 Uhr in der Wohnung von C und am 25. Juli während des gesamten Nachmittags in der Wohnung des Lehrers treffen werden und dann auf dem Folgetraining vom 15. bis 16. August über die bisherigen Ergebnisse, die weiter bestehenden Probleme und die gefundenen Lösungsmöglichkeiten berichten.)

Teilweise finden *Abwehrreaktionen* von seiten der Trainingsgruppe statt. Solche *Maßnahmenplanung und Festschreibung* wirkt im Vergleich zu den „erhabenen" Gefühlen innerhalb des Trainings zu banal. – „Das machen wir schon; wir wissen doch schließlich auch, warum wir uns zu einem Training zusammengefunden haben, " lautet eine häufige Stellungnahme von Teilnehmern zu diesem Trainingszeitpunkt. Unserer Erfahrung nach gefährdet eine nachlässige oder eine überhaupt nicht vorhandene Maßnahmenplanung den Trainingserfolg. Es ist einfach wichtig, daß die Teilnehmer einer solchen Trainingsgruppe nach einer gewissen Zeit *überprüfen* können, in welchen Punkten sie Fortschritte erzielt haben und wo ihnen dies nicht gelungen ist. Dabei ist es gar nicht wichtig, daß sich alle Probleme 100%ig lösen lassen (auch hier gilt: „Nicht von 0 auf 100"). Wesentlich ist es jedoch, daß die bestehenden Probleme im Bewußtsein der Gruppenmitglieder bleiben und daß damit günstige Voraussetzungen für eine eventuelle Lösung bestehen. Zumindest die Problemverdrängung und das anschließende Gefühl des Versagt-Habens werden so vermieden.

8.2) Folgeaktivitäten

Wesentlich ist es auch, daß unabhängig von Folgetrainings und weiteren Aktivitäten mit Hilfe von Moderatoren bzw. Trainern die Gruppenmitglieder *selbst aktiv* werden. Ein wesentliches Ziel ist es, „den Trainer überflüssig zu machen". Die *Autonomisierung der Teilnehmer* kann auch dadurch verhindert werden, daß ein Trainer als „großer Experte" die Gruppe von sich abhängig macht und auf sich zentriert. Wir halten es deshalb für wesentlich, daß die Gruppenteilnehmer nach einem Training mindestens ebenso viele Aktivitäten unabhängig vom Trainer für sich planen und durchführen wie Aktivitäten mit dem Trainer stattfinden.

Im Falle der hier geschilderten Gymnasialklasse aus Husum handelte es sich insbesondere um Treffen der gesamten Klasse und kleiner Teilgruppen bei der Lehrerin sowie um kleine Projektgruppen, die bei fachlichen, aber auch bei persönlichen Fragen und Problemen miteinander Kontakt aufnahmen und arbeiteten.

Auch hier wird deutlich, daß ein rein routinemäßiges „Minimalinteresse" weder von seiten des Lehrers noch auf seiten des Schülers ausreichend ist, wenn Lehrer *und* Schüler *gemeinsam* als eine Gruppe miteinander und voneinander lernen wollen und miteinander die Schulwirklichkeit und Gruppensituation konstruktiv verändern wollen.

Auswirkungen des Trainings

1 Allgemeine Beurteilung des Trainings
Mit Ausnahme einer Schülerin ist nach Ansicht der Klasse die Zielsetzung des Trainings erreicht worden. Alle Schülerinnen beurteilten das Training und dessen Auswirkungen anonym in schriftlicher Form; außerdem wurde von der Gesamtgruppe (mit der Klassenlehrerin) eine Diskussion zu diesem Thema geführt. Die positiven Aussagen zur Gesamtbeurteilung des Trainings lassen sich in den folgenden Argumenten zusammenfassen:
– Das Training war nicht zu hart und nicht zu belastend.
– Das Training hat Spaß gemacht und viele Denkanstöße gegeben.
– Wichtige Probleme der Klasse sind endlich angesprochen und zum Teil gelöst worden.

Die Lehrerin schließt sich der positiven Beurteilung an; sie hält das Training für „gut geplant" und „wie an den Auswirkungen festzustellen ist, für einen Erfolg."

Die einzige kritische Aussage der einen Schülerin ging dahin, daß sie „den Eindruck hatte, für ihre schwer abgerungene Offenheit zu wenig zurückzubekommen." (In den folgenden Monaten zeigte sich jedoch, daß auch diese kritische Anmerkung mehr ein Indikator für die momentanen Schwierigkeiten der betreffenden Schülerin mit ihren Klassenkameraden war. Zudem fühlte sich gerade diese Schülerin durch das Training teilweise sehr belastet).

Generell ist es immer schwierig, den Belastungsgrad innerhalb eines Trainings so zu wählen, daß er für alle Teilnehmer angemessen ist. Manche wesentlichen Lernerfahrungen im Bereich der Persönlichkeitsentwicklung sind unserer Meinung nach notwendigerweise belastend. Aufgabe des Trainers ist es, in therapeutischer und hilfreicher Form darauf zu achten, daß die Belastungen vermieden werden, die von den Betroffenen nicht mehr selbst bewältigt werden können.

Ergänzt wird die positive Gesamtbeurteilung durch die Anmerkungen des zweiten (Fach-)Lehrers. Ihm erschienen insbesondere folgende Aspekte als positiv:
– *„Rollenaufhebung:* Ich fühlte mich während der Sitzungen nicht mehr als Lehrer oder „Autoritätsperson", sondern befreit aus meiner Rolle. Das Feedback durch einzelne Schüler machte es mir glaubhaft, daß auch wir Lehrer im Training zumindest primär als Personen angesehen wurden."

– *Motivation der Teilnehmer:* „Mir erschien die Motivation der gesamten Gruppe als ehrlich, von einer echten Freiwilligkeit getragen. Es gab kein zwanghaft-neurotisches Konflikt-Lösen-Wollen."

– *Trainerverhalten;:* „Mit Humor, Gelassenheit und auch einer gewissen Lässigkeit konnte der Trainer seine schwierige Rolle bewältigen. Er zeigte sich optimistisch und echt; auch seine eigene Person blieb nicht ,draußen'."

2 Schwierigkeiten, Verbesserungsmöglichkeiten und zusätzliche Möglichkeiten

Als Hauptschwierigkeit wird von den Schülerinnen richtigerweise erkannt, daß das „Klassentraining" zu kurz sei, wenn sich nicht Folgeaktivitäten anschlössen. Es wurde auch befürchtet, daß dieses Training insgesamt mehr als „Ausnahmesituation" erscheinen und die positive Wirkung bald wieder verflachen werden. Die Schülerinnen beklagen in ihren Kommentaren das Fehlen der anderen Lehrer; sie weisen auf die Schwierigkeit hin, daß sie zwar ein sehr gutes und angstfreies Verhältnis zur Klassenlehrerin hätten, zu den anderen Lehrern aber (z.B. nach einer Klassenlehrerstunde) immer wieder die Haltung ändern müßten. Der Fachlehrer befürchtet in seiner Auswertung des Trainings, daß eventuell auch Konflikte zwischen einzelnen Personen „vertieft worden seien, weil die momentan herbeigeführte Offenheit verletzend wirken konnte".

Außerdem stellt der Fachlehrer als persönliche Beobachtung fest, daß bei anderen und bei ihm selbst nach dem Training durch die Schärfung der Wahrnehmung auch ein gewisses „Diagnostikerverhalten" gegenüber anderen aufgetreten sei. In Verbindung damit sieht er einen Verlust persönlicher Wärme im Umgang der Trainingsteilnehmer miteinander. (Dieser Effekt einer gewissen Künstlichkeit im Umgang miteinander verlor sich jedoch schnell wieder, wie sich später zeigte.)

Von seiten der Klasse wurden verschiedene zusätzliche Möglichkeiten vorgeschlagen:

– Zunächst einmal solle diese Form des Klassentrainings häufiger durchgeführt werden.

– Weiterhin sollten Pausen, Klassennachmittage und die Klassenfahrt zur Weiterentwicklung der bereits geleisteten Ansätze genutzt werden.

– Schließlich solle das Gelernte auch auf den Unterricht bei den anderen Lehrern angewendet und ausgedehnt werden, die selbst nicht an dem Klassentraining teilgenommen hatten.

(Gerade in diesem letzten Punkt zeigt sich eine gute Innovationschance. Die Schüler selbst werden zu „Innovationsagenten"; sie werden aktiv und tragen somit zu einer Veränderung der Unterrichtsgestaltung und des Lehrverhaltens bei. Diese „Reform von innen" hat unserer Meinung nach deutlich mehr Erfolgschancen als die herkömmlichen „Reformen durch Verordnung von oben". Die Vergangenheit mit den gescheiterten Curriculum-Reformen und dem passiven, teilweise erbitterten Widerstand der Lehrer zeigt dies deutlich.)

3 Konkrete Trainingsauswirkungen

In der Zusammenfassung der Einzelkommentare der Schülerinnen und der beiden Lehrer zeigen sich folgende Hauptaussagen:
– Fast alle Schülerinnen erwähnen spontan, daß die Beziehungen in der Klasse „gut und entspannt" seien.
– Das Verhältnis zu den beiden Lehrern, die am Klassentraining teilgenommen hatten, wird als „nochmals verbessert" und – insbesondere gegenüber der Klassenlehrerin – als „sehr gut" geschildert.
– Die Klassenlehrerin bezeichnet das Training für sich als „sehr positiv, weil ich eindeutige Rückmeldungen über mein Verhalten bekam und weil ich die Mädchen aus einer anderen Sicht kennengelernt habe." Sie fährt fort: „Manchmal habe ich allerdings das Gefühl, das „Durchsetzungstraining" der Schülerinnen geht zu sehr auf meine Kosten; das ist aber schon von der Klasse registriert und wieder abgestellt worden: „Wir lassen Antje nicht mal ausreden"".
– Von den Schülerinnen wird weiterhin angegeben, daß „mehr Gespräche untereinander geführt" werden, daß „die bestehenden Cliquen aufgelockert" worden sind, daß aber auch „in den alten Cliquen scheinbare Harmonie verflogen" sei und es „mehr Streit bzw. Auseinandersetzungen" in diesen alten Gruppen gäbe.
– Die Klassenlehrerin stellt weiterhin fest, daß „bei der selbständigen Planung der Klassenfahrt eine ziemliche Aktivität" herrscht und daß „die Schülerinnen einander gut ergänzen, helfen und miteinander kooperieren".
– Die „Vorbereitung und Leitung von Unterrichtsstunden durch die Schüler wird in der Regel zum Erfolg"; diese Art des die

Schülerinnen mehr einbeziehenden Unterrichts ersetzt in zunehmendem Maße die herkömmliche Unterrichtsform.

– Die Schülerinnen laden ihre Klassenlehrerin inzwischen häufiger ein; die Klassenlehrerin selbst erhält mehr „Hausbesuche".

–   Die Klassenlehrerin beklagt allein, daß manchmal „zu wenig Mitarbeit im Unterricht" vorhanden sei, da sich alle so „ganz wohl und gemütlich" fühlten . – Aber diese Phasen werden immer wieder schnell überwunden.

– Einige Schülerinnen bedanken sich geradezu in ihren Kommentarzetteln dafür, daß das Training für sie „eine Hilfe war, ihre Bedürfnisse besser formulieren und durchsetzen zu können".

Fazit

Es zeigt sich, daß auch in einem Wochenendtraining von Schülern und Lehrern gute Ansätze für eine Verbesserung der Zusammenarbeit und eine angemessenere Gestaltung des Unterrichts geschaffen werden könnten. Außerdem wird dadurch die Persönlichkeitsentwicklung aller offensichtlich gefördert; die Schule rückt „dem Leben" etwas näher.

Sensationelle Ergebnisse sind von einem solchen Training nicht zu erwarten; gruppendynamische „Heilserwartungen" sind verfehlt. Wesentlich für ein solches Training sind nicht die „Spielchen", sondern die Auseinandersetzung von Person zu Person. Die verschiedenen Übungen können zwar in den Händen eines therapeutisch geschulten, verantwortungsvollen Moderators hilfreich sein; sie sind aber stets nur Hilfsmittel und nicht Hauptzweck.

4.3.2 Ein fünftägiges Selbsterfahrungs- und Kommunikationstraining mit einer Berufsschulklasse

Die äußeren Bedingungen bei diesem Training waren ziemlich ideal: Neben den 21 Schülern konnten alle 5 in dieser Klasse unterrichtenden Lehrer teilnehmen. Einer von ihnen, der eine gruppendynamische Zusatzausbildung hatte, fungierte neben dem Psychologen zeitweise als Moderator (vor allem bei Gruppenteilung). Das Training fand in einem Bauernhaus mit eigener Küche statt; die Gruppe war also unter sich.

Programmablauf (in Kurzform)

Erster Tag
– *,,Blindes Vertrauen''* (non-verbale Partnerübung: den Partner, der die Augen geschlossen hat, so zu führen, daß er möglichst viel Vertrauen faßt und möglichst viele Sinneserfahrungen macht, z.B. ,,blind'' läuft).
– *Selbsterfahrung und Feedback* (zwei freie Gruppengespräche mit Hilfe der Veranstaltungsform ,,Cocktail-Party'', also mit ,,Bauchzeitungen''): (1) ,,Wer und wie bin ich als Schüler/Lehrer?'' (2) ,,Wer und wie bin ich als Person?''
– *Non-verbale Übungen und ,,Spiele''* mit anschließender Diskussion und Auswertung.

Zweiter Tag
– *Selbsterfahrungsübungen zur Kommunikation und Kooperation* (z.B. Zeichnung von ,,Haus-Baum-Hund etc.'' zu zweit mit einem Bleistift).
– *Auswertung und Diskussion der* (vor dem Training erhobenen) *Fragebogenergebnisse zur Interaktion in der Klasse.*
– Bei der Diskussion: Einführung und Erprobung der *Regeln für gute Gruppenarbeit* (vgl. Merkblatt M 11 im Anhang über ,,TZI'').
– *Pulverfaß:* Jeder Teilnehmer gibt sein Bild von der Gruppe ab, also Schilderung der Konflikte, Beziehungs- und Sachprobleme bei sich und anderen; Feedback für Schüler und Lehrer. Gemeinsame Auswertung bzw. Diskussion der (anonymen) Kommentare.
– *Praxissimulation und Feedback Übung ,,Rollentausch''.* Ich versetze mich in das Denken und Verhalten eines Mitschülers/Lehrers und erzähle, was er wie macht (= indirektes Feedback) und warum er es meiner Meinung nach gerade so macht.
– Diverse *Selbsterfahrungsübungen* mit anschließender *Diskussion.*
– *Gespräche* in kleineren Gruppen bzw. Einzelgespräche (Klärungsgespräche; teilweise auch ,,Gesprächsaufträge'' an Konfliktpartner, die von diesen als sinnvoll akzeptiert wurden).

Dritter Tag
– *Selbstbehauptungstraining* (z.B. ,,ernsthafte Lobrede'' auf sich selbst halten).
– *Konfliktregelungstraining* (inhaltliche Einführung – vgl. die Merkblätter M 9, M 10 und M 12 – sowie praktisches Training: Rollen-

spiele und Auswertung). Hier lag von nun an das *Schwergewicht des Trainings.*

– *Non-verbale Übungen* und anschließende *Encounter-Gruppengespräche* (teilweise aufgehängt an den Erfahrungen bei den Erfahrungssituationen „Glückliche Familie " und „Masken ziehen", die hier nicht weiter beschrieben werden sollen).

Vierter Tag

– *Fortsetzung und Vertiefung des Konfliktregelungstrainings*
– Entscheidungskonflikte einzelner („innere Konflikte"),
– Beziehungsklärungen („zwischenmenschliche Konflikte"),
– Sachprobleme und strukturelle Fragen von Schule und Unterricht.
– Zur Vertiefung diverse *Kooperationsübungen* (z.B. Einigungsprozesse und Kompromißfindung, ohne daß Gruppenmitglieder „überfahren" werden und resigniert „aussteigen").
– Abschließend , *persönliches Feedback* (Hot Seat = *Feuerstuhl*): Jeder sitzt einmal in der Mitte des Kreises und erhält von jedem Gruppenmitglied seine besonderen Schwächen und Stärken gesagt. Die „Schwächen" sollen dabei in konkrete Veränderungswünsche gefaßt werden (also nicht: „Du bist intolerant", sondern etwa: „Damals in der Situation hätte ich es lieber gehabt, wenn Du dich so verhalten hättest, daß Du auf mich zugegangen wärest und mir mitgeteilt hättest, was Dir an meiner Idee nicht gefiel ...")

Fünfter Tag

– Umsetzung der Trainingserkenntnisse in *Folgeaktivitäten* und konkrete *Maßnahmen- und Tätigkeitskataloge.* Behandlung der *strukturellen Probleme* (Zensurenzwang; inhaltliche Vorschriften für die Lehrer bei der Stundengestaltung etc.).
– *Feedback zum Seminarverlauf, Seminarkritik:* Einzel-Stellungnahmen und Gruppendiskussion.

Die *Gesamtatmosphäre* des Trainings war die eines *Encounters* (vgl. Merkblatt M 13); Selbsterfahrungsübungen und Elemente des Kommunikationstrainings wurden eingestreut, um schließlich zu konkreten Ergebnissen und Maßnahmen zu kommen, die mehr Freiheit sowie eine bessere Kooperation und eine erweiterte Lernsituation der Klasse (incl. der Lehrer) ermöglichen: die Einbeziehung der Persönlichkeitsentwicklung und der Lebensbewältigung in das schulische Geschehen.

Trainingsauswertung

Eine Evaluation dieses Klassentrainings ergibt sich aus:
1) der allgemeinen Seminarkritik der Teilnehmer („interne Evaluation"),
2) den im Seminar erarbeiteten, konkreten Folgeaktivitäten,
3) dem Vergleich zwischen den vor und nach dem Training erhobenen Fragebogendaten („externe Evaluation").

1 Allgemeine Seminarkritik
Am Ende der 5 Tage nahmen die Teilnehmer schriftlich (anonym) Stellung zu den Erfahrungen im Training und zu dem vermuteten Nutzeffekt des Trainings.

● *Zufriedenheit:* Es zeigte sich eine mittlere bis extrem hohe Zufriedenheit; der Mittelwert der Gruppe lag auf einer Skala von 0 - 100 *über 85.*

● *Allgemeine Auswirkungen*
Die Haupteffekte werden gesehen in:
– „einer besseren Klassengemeinschaft" (12 Nennungen);
– „einem durch „gemeinsame Erfahrungen" und den „Abbau von Hemmungen" entstandenem „größeren Vertrauensklima" (10 Nennungen).

● *Erkenntniswert des Trainings „für mich selbst":* Die Äußerungen – in Kurzform – sprachen folgende Aspekte an (in Klammern ist jeweils die Anzahl der Nennungen angegeben):
– „Ich habe mehr Mut bzw. gelernt, meine Gefühle zu äußern." (13)
– „Andere haben genauso viel Angst." (8)
– „Andere haben ähnliche Probleme." (5)
– „Ich habe erfahren, wie mich andere sehen." (8)
– „Ich habe meine negativen Seiten im Verhalten zu anderen erkannt." (6)
– „Ich sollte und könnte mehr Selbstvertrauen haben." (6)
– „Ich habe jetzt weniger Angst, vor dem Plenum zu sprechen." (6)
– „Ich fühle mich wohler in der Klasse." (7)
– „Meine Probleme sind lösbar." (3)
– „Ich kann offensichtlich auch anders sein." (2)

– „Ich sollte taktvoller sein bzw. eher verzeihen." (2)

● *Erkenntnisse über „andere"*

– „Ich habe andere besser kennengelernt." (8)

– „Ich habe Vorurteile abgebaut und daher jetzt eine andere Einschätzung." (7)

– „Ich habe erkannt, daß viele bis hierher eine Fassade hatten." (5)

– „Andere, die bisher vollkommen wirkten, machen auch ihre Fehler." (3)

– „Ich habe gelernt, andere so zu akzeptieren, wie sie sind." (3)

● *Hilfe des Seminars „für mich persönlich"* Der Reihenfolge nach kamen hierzu folgende Antworten (stichwortartig):

– „kann besser (schneller) Kontakt finden" (6);

– „besseres Verständnis für andere" (5);

– „kann mich besser mit anderen unterhalten" (5);

– „kann evtl. besser meine Probleme lösen" (5);

– „mehr Selbstvertrauen" (5);

– „soll offen und ohne Fassade sein" (3);

– „Abbau von Ängsten und Hemmungen" (3).

● *Hilfe des Seminars „für die Schulsituation"* Die Zusammenfassung der Einzelaussagen erbrachte sehr positive Ergebnisse:

– „Mehr Spaß in der Schule; fühle mich in der Klassengemeinschaft wohler." (7)

– „Ich fühle mich Schülern und Lehrern gegenüber freier." (4)

– „Ich kann andere besser verstehen." (4)

– „Ich kann mehr meine Meinung sagen." (5)

– „Ich habe die Angst abgebaut, vor der Klasse zu reden." (3)

– „Ich habe mehr Mut, aktiver im Unterricht zu werden." (3)

– „Die Lehrer sind nicht mehr nur die „Respektsperson." (6)

● *Belastung durch das Training*

Auf die Frage, wieviel Angst sie während des Trainings gehabt hätten, antworteten die Schüler (auf einer 7-stufigen Skala):

1 = völlig angstfrei	2 = angstfrei	3 = eher angstfrei	4 = mittlere Belastung	5 = eher starke Belastung	6 = starke Belastung	7 = sehr starke Belastung
3	1	5	6	1	3	2

N = 21 Berufsschüler

Bezeichnenderweise wurde die viel positive Emotionalität hervorbringende non-verbale Phantasieübung „Glückliche Familie" als „am besten" eingeschätzt; „am belastendsten" war für die Teilnehmer die (sehr offene) Feedbackübung (Hot Seat) gegen Ende des Seminars.

● *Trainerverhalten*

Beide Trainer wurden als „zur Gruppe gehörig" und „einfühlsam" wahrgenommen. Vor allem der therapeutisch geschulte (und erfahrenere) Trainer wurde als „hilfreich" sowie als „optimistisch, locker und gelassen" erlebt. Dennoch fühlten sich die Teilnehmer durch das Programm und die Trainer auch durchaus „gefordert".

2 Folgeaktivitäten

Die zahlreichen konkreten Maßnahmen und Aktivitäten zur Neugestaltung des Unterrichts sind ebenso wie die externen Folgeaktivitäten ein evaluativer Hinweis darauf, wie effektiv das Training war:

● *Zur Unterrichtsgestaltung (methodische Neuerungen)*

1) Verwendung der „TZI"-Regeln bei der Gruppenarbeit (vgl. Merkblatt M 11); Verstärkung des Kleingruppenunterrichts.

2) Mehr Beteiligung der Schüler bei der Planung und Durchführung des Unterrichts (z.B. gemeinsame Planung; teilweise Unterrichtsdurchführung durch Schüler etc.).

3) Jeder Schüler hat drei Kommunikationskarten (rot, gelb, grün), um jederzeit das Unterrichtsgeschehen beeinflussen zu können. (Dabei bedeutet z.B. rot = „Halt, Stop, Störung"; gelb = „Achtung oder bin mir nicht mehr sicher, ob ich noch alles richtig verstehe"; grün = „alles in Ordnung, weiter so").

4) Beachtung der Kooperationsregeln bei der gemeinsamen Findung von Entscheidungen (bei der regelmäßigen Durchführung der „Klassengespräche" vor allem).

5) Jeder kann während des Unterrichts jederzeit an jeden (auch den Lehrer) „Botschaften" versenden; auf dem Zettel wird vermerkt, wer der Empfänger ist und ob nur dieser oder auch jeder andere die Botschaft lesen darf.

6) Aufhebung der festen Sitzordnung; häufiger Wechsel, um keine „Cliquen" aufkommen zu lassen; personeller Wechsel auch innerhalb der Arbeitsgruppen nach einigen Wochen.

7) Einmal wöchentlich eine kurze Prozeßanalyse zur Zusammenarbeit während der vergangenen Woche (vgl. Merkblatt M 14). Dabei auch Feedback für den/die Lehrer bzw. einige sogenannte „Störer".

8) Als äußere Veränderung: Gemeinsame Gestaltung des Klassenraums.

● *Zu den Unterrichtsinhalten (Curriculare Neuerungen)*

9) Regelmäßiger Einbau von „Erfahrungssituationen" (insbesondere zu Gruppenphänomenen, Sozialverhalten, Kooperation, Arbeitstechniken) in den Unterricht – mindestens 1 – 2 mal pro Woche.

10) Literaturhinweise zu den einzelnen Situationen und individuelle Weiterbearbeitung. Teilweise Gestaltung von Projekten als Folgeaktivität (möglichst fachübergreifend).

11) Training im Unterricht in verständlicher Informationsvermittlung (schriftlich und mündlich vor dem Video-Recorder).

12) Zu jedem Zeitpunkt wird ein Projekt/eine Aktivität von Lehrern und Schülern gemeinsam durchgeführt bzw. bearbeitet oder geplant. Durch solche Schaffung von Freiräumen, wo die Arbeit nicht direkt an den Lehrplan gebunden ist, soll zugleich die Solidarität zwischen Schülern und Lehrern gefördert und eine mehr persönliche Begegnung ermöglicht werden.

● *Externe Aktivitäten*

13) Regelmäßige, allen Lehrern und Schülern offenstehende Treffen außerhalb der Schule:

– wöchentliche Freizeitkontakte,

– häufige Arbeitskontakte (von Schülern geplant).

14) Fortsetzung des Konfliktregelungstrainings (ein spezielles Wochende) zur Vorbereitung von 15).

15) Alle 2 Monate ein Treffen zur Besprechung und Lösung der in der Klassengemeinschaft bestehenden Probleme (mit Lehrern und Schülern).

16) Vereinbarung eines Folgetrainings am Wochenende (unter einbeziehung der Lehrer und entsprechender Information von Schulleitung und Eltern).

17) Hausarbeitszirkel und Arbeitsgruppen in den einzelnen Fächern wurden eingerichtet. Motto: „Gute Schüler helfen den schwächeren."

18) Gespräche mit den Eltern nach gut einem halben Jahr über die gemachten Erfahrungen; teilweise Einbeziehung von Eltern in die Projektarbeit.

3) Fragebogen-Evaluation (Vorher-Nachher-Vergleich)

Bei 24 von den gestellten 44 Fragen ergaben sich nach dem Training bedeutsame Veränderungen in positiver Richtung auf dem 5%-bzw. auf dem 1%-Niveau (t – Test für den Mittelwertsvergleich bei abhängigen Stichproben). Bei weiteren 12 Fragen zeigten sich tendenzmäßige Verbesserungen, die auf dem 10%-Niveau signifikant waren. – einige wichtige Befunde werden abschließend zusammengefaßt:

● Die *Beziehungen zwischen Lehrern und Schülern* sind mehr durch *Gleichberechtigung und Vertrauen* gekennzeichnet als zuvor:

– Die Schüler sind eher bereit, ,,ihre persönlichen Probleme mit ihren Lehrern zu besprechen'' (1%-Niveau).

– Die Schüler haben jetzt den Mut, ihre ,,Mitschüler in ihrer Argumentation zu unterstützen, wenn der Lehrer anderer Meinung ist'' (1%-Niveau).

– Außerdem sind die restlichen Hemmungen verschwunden, ,,den Lehrer zu fragen, wenn ich im Unterricht etwas nicht verstanden habe'' (5%-Niveau).

● Die *Schüler* sind in ihrer *Fähigkeit, sich selbst zu behaupten*, und in ihrem *Selbstwertgefühl* durch das Training positiv beeinflußt worden:

– Sie fühlen sich in stärkerem Ausmaß als vor dem Training als ,,beliebt in der Klasse'' (5%-Niveau).

– Sie haben ,,keine Angst mehr, etwas Falsches zu sagen, wenn sie aufgerufen werden'' (5%-Niveau).

– Sie trauen sich eher zu, ,,einmal eine Diskussion in der Klasse zu leiten'' (5%-Niveau) und können sich ,,im Unterricht besser mit ihren Argumenten durchsetzen'' (1%-Niveau).

– Ihre Autonomisierung zeigt sich auch darin, daß sie eine positivere Einstellung gegenüber der ,,Arbeit in kleinen Gruppen'' (unabhängig vom Lehrer) gewonnen haben und sich eine Ausweitung von deren Anteil im Unterricht wünschen (5%-Niveau).

● Die *Interaktionen zwischen den Schülern* sind durch mehr *Offenheit, Freiheit* und ein *Klima der gegenseitigen Hilfe und Unterstützung* gekennzeichnet:

– Es besteht so gut wie keine Angst mehr, ,,sich vor den Klassenkameraden zu blamieren'' (5%-Niveau).

– Es besteht mehr als zuvor die Auffassung, daß ,,die Klassenkameraden mir helfen würden, wenn ich Schwierigkeiten hätte'' (5%-Niveau).

– Die Bereitschaft, „mit Mitschülern zusammenzuarbeiten" (5%-Niveau), hat sich ebenso verstärkt wie
– die Fähigkeit, „auf einen Klassenkameraden zuzugehen und ihn um Zusammenarbeit zu bitten" (als Tendenz: 10%-Niveau) und die „Zusammenarbeit bei Hausaufgaben (1%-Niveau).

● Überhaupt ist in der Klassengemeinschaft ein stärkeres *Gemeinschafts- und Zusammenhangsgefühl* entstanden; es hat sich ein *Vertrauensklima* entwickelt:
– Die Anzahl der „Freunde in der Klasse" hat sich deutlich vermehrt (1%-Niveau).
– Es besteht ein Wunsch, „am liebsten noch mehr mit den Klassenkameraden zusammen zu sein" (1%-Niveau).
– Die Neigung, „in einer anderen Klasse zu sein, ist zurückgegangen bzw. die Identifikation mit der eigenen Klassengemeinschaft hat zugenommen (5%-Niveau).
– Tendenzmäßig treffen sich die Schüler in ihrer Freizeit etwas häufiger miteinander (10%-Niveau).
– Vor allem aber hat sich die Bereitschaft und Befähigung positiv verändert, mit den Klassenkameraden „persönliche Probleme" (1%-Niveau) und „sachliche Probleme" (5%-Niveau) zu besprechen.

Fazit:

Kommunikations- und Selbsterfahrungstrainings, bei denen Lehrer und Schüler sich als „Personen" begegnen und miteinander ihre bestehenden Probleme bearbeiten, können als *eine* geeignete Möglichkeit zur Veränderung der Schulwirklichkeit aufgefaßt werden. Strukturelle Veränderungen allein sind nicht ausreichend; wesentlich ist, daß Schüler und Lehrer auch die *Verhaltensqualifikationen* für einen freieren, mehr selbstbestimmten und lebensnäheren Unterricht entwickeln, in dem sie nicht nur „fachlich" lernen, sondern auch als „ganze Person."

Literaturverzeichnis

Classen-Bauer I. (Ed.) (1974): International Education – A Lifelong Process. UNESCO Institute for Education, Hamburg (mimeo).

Deutsche UNESCO-Kommission (1967): 10 Jahre deutsche UNESCO-Modellschulen. Erfahrungen, Unterrichtsbeispiele, Empfehlungen. 2. Auflage, Köln.

Illich, I. (1971): Deschooling Society, New York.

Müller-Wolf, H.-M. (1972): Social and Affective Learning in a Curriculum ‚International Education'. UNESCO Institute for Education, Hamburg (mimeo).

Müller-Wolf, H.-M. (1974): Basic Concepts and Evaluation of a Socio-Affective Approach towards a Curriculum ‚International Education'. UNESCO, Paris (mimeo). Auszugsweise deutsche Veröffentlichung unter dem Titel: „Soziales und affektives Lernen als Grundkomponenten eines Curriculum „Internationale Erziehung", in: Die Deutsche Schule, Heft 6, 1974.

Wolsk, D. (1975): An experience-centered curriculum. Exercises in perception, communication and action. In: Educational Studies and Documents, UNESCO, Paris.

Wolsk, D. und Müller-Wolf, H.-M. (1973): Education for International Understanding – Units of a Socio-Affective Curriculum. Experimental version. UNESCO Institute for Education, Hamburg (mimeo).

Zimmer, J. (1973): International Education. – Proposal Concerning the Development of a Curriculum ‚International Education' in UNESCO Model Schools. Deutsche UNESCO Kommission, Köln.

5 Elterntraining „Partnerschaftlich mit den Kindern leben"

Erfahrungen und Trainingskonzeption

Hans-Martin Müller-Wolf, Clemens Warns

Zusammenfassung

Sechs Jahre Elternarbeit und diverse Trainingskurse für mit Elterntraining befaßte Erziehungsberater bilden den Erfahrungshintergrund dieses Beitrags.

● Einleitend wird die Zielsetzung und Verwendungsmöglichkeit des Artikels erklärt: Den direkt oder indirekt mit Elternbildungsarbeit befaßten Personenkreisen soll ein Einblick in unsere bisherigen Erfahrungen gegeben werden. Das bezieht sich auf die *Entwicklung* unserer Elterntrainings-Konzeption und die Darstellung der *„vorläufig endgültigen" Konzeption.*

● Die Schilderung der *Konzeptionsentwicklung 5.2* beginnt mit einer kurzen Darstellung der Trainingsinhalte und -methoden der ersten Elterntrainings, die noch stark von der Forschungsgruppe um *R. Tausch* am Psychologischen Institut der Universität Hamburg beeinflußt waren. Ab 1973 wurde dann einiges der Elterntrainings-Konzeption von *T. Gordon* („Familienkonferenz", 1972) integriert; Elemente der Lerntheorie und Verhaltenstherapie wurden den Eltern zusätzlich vermittelt; vor allem aber wurden die Kinder gemeinsam mit ihren Eltern ins Trainingsgeschehen einbezogen.

● Unsere *Erfahrungen in Elterntrainings* und die sich daraus ergebenden *konzeptionellen Konsequenzen* werden in 5.3 dargestellt: Zunächst wird ein sehr stark nach *T. Gordon* (1972) ausgerichtetes Elterntraining inhaltlich und methodisch ausführlich beschrieben und hinsichtlich konzeptioneller Konsequenzen ausgewertet (5.3.1). Einige Erkenntnisse aus weiteren Elterntrainings im Zeitraum 1974 bis 1976 werden in (5.3.2) dargestellt: nämlich hinsichtlich der Einbeziehung von Kindern in Elterntrainings und hinsichtlich der Integration von lerntheoretischen und verhaltenstherapeutischen Elementen. Die Entwicklung von speziellen Trainingskonzeptionen (5.3.3) im Rahmen unserer Trainingskurse für Erziehungsberater wird an einem konkreten Beispiel (Training mit Pflegefamilien und den leiblichen Müttern) verdeutlicht.

● Die Summe dieser Lernerfahrungen fließt in unsere *gegenwärtige Konzeption für Elterntrainings* ein (5.4.). In diesem Teil, der das Schwergewicht des Artikels ausmacht, wird zunächst unsere Grundkonzeption dargestellt (5.4.1); dabei wird nach einer einleitenden Kritik am Modell von *T. Gordon* unsere Modifikation des Gordon-Konzepts geschildert. Für die mit Elternbildungsarbeit befaßten Personengruppen wird in den anschließenden Teilen detailliert auf folgende Aspekte unserer Elterntrainings-Konzeption eingegangen: Ziele des Elterntrainings (5.4.2); Prinzipien der Durchführung (5.4.3); Trainingsmethoden und Trainingstechniken (5.4.4); Trainingsinhalte bzw. „Lernblöcke" (5.4.5) sowie Ausführungen zum Trainerverhalten (5.4.6).

5.1 Zielsetzung und Verwendungsmöglichkeiten

5.1.1 Inhaltliche Schwerpunkte

Es soll vor allem gezeigt und anderen am Elterntraining Interessierten mitgeteilt werden, welche Erfahrungen wir in gut 6 Jahren Elternarbeit (vor allem über Kurse und Trainings an Volkshochschulen) gemacht haben und zu welcher Konzeption für Elterntrainings uns diese Erfahrungen gebracht haben. Es wird also vor allem auf methodische, aber auch auf therapeutische und inhaltliche Fragen bei der Duchführung von Elterntrainings eingegangen werden: Die Darstellung unserer gegenwärtigen Trainingskonzeption (5.4.4) bildet den Schwerpunkt des Artikels.

5.1.2 An wen richtet sich der Artikel?

Zunächst einmal ganz direkt an die Kollegen der 130 in der Bundesrepublik Deutschland tätigen Psychologen, Mediziner und Sozialarbeiter, die als Vorbereitung für ihre „Elternarbeit in der Erziehungsberatungsstelle" an einem Trainingskurs über „Elterntraining" bei uns (5/1) teilgenommen haben. Diese baten uns, unsere Elterntrainings-Dokumentation von gut 300 Seiten (zusätzlich Trainingsberichte) einmal in den wesentlichen Punkten zu einer Kurzform zusammenzufassen – zur Weitergabe an Kollegen und Interessierte. Es ist also vor allem ein Beitrag für aktiv an Elterntrainings beteiligte Personenkreise, besonders aber für Trainer.

Um diese Zusammenfassung gebeten haben uns auch andere Pädagogen und therapeutisch tätige Teilnehmer oder Beobachter unserer Elterntrainings sowie Dozenten an Volkshochschulen; ebenso einige Leiter von Volkshochschulen, Curriculum-Forscher und Studenten (die sich als Sozial-Pädagogen, Pädagogen oder Psychologen in ihren Examensarbeiten mit Fragen des Elterntrainings beschäftigten).

Auch Lehrer, die ihre Elternabende anders gestalten wollen oder Forscher, die sich mit Methoden des Elterntrainings befassen, möchten wir mit diesem Artikel erreichen.

Im übrigen ist natürlich jeder angesprochen, der sich über die *Methoden von Elterntrainings* informieren möchte. Insbesondere auch die Eltern, die z.B. die „Familienkonferenz" von *Thomas*

Gordon (1972) gelesen haben und über dessen Konzept mehr wissen bzw. eine kritische Stellungnahme von Praktikern dazu haben möchten.

5.1.3 Weiterreichende Ziele

Wir glauben, mit unserer Konzeption des Elterntrainings ein brauchbares methodisches Angebot vorzustellen, um das Verhalten von Eltern ihren Kindern gegenüber positiv zu beeinflussen. Dabei werden die Eltern nicht einem ,,Verhaltensdrill" unterzogen sondern lernen – selbstbestimmt – ihr Verhalten selbst zu kontrollieren bzw. zu modifizieren. Die Bedeutung des Elternverhaltens für die Sozialisation und generelle Entwicklung von Kindern braucht hier nicht beschrieben zu werden.

Wir informieren hier auch aus folgenden drei Gründen über Lernmöglichkeiten für Eltern:

1) ,,Elterntraining" bietet den Eltern eine Chance, dazuzulernen sowie partnerschaftlicher und mehr ,,sie selbst" zu sein gegenüber ihren Kindern;

2) ,,Elterntraining " wirkt präventiv und vermindert die Wahrscheinlichkeit von seelischen, psychoneurotischen und Verhaltensstörungen bei Kindern;

3) ,,Elterntraining" ist letztlich auch eine überlegenswerte bildungspolitische und soziale Alternative zu einer Beschränkung von Erwachsenenbildung auf (sicher sinnvolle) Hobby-Kurse oder ,,Kultur-Konsum".

5.2 Die Entwicklung unserer Elterntrainingskonzeption

5.2.1 Anfangsstadium und Weiterentwicklung in Volkshochschulkursen 1969-1973

Einige Daten zu den Volkshochschulkursen im Bereich Hamburg

Seit 1969/70 werden von *H.-M. Müller-Wolf*, später auch *K.-U. Müller-Wolf* an Volkshochschulen Kurse für Eltern durchgeführt. Sie begannen als praxisorientierte Kurse mit möglichst viel Teilnehmeraktivität und Behandlung von deren Problemen unter Themenangaben wie etwa „Psychologische Prozesse in der Erziehung". Bis 1973 wurden an vier Volkshochschulen im Hamburger Bereich ca. 15 Kurse (5 - 10 Abende mit 15 - 24 Stunden) durchgeführt; ca. 250 Eltern nahmen teil.

Am Anfang waren die Kurse noch teilweise herkömmlicher Art (mit einem „Dozenten", der die Hörer informierte und die Lerninhalte dann gemeinsam mit ihnen auf die – vorher gesammelten – Erziehungsprobleme anzuwenden suchte). Der praxisbezogene Teil stieg jedoch schnell von 40 % auf 80 %; entsprechend nahm die Zahl von Rollenspielen (Praxissimulation) zu.

Die Eltern kamen zumeist aus der Mittelschicht; es waren aber auch Eltern aus der (oberen) Unterschicht vertreten. Das Verhältnis von Müttern zu Vätern war meist 2 : 1. Den Angaben der Eltern zufolge waren ca. 80 - 90 % von deren Kindern psychisch und physisch unauffällig; die meisten Kinder waren zwischen 3 und 12 Jahre alt. Im Vergleich zum Bevölkerungsdurchschnitt erschien jeweils ein beträchtlicher Prozentsatz (ca. 30 - 50 %) der Eltern als relativ „aufgeklärt" und gut informiert. Ebenfalls 30 - 50 % gaben mittlere bis schwere Erziehungsprobleme an.

Teilweise ergab sich (insbesondere zwischen „problemfreien" und „problembelasteten" Eltern sowie zwischen „Mittelschicht"- und "Unterschicht-Eltern") von vornherein ein Unterschied in der Interessenlage. Dieser äußerte sich bei den *inhaltlichen Interessen* (Wunsch nach „Bewußtmachung" und „analytischer Diskussion" gegenüber dem Verlangen nach „Beratung" und „Verhaltenstips"); es zeigten sich aber auch bei den *methodischen* Wünschen (Mittelschicht: Diskussion und Vortrag; Unterschicht: Lösung vom Dozenten, Üben der Teilnehmer) entsprechende Unterschiede.

Kursinhalte

Inhaltlich waren die Kurse stark orientiert an den Forschungsergebnissen und -aktivitäten der Gruppe um *R. Tausch* am Psychologischen Institut der Universität Hamburg. *Bernd Fittkau* und *Jörg M. Roedler* hatten als Mitglieder dieser Gruppe Merkblätter (über die exemplarische Bewältigung „schwieriger" Erziehungssituationen) entworfen und Trainingseinheiten skizziert. Diese wurden weiter ausgearbeitet und inhaltlich ergänzt, so daß sich etwa folgende *Lernblöcke* für die 5 - 10 Abende ergaben:

1) Persönliches Kennenlernen; Eigenerarbeitung der „Erziehungsziele", die ein jeder verfolgt; Vergleich der Erziehungsziele der Teilnehmer; Diskussion; Kurzinformation über Erziehungsziele durch den Dozenten (Merkblatt); abschließend: erste Erhebung der Erziehungsprobleme („Erziehungsfragen"), die den teilnehmenden Eltern interessant erscheinen.

2) Besprechung eines von den Teilnehmern ausgewählten Erziehungsproblems: Rollenspiel oder konkrete Schilderung („wörtliche Rede, bitte") des Problems. Kleingruppendiskussion über (a) Problemursachen und (b) Lösungsmöglichkeiten. Kurzvortrag über „Verstärkungslernen" und „Modell-Lernen" mit Anwendung durch die Gruppe auf das behandelte Problem. Brainstorming: „Welche Verhaltensfähigkeiten/Einstellungen müssen Eltern haben, um gut erziehen zu können?"

3) Diskussion über das Brainstorming „Verhaltensfähigkeiten und Einstellungen ‚gut erziehender' Eltern". (a) Vergleich der so gewonnenen Ergebnisse mit den Erziehungszielen (meist durch den Trainer und in Gruppendiskussionen); (b) Vergleich der von den Teilnehmern gefundenen Kriterien mit den nach *R.* und *A.-M. Tausch* (1972) wesentlichen Faktoren/Dimensionen des Erzieherverhaltens (wie z.B. „Wertschätzung", „Einfühlendes Verständnis", „Förderung von Selbständigkeit" etc.). – Ein bis zwei Rollenspiele mit Diskussion (Beobachtungstraining) darüber, in welchem Ausmaß das gewünschte Erzieherverhalten (z.B. „Wertschätzung", „Einfühlendes Verständnis" o.ä.) im Rollenspiel verwirklicht wurde.

4) Weitere Rollenspiele zu Teilnehmerproblemen bzw. Life-Tonbandaufnahmen von zuhause („Mittagsessen-Situation" oder „Zu-Bett-Gehen am Abend") werden auf Lernerkenntnisse hin durchgearbeitet. Dabei werden zum einen die Dimensionen des Erzieher-

verhaltens nach *R.* und *A.-M. Tausch* (1972) beobachtet, zum anderen aber auch das Verstärkungsverhalten und das Modellverhalten der Eltern. Schwerpunkte sind partnerschaftlich-konstruktives Verhalten, vor allem aber das Geben von konstruktivem Feedback – gerade auch zwischen den Teilnehmern (Training *im Kurs*).

5) Bei der Behandlung der konkreten Teilnehmerprobleme wurde nun zusehends darauf geachtet:

– die Analyse der *Rahmenbedingungen* des Problems von den Teilnehmern selbst erstellen zu lassen;

– die Problemsituation unter *lerntheoretischer Perspektive* („Wie verstärken die Eltern; welches Modellverhalten zeigen sie?") zu sehen;

– die *Wahrnehmung* zu trainieren (*auch non-verbale Kommunikation* zu beachten sowie die wesentlichen Dimensionen des Erzieherverhaltens);

– das *Kommunikationsverhalten* zu verbessern (z.B. konstruktives Feedback, Kommunikationsklärung, einfühlsames und hilfreiches Zuhören, offenes Anmelden der eigenen Bedürfnisse);

– die Fähigkeit zur *Problemlösung aus eigener Kraft* (Vertrauen zur eigenen Lösungskreativität) zu stärken; Lösungen von Problemen als *nur individuell* angemessen – und *nicht* als allgemein gültige „*goldene Regeln*" zu sehen.

Dieses komplexe Verhaltenstraining erstreckte sich entweder in die folgenden Abende (6. - 8.) oder in einen Aufbau- bzw. Folgekurs hinein.

Methodisch-technische Einzelheiten
Die *Zeitdauer* pro Abend war 4 Schulstunden (= 3 Zeitstunden), da sich die üblichen 1 1/2 Zeitstunden sehr bald als zu kurz erwiesen hatten – in Anbetracht der „Aufwärmzeit" der Gruppe.

– Aus der Not, daß sich die Gruppe so nur alle 14 Tage 3 Stunden lang – statt wöchentlich 1 1/2 Stunden lang – sah, wurde eine Tugend gemacht: Die *Gruppenmitglieder trafen sich* nämlich – *ohne den Trainer* – in der zwischen den Kursabenden liegenden Woche. Das trug einmal zur Vertiefung der Kontakte und zur Verminderung des Fremdheitsgefühls bei; zum anderen wurde die Selbständigkeit und Trainerunabhängigkeit der Teilnehmer so gefördert. Manche Gruppen trafen sich noch lange nach dem Ende des Kurses.

– Die „Distanz des Dozenten wurde im Laufe der Kurse immer mehr aufgegeben. Stattdessen war der *„Dozent" als „Person"* anwesend und berichtete z.b. über seine Erfahrungen und Mißerfolge als Erzieher. Dadurch fand eine bessere Integration statt. Der auf seiten der Teilnehmer Distanz schaffende Effekt des „So gut ist der also" und „Das schaffen wir nie" wurde vermindert bzw. abgebaut – auch die (verhängnisvolle) Scheu und (unangebrachte) Ehrfurcht vor dem „Psychologen".

– Gegenüber dem „Reden über Probleme" wurde im Laufe der Kurse eine verstärkte *Hinwendung zur Praxis* angestrebt: Die „Probleme im Kurs möglichst hautnah zu erleben", „Lösungsorientierung" und dabei das „Suchen konkreter, realistischer, verfügbarer Lösungen" standen zunehmend im Vordergrund. Auch die „Lösungsüberprüfung" wurde verstärkt einbezogen; d.h. die behandelten Probleme wurden weiterverfolgt, die Tauglichkeit der gefundenen Lösungen in der Praxis wurde überprüft.

– Die *Aktivität der Teilnehmer* wurde gezielt verstärkt, um nicht einen „Berieselungskurs" entstehen zu lassen: Teilnehmer machten z.B. Prozeßanalysen (vgl. Merkblatt M 14 im Anhang), bekamen alle eine Beobachtungsaufgabe beim Rollenspiel und berichteten, achteten auf organisatorische Dinge, bereiteten Kursmaterial (Abschriften etc.) vor, kontrollierten den Dozenten auf Redezeiten über 3 Minuten bzw. auf unverständliche Fremdwörter (dann war ein Beitrag für die Kurskasse fällig) und fertigten Protokolle an.

Entwicklungsstand 1973
Im Verlauf dieser Kurse wurden die noch für die heutige Konzeption gültigen Traningsprinzipien und Trainingsziele entworfen. Auch die sich damals in der Praxis entwickelnden Maximen zum Trainerverhalten haben sich nicht wesentlich verändert.

5.2.2 Neue Impulse 1973 – 1976

Elterntraining nach T. Gordon (Familienkonferenz)
Durch das Elterntraining nach *Thomas Gordon* (1972), das *C. Warns* unabhängig entwickelte und durchführte (vgl. 5.3.1), wurde vor allem eine inhaltliche Bereicherung unserer Trainingskonzeption ermöglicht: Der Aspekt der Gleichberechtigung und Partnerschaftlichkeit wurde präzisiert und verhaltensmäßig faßbar. Auch wir

standen zuvor als Trainer mitunter in der Gefahr, statt praxisnahes Elterntraining zu machen in eine „Wertschätzungs-Orgie" (und reines Sprachtraining) zu verfallen: Eine gefährliche Nähe zu der (unverbindlichen) „Seid-nett-zueinander"-Philosophie kam auf; vor allem „Unterschicht-Eltern" war so sehr wenig geholfen. Die „Machtfrage" zwischen Kindern und Eltern und das Bemühen um eine „niederlagenlose" Regelung von Konflikten, wie sie *Gordon* beschreibt, war uns zwar nicht neu; aber uns fehlte hier doch ein klares, für Eltern verständliches Konzept, das über intuitives „psychologisches Fingerspitzengefühl" hinausgeht. Wichtig (wenngleich scheinbar selbstverständlich) ist für uns *Gordons* Aussage, daß Eltern ebenfalls ein Recht haben, nicht zu „verlieren" und *ihre* Interessen wahrzunehmen.

Die Einbeziehung der Kinder ins Elterntraining

Dem ersten Elterntraining nach *T. Gordon* (1972) folgte in kurzem Abstand ein gemeinsamer Versuch, alle bisherigen Erfahrungen in *einer* Konzeption zu vereinigen: So kam es (1974) zu einem Training, wo – in konsequenter Verfolgung des Grundgedankens der „Familienkonferenz" – auch die Kinder (ab 3 Jahren) mit zum Training (am Wochenende) gebracht werden konnten, und – nach Gefallen und Möglichkeit – daran teilnahmen. Das Experiment gelang. Die Kinder nahmen gern an diesem „Training der offenen Tür" teil: Sie beteiligten sich an Interviews zum Verhalten ihrer Eltern („Was findest Du gut und was nicht so gut?"); sie spielten „Familie" (und die Eltern hörten sich gemeinsam mit ihnen das Tonband an); sie nahmen auch (ab 6 - 8 Jahren) an Rollenspielen teil – und zeigten teilweise in der Rolle des Elternteils verblüffend gute „niederlagenlose" Lösungsmöglichkeiten von real bestehenden Konflikten auf.

Wir versuchen seitdem, zumindest zusätzlich zu „normalen"Trainingsabenden (die meist aus technischen Gründen *ohne* Kinder stattfinden müssen) Wochenendtrainings *mit* Kindern durchzuführen. Ideal erscheint uns eine *Sequenz solcher Wochenendtrainings unter Beteiligung von Kindern.*

Elterntrainings-Konzeptionen als Ergebnis von Trainingswochen für Erziehungsberater

Durch die Darstellung unserer Konzeption von Elterntraining vor den Erziehungsberatern und den Diskurs mit ihnen wurde eine Differenzierung unseres Grundmodells erreicht. Wir hatten z.B. in unseren Trainings relativ selten mit Eltern der sogenannten Unter-

schicht bzw. mit Gastarbeitereltern und kaum mit sozialen Randgruppen zu tun. Zusammen mit den Erziehungsberatern konnten
wir nun auch *Elterntrainings für spezielle Zielgruppen* entwerfen.
Durch die insgesamt fünf Wochentrainings mit den 130 Erziehungsberatern aus der Bundesrepublik Deutschland (Psychologen,
Sozialarbeiter, Mediziner) sind neue Ideen – vor allem hinsichtlich
der differenzierten Anwendung der Grundkonzeption unseres Elterntrainings – entstanden. Bestehendes wurde teilweise modifiziert oder ergänzt.

5.2.3 Fazit

Die (in 5.4 dargestellte) Konzeption unseres Elterntrainings spiegelt
einen insgesamt schon 6 Jahre andauernden Lernprozeß wider: Eigene praktische Erfahrungen als Trainer und die Erfahrungen und
Ideen von anderen, vielfältig tätigen Praktikern der Erziehungsbe-
ratung haben die heutige Konzeption entstehen lassen.

5.3 Erfahrungen in Elterntrainings und Konzeptionelle Konsequenzen

5.3.1 Erfahrungen mit einem Elterntraining nach dem Konzept von Thomas Gordon (1973)

Vorbemerkung

Im Herbst 1973 wurde ein Elterntraining an der Familienbildungsstätte der Evangelischen Kirche Norderstedt durchgeführt, mit zwei Kursleitern (*Dieter Sommer* und *Clemens Warns*). Vorbereitung und Durchführung waren für die Kursleiter ein intensiver Such- und Lernprozeß, da sie zum ersten Mal das Konzept einer gleichberechtigten, symmetrischen Eltern-Kind-Interaktion nach *Thomas Gordon* (1972) anwenden und dazu Arbeitsblätter für die Trainingssituationen produzieren wollten. Uns erscheint es wichtig, diese Lernerfahrungen hier darzustellen, weil damit „didaktische Materialien" bereitgestellt werden für jene, die ebenfalls Elterntrainings durchführen bzw. durchführen wollen: Sie können unsere Erfahrungen wie auch die im Anhang wiedergegebenen Merkblätter für die Konzipierung ihrer Trainingskurse verwerten.

Zu den 10 Abenden des Elterntrainings kamen 15 Teilnehmer, die bis auf eine Teilnehmerin den Kurs bis zum 10. Abend besuchten. Bis auf zwei Hausfrauen (Ehemann Angestellter bzw. im Handwerk tätig) sind die übrigen Teilnehmer ausnahmslos der (oberen) *Mittelschicht* zuzuschreiben (Ausbilder, Industrie-Kaufmann, Gerichtsvollzieher, kaufmännischer Angestellter); insbesondere die Frage nach Hausbesitz differenzierte hier zwischen den Schichten. Eine Befragung zu Beginn des Trainings sowie unsere Beobachtungen lassen eine schichtspezifische Zuschreibung von Erziehungszielen zu: Die Hausfrauen der unteren Mittelschicht wollten lernen, für ihre Probleme irgendwie Lösungen zu finden. Die obere Mittelschicht differenziert nach dem Alter: Während die älteren Teilnehmer stark durch autorität-konservative Einstellungen geprägt waren, für deren Durchsetzung sie vor allem effektivere Methoden erwarteten, hatte sich bei den jüngeren Teilnehmern die Diskussion um die „anti-autoritäre" Erziehung niedergeschlagen.

Aufbau des Trainingskonzepts

Das Konzept wurde nach Gordon (1972) auf drei Ideen aufgebaut:
1. Im Mittelpunkt steht die Ablehnung elterlicher Machtanwen-

dung als einer Methode der Lösung von Konflikten, bei der immer die eine Partei – zumeist die Eltern – auf Kosten der anderen Partei, der Kinder, ihre Bedürfnisse durchsetzt. Dem setzt Gordon die *„niederlagenlose Methode der Konfliktlösung"* entgegen, bei der beide Parteien solange verhandeln, bis sie eine Lösung gefunden haben, die für beide akzeptabel ist. So geht Konfliktlösung nicht auf Kosten einer der beiden Parteien.

2. Diese Methode setzt voraus, daß bei den Eltern *Einstellungsveränderungen* stattfinden: daß sie ihre Kinder als eigenständige Individuen mit einem Recht auf eigene Bedürfnisse akzeptieren; daß sie ihr Rollenverständnis als Elternteil verändern und sich vor allem als Vorbild und Ratgeber begreifen.

3. Für die Durchführung der Methode wie auch für Situationen, wo Kinder Probleme haben oder Eltern durch das Verhalten der Kinder Probleme haben, ist es notwendig, das *Gesprächsverhalten* der Eltern zu verbessern. Dies soll in inhaltlicher Anlehnung an die „therapeutische Triade" von *Echtheit/Offenheit, Akzeptanz/Wertschätzung* und *Einfühlendem Verständnis* geschehen.

Darstellung der zehn Abende des Elterntrainings

Im folgenden soll erst stichwortartig – zur Gewinnung einer Übersicht – dann detaillierter der Ablauf der einzelnen Abende geschildert werden.

Ergebnis des ersten Abends war ein gemeinsam erstellter Überblick über den Ablauf des Trainings. Dieser konnte allerdings nur ungefähr sein, weil wir den Teilnehmern aus technischen Gründen die Trainingsmaterialien nicht zu Trainingsbeginn übergeben konnten, sondern gezwungen waren, die einzelnen Arbeitsblätter nach und nach zu produzieren und weiterzugeben. Abschließend wurden gemeinsam Problemsituationen mit Kindern gesammelt, die am nächsten Abend weiter behandelt werden sollten.

Der zweite Abend begann mit einer Konfrontation durch das Arbeitsblatt (5/2) zu den „Typischen Zwölf". Den Eltern fiel es schwer einzusehen, daß diese Verhaltensweisen, aus denen ihr Elternverhalten in einem hohen Ausmaß bestand, negative Auswirkungen auf das Kind haben sollten. Insbesondere über die Wirkung von Lob und logischen Argumenten waren die Eltern anderer Meinung als die Trainer. Die Konfrontation mit den eigenen Verhaltensweisen durch ein Reaktionsspiel (Papier-Bleistift-Übung) brachte hier jedoch erste „Aha-Erlebnisse"; dies war insofern ein wichtiges Lernergebnis, als die Anwendung der Typischen Zwölf bei den Teilnehmern sehr stark „eingeschliffen" war und erst im Laufe des Training langsam abgebaut werden konnte.

Der Ablauf des Reaktionsspiels:

1) eine Problemsituation wird ausgewählt;

2) alle Teilnehmer schreiben ihre spontane Elternreaktion auf Kärtchen;

3) die Kärtchen werden auf eine „Wandzeitung" geklebt;

4) pro Kärtchen wird erst einzeln, dann in der Gruppe überlegt, welche Gefühle hinter der Reaktion stecken, und welche Gefühle beim Kind ausgelöst werden können (eine gute Frage an die Eltern ist dafür auch die folgende: „Wie haben wir uns früher als Kinder gefühlt, wenn die Eltern sich uns gegenüber so verhielten?");

5) gemeinsam wird versucht, die Reaktion ins Schema der Typischen Zwölf einzuordnen;

6) Gruppendiskussion, in der wir darauf zielten, Beziehungen zwischen Elternreaktionen, Typischen Zwölf und Kind-Gefühlen herzustellen und effektive von uneffektiven Elternreaktionen unterscheiden zu lernen.

Das Hauptproblem der Durchführung war ein von uns nicht erahntes Kommunikationsbedürfnis der Eltern, das uns immer wieder vom Thema weg zu einer reflexionsarmen Erzählphase führte: ein legitimes aber im Training größtenteils dysfunktionales Bedürfnis (wurde auch von den Teilnehmern selbst so dysfunktional erlebt), für das wir inzwischen in unserem Konzept die Möglichkeit der trainerlosen Abende gefunden haben. Die Auswertung des Reaktionsspiels dauerte entsprechend lange, sodaß nicht mehr möglich war, noch eine weitere Problemsituation zu spielen und Vergleiche anzustellen.

Die am *dritten Abend* zum ersten Mal durchgeführte Prozeßanalyse (vgl. M 14) erwies sich, was Kritik und Anregungen betraf, als wenig ergiebig. Das gleiche gilt für einen Fragebogen, bei dem sich die Antworten mit geringer Streuung im positiven Bereich befanden. Wir vermuten Gründe in der Zufriedenheit der Teilnehmer (die aber auch in Ermangelung bekannter Alternativen von den Trainern hergestellt worden sein kann), und auch darin, daß Selbstevaluation und Meta-Kommunikation von den Teilnehmern noch nicht als Optimierungsinstrumente für ihre Lernprozesse erkannt wurden. Da unser Schwergewicht auf den Lernerfahrungen der Teilnehmer und nicht auf Forschung (im Sinne „Erkenntnis-Gewinnung") liegen sollte, haben wir im folgenden auf begleitende Forschung weitgehend verzichtet.

Nach einem kurzen Gespräch über die Weitschweifigkeit und Erzählfreude der Teilnehmer am zweiten Abend (Ergebnis: die Teilnehmer kontrollieren künftig einen vorher gemeinsam aufgestellten Zeitplan) war der dritte Abend der „Sprache der Annahme" und dem „Aktiven Zuhören" gewidmet, auf die die Teilnehmer – als Alternative zu den Typischen Zwölf – sehr neugierig waren. Als methodischen Zugang wählten wir nach der kurzen Diskussion der Merkblätter (wobei einige skeptische Äußerungen fielen, „ob das denn einem helfen könne?") paarweise Rollenspiele. Hierbei sollten beide Partner abwechselnd Kind und Elternteil im jeweils gewählten Zusammenhang spielen. Mit diesem Arrangement, das den Spielenden vom Druck der Beobachtung durch die Gruppe entlastete, konnten wir die *sehr* großen Ängste der Teilnehmer vor Rollenspielen weitgehend „neutralisieren". Andererseits war es den Trainern nicht möglich, den einzelnen Teilnehmern konkrete Hilfestellung bei der Durchführung zu leisten, was in mehreren Fällen notwendig gewesen wäre. Wesentliches Ergebnis der Auswertung dieser Rollenspiele war die Erfahrung, wie schwer es ist, die Sprache der Annahme zu *sprechen*, auch wenn man sehr annehmend fühlt.

Am vierten Abend hatten sich die Trainer entschieden, einerseits Zeit zu „opfern" für die Diskussion von Gruppenarbeitsregeln (modifizierte *Themenzentrierte Interaktion*), andererseits aber starken Zeitdruck auszuüben und zwei Rollenspiele mit Vorbereitung und Auswertung vorzuschlagen. Dieser doppelte Druck wurde von den Teilnehmern abgelehnt, die sich für eine Diskussion in der Gesamtgruppe über „Notwendige Einstellungen zur Anwendung Aktiven Zuhörens" und über „Ich-Botschaften" entschieden. Diese Diskussion mündete schließlich in ein Rollenspiel, an dem sich jedoch nur die ganz aktiven Teilnehmer beteiligten (bei den übrigen hatten die Trainer durch ihren Fehler, Leistungsdruck auszuüben, die Ängste vor dem Rollenspiel verstärkt).

Der fünfte Abend sollte das Gelernte über Typische Zwölf, Aktives Zuhören und Ich-Botschaften vertiefen helfen. Wir sahen von Rollenspielen ab und wählten als Sozialform das Reaktionsspiel, das wir mit mehreren Problemsituationen durchführten. Eine intensive Diskussion zu den Fehlern, die man bei Aktivem Zuhören und bei

Ich-Botschaften machen kann, und zu den Möglichkeiten, diese Fehler zu vermeiden, schloß sich an.

Der sechste Abend wurde weniger durch das Angebot der Trainer sondern mehr durch die Vorschläge der Teilnehmer in seinem Ablauf bestimmt:

– ausführliche Berichte über die bisherigen Erfahrungen der Teilnehmer in der Interaktion mit ihren eigenen Kindern,

– Reaktionsspiel zum Üben von Ich-Botschaften,

– Diskussion über Konfliktlösungsmethoden.

Über Konfliktlösungsmethoden informierten die Trainer vorher durch einige Kurzvorträge »über die Wirkung elterlicher Machtanwendung, über die Arten von Sieg-Niederlage-Methoden, über deren Unwirksamkeit, Konflikte zu lösen). Die Teilnehmer waren in dieser Diskussion allmählich sehr ungeduldig, ein wirklich alternatives Angebot zu ihren Methoden der Konfliktlösung zu erhalten; so wurden die Themen der Diskussion schon mit Blick auf diese mögliche Alternative hin diskutiert.

Am siebten Abend wurde den Teilnehmern anhand von Arbeitsblätttern die Niederlagen-lose Methode der Konfliktlösung vorgestellt, deren Abfolge und methodische Handhabung in sechs Schritte aufgefächert ist (*Gordon*, S. 224-229). Diese Schritte wurden in Kleingruppen anhand einer Konfliktsituation erarbeitet. Abschließend wurde versucht, diese Methode im Rollenspiel zu realisieren (die Angst vor Rollenspiel war inzwischen wieder stark verringert). In der anschließenden Spiel-Analyse fanden wir zwei Hauptfehler unserer Rollenspiel-Eltern:

– sie verzichteten darauf, das Konflikt-Lösen mit aktivem Zuhören zu beginnen und erweckten damit das Mißtrauen unserer Rollenspiel-Kinder;

– die sechs Schritte wurden nur selten beachtet, das führte zu einer Konfusion im Rollenspiel, die das Konfliktlösen nachhaltig erschwerte.

Als Follow-up-Aktivität (manchmal auch schlicht Hausaufgabe genannt) wurde für die folgende Woche beschlossen:

– die Teilnehmer wollten Fälle sammeln, wo sie erfolgreich mit der Niederlagen-losen Methode waren, und ebenso Fälle, wo sie nicht erfolreich waren;

– außerdem wollten sie ihre Einwände gegen diese Methode zusammenstellen.

Der achte Abend verlief ähnlich wie der vorige. Als wesentliche Verbesserung für die Auswertung der Rollenspiele werten wir die Ablösung nur unstrukturierter Beobachtung durch das Verteilen von gemeinsam gefundenen detaillierten Beobachtungsaufgaben. An theoretischen Informationen für diesen Abend lag ein Arbeitsblatt über die Schwierigkeiten vor, die man mit der Niederlagen-losen Methode haben kann.

Der neunte Abend – ebenfalls ein Rollenspiel zum Training von Konfliktlöseverhalten anhand von Problemsituationen der Teilnehmer im Mittelpunkt – verunsicherte die Teilnehmer, indem im Laufe der Spielanalyse ihr Rollenverständnis als Eltern in Frage gestellt wurde.

Am zehnten Abend wurden die bisher noch offen gebliebenen Fragen der Teilnehmer in der Gesamtgruppe besprochen. Anschließend wurde in einem Rollenspiel eine Familienkonferenz mit einer recht komplexen Problemsituation simuliert. Da wir dieses Spiel mit anderer Besetzung wiederholten, ergaben sich gute Vergleichsmöglichkeiten. Und obwohl die Beteiligten mit der in der Familienkonferenz gefundenen Lösung zufrieden waren, erbrachte eine detaillierte Analyse doch einige Verhaltensfehler auf seiten aller Beteiligten. Die oft komplizierten Wechselwirkungen zwischen den Verhaltensfehlern der verschiedenen Beteiligten konnte dabei recht anschaulich dargestellt werden.

Abschließend wurde neben einem Kursus-Feedback die Frage besprochen, wie man nun allein oder mit mehreren an der eigenen Verhaltensänderung weiterarbeiten könne; dieses Gespräch erbrachte einige interessante Vorschläge:

1) Gespräche mit Kindern auf Tonband aufnehmen und analysieren, besonders hinsichtlich der typischen Zwölf;

2) regelmäßig Aktives Zuhören üben (z.B. immer zu einer bestimmten Tageszeit);

3) dem Ehemann die Unterlagen geben und mit ihm darüber sprechen;

4) die Kinder zu Anregungen ermuntern;

5) regelmäßig wieder in den Arbeitsblättern lesen;

6) öfters Familienkonferenzen machen, z.B. nach dem Abendessen;

7) nach und nach alle (bisher vertuschten, verschleppten) Konflikte aufsuchen und mit Ehemann und Kindern besprechen;

8) mit den Kindern gemeinsam die Arbeitsblätter lesen.

Die Auswertung des Elterntrainings

Die Evaluation dieses Trainings war nicht „wissenschaftlichen" Standards verpflichtet, Ziel war es, in der Auswertung nicht nur etwas zu beschreiben, sondern vor allem Veränderungen im Praxisfeld zu initiieren und für die Verbesserung der Konzeption zu lernen. Diese Veränderungsversuche wurden, soweit es möglich bzw. praktikabel war, kontrolliert. Dem grundsätzlichen Ansatz entsprechen die Auswertungsmethoden:

1) Auswertung von im Training gesammeltem Material,
2) Auswertung von Protokollen, die die Trainer nach jedem Abend erstellt hatten,
3) Auswertung von Feedback-Bogen zum Trainer-Verhalten und vom Bogen zur Kursuskritik,
4) Auswertung einer Nachbefragung drei Monate nach Trainingsende.

Die Erziehungsprobleme der Teilnehmer
Über diesen sehr wichtigen Bereich liegen leider nur sehr wenig Informationen vor, aus denen nicht ersichtlich ist, welche *Probleme* die Teilnehmer nach dem Training noch und welche nicht mehr haben. Eine Konkretisierung der Lernbedürfnisse im Laufe des Trainings läßt sich feststellen. Waren sie anfangs nicht spezifiziert „sich besser in der Gewalt haben", „wissen wo die Grenzen der Freiheit fürs Kind sind", „die Gefühle der Kinder besser verstehen lernen", ...), so konkretisieren sie sich dann auf Problem-Situationen. Dabei stehen Konflikte wie „drückt sich vor Hausarbeit" und „Probleme mit der Zu-Bett-geh Zeit" im Vordergrund. Auffallend häufig nannten die Teilnehmer Konflikte, die nicht Gegenstand einer gemeinsamen Konfliktlösung von Elternteil und Kind sein konnten, sondern ganz in den Verantwortungsbereich des Kindes gehörten (z.B. wann es Schulaufgaben macht, ob es morgens im Badezimmer trödelt, wann es sein – die Kinder hatten hier meist ihr eigenes – Zimmer aufräumt; siehe dazu *Gordon*, Seite 250 f). Die Konfrontation mit den Vorschlägen *Gordons* konnte die Teilnehmer zumeist davon überzeugen, sich künftig mehr aus dem Verantwortungsbereich des Kindes herauszuhalten; als Ergebnis konnten sie dann bald positiv vermerken, einen Familien-Konflikt weniger zu haben.

Verhaltensprobleme der Teilnehmer im Training

Im Training stellten sich sehr bald einige *Verhaltensprobleme* mit den Teilnehmern ein; diese konnten im Verlauf des Trainings nur zum Teil beseitigt werden:

1) Sehr schnell änderte sich die Inaktivität der Teilnehmer, ihr sehr langsamer Arbeitsstil, und sie begannen dezidiert ihre Interessen zu artikulieren und ihre Vorstellungen zu äußern.

2) Nur unvollkommen verändert werden konnte die Angst der Teilnehmer, sich zu öffnen, Verhaltensfehler transparent zu machen usw.; ihre Entäußerung fand diese Angst in der nie völlig beseitigten Abneigung gegenüber Rollenspielen. Ein anderes Verhalten, mit dem wir die Teilnehmer permanent konfrontieren mußten, war ein – noch aus den vergangenen Schulzeiten sich nährendes – konsumorientiertes Abwarten, was die Trainer denn diesmal anbieten würden.

3) Überhaupt nicht verändern konnten wir die schicht- und altersspezifische Teilung in einige aktive, viele manchmal aktive und einige passive Teilnehmer; wirklich passiv verhielten sich zwei Frauen aus unterer Mittelschicht bzw. Mittelschicht; Kennzeichen der aktiven Teilnehmer: obere Mittelschicht, jünger als 35, haben Bücher zu Erziehungsfragen – z.B. über Summerhill – gelesen.

Auswertung des Trainings-Feedbacks

Die *Trainer* wurden von den Teilnehmern mit geringer Streuung als sehr wertschätzend, aktiv, natürlich, demokratisch und in ihrer Verständlichkeit als sehr einfach und stimulierend, aber nur in mittlerem Ausmaß prägnant und strukturiert wahrgenommen.

Die *Einschätzung der Arbeitsabschnitte* ergab, daß nur wenige Teilnehmer die Niederlagen-lose-Methode für ihre wichtigste Lernerfahrung hielten; insgesamt wurde die Aufklärung über die Wirkungsweisen der „Typischen Zwölf" und das Üben von „aktivem Zuhören" als am lernintensivsten erachtet. Positiv vermerkten die Teilnehmer zum Training:

– alle Teilnehmer seien bereit an sich zu arbeiten und hätten aktiv mitgearbeitet;

– das Training habe eine Konzentration auf die wichtigsten Probleme geleistet;

– die Trainer hätten die Teilnehmer „aus der Reserve gelockt" und Phantasie freigesetzt, indem sie keine „automatischen Lösungen" aufgezeigt haben;

– das Rollenspiel sei schließlich doch akzeptiert worden „weil es die relevanten Lernerfahrungen zu vermitteln in der Lage war. Negativ wurde vermerkt:

– das Rollenspiel (3 Nennungen!);
– zuviel Theorie;
– zuviel Erzählen von privaten Erlebnissen.

Die Nachbefragung der Teilnehmer
Bei einem Treffen, daß etwa 3 Monate nach dem letzten Kursabend stattfand und zu dem alle bis auf ein Ehepaar gekommen waren, nannten die Teilnehmer als Hauptergebnis, daß sie jetzt ihr eigenes Verhalten und das ihrer Kinder viel besser verstehen würden, einige meinten, daß sie jetzt genau erkennen könnten, was sie falsch machen würden. Verhaltensänderungen im Sinne von *Gordon* wurden relativ wenig vermeldet: es gelänge einem einfach nur selten, wirklich gutes Verhalten zu zeigen; die Hauptschwierigkeit läge dabei in der mangelnden Realisierung von „aktivem Zuhören".

Als positives Ergebnis des Trainings wurde von den meisten Teilnehmern angegeben, daß sich ihres Erachtens ihre Beziehung zu ihren Kindern verbessert hat, einige meinten, sie seien phantasievoller geworden.

Die Lernerfahrung der Trainer
Da wir Lernen nicht verstehen als ein „Einpflanzen" von Wissen von einem in einen anderen, sondern als ein System verstehen indem gemeinsam Erfahrungen gemacht werden, ist evident, daß die Trainer ebenso diverse *Lernerfahrungen* gemacht haben; von diesen sollen im folgenden diejenigen aneinandergereiht werden, die sich auf die Methoden der Trainings-Durchführung beziehen. Dieser so angereicherte Auswertungsbericht stellt damit Informationen bereit, die künftigen Kursleitern nützen können.

1) Am ersten Abend müssen die Trainer ein genaues Konzept mit Alternativ-Angeboten vorlegen können, und den „roten Faden" und die Lernziele des gesamten Kursus genau explizieren; das Postulat von Demokratie allein wird wenig zum Gelingen eines Kurses beitragen, da die Teilnehmer die Planungsfähigkeiten erst noch erwerben müssen.

2) Dieser Erwerb von Planungsfähigkeit ist an die verfügbare Zeit gebunden; ist die Zeit knapp und soll in der Zeit viel bearbeitet wer-

den, so wird man nicht sehr optimistisch sein dürfen, die Planung des Trainings in die Hände der Teilnehmern legen zu können.

3) Eine offene Frage ist für uns immer noch, ob wir einige politische Momente des Trainings (symmetrische Interaktion, „Eltern sollen nicht herrschen!", eigene Verantwortungsbereiche für das Kind, etc.) bereits am ersten Abend hätten klar herausstellen sollen; wir hätten uns dann spätere Mißverständnisse erspart, wären dabei allerdings das Risiko einer „Abstimmung mit den Füßen" eingegangen.

4) Ein wichtiger Bestandteil des Trainings sind die experimentellen oder Beobachtungsaufgaben, die von den Teilnehmern während der Woche bearbeitet werden sollen; daß der Lernerfolg auch vom Engagement bei diesen Aufgaben abhängt, muß regelmäßig betont werden.

5) Als sehr nützlich hat es sich erwiesen, vor einer Übung jeweils genau den Sinn und die Lernziele der Übung darzulegen; erst dann werden die Teilnehmer sie akzeptieren bzw. kompetent kritisieren können.

6) Aus der Verwendung von Arbeitsblättern haben wir gelernt: weniger Arbeitsblätter hätten die Lernprozesse nicht geschmälert; ein Trainer soll immer nur so viele Arbeitsblätter verteilen, wie er an einem Abend auch verarbeiten kann.

7) Trainer sollten die Rolle des „Zeitwächters" auf jeden Fall an die Gruppe zurückgeben.

8) Je nach Adressatengruppe mag es ratsam sein, die Teilnehmer langsam an Rollenspiele zu gewöhnen; Möglichkeiten dafür sind:
– Reaktionsspiel,
– Rollenspiel durch die Trainer,
– Pro/Contra-Spiel,
– Rollenspiel in Dreier-Gruppen (jeweils einer beobachtet).

9) Trainer sollten Evaluationsverfahren, die schnell ausgewertet werden und den Teilnehmern rückgemeldet werden können, verwenden und deren Nutzen für den gemeinsamen Lernprozeß mit den Teilnehmern besprechen.

Abschließend einige Konsequenzen für die Planung künftiger Elterntrainings. Die bei der Mehrzahl der Teilnehmer klare Aussage über ihre Lernerfahrungen – sie verstehen jetzt ihr Verhalten viel besser, aber sie haben relativ wenig Verhaltensänderung realisiert – läßt u.E. auf eine zu kurze Lernphase schließen, für ein so umfangreiches Konzept wie das von *Gordon* wäre es angesagt, den Kursus auf 20 Abende hin anzulegen. Dann wäre auch die Möglichkeit gegeben, stärker auf die Prozesse im „Hier und Jetzt" und die Spaß- und Freizeitbedürfnisse der Teilnehmer einzugehen (schließlich haben die Teilnehmer zumeist schon einen anstrengenden Tag hinter sich!).

Würde man sich entscheiden, den Kursus wieder auf 10 Abende zu je zwei Stunden zu begrenzen, so würden wir folgende organisatorische Veränderungen vorschlagen:

1) Der Kursus wird für 10 Abende mit 3,5 Stunden Dauer geplant, davon werden fünf Abende ohne Trainer ablaufen; an diesen Abenden könnte folgendes geschehen:
Informationsaustausch über gemachte Erlebnisse und Erfahrungen; Duchführung von Übungen, Rollenspiele, Auswertung von Tonbandaufnahmen.

2) Die Teilnehmer sollten drei Wochen vor Kursusbeginn alle Arbeitsblätter sowie das Konzept zugeschickt bekommen.

3) Typische Zwölf, aktives Zuhören und Ich-Botschaften sollten als isolierte Gesprächsvariablen nur ganz kurz behandelt werden, damit die Trainingsgruppe sehr schnell zur Konfliktlösung und zu Rollenspielen kommt, innerhalb derer jene Variablen weiter trainiert werden können.

4) Für die Planung von Aktivitäten für die Zeit zwischen Trainingsabenden sowie von Angeboten für die Trainer-freien Abende sollte genügend Zeit vorhanden sein.

5.3.2 Einige Erkenntnisse aus weiteren Elterntrainings (1974-76)

In den zahlreichen folgenden Elterntrainings der letzten Zeit konnten wir feststellen:
● daß es sinnvoll und hilfreich ist, Kinder mit in die Trainingssituation einzubeziehen;
● daß eine Vermittlung von „verhaltenstherapeutischen" Qualifikationen für Eltern hilfreich ist, wenn sie diese *zusätzlich* trainieren (Anwendung und Erkennen von Bekräftigungslernen und Modell-Lernen).

Im einzelnen lassen sich unsere Trainingserfahrungen hinsichtlich *Beteiligung von Kindern* in den folgenden Punkten zusammenfassen:

● Voraussetzung für eine sinnvolle Beteilung der Kinder sind
– viel Raum für die Kinder (Mehrzweckraum in neuer Gesamt-
schule z.B.);
– ein qualifizierter Betreuer für 6 – 10 Kinder;
– viel Platz (für Sport, Spiele); bei uns 200-300 m² mit Matten aus-
gelegt;
– Möglichkeiten zu kreativer, gestaltender Tätigkeit (Basteln,
Stoffreste zum Verkleiden, Theater spielen);
– Ideen für Tätigkeiten mit den Kindern (Grillfeuer, kleine Ausflü-
ge Fußballspielen, Bewegungsspiele, kleine Selbsterfahrungsspiele
oder Experimente.

Die Teilnahme von Kindern an Elterntrainings schafft ein Klima
der Gleichheit zwischen Eltern und Kind; das Kind sieht die Eltern
lernen; es kann jederzeit an einer Gruppe teilnehmen – oder aber
mit anderen Kindern spielen.

Eltern lernen viel aus den Aussagen ihrer Kinder die (von anderen Eltern befragt) z.B. aussagten, was sie an ihren Eltern „gut "
und was sie „nicht so gut" fänden.

Wenn Eltern mit ihren Kindern spielen, etwas unternehmen innerhalb des Trainings können sie durch andere Eltern und oder die
Trainer später sehr praxisnahes Feedback über ihr Verhalten dem
Kind gegenüber bekommen und sehr praxisnah lernen, ihr Verhalten zu verändern.

Kinder spielen gern als gleichberechtigte Trainingsteilnehmer:
Rollenspiele; Darstellungen wie z.B. „Unsere Familie", „Wie wir
einen Ausflug vorbereiten", „Beim Mittagessen", „Beaufsichti-
gung bei Schulaufgaben" waren recht lernintensiv für die Eltern.

Kinder haben oft die Fähigkeit, niederlagenlose Konfliktregelungen im Rollenspiel zu verwirklichen; sie sind *hier* ihren Eltern
in der Regel ebenbürtig – oder sogar überlegen.

Die gemeinsame Lernsituation öffnet das Kommunikationsklima innerhalb der Familie. Häufig werden anschließend auch Partnerprobleme zwischen den Ehepartnern diskutiert. Viele „Selbstverständlichkeiten" und „Tabus" werden auf einmal kritisch reflektiert bzw. nicht mehr „unter den Teppich gekehrt".

Elterntrainings unter Beteiligung von Kindern werden somit ansatzweise zu „Familientrainings".

Die *Einbeziehung von verhaltenstherapeutischen Elementen* erscheint
uns unter bestimmten Vorraussetzungen ebenfalls als hilfreich:

Kenntnisse der Eltern hinsichtlich z.B. Bekräftigungs- oder aber auch Modell-Lernen dürfen *nicht* als „reine Technik" angewendet werden; seine Kinder „besser verwalten" zu können, darf nicht zum heimlichen Trainingsziel werden. Deshalb muß eine Sensibilisierung der Eltern für Gleichberechtigung und Partnerschaftlichkeit (die „Beziehungsebene" in der Kommunikation, vgl. Merkblatt M 1) vorausgehen.

Es ist durchaus möglich, Eltern ohne besondere Vorbildung die grundlegenden Prinzipien des Bekräftigungs- und des Modell-Lernens zu vermitteln. – Ein wichtiger didaktischer Hinweis: Diese Vermittlung sollte unter Verzicht auf akademisches Vokabular (reinforcement, vicarious reinforcement, negative Verstärkung, Konditionierung usw.) erfolgen. Das Lernen ist am effektivsten, wenn am *konkreten* Beispiel gelernt wird (möglichst an Beispielen aus dem Alltag der beteiligten Eltern.

Vor allem die Bedeutung des Modell-Lernens sollte zunächst herausgestellt werden. Statt nur von ihren Kindern bestimmte Verhaltensweisen zu fordern, sollten Eltern lernen, sich zu überprüfen, für welche Verhaltensweisen/Einstellungen *sie selbst* Modell sind.

Eine wirksame Kontrollmaßnahme gegen manipulativen Mißbrauch von Bekräftigungen gegenüber ihren Kindern ergibt sich aus einem Gespräch (bei Kindern ab 8 – 10 Jahren): Die Eltern sprechen über ihre Ziele für das gemeinsame Zusammenleben, ihre vermeintlichen Stärken und Schwächen. Sie bitten ihre Kinder, ihnen durch rechtzeitige Rückmeldung (z.B. bei manipulativem Einsatz von Bekräftigungen) zu einem besseren Verhalten zu verhelfen.

Eine wichtige Unterstützung für Elterntrainings kann die lokale Presse leisten, indem sie z.B. einige Grundgedanken des Elterntrainings verbreitet und Interessenten gewinnen kann. Außerdem kann durch eine positive Darstellung der negative Beigeschmack von „Elterntraining" (im Sinne von „Die haben es wohl nötig", „Die haben wohl Probleme, sind als Eltern gescheitert") von vornherein vermieden werden.

Anbei ein Artikel über unser erstes Elterntraining mit Kindern. (von Herbert Lau aus einer Norderstedter Zeitung vom 6. 2. 1974):

Eltern „trainierten" Erziehung der Kinder

VHS Norderstedt führte ein Seminar für Eltern durch

Norderstedt, 6. Februar

„Wir haben unsere Kinder falsch erzogen und auch wir sind von unseren Eltern falsch erzogen worden", das ist die erste Feststellung der Väter und Mütter, die auf Einladung der VHS-Norderstedt an einem zweitägigen „Elterntraining" teilnahmen. Aber während die Teilnehmer noch über ihre möglichen Fehler bei der Erziehung ihrer Kinder nachgrübeln, sind sie bereits auf dem besten Weg, es in Zukunft anders zu machen. Ob es dann der richtige Weg war, wird die Zukunft zeigen.

Auf jeden Fall hatten sich rund 40 Eltern aus Norderstedt zu diesem Wochenendseminar gemeldet und waren auch erschienen – mit ihren Kindern. Und das ist ein absolutes Novum in der Bundesrepublik: Nicht nur den jungen Vätern und Müttern graue Theorie pauken, sondern gleich die gewonnenen Erkenntnisse praktisch mit den Kindern durchspielen.

Unter der Leitung von Diplom-Psychologe Hans-Martin Müller-Wolf „trainierten" ferner der Diplom-Psychologe Ulli Müller-Wolf sowie 4 Helfer vom Psychologischen Institut Hamburg, und Clemens Warns, Lehrer an der Gesamthochschule in Steilshoop.

In Gesprächen und mit Rollenspielen wird so versucht, im Gegensatz zu traditionellen Seminaren, konkret das Verhalten der Kinder und Eltern in bestimmten Situationen zu üben. Hans-Martin Müller-Wolf: „Unser Ziel ist es, durch Kommunikation und Verhaltenstraining in der Gesellschaft eine gegenseitige Partnerschaft zwischen Eltern und Kindern herzustellen. Gegenseitige Kompromisse zwischen beiden Seiten auszuhandeln, um auf diesem Wege leistungsfähiger zu werden, das heißt, mit weniger Zeit mehr erleben."

Ganz klar wird aufgezeigt, daß beide Seiten ihre Bedürfnisse haben. Das es aber meistens die Kinder sind, die ihre Wünsche anbringen, aber die Eltern sich ihren Kindern nicht mitteilen. Die

Psychologen und ihre Helfer sind sich bei dem Seminar darüber einig, daß sie keine „goldenen Regeln" anzubieten haben, daß sie aber den Weg aufzeigen, wie beide Seiten zum Ziel kommen. Zum Ziel des echten Verständnisses zueinander.

Grundlage der Arbeit in dem Seminar war die „Familienkonferenz" von Thomas Gordon. Dieses umfangreiche Schriftwerk wurde von den Teilnehmern, die übrigens nicht nur Eltern waren, sondern auch Erzieher aus Kindergärten und Vorschulen, vor Beginn des „Elterntrainings" durchgearbeitet. Darin wurde den Eltern und Erziehern gesagt:

● Eltern sein ist eine sehr schwierige Aufgabe, die genauso einer Ausbildung bedarf wie Autofahren. Eltern müssen geschult werden, müssen lernen.

● Eltern sind in der Lage, sich ohne Vorbildung einige grundlegende Kenntnisse professioneller Erziehungsberater und Therapeuten anzueignen.

● Ausgebildete Eltern können auf jede Art von Bestrafung verzichten; sie können ohne die Waffen der Angst verantwortungsbewußte und kooperative Kinder „erziehen", das heißt mit ihren Kindern leben.

● „Flegeljahre" und ähnliche Perioden im Leben des Kindes sind vermeidbar; Kinder rebellieren nicht gegen Eltern, sondern gegen bestimmte nicht hilfreiche Erziehungsmethoden.

„Trainingsleiter" *Hans-Martin Müller-Wolf:* „Ich bin der VHS-Norderstedt und hier besonders ihrem Leiter, Herrn Hutterer, dankbar, daß er dieses Seminar ermöglichte, denn in Hamburg können wir so etwas nicht machen." Werner Hutterer: „Das Interesse an diesen Elternseminaren ist groß, wir werden so weitermachen."

Herbert Lau

5.3.3 Die Entwicklung von speziellen Trainingskonzeptionen

Im Rahmen unserer Trainings für Erziehungsberater, die selbst Elterntrainings durchführen, wurden u.a. Konzeptionen für Trainings mit alleinstehenden Müttern, Unterschichts-Eltern, Eltern von verhaltensgestörten Kindern, reine Mittelschichts-Elterngruppen, sozial sehr gemischte Gruppen, Gastarbeiter-Eltern, Eltern mit starken Eheproblemen, soziale Randgruppen entwickelt.

Ein – willkürlich ausgewähltes – Beispiel ist die folgende Konzeption:

Training mit Pflegefamilien und den leiblichen Müttern der in Pflege gegebenen Kinder

Dauer: Geplant sind vier Wochenendtrainings

Konzept: basiert stark auf *Gordon* (1972), mit einigen Besonderheiten, die sich aus der Adressatengruppe ergeben

Teilnehmer: 7 Familien = 21 Erwachsene (jeweils die Pflegeeltern und die Kindesmutter; 19 Kinder (3 – 12 Jahre alt)

Trainingsteam: 1 Erziehungsberater, 1 Kindergärtnerin, 3 Betreuer für die Kinder

1. Wochenende

Samstag

15.00 Gemeinsames Kaffeetrinken.

15.30 Namensschilder und „Cocktailparty" (zum Kennenlernen der Teilnehmer untereinander und zum Austausch erster Informationen und Erfahrungen).

16.15 Die Trainer erläutern die Arbeitstechniken und -prinzipien des Trainings (u.a. Begriffe wie Wandzeitung, Metakommunikation, Metakommunikationskarten, Kleingruppenarbeit, Prozeßanalyse, persönliche Rückmeldung, Rollenspiel).

16.30 Gegenseitiges Interview in Paargruppen zu Fragen wie „Was erwarte ich?" „Was erhoffe ich mir vom Training?" „Wo brauche ich Hilfe?"

17.00 Wechselseitige kurze Vorstellung des Interviewpartners im Plenum (ein Trainer schreibt Stichworte zu den Fragen auf einer Wandzeitung mit).

18.00 Die Trainer versuchen, die Erwartungen der Teilnehmer mit ihren vorbereiteten Lernblöcken zu verbinden, und die folgende Diskussion führt zur Entscheidung über Inhalte und Vorgehen des Trainings (Programmentscheidung) (Ende gegen 19.15).

Sonntag

10.00 Prozeßanalyse vom Vortag durch zwei Teilnehmer.

10.45 Drei Encountergruppen zu persönlichen und Erziehungsfragen, u.a. mit dem Ziel, Vorurteile und Rivalitäten zwischen den beiden beteiligten Gruppen (Pflegeeltern und leibliche Mütter) abzubauen.

12.30 Mittagessen.

14.00 Plenum: Gruppenberichte mit Diskussion.

15.00 Kurze Prozeßanalyse, anschließend Beantwortung von Fragen wie „ Wie fühle ich mich jetzt?" „Was hat mir an diesem Wochenende gut gefallen?" „Was sollte beim nächsten Wochenende besser werden?" (Trainingsfeedback).

2. Wochenende
Samstag

15.00 Gemeinsames Kaffeetrinken.

15.30 „Blitzlicht" (d.h. kurz den gegenwärtigen Zustand und die Gefühle der Teilnehmer erfragen).

16.00 Programm des Wochenendes: Angebot der Trainer, kurze Diskussion, Entscheidung.

16.15 Bearbeitung von schwierigen Erziehungssituationen im Wechsel von Einzelarbeit (schriftliche Beantwortung: „Wie würde ich mich in der vorgegebenen Situation am besten verhalten?"), Kleingruppendiskussion und Plenum.

19.00 Erziehungsziele, Kommunikationsprobleme, Erziehungsstile, freie spontane Diskussion (evtl., denn eigentlich ist nun schon Feierabend).

Sonntag

10.00 Prozeßanalyse vom Vortag durch zwei Teilnehmer.

10.30 Rollenspiel einführen (unter besonderer Berücksichtigung der Mutter–Pflegemutter–Problematik) zu von den Teilnehmern eingebrachten problematischen Situationen.

12.30 Mittagessen.

14.00 Kurze Prozeßanalyse; Besprechen von Folgeaktivitäten; Stellen einer „Hausaufgabe", zu Hause schwierige Situationen aufzuschreiben.

3. Wochenende
Samstag

15.00 Kaffeetrinken.

15.30 „Blitzlicht."

16.00 Programm des Wochenendes: Angebote und Entscheidung.

16.15 Rollenspiele anhand aktueller Probleme; Eltern übernehmen dabei differenzierte Beobachtungsaufgaben (vgl. M 12 im Anhang).

19.00 Kommunikationsspiele: etwa zur Kooperation zwischen leiblicher und Pflegemutter an einer gestellten Aufgabe, oder „Familie malt sich gemeinsam selbst", . . . (offenes Ende).

Sonntag

10.00 Prozeßanalyse vom Vortag durch 2 Teilnehmer, „Blitzlicht".

10.30 Zusammenstellen von Merkmalen gelungener und mißlungener Kommunikation an Hand von Ausschnitten aus den Tonbandprotokollen vom Vortag.

11.15 Bearbeitung von Problemen, u.a. mit Hilfe von Rollenspielen; dabei wird die Technik des „Zweiten Ich" eingeführt (Offenlegung verdeckter Kommunikation; vgl. Merkblatt M 12 im Anhang).

12.30 Mittagessen.

14.00 Prozeßanalyse, Feedback, Folgeaktivitäten (die Gruppe gewichtet diese Maßnahme selbst).

4. Wochenende

Samstag

15.00 Gemeinsames Kaffeetrinken.

15.30 „Blitzlicht."

15.45 „Was wollen wir machen?" (als Angebote seitens des Teams etwa Encounter, Rollenspiele, Kommunikationsspiele mit oder ohne Kinder) (Offenes Ende).

Sonntag

10.00 Prozeßanalyse und „Blitzlicht".

10.30 Inhaltliche Arbeit, orientiert an den Wünschen der Teilnehmer.

12.30 Mittagessen.

14.00 Festlegung von Folgeaktivitäten, konkrete Maßnahmenplanung; Abschlußfeedback zum Verlauf der vier Wochenendtrainings; Gemeinsame Prozeßanalyse.

5.4 Der gegenwärtige Stand unserer Elterntrainingskonzeption

5.4.1 Zur Grundkonzeption des Elterntrainings

Ein wesentlicher Bezugspunkt unserer derzeitigen Konzeption ist weiterhin das Konzept von *Thomas Gordon:* Eltern sollen die *niederlagenlose Methode für das Lösen von Konflikten* erlernen; dazu benötigen sie eine *partnerschaftliche Einstellung* zum Kind und ein *offenes, wertschätzendes und einfühlendes Gesprächsverhalten,* für das *Gordon* zwei wichtige Verhaltensfähigkeiten nennt: „Aktives Zuhören" und „Ich-Botschaften". *Gordon* operationalisiert die niederlagenlose Methode (vgl. im Anhang Merkblätter M 9, M 10), aktives Zuhören (vgl Merkblatt M 6) und Ich-Botschaften (vgl. Merkblatt M 7) und gibt jeweils Regeln und mögliche Fehlerquellen an; so werden diese Verhaltensfähigkeiten übbar. *Gordons* Elterntraining dient der Qualifikationsvermittlung.

Kritik am Modell von Thomas Gordon
In der Praxis unserer Elternkurse ergaben sich einige Probleme mit diesem Konzept, die wesentliche Zweifel an seiner Güte aufkommen lassen, was die *Umsetzung* durch Eltern betrifft. Wir fassen vier Punkte zusammen:
1) Eltern laufen Gefahr, einem *Schematismus* zu erliegen, indem sie im Training gelernte Verhaltensfähigkeiten zu Hause als *reine Technik* (ohne Änderung der eigenen inneren Einstellung) anwenden. So kann aktives Zuhören z.B. von Eltern gelernt und – als „Technik" – angewendet werden in der Hoffnung, ihre quengelnden Kinder damit in effektiver Weise „ruhigstellen" und sich „vom Hals schaffen" zu können; ein Interesse, den Kindern, die durch ihr Verhalten zeigen, daß sie ein Problem haben, zu *helfen,* muß diesem Elternverhalten nicht notwendigerweise zugrundeliegen. Zweitens kann das Üben von aktivem Zuhören z.B. die Eltern dazu bewegen, mit dem Nachdenken aufzuhören und *automatisch* mit aktivem Zuhören zu reagieren, wenn das Kind anzeigt, daß es ein Problem hat. Dabei wäre dann unter der Hand ausgemacht, daß dies die einzige Möglichkeit darstellt, um auf die Probleme der Kinder zu antworten, und das stimmt natürlich nicht: So einfach sind Erziehungsprozesse nicht.

Im Elterntraining besteht so die Gefahr, daß das Gegenteil von dem gelernt wird, was eigentlich beabsichtigt ist, und daß aus diesem Lernen zusätzliche Probleme im Kursusverlauf eintreten, weil die Eltern zu geringe Erfolge oder gar Verschlechterungen sehen. Diese Möglichkeit zu nicht beabsichtigtem Lernen ist zwar prinzipiell bei jedem Training gegeben, aber die weitgehende Beschränkung auf das Einüben von Verhaltensfähigkeiten im *Gordon*-Konzept leistet diesem nicht gewollten Lernen eher Vorschub.

2) Für Eltern, die nicht z.B. zusammen mit der Mittleren Reife oder dem Abitur die Sprache der Mittelschicht erworben haben, kann das Üben der therapeutischen Verhaltensfähigkeiten einen großen Druck bedeuten: Statt besser auf ihre Kinder einzugehen, lernen sie nur, sich an die *Sprachstandards der Mittelschicht* anzupassen. Auch hier findet also leicht ein Lernen entgegen den Zielen des Elterntrainings statt. Das auf der Mittelschicht-Sprache beruhende Lernen – ein Defizit vieler Elterntrainer, die Unterschichtseltern gegenüber „sprachlos" sind – bringt Probleme im Kursverlauf, da sich viele Teilnehmer an diesen Sprachstil nur langsam anpassen können und dann im Training eher passiv bleiben.

3) *Gordon* stellt ausführlich seine Verhaltensfähigkeiten vor, erklärt zu beachtende Regeln, zeigt die Erfolge auf; implizit steht hinter diesem Vorgehen das Prinzip: „Elternteil, lerne und übe diese Verhaltensfähigkeiten, dann wird dein Leben sehr viel leichter sein!" Dieses Prinzip sieht auf den ersten Blick einleuchtend und eher einfach aus; auf den zweiten Blick erweist es sich aber als schwer. Denn Erwachsene haben eine lebenslange Lerngeschichte, die als ein *komplexes System von Einstellungen, Abwehrmechanismen, Gefühlen und Verhaltensweisen* neuem Verhalten entgegentritt. Dieses System von zumeist gegenläufigen (mehr oder minder autoritären) Erziehungserfahrungen der Eltern ist der Widerstand, der beim Lernen überwunden werden muß!

Es handelt sich im Elterntraining also um das Problem, ein System von Einstellungen, Abwehr, Gefühlen und früher gelerntem Verhalten zu verändern, damit Lernen stattfinden kann. *Gordon* sagt zwar auch etwas zu den notwendigen Einstellungen, aber lediglich am Rande (1972, Kapitel 14 und 15); insgesamt wird eher der Eindruck vermittelt, daß Lernen und Verhaltensveränderungen relativ leicht und einfach seien, wenn man nur fleißig übe. – Wir meinen hingegen, daß Eltern sorgfältig auf die ersten Enttäuschungen vorbereitet werden müssen: durch den gezielten Abbau von überhöhten Erwartungen.

4) Das vierte Problem ist damit bereits angedeutet: Nach unseren bisherigen Erfahrungen reicht ein gewisser Qualifikationserwerb im Verhaltensbereich als Trainingsziel nicht aus; die Probleme der Eltern mit ihren Kindern sind oft nur die *Spitze des Eisberges,* und ernste Probleme mit dem Partner und/oder mit sich selber liegen darunter.

Unsere Modifikation des Gordon-Konzepts

Was haben wir für Konsequenzen aus dieser Kritik am *Gordon*-Konzept gezogen? Wir haben es keineswegs verworfen, denn es besitzt neben den genannten Kritikpunkten sehr viele Vorzüge; wir haben aber einige grundsätzliche Veränderungen vorgenommen.

1) Lernziele statt Verhaltensdrill

Wir haben die zu trainierenden Verhaltensfähigkeiten so in *drei Lernziele* umformuliert, daß die Gefahr einer Einengung von Elterntraining auf „Verhaltensdrill" eher vermieden werden kann; diese drei Lernziele sind:

● *Hilfreich sein.* Die Ausweitung fordert die Eltern zu Suchprozessen heraus, statt automatisch aktives Zuhören zu verwenden, und auch Verhaltensweisen der sogenannten „Typischen Zwölf" (vgl. unser Merkblatt M 4 über „Manipulative Kommunikation" im Anhang) wie etwa Trösten können hilfreich sein: Was wirklich hilfreich ist, kann nur in der jeweiligen Situation entschieden werden, und die Eltern lernen im Elterntraining, dies sicherer zu entscheiden. „Aktives Zuhören" bleibt weiterhin wichtig, wird aber als Training in „Hilfreichem Zuhören" (vgl. M 6) nicht mehr isoliert trainiert.

● *Eigene Interessen, Bedürfnisse, Gefühle äußern.* Auch hier eine Ausweitung des Begriffes der „Ich-Botschaften"(vgl M 7), da die Erfahrung uns zeigte, daß das Äußern von Gefühlen allein – wie *Gordon* es vorsieht – häufig nicht ausreicht.

● *Partnerschaftlich Konflikte regeln.* Hier ist die prizipielle Anwendung der von *Gordon* definierten Verhaltensfähigkeit – die niederlagenlose Methode der Konfliktregelung – noch am ehesten gerechtfertigt. Allerdings wird auch hier manchmal übersehen, daß zu Beginn dieses Umlernprozesses der Eltern zunächst noch ein Zustand von Ungleichheit, nämlich ungleicher „Machtverteilung" zwischen Eltern und Kindern, existiert, und daß die Voraussetzungen für ein niederlagenloses Miteinander erst hergestellt werden müssen.

Der Vorteil unserer Formulierung von Lernzielen – und nicht von konkret vorgeschobenen Verhaltensweisen – sehen wir in der Offenheit des Suchprozesses: Die Lösungen für die Probleme von Eltern sind nicht mehr automatisch aus einem Konzept ableitbar. Für den Trainer entfällt zudem der Zwang, den Teilnehmern gewisse Verhaltensregeln und Methoden „verkaufen" zu müssen, ein Zwang, der im ursprünglichen – etwas mechanistisch wirkenden – Konzept enthalten war, obwohl *Gordon* sich ausdrücklich von – allerdings anderen – „Rezeptverkäufern" distanziert.

In unserem Trainingskonzept ist es eher so, daß aus einem gemeinsamen Suchprozeß heraus die Eltern *selber* fordern, die für die Erreichung der Lernziele notwendigen Verhaltensfähigkeiten des „Hilfreichen Zuhörens" und der „Ich-Aussagen" mehr zu trainieren. Wenn das geschieht, dann ist auf seiten der Teilnehmer allerdings ein sehr wichtiger Lernprozeß abgelaufen, der nicht übersprungen werden sollte.

2) *Zwei Phasen von Elterntrainings.* Als zweites haben wir das Elterntraining in *zwei Phasen* unterteilt:

In der ersten, die wir möglichst kurz halten möchten, geht es um *Qualifikationsvermittlung* zu den drei Lernzielen; hierbei werden die Probleme der Eltern zwar einbezogen, doch sie stehen noch nicht im Vordergrund. Zunächst ist es wichtig, die verhaltensmäßigen Grundfähigkeiten zu den drei Lernzielen zu erwerben.

In der zweiten Phase geht es darum, die Probleme der Eltern intensiv zu bearbeiten, Hintergründe aufzuklären, Lösungen und Folgeaktivitäten zu suchen. Diese Phase nennen wir *Problembearbeitung.* Die Übergänge zwischen beiden Phasen sind nicht abrupt. Ein einfaches Unterscheidungskriterium ist die Zeitdauer, die für ein Problem verwendet wird: Geht es am Anfang des Elterntrainings eher um *kurze Rollenspielsequenzen,* die vor allem unter dem Gesichtspunkt des zu *trainierenden Verhaltens kurz analysiert* werden, so geht es gegen Ende des Elterntrainings um die *intensive Bearbeitung* von Problemen (vgl. Merkblatt M 12), die manchmal die Zeit eines ganzen Abends für ein Problem erfordert; die Analyse des Rollenspiels hinsichtlich realisierter Verhaltensfähigkeiten ist dabei nur *ein* Teil des Lernprozesses; Lösungsalternativen werden diskutiert, Rahmenbedingungen analysiert und Zusammenhänge ergründet.

3) *Vertiefung durch ergänzende Lerninhalte*

Bei einer Problembearbeitung in dem in Merkblatt M 12 beschriebenen Sinn hat der Trainer gute Möglichkeiten, jeweils die Lerninhalte ins Training einzubringen, die den Teilnehmern gerade als wichtig erscheinen. Voraussetzungen dafür auf seiten des Trainers sind einfühlendes Erkennen und Improvisationsgeschick. Solche „Lerninhalte" können mehr kognitiver Natur sein, wenn z.b. lerntheroretische oder kommunikationstheoretische Kurzvorträge eingeschoben und auf die vorliegende Problemsituation angewendet werden. Der Trainer kann es z.B. aber für wichtig erachten, die beim Teilnehmer zugrundeliegende Einstellung intensiv zu reflektieren, da er dort das eigentliche Problem vermutet. Er wird dann selber „Hilfreiches Zuhören" anwenden, wird den Teilnehmer zu verstehen suchen und gemeinsam mit den anderen Teilnehmern versuchen, dem Betroffenen zu helfen, „seine" Lösung zu finden. Es können aber auch gruppentherapeutische Prozesse einbezogen werden; dies kommt eben ganz auf das Problem an.

4) *Therapieähnliche Formen der Problembearbeitung*

Problembearbeitung im Elterntraining kann auch in Richtung *Therapie* gehen. Etwa wenn das Kind das Abbild einer schwer gestörten Ehe ist, oder wenn das Kind die Neurosen der Eltern reproduziert – (zwei Fälle aus unserem letzten Elterntraining). Wenn es den Trainern gelingt, eine intensive, offene und emotionale Sicherheit gebende Gruppenarbeitsatmosphäre zu schaffen, dann werden die Teilnehmer zunächst in Bruchstücken – über ihre *wirklichen* Lebensprobleme sprechen. In diesem Fall sollten Trainer mit therapeutischer Ausbildung den Mut haben, auf diese Probleme einzugehen, sonst ist es sinnvoll, nach einem Ansprechen der Probleme auf eine weitergehende „Beratungsmöglichkeit" (Therapie) beim klinischen Psychologen bzw. Psychotherapeuten hinzuweisen. Für eine mögliche „therapeutische Orientierung" innerhalb der Problembearbeitung haben wir einige Grundsätze aufgestellt:

● Problembearbeitung innerhalb eines Elterntrainings kann *niemals Ersatz für Therapie* sein; die Notwendigkeit zusätzlicher Therapie muß den Eltern gegebenenfalls einfühlsam, aber deutlich gesagt werden.

● Es kann insbesondere *nicht um kathartische oder analytische Arbeit* – etwa im Sinne der Psychoanalyse – innerhalb der Problembearbeitung gehen, sondern eher um einen Lernprozeß im Sinne von

Encounter-Gruppe, Klientenzentrierter Gesprächs- und evtl. Verhaltenstherapie.

● Wir halten die sechs Schritte der niederlagenlosen Methode für ein brauchbares Modell für einen therapeutischen Prozeß; wir sehen daher *drei Phasen:*
– die Phase der *Problempräzisierung,*
– die Phase der *Lösungssuche,*
– die Phase der *Veränderungsplanung (evtl. mit Verhaltenstraining).*

● Die Problembearbeitung ist einer Situation im *Encounter* ähnlich, sie ist *nicht ohne Konfrontation. Rollenspiele* werden gegebenenfalls einbezogen, Grundsätze der *Verhaltensmodifikation* gegebenenfalls angewendet.

● Die Problembearbeitung erfordert vom Trainer zumindest gesprächstherapeutische Erfahrung, außerdem viel Phantasie und Einfühlung sowie die Fähigkeit, auf mehreren Ebenen gleichzeitig zu denken und sich einzufühlen. Für die Lösungssuche ist es wichtig, daß der Trainer erkennt, welche Lern- und Veränderungsmöglichkeiten für den Teilnehmer bestehen, wo seine Lernchancen liegen. Mit den Techniken der Gesprächstherapie allein können in einer solchen Problembearbeitungsphase nur selten Erfolge erzielt werden.

● Die Möglichkeit zur „Therapeutischen Orientierung" hängt in gewissem Maße von der *Gruppengröße* und der zur Verfügung stehenden Zeit ab: Wenn auf einen Trainer 10-15 Teilnehmer kommen, wie es bei uns in der Mehrzahl der Fälle war, wird die therapeutische Orientierung nur in bedingtem Ausmaß zu realisieren sein und die Gruppe wird sich verstärkt der Qualifikationsvermittlung zuwenden. Therapeutische Orientierung ist nach unseren Erfahrungen am ehesten innerhalb von Kleingruppen (6-8 Teilnehmer) möglich.

5.4.2 Ziele des Elterntrainings

Der folgende Zielkatalog kann Moderatoren von Elterntrainings bei der Konzipierung und Durchführung eines Elterntrainings leiten; er kann bei einer Bestandsaufnahme *während* des Trainings – also bei zehn vorgesehenen Trainingsabenden etwa nach dem 3., 6. und 10. Abend – aufzeigen helfen, in welchen Bereichen an den folgenden Abenden noch Anstrengungen notwendig sein werden. Es wäre aber ein überhöhtes Anspruchsniveau, innerhalb eines Elterntrainings von zehn Abenden alle Ziele zufriedenstellend erreichen zu wollen.

1. Ziel: Eltern sollen Verhaltens-Qualifikation erwerben.

Sie sollen neben Kenntnissen und Einstellungen vor allem Verhaltensfähigkeiten erwerben im Bereich der Lernziele:

- Hilfreich sein;
- Eigene Interessen, Bedürfnisse, Gefühle äußern;
- Partnerschaftlich Konflikte regeln.

Sie sollen weiter die Lernprinzipien kennenlernen und ihr eigenes Bekräftigungsverhalten durchschauen lernen, um so nicht mehr entgegen ihren Absichten zu bekräftigen.

2. Ziel: Eltern sollen zu einer arbeitsfähigen Gruppe werden.

Eltern sollen durch eine offene Kommunikation, durch Kommunikationsklärung und durch entsprechende (Selbsterfahrungs-)Übungen zu einer arbeitsfähigen Gruppe werden:

- in der Probleme ungeschminkt und ohne Angst geschildert werden können;
- in der es überflüssig erscheint, den anderen Teilnehmern die Fassade einer „glücklichen Familie" vorzuspielen;
- in der der einzelne Fehler machen darf und keine Angst vor dem Urteil der anderen zu haben braucht;
- in der die Teilnehmer in die Planung und Durchführung des Trainings eingreifen können;
- in der die gemeinsame Arbeit zunehmend mehr von den Teilnehmern selber gesteuert wird und der Trainer sich allmählich aus der Rolle, „Mädchen für alles" zu sein, zurücknehmen kann;
- in der die Teilnehmer Freude an der Trainingsarbeit haben und gerne kommen;
- in der die Teilnehmer auch über längere Zeit zusammenbleiben und nach Ablauf der regulären Trainingszeit selbständig weiterarbeiten können.

3. Ziel: Eltern sollen die für sie bedeutsamen Probleme bearbeiten.

Eltern sollen ihre Probleme artikulieren, intensiv an ihnen arbeiten und Lösungsmöglichkeiten sowie Folgeaktivitäten entwickeln. Die Erfahrungen mit diesen Lösungsmöglichkeiten sollen im Training gemeinsam besprochen werden (Problembearbeitung; vgl. Merkblatt M 12).

4. Ziel: Eltern sollen „sich selbst erfahren" können.
– Sie sollen das komplizierte und wechselseitig abhängige „Geflecht ihrer Beziehungen" etwas aufklären.
– Sie sollen erkennen, in welchen Abhängigkeiten sie stecken.
– Sie sollen ihr eigenes Verhalten besser beobachten und analysieren lernen.
– Sie sollen sensibler dafür werden, wie sich ihr Verhalten auf andere auswirkt.
– Sie sollen ihre eigenen Bedürfnisse und Gefühle erfahren können.
– Sie sollen im Training Anregungen für das Überdenken und Erreichen ihrer Lebensziele sowie für die Gestaltung ihres Lebens und ihrer Partnerbeziehung gewinnen.

5. Ziel: Eltern sollen ihre Einstellung zum Kind (und zum Partner) überprüfen und gegebenenfalls modifizieren.
Eltern sollen sich bemühen, im Bereich ihrer Familie eine vertrauensvolle und fröhliche Atmosphäre zu schaffen; dies ist die wesentliche Vorbedingung.

Eltern sollen eine generell partnerschaftliche Haltung zum Kind gewinnen; dies bedeutet auch:
– die Kinder nicht als Eigentum zu betrachten, sondern als eigenständige Menschen;
– die Bedürfnisse der Kinder und deren Äußerungen ernst zu nehmen;
– mithin die Kinder und ihre Verhaltensweisen anzunehmen;
– sich als Elternteil reversibel zu verhalten (etwa: dringende Bitten der Kinder zu befolgen; aber auch zu erwarten, daß die Kinder auf eigene dringende Bitten eingehen);
– mehr Zutrauen in die Fähigkeiten der Kinder zu gewinnen; aber auch sich zu bemühen, die Verhaltensweisen der Kinder in ihrer Andersartigkeit zu verstehen,
– sich zu bemühen, von den Kindern zu lernen.
Eltern werden Schwierigkeiten haben, diese Einstellungen zu realisieren; dies verweist wieder auf die Bearbeitung des Grundproblems: „Warum fällt es mir so schwer, anders zu denken, zu fühlen und zu handeln?"

6. Ziel: Eltern sollen Problembewußtsein entwickeln.
– Eltern sollen etwas über die lebensgeschichtlichen Bedingungen von Verhalten – etwa von Angst – erfahren; sie sollen etwas über die gesellschaftlichen Bedingungen von Verhalten erfahren.

- Eltern sollen die Wirkungen der „anderen Erzieher" ihrer Kinder (Kindergarten, Schule, Gleichaltrige, Fernsehen, ...) kritischer und genauer sehen; sie sollen etwas über die gesellschaftliche Funktion dieser „anderen Erzieher" – etwa der Schule – erfahren.
- Eltern sollen sich mit Hilfe von mehr Problembewußtsein bewußter sowie (gegenüber Institutionen) taktisch klüger und solidarischer verhalten lernen.

7. Ziel: Eltern sollen ihr Verhalten verändern.
Eltern sollen die im Training erworbenen Qualifikationen in ihrer Lebenspraxis anwenden.

Eltern sollen die innerhalb von Problembearbeitungen gewonnenen Lösungsmöglichkeiten ausprobieren und mit sich „experimentieren", d.h. neue Wege gehen lernen.

Zusammenfassung
Durch Qualifikationserwerb, Kooperationsfähigkeit, Problembearbeitung und Selbsterfahrung *im* Training soll bei den Eltern eine *überdauernde Veränderung* von Einstellungen, Problembewußtsein und Verhalten bewirkt werden.

5.4.3 Prinzipien der Durchführung

Einige der einem Training zugrunde liegenden Prinzipien sind bereits in die beiden vorigen Abschnitte mit eingeflossen. Die wichtigsten Prinzipien sollen jedoch noch explizit dargestellt werden:
1) Wir gehen aus von einem *Lernbegriff,* der die Eingrenzung auf rein verstandes- und bewußtseinsmäßiges Lernen („kognitive Anreicherung") sprengt und demgegenüber im Lernen einen *Erfahrungsprozeß* sieht. Wesentlich für dieses Erfahrungslernen ist die Selbstkonfrontation der Teilnehmer: Eltern lernen von ihrem eigenen Verhalten und von anderen Eltern.
In der Praxis des Elterntrainings empfiehlt es sich, *drei Aspekte des Lernprozesses* zu unterscheiden: 1) den verstandesmäßigen „kognitiven", 2) den gefühlsmäßigen bzw. einstellungsmäßigen („affektiv-emotionalen") und 3) den zwischenmenschlichen („sozialen") Verhaltensaspekt. In unserer „Lernlandschaft" des Trainings wird auf allen drei „Straßen des Lernens" gelernt.
2) Die angestrebte gleichberechtigte Interaktion zwischen Eltern und Kindern muß modellhaft im Elterntraining (zwischen Trainern und Teilnehmern) verwirklicht werden; das bedeutet:

– Transparenz von Zielen und „Programm" der Trainer;

– das „Programm" hat Angebotscharakter: eine möglichst weitreichende *Mitbestimmung* der Teilnehmer über Inhalte und Methoden („Sozialformen") des Trainings soll angestrebt werden;

– der Trainingsverlauf soll durch Kommunikationsüberprüfung (vgl. Merkblatt M 2) und offene, gleichberechtigte Planung durch Trainer *und* Teilnehmer gesteuert werden;

– Wichtige Inhalte des Elterntrainings wie z.B. Offenheit, hilfreiches Zuhören, partnerschaftliche Konfliktregelung sind im Training selbst zu verwirklichen.

3) Gemäß dem Konzept der „Problembearbeitung" werden im Elterntraining prinzipiell *vier Problemebenen* zu behandeln sein:

– Eltern-Kind-Probleme;

– Partnerprobleme;

– in der eigenen Person liegende Probleme;

– Probleme, die aus gesellschaftlichen Bedingungen resultieren.

4) Unsere Konzeption des Elterntrainings ist in erster Linie *anwendungs-orientiert*: Veränderungen von Einstellungen und Verhalten sollen in der Lebenspraxis realisiert werden. Eine systematische Übertragung wird erleichtert durch genau geplante Folgeaktivitäten (wie etwa Anwendungsversuche oder Beobachtungsaufgaben) für die Situation „zu Hause".

5.4.4 Trainingsmethoden und Trainingstechniken

Für die Durchführung eines Elterntrainings steht dem Trainer ein Repertoire an Methoden zur Verfügung, das durch eine Anzahl von speziellen Techniken ergänzt wird. (Die Trainingsmethoden sind außerdem mit verarbeitet in der Sammlung von „Lernblöcken" des folgenden Abschnittes.)

Vorweg soll ein *grundlegendes methodisches Prinzip* dargestellt werden, das in vielen Methoden enthalten ist: der *didaktische Dreischritt*. Darunter verstehen wir den Wechsel von Einzelarbeit, Kleingruppenarbeit und Plenum an einem Trainingsabend, der etwa wie folgt aussehen kann:

1. Schritt: Problemauswahl, Situationsdefinition (Plenum);

2. Schritt: Überlegungen zu Ursachen, Folgen und Veränderungsmöglichkeiten (Einzelarbeit);

3. Schritt: Diskussion der Ergebnisse der Einzelarbeit und Auswahl einer Lösung (Kleingruppe);

4. Schritt: Versuch, die gefundene Lösung im Rollenspiel zu realisieren, und Auswertung des Rollenspiels (Kleingruppe);

5. Schritt: Vergleich der Kleingruppenergebnisse (Plenum).

Im folgenden sollen nun verschiedene *Trainingsmethoden bzw. techniken* kurz vorgestellt werden.

1. Cocktailparty: Am ersten Trainingsabend beantworten die Teilnehmer einige Fragen z.B. zur Trainingsmotivation, zu ihren Erwartungen, Befürchtungen und Erziehungsproblemen auf einem Zettel (DIN A 4). Sie heften sich diesen Zettel an die Kleidung „vor den Bauch" an – darum heißt dieser Zettel auch „Bauchzeitung". Darauf bewegen sie sich wie auf einer „Cocktailparty" durch den Raum und lesen bzw. diskutieren die Zeitungen der anderen. Die Teilnehmer kommen so in einen ersten zwanglosen Kontakt, es werden viele (notwendige) Informationen ausgetauscht; und durch die Notwendigkeit, sich auf die anderen zuzubewegen, wird die Isolation von Teilnehmern in „schulischen" Situationen vermieden.

2. Kleingruppenarbeit: Für begrenzte Aufgaben teilt sich die Trainingsgruppe in Kleingruppen; diese können aus zwei, drei, vier oder fünf Teilnehmern bestehen. Hierzu gehört z.B. auch das gegenseitige Interview von Teilnehmern am Trainingsbeginn und die anschließende gegenseitige Vorstellung im Plenum (Kleingruppen mit zwei Teilnehmern).

3. Reaktionsspiel: Als eine Vorbereitung zum Rollenspiel empfehlen wir das Reaktionsspiel. Es wird eine schwierige Erziehungssituation vorgegeben bzw. ausgewählt; jeder Teilnehmer überlegt seine Reaktion darauf; diese Reaktionen werden ausgetauscht und diskutiert. Das Reaktionsspiel findet vorzugsweise in Kleingruppen statt.

4. Rollenspiel: Dies ist wohl die zentrale Trainingsmethode. Problemsituationen aus dem häuslichen Bereich werden nachgespielt; das Spiel wird anschließend analysiert und eventuell wiederholt. Im allgemeinen werden die Rollenspiele unterschiedliche Länge haben: Rollenspiele zum hilfreichen Zuhören (Merkblatt M 6) oder zu Ich-Aussagen (Merkblatt M 7) können sehr kurz sein und nur aus wenigen Sätzen bestehen; eine „Familienkonferenz" kann über eine Stunde dauern. Für die Durchführung von Rollenspielen sollen hier einige Erfahrungswerte wiedergegeben werden (vgl. auch Merkblatt M 12):

– Der Trainer sollte das Rollenspiel in einer Gruppe *„improvisierend einführen,* indem er – z.B. bei der Besprechung einer Erziehungssituation – einfach damit beginnt: „Ja, was würden Sie da jetzt sagen? Ich bin jetzt Sie und Sie sind Ihre Tochter; ich sage das jetzt zu Ihnen als Tochter, was Sie eben gesagt haben; was würden Sie da sagen?"

– Bei Beginn des Rollenspiels ist es wichtig, daß der Trainer die Rollenspielsituation ganz präzise definieren läßt. Er sollte eine entspannte Gruppensituation wählen und dafür sorgen, daß es ruhig ist. Das ist wichtig, um den „Angstpegel" der Teilnehmer nicht zu erhöhen.

– Es empfiehlt sich immer, ein *Tonbandgerät mitlaufen zu lassen,* auch wenn es nicht immer im Elterntraining zu einem vollständigen Playback kommen wird. Der Trainer sollte sich relevante, lernintensive Situationen merken und deren Laufzahl auf dem Tonband notieren.

– Bei der *Analyse des Rollenspiels* empfiehlt es sich, zuerst einmal die Spieler *selber berichten* zu lassen, z.B. wie sie sich gefühlt haben, wie sie das Rollenspiel einschätzen. Als zweites sollten die Beobachter kurz ihre *Beobachtungsergebnisse* mitteilen. Ein dritter Schritt wäre die *Tonbandanalyse* ausgewählter Ausschnitte des Rollenspiels und eine *Zusammenfassung* (anfangs durch den Trainer mit Ergänzung durch die Teilnehmer).

– Innerhalb des Rollenspiels sollte der *Trainer Regie führen:* Er sollte z.B. das Startzeichen geben, das Ende des Rollenspiels bestimmen und gegebenenfalls die Technik modifizieren (z.B. durch Rollentausch, durch Erfindung weiterer Rollen, durch Einführung des „anderen Ich", das die unausgesprochenen Gefühle und heimlichen Strategien auszudrücken versucht).

5. Problembearbeitung: Diese (in Merkblatt M 12 ausführlich beschriebene) Methode ist in einer kleineren Gruppe anzuwenden, die in einem „encounter-artigen" Gespräch (vgl. im Anhang Merkblatt 13) Probleme bearbeiten und lösen will. Dabei dienen drei der niederlagenlosen Methode entlehnte Schritte (Problemformulierung, Lösungssuche und Veränderungsplanung) als Richtschnur. Im Mittelpunkt dieser Arbeit steht das Gruppengespräch; Brainstorming (5/3) oder Rollenspiel werden dann angewendet, wenn es aus der Situation heraus sinnvoll erscheint.

6. Konfliktregelungstraining: *(vgl. im Anhang die Merkblätter M 9, M 10 und M 12):* Es handelt sich hierbei um eine Form einer systematischen Problembearbeitung, die in der Regel das Rollenspiel als zentrale Lernsituation hat. Dabei werden an die Teilnehmer spezifische Beobachtungsaufgaben für das Rollenspiel verteilt. Gelernt wird aus der Analyse der Tonbandaufnahme – am *konkreten Verhalten* der am Rollenspiel Beteiligten.

7. Prozeßanalyse *(vgl. Merkblatt M 14):* Ansätze zur Kommunikationsüberprüfung und -klärung („Metakommunikation") werden oft spontan im Training auftauchen; diese gilt es aufzugreifen. Zusätzlich wird es jedoch nützlich sein, die Teilnehmer direkt zur *Reflexion des Trainingsverlaufs* anzuleiten, um so wichtige Hinweise für den weiteren Verlauf zu erhalten, und um es den Teilnehmern zu ermöglichen, ihr Training zunehmend selbst zu steuern. Diesem Zweck dient die Prozeßanalyse, die entweder am Ende eines Abends oder zu Beginn des nächstfolgenden Abends stattfinden sollte. (Es hat sich auch bewährt, eine Prozeßanalyse über den Zeitraum von jeweils zwei Abenden durchzuführen). Für die Prozeßanalyse existieren mehrere methodische Möglichkeiten:

– Ein oder zwei Teilnehmer bereiten zu Hause einen subjektiven Bericht vor – etwa zu Fragen wie: Wie sind die beiden Abende abgelaufen? Welche Probleme sind aufgetaucht? Wie bewerten wir die beiden Abende? – und diskutieren diesen zu Beginn des folgenden Abends mit der Gruppe.

– Ein *Feedbackbogen* (siehe auch im Anhang dieses Buches) wird am Ende eines Abends an die Gruppe ausgegeben und die Auswertung zu Beginn des folgenden Abends besprochen.

– Es findet am Ende des Abends eine *Diskussion in der Gruppe* statt: Dabei ist es wichtig, daß der Trainer geeignete *Transparenz*- oder *Leitfragen* stellen kann, die der Diskussion dienlich sind, vielleicht Widerspruch hervorrufen, vor allem aber das Wesentliche für die Gruppe (im Inhaltlichen und im Gruppenprozeß) zur Sprache bringen.

– *Blitzlicht:* die Teilnehmer sagen am Ende des Abends reihum, wie sie sich gefühlt haben, was sie gut und was sie weniger gut fanden.

– *Kurze Diskussion in Dreier-Gruppen* am Ende des Abends zu Fragen wie „Wie fühlst Du dich heute?" und „Was hat Dir der heutige Abend gebracht?"

8. Persönliches Feedback: Oft kann es im fortgeschrittenen Stadium des Elterntrainings wichtig sein, daß die Teilnehmer sich gegenseitig eine Rückmeldung darüber geben, wie sie sich wahrnehmen, was sie beim anderen als positiv und als negativ empfinden, und welche Vorschläge sie einander zu machen haben. Es hat sich bewährt, diese Rückmeldung für jeden Teilnehmer - mit oder ohne Namensnennung – auf einem durch die Gruppe laufenden Zettel durchzuführen und anschließend in einem kleinen „Encounter"-Gruppengespräch (vgl. Merkblatt M 13) über diese Rückmeldungen und die durch sie hervorgerufenen Gefühle zu sprechen. (Zur angemessenen Form solcher Rückmeldungen vgl. Merkblatt M 3).

Als *Hilfsmittel* für die soeben genannten Trainingsmethoden haben sich einige *Arbeitstechniken* bestens bewährt; sie sollen daher hier kurz vorgestellt werden:

● Informationsvermittlung in Form kurzer *Arbeitsblätter*;

● Visualisierung der Diskussionen mit Hilfe von *Wandzeitungen*;

● Verwendung von *Abfragetechniken*, hier besonders die *Klebepunktbewertung* (etwa so: jeder Teilnehmer bekommt drei kleine Klebepunkte, um aus einem Katalog von 12 Problemen die drei zu bekleben, die ihm am wichtigsten sind; es ergibt sich dann ein Überblick darüber, welche Probleme der Gruppe am wichtigsten sind („Problemhierarchie"));

● Eine Technik zur Erhebung verdeckter Probleme ist das sogenannte „Pulverfaß": Zu einer Frage wie z.B. „Welche Probleme haben wir wirklich?" schreiben die Teilnehmer Antworten, die absolut anonym bleiben und anschließend vom Trainer verlesen, von der Gruppe notiert und dann bearbeitet werden;

● Verwendung der *Brainstorming*-Technik: Sammlung von Ideen, ohne daß Kritik dabei geäußert werden darf, in Gruppen von 6 - 15 Teilnehmern;

● die Regeln der *„Themenzentrierten Interaktion"* als Maßstab für die Gruppeninteraktion: Sachgerechte, effiziente und für die Gruppe wie für den einzelnen befriedigende Gruppenarbeit ist das Ziel (vgl. Merkblatt M 11 im Anhang);

● weitere *Gruppenarbeitsregeln*, die gemeinsam beschlossen, oft aber vom Trainer vorgeschlagen werden – so etwa die wechselnde Rolle des „Zeitwächters" oder die „30-Sekunden-Regel" (kein Redebeitrag darf länger als 30 Sekunden dauern);

● *Kommunikationskarten* in den Ampelfarben für Abstimmungsprozesse, und um „Störung" (rot) bzw. „Unsicherheit" (gelb) anzuzeigen;

● *Video-Feedback* für die Auswertung von Rollenspielen: Durch die Tonaufzeichnung und das optische Feedback kann vor allem eine unbestechliche Selbstüberprüfung (im Sinne von „Selbstkonfrontation") vorgenommen werden.

5.4.5 Lernblöcke

Gemeinsam mit Psychologen und Sozialarbeitern aus Erziehungsberatungsstellen, die in unseren Kursen die Durchführung von Elterntrainings trainieren wollten, haben wir „Lernblöcke" erarbeitet. Diese „Lernblöcke" geben an, welche Inhalte mit welchen Methoden und welchem Trainerverhalten bearbeitet werden können. Sie haben *Angebotscharakter*, sie sind ein Stück Ablaufplanung, das dem Kursleiter als Vorlage bei der konkreten Planung seines Elterntrainings dienen kann. Einige der wichtigsten Lernblöcke sollen im folgenden beschrieben werden:

Lernblock I: Vorbereitung und erster Abend
Vorklärungen und Vorbereitungen:
– Überlegungen zur Auswahl der Eltern anstellen (hilfreich erscheint uns eine gewisse Unterschiedlichkeit der Gruppe; bedacht werden müßte z.B. die Schichtzugehörigkeit der Eltern).
– Einladung in einer ansprechenden Form entwerfen und versenden; auf Fremd- und Fachwörter dabei verzichten.
– Abklären, inwieweit das Elterntraining ausgewertet („evaluiert") werden soll, welche Verfahren herangezogen werden sollen.
– Falls möglich, Vorgespräche mit den Eltern führen.
– Schaffung räumlicher Voraussetzungen (möglichst ein größerer und zwei kleinere Räume, die auch gemütlich sein sollten; wenig Tische im Raum; der Raum sollte eine Tafel und Wände, die mit Packpapier gut zu bekleben sind, besitzen).
– Beschaffung von Organisationsmaterial: Wandzeitungspapier, Schreibpapier, Pappkärtchen; dicke Filzstifte für Wandzeitungen, Kugelschreiber; Tonbandgeräte; wenn möglich Schreibmaschine, Matritzen und Umdrucker; Tesakrepp, Schere; Merkblätter und Arbeitsmaterialien, rote, gelbe und grüne Kommunikationsmarken.
– Entscheidung hinsichtlich der Arbeitsunterlagen: Sollen die Teilnehmer vorab ein Manuskript bekommen, soll ihnen eine systematische Folge von Arbeitsblättern „portionsweise" mitgegeben werden oder sollen nur die wichtigsten Informaionen ad hoc auf Matritze geschrieben und vervielfältigt werden?

Der erste Abend
- Vorstellung der Trainer.
- Erhebung notwendiger Informationen und Bekanntmachung der Teilnehmer untereinander durch „Cocktailparty" (vgl. Abschnitt 4.4) und /oder ein Paarinterview (je zwei befragen sich gegenseitig und stellen anschließend ihren Partner im Plenum kurz vor).
- Diskussionen der genannten Erwartungen und Befürchtungen in Kleingruppen; das dient auch der Aktivierung einer eigenverantwortlichen Teilnahme an der Kursusgestaltung und ist sehr wichtig, da viele Eltern mit einer ausgesprochenen „Konsumentenhaltung" zum Training kommen).
- Plenum: Zusammenfassung der Kleingruppenergebnisse.
- Die Trainer tragen anschließend ihre vorläufigen Ideen zu Zielen, Trainingsprinzipien und Programm vor und versuchen, diese Ideen mit den Kleingruppen-Ergebnissen zu verbinden. Etwaige Unterschiede in den Auffassungen werden diskutiert und erst einmal entschieden. (Solche Entscheidungen sind jedoch vereinbarungsgemäß zumeist vorläufiger Natur: Der Trainer sollte gegebenenfalls im Verlauf des Training einmal rückfragen, ob die Entscheidungen des ersten Abends immer noch Gültigkeit besitzen.) Die Trainer sollten an dieser Stelle ihre Funktion innerhalb der Trainingsgruppe klären.
- Festlegung von Gruppenregeln und einigen Arbeitsmethoden und -techniken: Hier kann eingegangen werden auf einige Regeln der „Themenzentrierten Interaktion", auf Prozeßanalyse (vgl. M 14) und Brainstorming, auf Kommunikationskarten und Wandzeitungen, auf Verhaltensnormen der Gruppe wie etwa Pünktlichkeit, auf organisatorische Fragen wie Uhrzeit des Beginns, Bereitstellung von Getränken usw..

Wenn noch Zeit verbleibt: Diskussion über Erziehungsziele in Kleingruppen; die Gruppen protokollieren ihre Ziele auf einer Wandzeitung.

Alle Teilnehmer gehen herum, um die Wandzeitungen der anderen Gruppen zu lesen; jeder hat dabei fünf Klebepunkte, mit denen er für ihn wichtige Erziehungsziele kennzeichnet. Anschließend können die Klebepunkte ausgezählt und die wichtigsten Ziele grob ermittelt werden.

Abschluß des Abend mit einem kurzen „Blitzlicht" (siehe in 5.4.4: „Wie haben wir uns heute gefühlt?" – „Was erwarten wir konkret für den nächsten Abend?"

Lernblock II: Vertiefung der Lernziele „Hilfreich sein" und „Eigene Interessen, Bedürfnisse, Gefühle äußern"

Voraussetzung für diesen Lernblock ist, daß die Teilnehmer bereits mit diesen beiden Lernzielen und den Sprechweisen „Aktives Zuhören" (vgl. Merkblatt M 6) und „Ich-Botschaften" bzw. „Du-Botschaften" (vgl. Merkblatt M 7) vertraut gemacht worden sind.

– Einstieg: Kurze Zusammenfassung einiger vorausgegangener Lernerfahrungen; anschließend Aufteilung in Dreiergruppen.

– Die Gruppen überlegen einige Alltagssituationen, in denen die beiden Lernziele bedeutsam sind (Situationen aus der Ehe, Familie, aus dem Beruf, auf der Straße, mit Menschen aus Institutionen).

– Einige Situationen werden ausgewählt, darauf durchdiskutiert, und es wird versucht, Lösungen zu finden.

– Die Gruppe teilt für die ausgewählten Situationen die Rollen so auf, daß jeweils einer der aktiv Spielende, einer der Angesprochene und einer der Beobachter ist; im folgenden werden diese Situationen in kurzen Rollenspielen durchgespielt. Bei der Analyse dieser Kurz-Rollenspiele kann in der folgenden Reihenfolge vorgegangen werden:

Wie haben der Spieler und der Angesprochene sich gefühlt?

Was hat der Beobachter beobachtet?

Wurde das angestrebte Verhalten, die „Lösung" erreicht?

Wie sollte man sich in solchen Situationen verhalten?

– Eine Variante dazu, die eventuell auch zusätzlich möglich ist: Bestimmte Situationen werden gleichzeitig allen Dreiergruppen zur Bearbeitung vorgegeben; (dies ist anschließend im Plenum gut vergleichbar).

– Plenum: Austausch der Erfahrungen und Zusammenstellung: Welches sind effektive Verhaltensweisen, um die beiden Ziele („Hilfreich sein" bzw. „Eigene Interessen und Bedürfnisse äußern") zu erreichen?

Lernblock III: Die Grenzen der partnerschaftlichen Regelung von Konflikten

Am Beispiel von Schulproblemen kann der Elterngruppe aufgezeigt werden, daß es durch bestimmte äußere Bedingungen verursachte „Strukturprobleme" gibt, die allein durch partnerschaftliche Kommunikation nicht verändert werden können, sondern weitergehende Maßnahmen erfordern.

Im folgenden eine Skizze zum Problem „Sohn will keine Hausaufgaben machen", die im Elterntraining die Grundlage für eine *Pro-*

blembearbeitung sein kann. (Schulprobleme bzw. Hausaufgaben dienen hier als Beispiel; es sollten im Elterntraining jeweils die *für die Eltern aktuellen Probleme* aufgegriffen werden.)

Zur Ausgangslage: Der Junge wird von *kurzfristigen Bedürfnissen* geleitet; er will keine Schularbeiten machen, will aber auch keine Probleme mit den Eltern.

Die Eltern werden von *langfristigen Bedürfnissen* geleitet: „Schulaufgaben muß man machen, schon wegen der späteren Berufswahl"; aber sie wollen zu Hause auch keine ständige Unruhe und Störungen haben.

Der Berater versteht Eltern und Jungen, hält selber wenig von Schulaufgaben, sieht jedoch ganz realistisch in der Schule die Institution zur Verteilung sozialer Chancen.

Der Lösungsansatz

– Eltern dürfen sich (auch hier) nicht zum Fürsprecher von „Strukturzwängen" machen: sie würden ihrem Jungen als verständnislos und unsolidarisch erscheinen.

– Es geht darum, die Freiräume des Jungen zu vergrößern, ohne seine Chancen (= Noten) zu verschlechtern.

– Es können notwendige und zusätzliche Hausaufgaben unterschieden werden.

– Eltern müssen über die Notwendigkeit und das Ausmaß von Hausaufgaben mit den Lehrern reden.

– Eltern und Junge können sich gemeinsam Methoden zur Effizienzsteigerung (= Zeitersparnis) bei Hausaufgaben überlegen. Schüler teilen sich die Arbeit (Gruppenleistungen).

– Schüler schließen sich gegen bestimmte Arten von Hausaufgaben zusammen.

– Der Berater besorgt anerkannte („wissenschaftliche") Argumente gegen Hausaufgaben.

Die Problembearbeitung kann verschiedene *Rollenspiele* einschließen: z.B. die Situation zwischen Eltern und Jungen, die Situation zwischen Eltern und Lehrer, die Situation auf einem Elternabend.

Lernblock IV: Die Übertragung partnerschaftlicher Konfliktregelung in andere Lebensbereiche

Dieser Lernblock ist eher für einen der Abende gegen Ende des Elterntrainings gedacht. Die Eltern sollen überlegen, wie sie das Gelernte auch in anderen Lebensbereichen als der Kindererziehung anwenden können:

– Brainstorming (mit Hilfe einer Wandzeitung, an der Stichworte protokolliert werden): „Wo gibt es für uns (ganz konkret) Möglichkeiten, partnerschaftliche Konfliktregelung anzuwenden?"

– Jeder überlegt sich ein Vorhaben, wo er künftig vermehrt partnerschaftliche Konfliktregelung anwenden will, wie er das machen will, welche Probleme auftauchen können, wie er diesen Problemen begegnen kann, usw.; dieses schreibt er auf einen Zettel (Einzelarbeit).

– Gegenseitige Beratung in Dreiergruppen.

– Kurze Vorstellung der Vorhaben im Plenum; die genannten möglichen Schwierigkeiten werden aufgelistet; gegebenenfalls werden einzelne Schwierigkeiten durchgespielt. Wichtig ist es bei diesem Lernblock, einen Termin zu haben, wo man in der Gruppe über die Ergebnisse dieser Vorhaben sprechen kann. Wesentlich ist es, die Teilnehmer nicht zu überfordern („Mehr als Nichtstun ist ein Erfolg!"). Eine Anregung: Die Trainer können die genannten Vorhaben auflisten; sie haben damit einen schriftlichen Ideenkatalog für künftige Trainingsgruppen.

5.4.6 Trainerverhalten

Die bisherigen Abschnitte haben indirekt bereits Aussagen zum Trainerverhalten gemacht; wir haben daher bewußt auch Punkte in den folgenden Katalog aufgenommen, die bisher nicht angesprochen wurden, aber für die Durchführung von Elterntraining nach unseren Erfahrungen wichtig sind.

Ein Katalog ist gewiß eine Beschränkung: Man könnte mehr und differenzierter schreiben. Doch ist jede Abhandlung über Trainerverhalten in ihrer Verwendbarkeit eingeschränkt, da jeder Trainer nur das verwirklichen kann, was er mit seiner „Vorqualifikation" verbinden kann; ein Trainer kann zwar Methoden und Inhalte leicht aus Büchern übernehmen, nicht aber anhand von Büchern sein Verhalten verändern. Unter dem Gesichtspunkt, daß nur minimale Anregungen möglich sind, erscheint uns ein kurzer Katalog doch als ganz geeignet. Im folgenden also die eher stichwortartigen Anforderungen an Trainerverhalten:

● Der Trainer sollte ein *sehr gutes Modell* für alles sein, was er den Eltern im Training vermitteln möchte, insbesondere Modell für

– hilfreiches Verhalten, Akzeptierung;

- Offenheit, Ausdruck von Gefühlen und Interessen;
- Äußerung eigener Schwierigkeiten;
- „Metakommunikation", Konstruktive Kommunikationsüberprüfung;
- Selbstsicherheit, Selbstvertrauen;
- partnerschaftliche Konfliktregelung.

● Der Trainer sollte sich bemühen, *freundlich, humorvoll und optimistisch* zu sein; (er „färbt ab" auf die Gruppenatmosphäre; eine solche Atmosphäre ist ungünstig für die Entwicklung von Angst und Aggressionen).

● Der Trainer sollte möglichst intensiv davon Gebrauch machen, auch schon kleine *Lernschritte* der Teilnehmer *positiv* zu *verstärken* („Die Macht des Positiven").

● Er sollte *verständlich, partnerschaftlich (reversibel)* und *praxisnah* in seiner Sprache sein und *Beispiele* verwenden; (nicht abstrakt sprechen).

● Die *Steuerung des Trainings* besteht für den Trainer u.a. darin, für die Bearbeitung der Probleme Angebote zu machen, Widersprüche zu verdeutlichen, Alternativen und deren Konsequenzen aufzuzeigen, und – als erstes – diese Probleme anzusprechen, falls sie nicht von Teilnehmern geäußert werden. Er versucht so, allmählich immer mehr, die Entscheidungen durch die Gruppe erarbeiten zu lassen, und sich selbst aus der Rolle eines „Mädchens für alles" zu lösen.

● Der Trainer hat eine *Doppelrolle*, die er transparent und bewußt machen muß: einmal die des verantwortlichen *Trainers*, zum anderen die eines *Gruppenmitglieds.*

● Bei der *Arbeit an Elternproblemen* sollte er sich bemühen, möglichst nah an den konkreten Problemen der Eltern zu bleiben; Probleme nicht „unter den Tisch fallen" zu lassen, darauf zu achten, daß die Gruppe systematisch von einfachen zu schwierigeren, komplexeren, belastenderen Problemen geht.

● Er sollte sich zum *Agenten eines realistischen Anspruchsniveaus* bei den Eltern machen; die „Alles-oder-Nichts-Alternative" (Zielerreichung oder Resignation) muß vermieden werden.

● Der Trainer sollte sich um ein *günstiges Lernklima* bemühen, in dem es möglich ist, Fehler zu machen, ohne von der Gruppe bestraft zu werden, in dem Perfektionismus selten ist, in dem die persönliche Meinung eines jeden einzelnen ernst genommen wird.

● Er sollte im Training die Komponente *Gemeinsame Freude* nicht vergessen und Spaß bzw. Entspannung mit Phasen starker Konzentration verbinden.

● Er sollte *auf möglicherweise auftauchende Schwierigkeiten eingestellt* sein, wie etwa die folgenden:

– unterschiedliche Voraussetzungen bei den Eltern (u.a. unterschiedliche Schichtzugehörigkeit);

– Angst der Teilnehmer vor der Gruppe;

– einzelne Teilnehmer sprechen zuviel;

– der Trainer wird als Autorität gesehen; er hat aber selber Angst und wenig Zutrauen zu seiner eigenen Kompetenz (Angst vor der Doppelrolle; Selbstlüge, nur Gruppenmitglied zu sein);

– Rückzug von Teilnehmern auf eine Konsumentenrolle (die sich u.a. in der Erwartung von Rezepten für die Kindererziehung äußern kann);

– Neigung der Eltern zur nur sporadischen Aktivität außerhalb des Trainings, Schwierigkeiten bei andauernden Initiativen.

Literatur

Gordon, T. (1972): Familienkonferenz, Hamburg.

Fittkau, B. und Roedler, J. (1969): Trainingsmaterialien zum Training für Eltern und Erzieher. Psychologisches Institut der Universität Hamburg (mimeo).

Tausch, R. und A.-M. (1972): Erziehungspsychologie. Psychologische Prozesse in Erziehung und Unterricht. 6. Auflage, Göttingen.

6 Kommunikations- und Verhaltenstraining für Dozenten

Hans-Martin Müller-Wolf, Klaus-Ulrich Müller-Wolf

Zusammenfassung

Der Beitrag wendet sich an Lehrende in Schulen und Hochschulen; vor allem auch an diejenigen, die mit Lehrer- und Dozentenfortbildung befaßt sind. Er beschreibt das Konzept eines Kommunikations- und Verhaltenstrainings, das mit rund 100 Volkshochschuldozenten durchgeführt wurde. Es wird so versucht, einen Einblick in die Möglichkeiten der Dozentenfortbildung zu geben. Weiterhin werden Versuche der Übertragung auf Schule, Hochschule und pädagogisch-therapeutische Institutionen behandelt. Die Erfahrungen der Teilnehmer im Training, ihre anschließenden Praxiserfahrungen und mögliche Formen des Eigentrainings werden ebenfalls dargestellt.

In *Teil 6.1* wird *die Notwendigkeit von Kommunikations- und Verhaltenstraining* für Lehrende in der Erwachsenenbildung anhand von Erfahrungen an Volkshochschulen und anhand von Untersuchungen im Universitätsbereich begründet.

In *Teil 6.2* erfolgt die *Darstellung des Trainingsmodells und der Trainingsprinzipien*, wodurch dem Leser ein gewisses theoretisches Grundverständnis vermittelt werden soll: Die drei Stufen im Training (Sensibilisierung, Selbsterfahrung und Einstellungsveränderung, Verhaltenstraining) sowie die drei Lernebenen (Einzelarbeit, Kleingruppenarbeit, Plenum) und die drei Lernbereiche (kognitiv-rational, emotional-affektiv und zwischenmenschlich-sozial) werden beschrieben, um das *Trainingsmodell* zu verdeutlichen. Als *Trainingsprinzipien* werden das „integrative Lernen" (in allen drei Lernbereichen zugleich), die ständige Visualisierung der wichtigen Abläufe bzw. Trainingsinhalte, das Lernen am eigenen Verhalten (Autonomieprinzip) und das Prinzip der ständigen Rückmeldung (Feedback) beschrieben. Die Trainer/Moderatoren haben Modellfunktion; die Teilnehmer sind weitgehend selbstverantwortlich; es wird sowohl am „Hier und Jetzt" der Trainingssituation gelernt als auch die berufliche Situation „außerhalb" des Trainings aufgearbeitet.

Im *Teil 6.3* werden die *Bausteine bzw. Lernblöcke* des 2 Wochenenden umfassenden Trainings dargestellt, die sich in den 5 Trainingsgruppen als brauchbar und effektiv erwiesen haben. Praktiker der Dozentenfortbildung können hier Hinweise für eigene Veranstaltungen finden. – Die im Anschluß dargestellten Ergebnisse des Planspiels „Neue Volkshochschule" geben zahlreiche (auch übertragbare) Hinweise zur Neugestaltung von Lernprozessen (insbesondere in der Erwachsenenbildung). – Die Beschreibung der Trainingsatmosphäre und der Gruppendynamik verdeutlicht das sozialaffektive Geschehen, d.h. den „inneren Ablauf" bzw. das „Klima" der Trainings.

In *Teil 6.4* werden die *Auswirkungen des Trainings* dargestellt: Neben der Bewertung der verschiedenen Trainings durch die Teilnehmer am Trainingsende werden die Anwendungsversuche der Teilnehmer in ihrer beruflichen Praxis sowie die Übertragung auf andere Bereiche (Schule, Hochschule, pädagogisch-therapeutische Berufe, eigene private Situation) untersucht. Es folgt eine kurze Bemerkung zum politischen Stellenwert solcher Trainings.

Der abschließende *Teil 6.5* gibt zahlreiche theoretische und vor allem viele praktische Hinweise zu *Möglichkeiten eines Eigentrainings für Lehrende*. Verschiedene praxiserprobte Feedback-Verfahren, anhand derer Lehrende ihr Lehrverhalten überprüfen und verbessern können, werden ausführlich dargestellt.

Einleitung

Mit welchen Trainingsveranstaltungen befaßt sich der Beitrag?
Die Grundlage des Beitrags bilden mehrere von den Verfassern 1972–74 durchgeführte Trainingsseminare an verschiedenen Volkshochschulen in Schleswig-Holstein (Modellseminar Eckernförde, dazu Husum, Lübeck und Norderstedt). Die Seminare wurden an zwei Wochenenden im Abstand von knapp zwei Monaten durchgeführt. Dadurch sollte den teilnehmenden Dozenten die Möglichkeit gegeben werden, die Trainingsinhalte in der Zwischenzeit in ihrer Praxis als Dozenten zu überprüfen, um anschließend am zweiten Wochenende aufgetretene Schwierigkeiten und neue Probleme aus der Praxis aufarbeiten zu können und einen Austausch der Erfahrungen zu ermöglichen.

Warum Eingrenzung auf Dozenten der Volkshochschule?

Hierfür gibt es vor allem zwei Gründe:

Zum einen sind unter den rund 100 Dozenten von Volkshochschulen, die an unseren Trainings teilgenommen haben, Lehrende mit sehr unterschiedlicher hauptberuflicher Tätigkeit vertreten; es gibt darunter z. B. Hochschullehrer, freiberufliche und angestellte Akademiker verschiedener Fachrichtungen (Psychologen, Ingenieure, Naturwissenschaftler), Hausfrauen, Künstler und Lehrer aller Schultypen. Es wird also ein sehr *breites Spektrum von Lehrenden* erfaßt: Die Erkenntnisse aus den hier geschilderten Trainingsveranstaltungen fanden ebenso wie an Volkshochschulen auch an Hochschulen und anderen Schulen ihre Anwendung.

Zum zweiten ist die Volkshochschule eine Institution von wachsender bildungspolitischer Bedeutung; die Hörerzahlen sind in den letzten Jahren rasch gestiegen. Zugleich ist der *Freiraum* an Volkshochschulen *für alternative Formen des Lehrens und Lernens besonders groß* im Vergleich etwa zu den Hochschulen oder den allgemeinbildenden Schulen in der Bundesrepublik Deutschland: Vom Näh- oder Bastelkurs bis zum beruflichen Qualifikationserwerb oder der Vorbereitung auf die Hochschulaufnahmeprüfung ist so ziemlich alles vertreten.

Was will der Beitrag?

Mit unseren Ausführungen soll zunächst ein *Einblick* gegeben werden, wie sinnvolle (von den Betroffenen zumindest sehr positiv beurteilte) *Dozentenfortbildung* betrieben werden kann. In erster Linie bezieht sich das auf Dozentenfortbildung an der Volkshochschule; der Ansatz ist von uns im übrigen unter entsprechender Modifikation auch schon erfolgreich mit Hochschul- und Schulkollegien durchgeführt worden. Neben dieser einführenden Information über die Vermittlung von Verhaltensqualifikationen an Lehrende wird auch kurz auf die *Auswirkungen* dieser Dozententrainings eingegangen werden. Am Schluß stehen einige Ausführungen über *Möglichkeiten des Eigentrainings* ohne speziell ausgebildete (psychologische) „Moderatoren" bzw. „Trainer".

Die generelle Schwierigkeit eines solchen Beitrags

Eine Beschreibung von Trainingsveranstaltungen, wie sie im folgenden vorgenommen wird, muß immer unzureichend bleiben. Sie ist insofern schon in sich widersprüchlich, als sich das Lernen innerhalb solcher Trainings vor allem auf eigene Erfahrungen stützt. Bei der Beschreibung fehlt notwendigerweise dieser Hauptaspekt des Erfahrungslernens: Wir können nur stellvertretend die Erfahrungen von uns selbst und den Teilnehmern der Dozententrainings schildern.

Wenn Sie als Leser bei der Lektüre unzufrieden bleiben, wenn Ihnen die Schilderung als zu trocken erscheint und Sie das Gefühl haben, „nicht so recht dahinterzukommen", dann hilft nur eines: „Aufhören mit dem Lesen von Artikeln und selbst einmal praktische Trainingserfahrungen sammeln."

6.1 Zur Notwendigkeit von Kommunikations- und Verhaltenstrainings für Lehrer in der Erwachsenenbildung

Das vorliegende Projekt von sogenannten „Trainings" mit Lehrern bzw. „Dozenten" der Volkshochschule versteht sich als Teil eines Handlungsforschungsprojekts (vgl. *H.-M. Müller-Wolf* 1976) (6/1). In früheren deskriptiven empirischen Arbeiten (*H.-M. Müller-Wolf* 1969, *H.-M. Müller-Wolf* und *B. Fittkau* 1971) waren bei einem großen Teil der Lehrer in der Erwachsenenbildung bestimmte Defizite identifiziert worden:

– nicht genügend *emotional positives, „demokratisches" Lehrverhalten*, d. h. zu wenig Akzeptierung, Wertschätzung und einfühlendes Verständnis für die Teilnehmer/Studenten, sowie stattdessen eine zu starke „autokratische Rollendistanz" (Perfektionismus, statt sich als Lernender zu verstehen und zu zeigen);

– nicht genügend *didaktisch effektive Stimulierung*, die in hohem Maße mit Zufriedenheit und Motivierung der Studenten/„Hörer" korreliert; d. h. ein Mangel an interessanter und anregender, dabei gut verständlicher und geordneter Darbietung bestimmter Inhalte, wobei der „Dozent" ein engagiertes Modell darstellt; (6/2)

– nicht ausreichende Beachtung des *Lernklimas in der Gruppe*, d. h. der sozial-affektiven gruppendynamischen Ereignisse in der Lerngruppe (dem sogenannten „Kurs" oder „Seminar"), und weitgehende Unzulänglichkeit, *selbst* die Gruppenprozesse als kooperatives und konfliktregelndes Modell positiv mitzugestalten.

Die Notwendigkeit der durchgeführten Trainingsseminare läßt sich im übrigen auch aus der häufig von den Dozenten selbst angesprochenen unzureichenden didaktischen Ausbildung ableiten. So besteht der Wunsch, besser auf die Praxis vorbereitet zu sein. Das beinhaltet weniger eine Verbesserung der fachlich-wissenschaftlichen Fähigkeiten (da hier die Dozenten meistens Spezialisten sind) als vielmehr eine Vermittlung von wesentlichen *Fähigkeiten im sozialen und emotionalen Verhalten* für den Umgang mit den Teilnehmern (Hörern), die von entscheidender Bedeutung für die Organisation von Lernprozessen sind.

Vorrangige Probleme sind (nach Aussage der Dozenten):

– *Schwierigkeiten* der Hörer untereinander sowie zwischen Hörern und Dozenten *zu vermindern;*

– ein *„lernendes System"* Gleichberechtigter zu schaffen (z. B. Abbau der Angst, sich vor anderen Teilnehmern oder dem Dozenten zu blamieren);

– eine *„Entschulung" des Lernens und Lehrens* zu erreichen, verbunden mit einem praxisnahen Lernen, das sich an den *Bedürfnissen der Teilnehmer* orientiert sowie

– die *Angst vor der scheinbar praxisfernen „Hochschule"* abzubauen und den Teilnehmern Fähigkeiten zu vermitteln, die es ihnen ermöglichen, ihre Lernprozesse in zunehmendem Maße *unabhängig vom Dozenten* (Prinzip der Autonomisierung), aber in Kooperation mit ihm selbst zu gestalten.

Erst dann wird die Volkshochschule nicht nur potentiell, sondern tatsächlich allen Hörern offenstehen.

Weiterhin besteht ein großes Bedürfnis der Dozenten nach einer besseren Kommunikation untereinander (nur sehr wenige Dozenten kannten ihre Kollegen an der VHS außer einigen fachgleichen) und zur Institution Volkshochschule: „Entfremdungsprozesse" laufen nicht nur zwischen Hörern und Dozenten, sondern auch zwischen der „anonymen Institution Volkshochschule" und den Dozenten ab (6/3). Häufig wird die Lehrtätigkeit isolierter einzelner Dozenten von diesen als wenig befriedigend erlebt, zumal das Interesse an der Arbeit nur teilweise auf finanzielle Beweggründe zurückzuführen ist. Zielvorstellungen, die von den Dozenten in Trainings geäußert wurden, waren u.a.:

– die Arbeit in *Dozenten-Teams* mit z. B. gegenseitigen Hospitationen;

– gemeinsame Programmplanung; *Veränderung der inneren Struktur der Volkshochschule;*

– *gegenseitige Unterstützung* bei Schwierigkeiten; informelle Kontakte;

– eventuelle Team-Teachings und *experimentelle Versuche zur Innovation* der Volkshochschule sowie

– Planung und Durchführung von *Projekten* auch außerhalb der Volkshochschule, d. h. eine *Einbeziehung der Volkshochschule „ohne Wände"* in das Gemeinwesen.

Zusammenfassend ergeben sich folgende Gründe für die Notwendigkeit eines Kommunikations- und Verhaltenstrainings für Dozenten:

– Volkshochschuldozenten haben als Lehrer eine *Modellfunktion* für die Teilnehmer bzw. Hörer.

– Ein verbessertes emotional-affektives Lehrverhalten erhöht die *Motivation* der Teilnehmer, vermindert ihre *Ängste und Lernbarrieren*, fördert ihre Lernbereitschaft und verbessert die *Kooperation* zwischen Dozenten und Hörern.

– *Lernmöglichkeiten im emotional-sozialen Bereich* werden in der traditionellen Ausbildung kaum gegeben; es besteht ein hohes Interesse auf Seiten der Hörer und Dozenten.

– Lern- und Interaktionsprozesse in der *Volkshochschule* sollten *Modellcharakter* für andere Gesellschaftsbereiche haben, zumal hier bedingt ein politisch-ökonomischer Freiraum (z. B. keine offene Vorauslese, geringe Kursgebühren, keine Reglementierung der Inhalte) besteht, der genutzt werden kann.

– Barrieren zwischen Lehrenden und Lernenden müssen abgebaut werden: Ziel ist ein *„lernendes System" Gleichberechtigter*, der „fachkompetente" Dozent sollte sich auch „als Mensch" einbringen.

– *Entschulung* der Volkshochschule durch stärkeren Lebensbezug, d. h. Berücksichtigung der Interessen und Lebensbedürfnisse von Teilnehmern bzw. Zielgruppen von Veranstaltungen der Volkshochschule. Sensibilisierung und Vorbereitung der Dozenten für diese Notwendigkeit.

6.2 Trainingsmodell und Trainingsprinzipien

Im Verlaufe des Trainings wurde häufig auf das *Trainingsmodell* und die *Trainingsprinzipien* verwiesen, um es so den teilnehmenden Dozenten zu ermöglichen, anhand der Trainingspraxis die Theorie konkret *selbst zu erfahren*. Zum anderen sollten die Dozenten durch das Training befähigt werden, in begrenztem Maße eigene „Moderatoren-" bzw. „Trainerfähigkeiten" für ihre Praxis an der Volkshochschule zu erwerben.

6.2.1 Das Trainingsmodell

Das *Trainingsmodell* umfaßt *drei Stufen* (vgl. *H.-M. Müller-Wolf* 1972, 1974), die ineinander verschränkt verwirklicht werden:
1) *Sensibilisierung* (Wahrnehmungsdifferenzierung und Bewußtseinsveränderung);

2) *Einstellungsveränderung* durch Selbsterfahrungstraining (z. B. Rollenspiele, Wirkung auf andere und Selbstkonfrontation);

3) *Verhaltenstraining*, wo die Teilnehmer gewonnene Einsichten und Einstellungsveränderungen in Verhalten einlösen können (z. B. Erprobung neuer Verhaltensweisen und damit Erweiterung des Verhaltensrepertoires in konkreten Konfliktsituationen durch Rollen- und Planspiele; vgl. Merkblatt M 12).

Wichtig ist, daß diese Stufen einander *nicht* eindeutig *bedingen* bzw. voraussetzen, so daß etwa in der Abfolge der drei Trainingsstufen nur Wahrnehmungsdifferenzierung 1) trainiert werden könnte. Vielmehr besteht ein *spiralförmiger Phasenablauf*: Bei den ersten Trainingseinheiten steht die Stufe 1) Sensibilisierung mehr im Vordergrund, gegen Ende des Trainings wird vor allem die Vermittlung sozialer Kompetenzen, d. h. Verhaltenstraining und Repertoire-Erweiterung 3), betont. In jedem *Trainingsabschnitt* sind aber – zumindest ansatzweise – *alle Trainingsstufen* repräsentiert, wenngleich mit unterschiedlicher Gewichtung.

Generell wurde versucht, stets die *drei* folgenden *Lernebenen* einzuhalten: 1) Einzelarbeit, 2) (Klein-) Gruppenarbeit, 3) Plenum. So kann jedem Teilnehmer hinsichtlich seiner *eigenen* Einstellungen und Haltungen (siehe 1: Einzelarbeit) eine Rückmeldung durch die Gruppe der *anderen* Teilnehmer (siehe 2) ermöglicht werden, wodurch die Arbeit der einzelnen Teilnehmer für die *Gesamtgruppe* (siehe 3) sehr weitgehend genutzt werden kann. Weiterhin ermöglicht diese Arbeitsweise ein *hohes Maß an selbständigem, trainerunabhängigem Lernen.*

Zugleich ist dieser Dreischritt als Modell für die eigene Unterrichtsgestaltung gedacht. Er entspricht vergröbert dem Dreischritt Ich – Gruppe – Gesellschaft und läßt alle Rückbezüge zu (z. B. Ich – Gesellschaft, Ich – Gruppe, Gruppe – Gesellschaft); im Training wird der Dreischritt teilweise entsprechend den Bedürfnissen der Teilnehmer und der zeitlichen Gebundenheit auch nur ansatzweise (exemplarisch) vollzogen.

Deshalb ist mit dieser Vorgehensweise aber keineswegs eine *psychologistische Betrachtungsweise gesellschaftlicher Probleme* gemeint, die aus einem rein individuellen Ansatz heraus gesamtgesellschaftliche, politisch-ökonomische Probleme zu lösen trachtet. Vielmehr gehen wir von einem Emanzipationsmodell der wechselseitigen Abhängigkeiten (dialektische Interdependenz) aus: „Subjektive" Emanzipation von Individuen ist letztlich nur unter entsprechenden *objektiven* Bedingungen möglich, und *objektive"* Emanzipation („Gesellschaftsveränderung") muß von emanzipationsfähigen Individuen getragen werden (vgl. auch *R. Chin* und *K. D. Benne* 1971 sowie *K. Horn* 1969, 1972).

Als sinnvoll hat es sich erwiesen, das *Verhalten im Training* bzw. die *Lernerfahrungen* nach folgenden *drei* – nur theoretisch trennbaren – *Lernbereichen* zu unterteilen. Diese drei „Straßen des Lernens" sind:

1) kognitiv	2) emotional	3) sozial
-rational	-affektiv	(zwischenmensch-
(Verstand)	(Gefühl)	liches Verhalten)

Jedes Verhalten weist zugleich *alle drei* Aspekte auf; jedoch wird gerade das emotionale und soziale Verhalten im Lernprozeß vernachlässigt, obwohl hiervon entscheidend die *Motivation* der Lernenden und – über das „Lernklima" in der Gruppe – auch die *Lerneffizienz* abhängt.

6.2.3 Trainingsprinzipien

Um den Teilnehmern die Orientierung in der durch die Andersartigkeit des Trainings bedingten *Lernlandschaft* (bestehend aus den einzelnen Einheiten als „Trainingsangeboten") zu erleichtern, wird versucht, auf möglichst vielen „Kanälen" zugleich zu senden, d. h. *integratives Lernen* zu ermöglichen:

● Kognitiv-rationales, emotional-affektives und soziales Erfahren und Lernen findet zugleich statt.

● Fortwährend werden die Lernergebnisse aus Erfahrungssituationen oder Diskussionen auf Wandzeitungen oder Tafeln (Prinzip der Visualisierung) festgehalten.

● Wenn möglich werden Aufzeichnungen auf Tonband bzw. Video-Recorder gemacht, um nicht als Trainer „belehren" zu müssen, sondern die lernende Gruppe *selbst (Autonomieprinzip)* an ihrem Verhalten lernen zu lassen.

● Um den Teilnehmern laufend die Möglichkeit zur Rückmeldung zu geben, erhält jeder *Kommunikationsmarken*, mit denen er signalisieren kann, ob er alles verstanden hat, bzw. ob er noch mitarbeitsfähig ist (z. B. „rot" bedeutet „Halt, Stop, Störung"; „gelb" = „Achtung", „Klärungsbedürfnis").

Da eine ausführliche Darstellung der *Trainingsprinzipien* den Rahmen sprengen würde, folgt nur eine *summarische Auflistung*:

1) Trainer sind *Moderatoren und „Erleichterer"*, nicht dozentenhafte Lehrer; sie bringen sich als Person ein, sind nicht „perfekt", sondern versuchen, in ihrem Verhalten selbst *modellhaft* die Trainingsziele zu verwirklichen.

2) Die *Teilnehmer sind selbstverantwortlich*, sie werden in ihrer Autonomie und Persönlichkeit zwar mitunter herausgefordert, aber nicht bedroht; die Trainer sind ausgebildet in Gesprächstherapie und verstehen sich im Rahmen des Trainings als Agenten einer „Therapie für Normale", sie helfen und unterstützen.

3) Wesentliches Prinzip des gemeinsamen Lernens ist die *fortwährende Steuerung des Seminarverlaufs durch Rückkopplungsprozesse*; die Teilnehmer bestimmen durch Feedback (vgl. Merkblatt M 3) und durch täglich vorgenommene „Prozeßanalysen" (vgl. Merkblatt M14 im Anhang) den Gang des Seminars ihren Bedürfnissen entsprechend; genaue Strukturierung steht nicht im Gegensatz zu diesen Ausführungen.

4) Es wird viel aus der Situation des *Hier und Jetzt* gelernt, die Lernprozesse beschränken sich aber nicht darauf; gesellschaftlich bedingte und strukturell verursachte (*bildungs-)politische Probleme werden u. a. einbezogen.*

5) Im Laufe des Trainings wird die *Autonomisierung der Teilnehmer* dadurch angestrebt, daß die Trainer sich zunehmend „zurücknehmen", um die *Übertragung* des Gelernten in die Praxis der Volkshochschule zu erleichtern, wo auch keine Trainer helfen können (Abbau der praxisfernen Trainer-Zentrierung).

6) Es wird ein *ausgewogenes Lernen in allen drei Lernbereichen* angestrebt (soziales, affektives, kognitives Lernen); zu Beginn eines Trainings werden die bisherigen (eher kognitiven) Denkstrukturen der Dozenten berücksichtigt.

7) Auch *Selbsterfahrungsübungen und gruppendynamische Erlebnisse* bedürfen der *kognitiven Aufarbeitung und Auswertung*, um nicht im Training eine Fluchtmöglichkeit in „gruppendynamische Paradiese" zu schaffen, die dann in der Realität der Volkshochschule nicht wiedergefunden werden können.

8) Trotz der in ihrer Komplexität mitunter relativ unstrukturiert erscheinenden *Lernlandschaft* ist im Laufe des Tages stets ein *erkenn-*

barer Faden der Lernziele anzustreben (realisiert durch fortwährende Metakommunikation (6/4) und Prozeßanalysen); außerdem ist
es Aufgabe der Trainer, bei jedem Lernschritt *Transferhinweise* zu
geben.

9) Die *drei Ebenen des Seminargeschehens* (ES=Thema – Wir=Be-
dürfnisse der Lerngruppe – Ich=(Lern-)Bedürfnisse der einzelnen
Teilnehmer) müssen *gleichrangig* behandelt werden (vgl. Merkblatt
M11 im Anhang).

10) Wesentlich ist es, die *Übertragbarkeit von Trainingsinhalten auf
die Lebenspraxis* der Trainingsteilnehmer zu gewährleisten, deshalb
sind Praxissimulationen (Rollen- und Planspiele sowie Feedback
vom Video-Recorder) von besonderer Bedeutung.

11) Das Training versucht exemplarisch, erstrebenswerte Kommu-
nikationssituationen und soziale Beziehungen zwischen sämtlichen
Mitgliedern der lernenden Gruppe (die Trainer eingeschlossen) herzustellen: Eine *Parallelität zwischen Trainingssituation und der Pra-
xis-Situation der Teilnehmer* an der Volkshochschule wird modellhaft angestrebt.

6.3 Schilderung des Trainingsprogramms

Das Programm bestand in der Regel aus folgenden Teilen, die entsprechend den Bedürfnissen der Teilnehmer gewichtet und evtl. umgestellt wurden:

6.3.1 Seminar I: *Erster Tag*

1) *Kennenlernen der Teilnehmer, ,,Cocktail-Party'':* Jeder Teilnehmer stellt sich dem anderen anhand einer ,,Bauchzeitung'' (6/6) im kurzen persönlichen Gespräch – in der ,,informellen'' Situation einer Cocktail-Party – vor (Inhalte z. B.: Name, Arbeitsgebiet, erste Selbstbeschreibung des eigenen Verhaltens als Dozent). Jeder spricht kurz mit jedem – auch die Trainer.

2) *Erhebung der Erwartungen, Befürchtungen und Zielvorstellungen der Teilnehmer.* Auf Karteikarten werden zuerst in Einzelarbeit Stichworte zu den Bereichen gesammelt, anschließend in Kleingruppen diskutiert und untereinander bewertet; im Plenum erfolgt eine abschließende Zusammenstellung, wobei die Ergebnisse auf Wandzeitungen (d. h. einigen Quadratmetern Packpapier an der Wand) festgehalten werden. Damit ergibt sich ein erster ,,emotionaler Fingerabdruck'' der Gruppe; das Programm kann teilnehmerzentriert zusammengestellt werden und Trainingsmodell sowie Trainingsprinzipien können an den beiden ersten Einheiten deutlich gemacht werden.

3) *Kurzvortrag der Trainer über Trainingsprozesse und -ziele:* Darstellung der Lernbereiche, Lernebenen und des Drei-Stufen-Modells sowie des Programms unter Integration der Ergebnisse von 2); kurze Besprechung im Plenum.

4) *Cocktail-Party II:* Jeder Teilnehmer charakterisiert sich z. B. mit drei wesentlichen Persönlichkeitseigenschaften oder den wesentlichen Merkmalen seines Sozialverhaltens (wiederum auf einer ,,Bauchzeitung'').

Zielperspektive: Kommunikation unter den Teilnehmern verbessern, Kennenlernen vertiefen; Abbau der Ängste und Hemmungen, sich dem anderen mitzuteilen; Förderung der Reflexion über die eigene Person (Wer bin ich?); Erleben des Abbaus von Hemmungen gegenüber Situation 1).

Die Selbsterfahrung führt erfahrungsgemäß ansatzweise zu Selbstveränderung, die Teilnehmer erleben selbst als „Hörer"/Teilnehmer die Ängste ihrer zukünftigen „Hörer/Teilnehmer.

5) *Einführung in die TZT-Regeln*: Die Teilnehmer werden anhand von Merkblatt M11 in die Regeln der „Themenzentrierten Interaktion" nach *R. Cohn* (vgl. u. a. *B. Fittkau* 1974) zur Verbesserung der Gruppenfähigkeit und zur Optimierung der Kommunikation in Gruppen eingeführt. Anhand der Analyse einer auf Video-Recorder oder Tonband aufgezeichneten *Gruppendiskussion über die Brauchbarkeit der Methode* werden noch einmal Sinn und Schwierigkeiten der „Regeln" erfahrbar gemacht und im einzelnen diskutiert. Die Teilnehmer erfahren hier (durch Selbsterfahrung) die Schwierigkeit, kognitiv-rational Erfaßtes in Verhalten umzusetzen.

6) *Non-verbales und verbales Erfahrungslernen im sozialen und emotionalen Bereich:* „Blindes Vertrauen" und ähnliche (häufig nonverbale) Übungen (vgl. dazu *K. Antons* 1973 oder die Autoren des ZKVTe. V. *L. Schwäbisch* und *M. Siems* 1974); Ziel: Ängste, Hemmungen, Blockierungen und teilweise mangelnde Offenheit bzw. Risikobereitschaft der Teilnehmer erfahrbar zu machen und Hilfestellung bei deren schrittweiser Überwindung –durch gegensätzliche Erfahrungen– zu geben.

7) *Kurzvorträge der Trainer über Kommunikation mit Diskussion:* Hier wird vor allem auf kognitiv-rationaler Ebene gearbeitet. Themenbereiche –meist durch Merkblätter vermittelt– sind (vgl. *B. Fittkau* 1974):

– Kommunikation und Kommunikationsziele, das Regelkreismodell der Kommunikation: Bedeutung der Beziehungsebene in der Kommunikation (vgl. Merkblatt M1) und der Rückmeldung, wie Verhalten wirkt, d. h. des Feedback („Kein Lernen ohne Feedback"); Sinn, Ziele und Gefahren der Kritik (vgl. Merkblätter M3 und M8).

– „Drei Aspekte der Sprache" (6/7); Ablauf des Kommunikationsprozesses, mögliche Störungen und Barrieren; Bedeutung der „Metakommunikation" (vgl. Merkblatt M2) zu ihrer Behebung.

– Einführung von „Kommunikationsmarken, die ein ständiges spontanes Feedback über die Haltung der Teilnehmer ermöglichen (instrumentierte Metakommunikation): rote Münze = kein Verständnis bzw. nicht arbeitsfähig: „Halt !", gelb = z. B. Verständnis, aber kein Interesse: „Achtung !"., grün = Verständnis und Interesse: „Weiter so !".

8) *Diskussion und Erfahrung von Kooperation:* Anhand eines Koope-
rationsspiels von *T. Brocher* (1967) werden die zuvor durch Diskussion unter Beachtung der TZI-Regeln erarbeiteten Vorstellungen
über förderliche und hinderliche Prozesse bei Kooperation erfor-
dernden Aufgaben erfahrbar gemacht und in der anschließenden
Diskussion anhand der Video-Aufnahme aufgearbeitet.

9) *Feedback für die Trainer:* Am Ende jedes Tages erfolgt – neben
den einzelnen zwischengeschalteten Feedbacks – eine Rückmeldung der Teilnehmer. U. a. wird das *Verhalten* hinsichtlich Wertschätzung, Lenkung, Aktivität und Echtheit beurteilt sowie die
Kommunikation nach den Verständlichkeits-Kriterien Kürze/Präg-
nanz, Ordnung/Gliederung, Einfachheit sowie Stimulanz (vgl. *B.
Fittkau* 1974, S. 40, 43).

6.3.2 *Seminar I: Zweiter Tag*

10) *Prozeßanalyse:* Zu Beginn eines jeden Tages (bzw. des zweiten
Trainings) wird eine Analyse des bisherigen Gruppenprozesses und
des Trainingsverlaufs in den drei Lernbereichen (emotional – sozial
– rational) durch Trainer und vorher bestimmte Teilnehmer gegeben: Die Prozeßanalyse bietet eine gute Möglichkeit zum erneuten
Einstieg, zum Aufzeigen des teilweise unterschiedlichen Erlebens
des Trainings und vor allem auch zur Programmsteuerung bzw.
Programmkorrektur durch die Trainungsgruppe (vgl. Merkblatt M
14).

11) *Kommunikationstraining:* Aufteilung der Gruppen und Verlo-
sung der Themen zur Kommunikationstheorie, die als Merkblätter
(Kurzpapiere von 2–5 Seiten) vorliegen. Jeder Teilnehmer erhält die
Aufgabe, einen 5–8 Min. dauernden Kurzvortrag eigenen Stils zu
halten: Informationsvermittlung ist das Ziel, ohne daß es formale
Vorschriften gibt. Nach dem Playback der auf Video-Recorder oder
Tonband aufgezeichneten „Kurzvorträge" werden die Merkmale
gelungener und mißlungener Informationsvermittlung, d. h. die 4
„Verständlichmacher" (vgl. *B Fittkau* 1974, S. 40, *H.-M. Müller-
Wolf* 1974, S. 84) erarbeitet: Eigen-Feedback des Vortragenden und
Feedback der Gruppe ergänzen einander im Wechsel. Die Themen
der Kurzvorträge sind z. B.: „Drei Aspekte der Sprache", „Kritik
und Feedback" (vgl. Merkblätter M3 und M8), „Die Themenzentrierte Interaktion" (vgl. Merkblatt M 11), „Metakommunikation"

(vgl. Merkblatt M 2), „Prozeßanalyse" (vgl. Merkblatt M14) oder „Kognitive Dissonanz". Somit wird als *Inhalt* eines *Kommunikationstrainings* (zur Informationsvermittlung) *Kommunikationstheorie* (anhand der Merkblätter) verwendet und anschließend wird darüber kommuniziert (Metakommunikation und Feedback), so daß hier auf drei Ebenen gleichzeitig an dem Problem gearbeitet wird: *Inhalte – Verhalten – Theorie* dieses Trainingsabschnitts sind jeweils „Aspekte der Kommunikation": Inhalt und Methode werden miteinander verknüpft.

12) *Diskussion über emotional-affektive und soziale Erfahrungen in der Unterrichtspraxis:* Zusammenstellung der Konfliktfälle für die nachfolgenden Einheiten (13, 14) als Material in Einzel- und Kleingruppenarbeit: Erfahrbarmachung der Häufigkeit gerade emotionaler und sozialer Probleme in der Praxis.

13) *Einführung in die Möglichkeiten des Rollenspiels*: Techniken und Möglichkeiten des Rollenspiels; Erweiterung des Rollenspiels durch „alter-ego"-Comment, d. h. Einführung eines „zweiten Ich" (vgl. *K. Antons* 1973, S. 101 f.; *B. Fittkau* 1974, S. 48; *H.-M. Müller-Wolf* 1972, S. 84 f. und 1974 S. 91). Möglichkeiten der Erweiterung des eigenen Verhaltensrepertoires durch Verhaltenstraining sozialer Kompetenzen (mit Wiederholungsphasen) sind so gegeben. Mißlungene und gelungene Kommunikation in Konfliktsituationen kann so im Training direkt erlebt werden. Die Kriterien für mißlungene und gelungene Kommunikation werden anhand der Video-Aufnahme erarbeitet und von der Gruppe auf Wandzeitungen festgehalten (vgl. zur Methodik auch Merkblatt M 12).

14) *Konfliktregelungstraining*: Dabei handelt es sich um einen der Programmschwerpunkte. Einigung der Gruppe auf Behandlung *eines* Konfliktfalles (unter den von der Gruppe gesammelten); Analyse der Konfliktursachen; kurzfristige Maßnahmen zur Regelung; Vorbereitung für eine (rollen- oder planspielähnliche Praxissimulation): Personen, genaue Situation etc.; Rollen- oder Planspiel als Praxissimulation; Erarbeitung längerfristiger Maßnahmen (vgl. *B. Fittkau* 1974, S. 41 f.). –Dabei geht es darum, daß die Teilnehmer die „niederlagenlose" Methode der Konfliktregelung (vgl. *T. Gordon* 1972 und Merkblätter M 9 und 10) kennenlernen, praktisch erfahren und erproben. Ausgehend von einer beiderseitigen Bereitschaft der „Konfliktpartner", das jeweilige Problem zu lösen, soll:
– das *Problem definiert und eingegrenzt* werden,
– der betroffene „Konfliktpartner" (der das Problem hat) – ggf. bei-

de – *Lösungsvorschläge* nennen, *ohne* daß diese sofort bewertet werden.

– Die *Bewertung* der einzelnen Lösungsvorschläge führt zur

– *Auswahl* des besten Lösungsvorschlags, der

– in *konkrete Operationen/Handlungsschritte* umgesetzt wird;

– abschließend wird noch festgesetzt, wann und wie die Wirksamkeit der so ausgewählten *Lösung überprüft* werden kann.

Neben diesen 6 Stufen (analytisch-entscheidungsmäßige Ebene) ist insbesondere eine Realisierung „angemessener" Kommunikation zu beachten: Die „Sprache der Annahme" (vgl. Merkblatt M 5) ist gekennzeichnet durch (nicht verletzende) Offenheit („Ich-Aussagen" vgl. Merkblatt M 7), Vermeidung von Werturteilen über den Konfliktpartner und durch die Bereitschaft und Fähigkeit, sich in den „Konfliktpartner" hineinzufühlen bzw. ihn mit seinen Problemen zu akzeptieren („Aktives Zuhören"; vgl. Merkblatt M 6 und *T. Gordon* 1972).

15) *Brainstorming über Folgeaktivitäten und Evaluation (Feedback):*
Das Kennenlernen einer *Arbeitstechnik* zur Produktion unzensierter, neuer und deshalb häufig kreativer Ideen ist *ein* Ziel dieses Trainingsteils. Dabei werden zugleich Möglichkeiten für Aktivitäten der Dozenten in der folgenden Praxisphase entwickelt, z. B. Anwendungsmöglichkeiten der Seminarinhalte in der eigenen Unterrichtspraxis. Außerdem dient dieser Trainingsteil als Vorbereitung für das zweite Seminar nach zwei Monaten. Wichtig ist, daß Aktivitäten nicht nur auf eine verbesserte Interaktion zwischen Dozenten und „Hörern" abzielen, sondern daß auch Aspekte der Strukturveränderung der Volkshochschule (Dozenten als bildungspolitische Agentur) einbezogen werden. Die folgende *Evaluation* des Trainings durch die Teilnehmer (abschließendes schriftliches Feedback und Diskussion) dient einerseits als Grundlage für die Prozeßanalyse zu Beginn des zweiten Trainingsseminars. Zugleich ergeben sich vor allem für die Trainer gute Lernmöglichkeiten aus den Rückmeldungen, die auch intensiver auf das Trainerverhalten eingehen; weiterhin können so Anhaltspunkte für Seminarkorrekturen bzw. unbefriedigte Lernbedürfnisse der Teilnehmer hinsichtlich des zweiten Trainingsseminars gewonnen werden.

Als Vorbereitung des zweiten Trainingsseminars wurde jeweils ein Protokoll des ersten Trainings mit einer ausführlichen Darstellung des Feedback (ca. 8–17 Seiten) an alle Teilnehmer verschickt: Die Zufriedenheit der Teilnehmer mit dem Trainingsprogramm und der Lernintensität lag in allen vier Seminaren im Optimalbereich (zwischen 85 und 92 Prozent). Überraschenderweise wurden von den Dozenten im Durchschnitt auch 2–3 Anwendungsversuche des Gelernten unternommen – schon nach dem ersten Trainingswochenende.

6.3.3 Seminar II: *Zwei Tage*

Nach der das erste Training umfassenden *Prozeßanalyse* (vgl. Programmpunkt 10) und der damit verbundenen Schilderung der *Trainingsauswirkungen* bzw. Praxisprobleme wird – in starkem Maße von den Teilnehmern bestimmt – das *Programm in seinen Zielen und Methoden gemeinsam festgesetzt* (vgl. Programmpunkt 2). *Hauptziel* ist eine *Vertiefung* des im ersten Seminar Erarbeiteten: Nach der Sensibilisierung und teilweisen Einstellungsveränderung durch das erste Seminar liegt nunmehr das *Schwergewicht auf Verhaltenslernen* (Praxissimulation) und dessen begleitender kritischer Hinterfragung. Neben der Einführung einiger neuer Übungen zur (praxisbezogenen) Selbsterfahrung (vgl. Programmpunkt 6) wird im übrigen mit den oben geschilderten methodisch-technischen Hilfsmitteln (wie Kommunikationsmünzen, ständiger Visualisierung u. a. durch „Wand"- und „Bauchzeitungen", Wechsel von Einzel-, Kleingruppen- und Plenumsarbeit) weitergearbeitet. Die Lerninhalte des ersten Trainings werden sukzessiv zu (inzwischen angeeigneten) Arbeitsmethoden: z. B. häufige Verwendung von Feedback, Metakommunikation, angemessene Kommunikation („Sprache der Annahme") oder Beachtung von bestimmten Kriterien bei der Konfliktregelung (vgl. den Inhalt der Merkblätter im Anhang).

16) *Aufarbeitung von Praxisproblemen:* Bearbeitung von Schwierigkeiten, die sich in der ca. 2-monatigen Praxisphase zwischen Training I und II ergeben hatten bzw. Austausch von Erfahrungen, neue Möglichkeiten und Initiativen. Schwergewicht dieser *Praxissimulation* sind das Erlernen bzw. Üben und Erfahren von angemessenen Formen der sozialen Interaktion/Kommunikation sowie speziell der Konfliktregelung (vgl. Merkblätter M4, M5, M6, M 7, M 9, M 10).

17) *Rollenspiele und Konfliktregelungstraining:* Neue Schwierigkeiten mit „Hörern" oder gescheiterte Konfliktlösungsversuche bzw. nur teilweise gelöste Konfliktfälle werden bearbeitet. In diesem Zusammenhang wird in der Regel erfahrbar, wie schwer es ist, Bewußtsein

und Einsichten in konkretes Verhalten umzusetzen (vgl. 11: „Kognitive Dissonanzen"). Im Sinne der Stabilisierung der Teilnehmer ist es hier wichtig, auf das nur *graduelle Fortschreiten* von sozialen Lernprozessen hinzuweisen, gegen die ja häufig viele Jahre eigener mehr oder minder „autoritärer" Erziehung stehen; Prinzip: „Nicht von 0 auf 100" (vgl. *B. Fittkau, H.-M. Müller-Wolf* und *F. Schulz von Thun* 1974 mit ihren Arbeiten, u. a. S. 7–14).

18) *„Sprache der Annahme" (vgl. Merkblätter M 4 und M 5) – „Ich-Aussagen" (M 7) und „Aktives Zuhören" (M 6):* Im Sinne von *„Micro-Teaching"* (vgl. *H.-M. Müller-Wolf* 1972, S. 85–90) werden von den Teilnehmern in Zusammenhang mit der Praxissimulation ihrer konkreten Probleme in der Volkshochschule (z. B. „Dauerredner" im Kurs, „Berieselungswünsche" der Teilnehmer bzw. „Hörer", Motivationsprobleme, Spannungen zwischen den Teilnehmern/„Hörern" usw.) angemessene Kommunikationsformen gezielt trainiert: Dabei ist das Ziel, eine *Balance* zwischen den „Ich-Bedürfnissen" und den „Du-Bedürfnissen" des Konfliktpartners zu erreichen. Weder soll der sogenannte Dozent *nur* die Bedürfnisse anderer sehen (Eingehen auf den Konfliktpartner durch „Aktives Zuhören") noch ist eine *übermäßige Betonung* der eigenen Interessen, Wünsche und Bedürfnisse (durch „Ich-Botschaften") erstrebenswert (vgl. *T. Gordon* 1972). –Wesentlich ist ein hohes Maß an Selbstbestimmung, das die Teilnehmer bei dieser Übungsform verwirklichen (autonomes Lernen).

19) *Reflexion des politischen und gesamtgesellschaftlichen Kontexts:* Unter den Fragestellungen: „Welche Funktion habe ich als VHS-Dozent, als bildungspolitischer Agent?" und: „Worin bestehen die Gefahren eines gruppendynamisch orientierten Seminars?" wird versucht, die eigene bildungspolitische Funktion im Bildungssystem der Bundesrepublik Deutschland zu reflektieren. (einige inhaltliche Ausführungen finden sich dazu im abschließenden Teil: Nachbemerkungen zum politischen Stellenwert des Trainings). Erkenntnisse aus diesem Trainingsteil gehen in die nachfolgende Trainingseinheit (20) ein (Umsetzung in Strategien der Veränderung).

20) *Planspiel „Neue VHS":* Hier wird versucht, Lösungen zu folgenden Punkten/Problemkreisen zu entwickeln:
– Verbesserung der Kommunikation in den Kursen;
– Verbesserung und Veränderung der Kursusinhalte;

– Verbesserung der Kommunikation zwischen VHS und der Bevölkerung;

– Integration von „Lernen" und „Leben" in verschiedenen Kursen

– Praxisbezug von Kursusinhalten (soziales Lernen) und Projektarbeit an der VHS.

Aus den Lösungsversuchen zu diesen vier Problemkreisen ergab sich jeweils ansatzweise ein *VHS-Veränderungsmodell* mit: Bedarfs- und Bedürfnisanalyse; Planungsphase; Praxisphase; Modifikationen und einer zweiten Praxisphase zur Erprobung.

Ein Beispiel sei anschauungshalber eingefügt:

Ergebnisse des Utopie- und Planspiels „Neue VHS"

(Abschrift der Wandzeitung; mit Gewichtung, wie sie von den Teilnehmern vorgenommen wurde)

I) Spalte eins: Verbesserung der Kommunikation in den Kursen

1. Kurse, wo Teilnehmer nur zuhören können, werden *alle* abgeschafft.

2. *Training* für alle Dozenten bzw. Planungsgruppen:
Dozentenunabhängiger arbeiten z. B. mit Teamern; Wechsel von Plenums- und Kleingruppenarbeit; Projektgruppen, die sich auch privat treffen; Verwendung von Feedback-Methoden; Einsatz von Auflockerungsübungen; Methoden für eine gemeinsame Planung von Kursen durch Dozenten und Teilnehmer . . . (*Bewertung:* 3 Teilnehmer: kurz- oder mittelfristig machbare Priorität; 2 Teilnehmer: langfristige Priorität.)

3. *Regelmäßige Rückmeldung* bei allen Kursen: Feedback-Bogen, Hospitationen, etc.

4. Schaffung von *Teilnehmer-Versammlungen*, die zur Bildung von Projektgruppen führen, die Kurse planen (dazu kann man z. B. einen Katalog von 100 – 500 Themen als Anregung vorgeben); es sollten Delegierte aus dem Kreis der Teilnehmer in den Vorstand (für Programmitbestimmung) gewählt werden. (Gewichtung: 1 Teilnehmer: kurz- oder mittelfristige Priorität; 2 Teilnehmer: langfristige Priorität.)

II) *Spalte zwei: Verbesserung bzw. Veränderung der Kursinhalte*

II.1) *Ziele:*

– Qualifikationsverbesserung (beruflich; soziales Lernen)

– Verbesserung von Lebensqualität (Spaß; Selbstverwirklichung z. B.)

– Autonomie (dozentenunabhängiges Lernen und Handeln z. B.)

– Soziale Kompetenz (Entwicklung und Förderung von Verhaltens-
lernen z. B.)
– Hilfe zur Selbstverwirklichung
– Bewußtmachung von Ist-Situationen (Situationsanalyse eigener
Lebensbedingungen)
– Entwicklung von Soll-Situationen (Entwicklung von Zielvorstel-
lungen)
– Planung von Veränderung (im eigenen Lebensbereich: Familie,
Beruf, Gemeinde)
– Die Teilnehmer sollen Lernen lernen (mittelfristige Priorität)
– Fachübergreifende Methoden (mittelfristige Priorität)
II.2) *Exemplarische Kursinhalte*
1. Erwerb sozialer Kompetenzen (z. B. durch Trainings);
2. Inhalte im Bereich Kommunikation (Sprachen, Sprechtechniken,
visuelle und nonverbale Kommunikation, Fähigkeit zur „Metakommunikation", etc.);
3. nach Praxisanalyse und mit Praxisorientierung: Abschluß-Kurse
(z. B. für Volksschule, mittlere Reife, Abitur, Externen-Prüfung);
4. Kurse für gestaltende und kreative Tätigkeiten;
5. praxisorientierte Kurse im Bereich Politik und Sozialwissen-
schaft;
6. Fremdsprachenkurse in Verbindung mit Gruppenreisen, Abende
mit Filmen in der jeweiligen Sprache, . . . (*Gewichtung:* 1 Teiln.:
langfristige Priorität; 2 Teiln.: kurz- oder mittelfristige Priorität);
7. Deutsch für ausländische Arbeitnehmer (in Kooperation z. B. mit
Werft; ähnlich dem erwähnten BMW-Beispiel) (Werftarbeiter extra
ansprechen) (*Gewichtung:* 1 Teiln.: kurz- oder mittelfristige Priorität);
8. Sportliche Aktivitäten: Yoga, Gymnastik, Waldlauf etc.;
9. Kurse in Kooperation mit Schulen (die VHS stellt Infrastruktur
zur Verfügung bzw. VHS-Kurse werden in Gemeinschaftskunde
anerkannt) – (*Gewichtung:* 2 Teiln.: mittelfristige Priorität);
10. Musik- und Kunstschule, Theatergruppe, Gruppe für Straßen-
theater, etc.
11. Planspiel(e) und weitere Lernmöglichkeiten im Bereich der Praxissimulation.
III) *Spalte drei: Verbesserung der Kommunikation zwischen VHS und
der Bevölkerung*
1. Informationsmarkt in der Stadt (z. B. auf dem Markt); (*Gewich-*

tung: 5 Teiln.: kurz- oder mittelfristige Priorität, 3 Teilnehmer: langfristige Priorität):
(Info-Stände mit Wandzeitungen, Visualisierungen, Kurzvorträge, Organisation spontaner Kleingruppenarbeit, Aufruf für Bürgerinitiativen, Beteiligung an der Teilnehmer-Vollversammlung, öffentliche Diskussion, . . .).

2. Informationskampagne bei möglichen VHS-Hörern (Vertreterähnlich): gruppenspezifisch-gezielte Informationen geben, Ideen bei den Leuten sammeln, Fragebögen mitnehmen, Einladungen verteilen, Vorteile der Teilnehmer-Vollversammlung erklären. (*Gewichtung:* 4 Teiln.: mittelfristige Priorität).

3. Fragebogen als Postwurf: „Was ist gut an der VHS? Was fehlt für Sie?"

4. Podiumsdiskussionen, Interviews in Zeitungen, Schülerzeitungen etc.

5. Vor Programmaufstellung des kommenden Jahres große Teilnehmer-Vollversammlung (zur Feststellung von Interessen und Ideen für neue Kurse . . .) mit Wandzeitungen, Auswertung der Fragebogenaktion bekanntgeben. Auswertung der Feedbacks der Kurse des letzten Trimesters bekanntgeben etc. (*Gewichtung:* 4 Teiln.: mittelfristige Priorität).

6. Neue Bezeichnung statt „Volkshochschule" (möglichst ohne „Schule"): „Lernzentrum", „Lern- und Kommunikationszentrum", „Bildungszentrum", „Lern- und Praxis-Zentrum", „Lern- und Freizeit-Zentrum", etc. (*Gewichtung:* 3 Teiln.: kurz- oder mittelfristige Priorität; 2 Teiln.: langfristige Priorität).

7. Slogans zur Werbung für die „Volkshochschule": „Lernen macht Spaß." – „Spaß beim Lernen." – „Lern mit." – „Trimm dich durch Denken." – „Denk mal wieder." – „Kurse für Leute von 8 bis 80." o. ä. im Rahmen einer Kampagne.

8. Große Plakatwände in der Stadt, wo Ankündigungen in großer Schrift (Buschstaben 20 cm hoch) zu lesen sind. (*Gewichtung:* 1 Teiln.: mittelfristige Priorität).

9. Auch Kurse am Nachmittag anbieten (andere Zielgruppen). (*Gewichtung:* 1 Teiln.: mittelfristige Priorität).

10. Integration alter Leute (nicht nur beim Teppich-Knüpfen). (*Gewichtung:* 1 Teiln.: mittelfristige Priorität).

11. Alle Kurse müssen öffentlichkeitswirksam und in Kommunalarbeit einlösbar sein. (*Gewichtung:* 2 Teiln.: langfristige Priorität).

12. VHS-Neubau mit großem Versammlungsraum (80 m², guter

Teppich, viele Kleinsttische, stapelbare Stühle . .), mit Cafeteria (bzw. Teestube, mit Ausstellungsmöglichkeiten und Flächen für Info-Wandzeitungen). Dieser Neubau sollte für alle Bürger offen sein; Extra-Atelier für Hobbyisten; gleichzeitig vielseitig verwendbar als Kommunikationszentrum. (*Gewichtung:* 5 Teiln.: langfrist. Priorität.)

IV) *Spalte vier: Integration von Lernen und Leben bei verschiedenen Inhalten bzw. Kursen – Praxisbezug und Projektarbeit*

1. „Entschulung", d. h. Projektarbeit im sozialen und politischen Bereich (Beteiligte, z. B. Eltern, Kinder, Fachleute aus der Gemeinde/Stadt, Dozenten, . . .); einige Themen bzw. Projektaufgaben:
– „Abenteuer-Spielplatz" planen und bauen;
– Stadtsanierung: sich informieren, mitplanen, Bürgerinitiative, mitmachen;
– Randgruppenarbeit (Alte, Gastarbeiter, Gefangene, Drogenabhängige, Obdachlose, etc.) sich informieren und beteiligen;
– Kinderladen: Modelle ansehen, planen, einrichten (mit fachlicher Hilfe);
– Verbesserung des „Wohnwerts" von Stadtvierteln;
– Rekreations- und Treff-Zentrum;
– Umwelt, Urlaub, etc. „Grünes Husum", o. ä.
(*Gewichtung:* 2 Teiln.: kurz- oder mittelfristige Priorität; 3 Teiln.: langfristige Priorität).

2. Möglichkeit für Teilnehmer, in anderen Kursen zu hospitieren. (*Gewichtung:* 1 Teiln.: langfristige Priorität).

3. Fremdsprachenkurse nicht über Touristisches wie „Big Ben", sondern als Inhalte allgemein relevante Themen bzw. lokale Themen, die für die Teilnehmer in ihrem Alltagsleben nicht „hergeholt", sondern „hautnah" sind. (*Gewichtung:* 2 Teiln.: kurz- oder mittelfristige Priorität).

4. Trimesterkarte als Anreiz, mehrere Kurse zu besuchen. (*Gewichtung:* 2 Teiln.: kurz- oder mittelfristige Priorität).

5. Regelmäßige Treffen (z. B. Essen, Ausflug, Schiffahrt) aller VHS-Teilnehmer werden angeboten – vgl. Kommunikationszentrum.

6. Für weiterführende Kurse voll (oder halbtags) Angestellten in der VHS Arbeitsmöglichkeiten bieten (qualifiziert als „Erwachsenenbildner" bzw. durch Erfahrungen mit kommunal einlösbarer, „hautnaher" Projektarbeit). (*Gewichtung:* 4 Teiln.: langfristige Priorität).

V) *VHS-Veränderungs-Modell*
(insgesamt von 3 Teilnehmern als langfristige Priorität, von 4 Teilnehmern als kurzfristige Priorität beurteilt).

1. Bedarfs- und Bedürfnisanalyse
– *Interviews* mit der Bevölkerung, Podiumsdiskussionen, Befragung von Zielgruppen (z. B. über Arbeitsamt); *Lektüre:* z. B. über „community education" oder „Bürgerinitiativen" und „Handlungsforschung", . . .)
– (Kooperationsmöglichkeiten bei der Bedürfnisanalyse: VHS-Leiter und Dozenten, koordinierte Einzelinitiativen, Dozenten, Lehrer und Schüler, mit Hörergruppen, mit Vorstand und Kuratorium, mit Parteien, DGB.);
– *alle* Personen und VHS-Beteiligte tragen zur Informationsgewinnung hinsichtlich bestehender Bedürfnisse der VHS-Adressaten bei.

2. Planungsphase
● Strategische Klausur (mit Dozenten, „Experten", Teilnehmern, Politikern, etc. s. o.) um
– die Analysen auszuwerten,
– Prioritäten herauszuarbeiten. *Qualifikation zur Entscheidung,,* d. h. Stimmberechtigung über das endgültige Programm, hat *allein* der *aktiv an einem Kurs Interessierte, der* Ideen einbringt und *mitarbeitet:* Es muß vermieden werden, daß – wie bisher – irgendwelche anonymen (nicht anwesenden) „Experten" oder „Kuratoriumsmitglieder" über die Köpfe der Betroffenen hinweg vorbestimmen oder „entscheiden", wie z. B. das Projekt „Grünes Husum" oder „Bürgerinitiative Kinderladen" zu laufen hat – das stünde in *krassem* Widerspruch zu dem Zielkatalog der VHS (vgl. II): d. h. zu Autonomie, sozialer Kompetenz und Selbstverwirklichung.
– Problemlösungen zu erarbeiten,
– Tätigkeiten festzusetzen,
– Projektgruppen zu bilden.
● Arbeit der Projektgruppen (mit relativer Autonomie; ggf. in sich überlappenden Gruppen = wo es Teilnehmer gibt, die in zwei Gruppen mitarbeiten; repräsentative Beteiligung der Betroffenen), deren Aufgabe es ist, die erste Praxis-Phase der veränderten VHS detailliert zu planen.

3. *Praxisphase I*
Dokumentation der Praxis und permanentes Einholen von Rück-

meldung aus der Praxis (z. B. Überprüfung der Machbarkeit, Veränderung von Lern- und Projektstrategien etc.)

4. Ggf. *Modifikationen*
aufgrund von Feedback und Lernprozessen im Feld der Praxis während der Praxisphase I; sodann

5. *Praxisphase II*
(mit Modifikationen) und folgende weitere Praxisphasen – jeweils nach zwischengeschalteter Evaluation bzw. evtl. Modifikation.

21) *Kommunikationsnetz und Folgeaktivitäten der Teilnehmer:* In einem abschließenden *Brainstorming* werden die Folgeaktivitäten der Teilnehmer zunächst als Möglichkeiten gesammelt. Darauf bilden sich nach den regionalen Gegebenheiten und den inhaltlichen Interessen der Teilnehmer kleine *Teams* (in der Regel 4–6 Gruppenmitglieder). Diese kleinen Gruppen bilden wiederum untereinander ein Kommunikationsnetz für die folgende Praxisphase bis evtl. zu einem weiteren (in manchen Fällen schon durchgeführten) Trainingsseminar.

Die Aktivität mancher solcher Teams ist erstaunlich; häufig werden auch durch die Initiative der Teilnehmer auch andere Praxisbereiche mit einbezogen: Trainings mit Bürgerinitiativen, „Resozialisierungs"-Arbeitskreisen und dem Personal einer Klinik (Ärzte, Psychologen, Sozialarbeiter, Krankenschwestern) sowie mit Lehrern und Schülern haben inzwischen als Folgeaktivitäten stattgefunden.

22) *Abschließende Evaluation der zwei Trainingsseminare:* In schriftlicher Einzelbeantwortung und in einer Plenumsdiskussion werden jeweils die allgemeine Zufriedenheit der Teilnehmer mit dem Trainingsprogramm, Stärken und Schwächen des Trainings im Erleben der Teilnehmer sowie Verbesserungsvorschläge und konkrete Lerngewinne der Teilnehmer erhoben.

6.3.4 Anmerkungen zur Trainingsatmosphäre und Gruppendynamik

Die voranstehenden 22 Trainingseinheiten wirken in ihrer nüchternen Beschreibung sicherlich nicht gerade eindrucksvoll. Sie können nur die *äußeren Ereignisse* skizzieren. Wesentlich für das Gelingen eines Trainings und das heißt für ich-nahes intensives Verhaltenslernen ist jedoch das *Trainingsklima,* der *innere Ablauf* sozusagen.

Da die Teilnehmer sich in allen Gruppen zumindest teilweise nur oberflächlich oder nur vom Namen her kannten, war die Anfangsatmosphäre des ersten Seminarwochenendes eher „normal", d. h. formell-offiziös und abwartend bis verkrampft und defensiv. Theoretisieren, Rationalisieren, sogenanntes „Hinterfragen" und verschiedene Formen von Grundsatzdiskussionen waren die beliebtesten Fluchtstrategien der Teilnehmer. Durch offenes Ansprechen dieser Situation und verständnisvolle Akzeptierung der Teilnehmer (besonders in ihrer Unsicherheit und ihren kritischen Einstellungen gegenüber dem Trainingsangebot) konnte diese problematische Eingangssituation jedoch in allen Fällen recht schnell überwunden werden. Diese Probleme der Einstiegsphase sind auch aus Encounter-Gruppen (vgl. Merkblatt M 13) bekannt; sie traten – in sehr verminderter und zeitlich verkürzter Form – bei Beginn des zweiten Wochenendes wieder auf.

Durch ein permanentes Offenlegen aller Trainingsprinzipien, Lernziele und Verhaltensmotive auf seiten der Trainer wurde – „überraschend schnell", wie die Teilnehmer später aussagten – ein Klima der Angstfreiheit, des gegenseitigen Vertrauens und der hilfreichen Unterstützung erzeugt.

Die so erzeugte Offenheit, Echtheit und Direktheit in der Trainingsgruppe war in Verbindung mit Einfühlsamkeit und Wertschätzung die Voraussetzung für ein intensives, auch die Person des einzelnen Teilnehmers erreichendes Lernklima.

Allerdings fühlten sich drei der insgesamt rund 100 Teilnehmer offensichtlich auch etwas verunsichert; sie nahmen zwar nicht offen Stellung zu diesem Problem; wir vermuten aber, daß ihr Fortbleiben im Laufe des Trainings zumindest nicht nur durch die (unaufgefordert genannten) „offiziellen Gründe" begründet ist. Die Stützung und Verstärkung durch die Trainer reichte in diesen Fällen offensichtlich nicht aus, wie es bei ca. 20 anderen Teilnehmern der Fall war, die auch einmal mit „Ausstiegsgedanken" spielten. Auf jeden Fall gelang es in allen Fällen, den Betroffenen – vor allem vor der Gruppe ihrer Kollegen – ein Niederlagenerlebnis zu ersparen: Es entspricht dem Prinzip der Freiwilligkeit, daß jeder – ohne Rechtfertigungszwang – jederzeit dem Training fernbleiben kann; Nachfragen hatten das Ziel zu helfen; auch die Teilnehmer konnten sich in der Regel inquisitorischen Fragen enthalten.

Unsere Erfahrung als Trainer läßt sich so zusammenfassen:

● Jeder Teilnehmer muß den Grad seiner Offenheit selbst verantworten; weder die Trainer noch andere Teilnehmer sollten hier forcieren, denn jeder ist für seine „Tabuzone" selbst zuständig.

● „Psycho-Striptease", bedingungslose Offenheit aus Sensationsbedürfnis und unecht-verkrampfte Verbrüderungsszenen müssen von der Gruppe (Teilnehmern und Trainern) vermieden werden; erkennen Trainer Tendenzen in diese Richtung, hilft ein verständnisvolles, direktes Ansprechen.

● Rollenhaftigkeit, Fassadenhaftigkeit, Flucht in die Rationalisierung und Grundsatzdebatten sind das entgegengesetzte Extrem. Auch diese Defensivstrategie, die ich-nahes Lernen und Persönlichkeitsentwicklung verhindert, muß von seiten der Trainer angesprochen werden, wenn sie aufzutreten scheint.

● Zur Bekämpfung von Perfektionismus, Konkurrenz-Denken und Narzißmus können die Trainer durch modellhaftes Verhalten beitragen: Das jedem Teilnehmer zugestandene „Recht auf Fehler" müssen sie verhaltensmäßig durch einfühlsame Akzeptierung und Verstärkung (allerdings ohne „Mitleid") realisieren. Außerdem sollen Trainer „Modelle für Lernen" sein (und nicht perfekte Besserwisser, die eine beeindruckende Show abziehen).

● Der kritische Punkt im Trainerverhalten ist also die *Balance* zwischen *Echtheit* (die auch konfrontierend und belastend wirkt) einerseits und *einfühlender Akzeptierung* (die den Partner entlastet, aber auch bestehende Konflikte verwischen kann) andererseits. „Gruppendynamische Trainerqualifikation" ist die Fähigkeit, bei diesem Balanceakt nicht zu einer Seite abzukippen – oder sich mit Hilfe und Zustimmung der Gruppe nach dem Sturz wieder dem Punkt der Balance zu nähern: als Moderator, nicht als Dompteur oder „Führer" der Gruppe.

6.4 Auswirkungen und Ergebnisse der Trainings

6.4.1 *Interne Evaluation durch die Teilnehmer*

● Die allgemeine Zufriedenheit lag bei etwa 90 % (6/8), was bei den kritischen Dozenten der VHS schon fast als Optimum bezeichnet werden kann – insbesondere wegen der heterogenen Zusammensetzung.

● Die *Verbesserungsvorschläge* der Teilnehmer gingen in Richtung auf eine (noch) stärkere Praxisorientierung (Praxissimulation); das brachte zugleich eine Reduktion von Trainingseinheiten zur Selbsterfahrung mit sich, obgleich gerade diese Teile des Trainings für einen beträchtlichen Teil der Teilnehmer den entscheidenden (Barrieren überwindenden) Lernanstoß ausmachten.

● Die insbesondere von den jüngeren und politisch „links von der Mitte" engagierten Dozenten erhobene Forderung nach „ideologiekritischer, (bildungs-)politischer Reflexion" wurde von der Mehrzahl der Trainingsteilnehmer prinzipiell geteilt (vgl. 19). Es erwies sich jedoch als immens schwierig, in diesem Bereich mehr zu leisten, als kritische Ansatzpunkte – auch für Veränderungsstrategien (vgl. 20) – zu gewinnen.

● Das überraschend hohe Ausmaß an *Folgeaktivitäten*, Berichte über *neues Lehrverhalten, neue Kontakte zwischen Dozenten, eine stärkere Beteiligung* der Dozenten (teilweise in selbst geplanten „Initiativen") in der –weniger anonym– Volkshochschule sowie konkrete, wenngleich teilweise beschränkte Auswirkungen des Trainings auf die *Struktur* bzw. *Planung der Programme* der Volkshochschulen können als wesentliches Indiz dafür gewertet werden, daß diese Trainingsseminare die erwünschten Auswirkungen erzielen konnten.

● Die Notwendigkeit einer (aufgrund fehlender Mittel noch nicht durchgeführten) systematischen empirischen Evaluation der Trainings bleibt indes bestehen.

6.4.2 Konkrete Folgeaktivitäten der Trainingsteilnehmer

Diese positiven Ergebnisse der internen Evaluation finden ihren Niederschlag in einer Menge von konkreten Folgeaktivitäten der Teilnehmer. Neben der Tätigkeit als Dozent in der *Volkshochschule* wurden auch Anwendungen in der *Schule*, in der *Hochschule bzw.*

Universität, in der freiberuflich *Pädagogisch-therapeutischen Tätigkeit* (bei Ärzten, Psychologen und Pädagogen) sowie im *privat-familiären Bereich* registriert.

Bei den rund 100 Teilnehmern ergaben sich im Mittel *2 – 3 Anwendungsversuche/Aktivitäten pro Teilnehmer.* Wir halten das für ein sehr positives Ergebnis, da sich als Trainingseffekt bei den Dozenten offensichtlich mehr als nur gute Vorsätze ergaben. *Knapp 50 %* der Anwendungsversuche wurden von den Teilnehmern als *erfolgreich* eingestuft, *gut 30 %* als *teilweise erfolgreich*; die restlichen *20 %* blieben *wirkungslos bzw. erfolglos:* ohne ausgesprochene negative Auswirkungen allerdings.

Anwendungen in der Tätigkeit als Volkshochschul-Dozent

Hier sollen nur die häufigsten Folgeaktivitäten skizziert werden, da hier sehr viele Anwendungsversuche vorgenommen wurden:

– Feedback-Gespräch mit den Kursteilnehmern über inhaltlich-methodische Fragen, Lehrverhalten, Klima unter den Teilnehmern, Identifikation von Schwierigkeiten/Problemen und Suche nach Lösungen.

– Hinterfragung der „Rolle" als „Dozent" und der „Rolle" der „Hörer": Auflistung und Diskussion der „Erwartungen" und „Befürchtungen" auf Hörer- und Dozentenseite. Suche geeigneter Maßnahmen zur Verbesserung der Zusammenarbeit zwischen Dozent und Hörern; teilweise inhaltlich attraktivere (praxisnähere, den Hörerbedürfnissen mehr entsprechende) Gestaltung der Kursinhalte.

– Verbesserung der Kommunikation zwischen Hörern und Dozent durch direkteres, offeneres Ansprechen von Bedürfnissen und Problemen (vgl. Merkblatt M 7 „Ich-Aussagen") und „hilfreiches Zuhören" (vgl. Merkblatt M 6) insbesondere bei Konflikten (z. B. Langrednern, Störern, dominierenden Hörern). – Hier zeigten sich bei einem relativ hohen Anteil der Versuche allerdings nur geringe oder gar keine Erfolge. (Vermutliche Gründe: Das „neue Verhalten" wird dem Dozenten nicht gleich ganz abgenommen. Niederlagenlose Konfliktregelung ist ein sehr komplexes, schwer lernbares Verhalten, das viel mehr Training erfordert).

– Einsatz von Arbeitstechniken wie Regeln der Gruppenarbeit (vgl. Merkblatt M 11), Visualisierung (Wandzeitungen), Kommunikationsmarken, mehr Kleingruppenunterricht, zwischenzeitliche Gruppentreffen ohne Dozenten, kurze Prozeßanalyse (vgl. Merkblatt M 14) bzw. Metakommunikation (vgl. Merkblatt M 2) und am

Ende jeder Sitzung, Weitergabe der „Polizistenfunktionen" (Zeitbeachtung, Disziplinfragen etc.) an jeweils wechselnde Hörer.
– Einbau von Erfahrungssituationen/kleinen Experimenten in den Unterricht. Besonders häufig wurde zu Beginn eines neuen Kurses bzw. Semesters/Trimesters das Kennenlernen der Teilnehmer durch modifizierte Formen der Übung „Cocktail-Party" gefördert. Teilnehmer sagten dabei z. B. etwas zu ihrer Person, ihren inhaltlichen und methodischen Erwartungen, Vorlieben und Fähigkeiten bzw. Schwächen.

Auch die „Auflockerung" des herkömmlichen Unterrichts durch Spiele und Experimente bzw. durch stärkeren Bezug des Kursstoffes zur Lebenssituation der Hörer gelang teilweise recht gut. In einigen Fällen kam es sogar zu erweiternder Projektarbeit – auch außerhalb der regulären Volkshochschulkurse.

Alle Versuche, wo solche Übungen/Erfahrungssituationen/Experimente nur als „Technik" oder als „Tricks" ausgeführt wurden, die Beziehung Dozent – Hörer indes keine partnerschaftlich-gleichberechtigte war, scheiterten weitgehend. Das war jedoch selten der Fall, da eher unsichere, sich hinter der Rolle des Dozenten verschanzende Volkshochschullehrer dazu tendierten, solche Versuche nicht zu unternehmen.

Anwendungen in der Hochschule bzw. Universität
Die Folgeaktivitäten der 8 Teilnehmer, die zugleich an der Hochschule unterrichteten, waren ähnlich wie im Bereich der Volkshochschule. Am wesentlichsten waren:
– die Anwendung von neuen (Gruppen-) Arbeitstechniken, Visualisierung, Prozeßanalyse etc. (siehe oben);
– die Verstärkung der persönlichen Kontakte zwischen den Studenten und auch zwischen Studenten und Lehrendem (Aufhebung der Anonymisierung im Seminar);
– Schaffung eines mehr gleichberechtigten Klimas zwischen Lehrendem und Lernenden;
– gezieltes, regelmäßiges Feedback zur Seminarsgestaltung bzw. zum Lehrverhalten;
– mehr gemeinsame Planung; mehr Übernahme von herkömmlicher Dozentenfunktion (z. B. Redezeitüberwachung, Diskussionsleitung, Organisationsfragen etc.) durch die Studenten.

Anwendung in Schulen
In der Oberstufe des Gymnasiums, auch in der Mittelstufe und in den Abschlußklassen der Realschule wurden ähnliche Anwen-

dungsversuche wie an den Hochschulen und an der Volkshochschule unternommen; es handelte sich dabei besonders um:

– Feedback innerhalb der Klasse, vor allem aber für den Lehrer und Besprechung gruppendynamischer Fragen innerhalb der Klasse (teilweise unter sehr vorsichtiger Anwendung von Soziogrammtechniken).

– Einsatz neuer Arbeitstechniken (Visualisierung, Wandzeitungsprotokolle von Diskussionen, Brainstorming etc.); Anstieg der (Klein-) Gruppenarbeit im Unterricht (vgl. Merkblatt M 11 über „TZI"); weitere Aufhebung des Frontalunterrichts (so noch vorhanden).

In allen Schulformen erwiesen sich folgende Anwendungsbereiche als zumindest teilweise erfolgreich:

– Der Lehrer zeigt sich mehr als Person (z. B. während verschiedener Erfahrungssituationen und kleiner in den Unterricht eingebauter Experimente über menschliches Verhalten); die Distanz zur Klasse wird abgebaut (zumeist nach anfänglicher Skepsis auf seiten der Schüler).

– Direktere, offenere Kommunikation („Ich-Aussagen" und „Hilfreiches Zuhören"; vgl. M 6 und M 7); angemessenere, eher partnerschaftliche Konfliktregelung; die Schüler lösen „ihre" Probleme und Konflikte in stärkerem Maß selbst.

– Vor allem bei den 10 – 18-jährigen gelingt es in verschiedenen Schulfächern (Deutsch, Fremdsprachen, Biologie, Geschichte, Geographie, teilweise auch in Mathematik und den Naturwissenschaften), einen praxisnäheren Unterricht zu gestalten, der konkrete Lebensprobleme der Schüler einbezieht. Verschiedene Erfahrungssituationen bilden den Aufhänger; über anschließende Diskussionen, Befragung von Eltern im Unterricht etc. kommt es manchmal sogar zu kleinen Projekten.

Anwendungen in pädagogisch-therapeutischen Berufen
Um nicht zu sehr ins Detail gehen zu müssen, nur drei exemplarische Beispiele:

– Ein Arzt erkennt bei seiner Patientin starke Angst- und Vertrauensgefühle als das eigentliche Problem. Er baut in die Therapie die Übung „Blindes Vertrauen" ein (d. h. er läßt sich von ihr mit geschlossenen Augen führen und führt sie selbst); anschließend spricht er mit seiner Klientin über die gemeinsamen Erfahrungen

dabei und dann über ihre Lebensproblematik im Bereich Angst –
Vertrauen.

– Zwei Psychologen „metakommunizieren" gezielt und verstärkt
mit ihren Klienten über den Therapieverlauf, lassen sich kritisch infrage stellen und geben ihre „therapeutische Abstinenz" auf, ermöglichen den Klienten mehr Mitverantwortung bei bzw. Einsicht
in den Therapieprozeß.

– Einige Erzieherinnen holen von den von ihnen betreuten (teilweise verhaltensgestörten) Kindern und Jugendlichen mehr Feedback
über sich ein; das führt bei den Kindern und Jugendlichen zu einem
stärkeren Gefühl der Akzeptierung. Durch „Ich-Aussagen" und
„Hilfreiches Zuhören" wird das Gruppenklima zwar nicht problemfrei, aber offener und therapeutisch gesehen günstiger.

Auswirkungen im privaten Bereich

Das Feedback hierzu kam teilweise etwas verschämt und „unter
der Hand", vermutlich weil „Profis" noch immer von sich glauben,
selbst in dem Bereich „problemfrei" sein zu müssen. Vermutlich
sind aber genau in diesem Bereich sehr wesentliche Auswirkungen
des Trainings festzustellen, nämlich an den Gesprächen mit dem
Partner über Erfahrungen, Selbsterkenntnisse und Feedback zur eigenen Person, im Training; in den sich teilweise anschließenden
„Familienkonferenzen" und in den Versuchen, akzeptierender,
echter, einfühlsamer und direkter mit dem Partner und den Kindern bzw. der Familie zu kommunizieren.

6.4.3 Anmerkungen zur Trainingsevaluation von seiten der Trainer

„Dozenten" haben häufig mit ihrer Rolle die Einstellung erworben,
selbst „perfekt" sein zu müssen; diese lernfeindliche Einstellung erschwert eine günstige Interaktion (da der Lehrende selbst kein Modell für Lernfähigkeit darstellt) und zeigte sich vor allem zu Trainingsbeginn in starken Abwehrhaltungen der Teilnehmer, die uns
als „kritische Grundhaltung" oder (jedenfalls ganz legitime) „Skepsis" *verkauft* wurden – tatsächlich aber teilweise weit darüber hin-
ausgingen. Der kritische Punkt lag also darin, einen minimalen
Vertrauensvorschuß von den Teilnehmern zu bekommen, um mit
der gemeinsamen Arbeit beginnen zu können. Dies gelang auf-

grund der experimentellen Offenheit von jeweils einigen Gruppen-mitgliedern in allen Trainings. Insgesamt betrachten wir den Erfolg der Trainings (s. Folgeaktivitäten) angesichts des geringen Einsat-zes von nur 4 Trainingstagen als sehr groß.

Nach der ziemlich totalen Skepsis und Zurückhaltung zu Trai-ningsbeginn zeigte sich im Verlauf des Trainings eine – mehr oder minder deutlich ausgeprägte – Euphorie. Dabei ergab sich die Ge-fahr unrealistischer Problembetrachtungen und überhöhter Hoff-nungen (= Ansprüche an die eigene Person). Unsere Aufgabe war es hier, gegenzusteuern und ein realistisches Maß von symboli-schen „5 %-Verbesserungen" als Ziel zu verdeutlichen. Dies erwies sich als sehr schwierig, da manche Teilnehmer so etwas gar nicht gern hören wollten und auf einmal wieder die – von uns keineswegs gemeinte – Alternative im Raum stand: „Es ändert sich also wei-terhin nichts."

Die Evaluation solcher Trainings im Sinne einer wissenschaft-lich-exakten Einschätzung des Trainingseffekts erscheint uns als sehr schwierig. Trainingsteilnehmer tendieren natürlich dazu, sich die wesentlichsten Erkenntnisse und neuen Verhaltensweisen „zu eigen" zu machen. Befragt man sie nach diesem Assimilationspro-zeß, so wurde ihnen im Training z. B. „vor allem viel bestätigt, was sie eigentlich immer schon wußten und tun wollten" und „eigent-lich war so viel Neues nicht im Training enthalten" (was auch in gewisser Weise stimmt, nur daß diese „Selbstverständlichkeiten" und „Trivialitäten" sich im Alltag des Dozenten *verhaltensmäßig eben nicht wiederfinden lassen*).

Wir selbst *als Trainer* haben gelernt:
– daß es für Trainingsteilnehmer immer *Autoritätsprobleme* geben wird (vor allem für Lehrer, die sich in der Rolle des Lernenden fin-den) und daß wir hier viel Gelassenheit entwickeln müssen, um je-desmal wieder die Diskussionen zu ertragen: „Ätsch, Herr Trainer, das war aber autoritär, falsch bzw. nicht ganz richtig . . ." (als Trai-ner stellen wir diesen Anspruch nicht; nur sollte der Trainer nicht das *alleinige* Thema im Training sein);
– daß wir den Teilnehmern *das Recht auf Testung und Provokation der Trainer* nicht nur verstandesmäßig, sondern auch gefühlsmäßig zugestehen müssen;
– daß Führungskräfte aus der Wirtschaft eben in diesem einen As-pekt viel leichter zu trainieren sind, als sie nämlich im Gegensatz zu Dozenten in ihrem beruflichen Alltag Feedback gewohnt und

von ihrem Weiterlernen abhängig sind, während *Dozenten* eben nicht zum Lernen gezwungen sind und deshalb im Training oft viel *empfindlicher und defensiver* reagieren;

– daß neben all den sonstigen fachlichen und persönlichen Fähigkeiten vor allem Selbstsicherheit für Trainer erforderlich ist, die es ihnen ermöglicht, sich selbst und ihr Trainingsprogramm infrage zu stellen und sich als Modell für Lernfähigkeit zu verhalten. (In diesem Erwerb von Gelassenheit sehen wir einen vermutlich nicht endenden Lernprozeß für Trainer generell, zumindest aber für uns.)

Unsere zusammenfassende Erkenntnis ist,
daß es nicht „das" richtige oder ideale Training gibt, sondern daß die verschiedenen *Schulmeinungen* in den Verhaltenswissenschaften endlich als solche überwunden und *für die Menschen*, die sie betreffen, *integriert* werden müssen. Wir glauben nicht, daß „nur Encounter-Gruppen", „ausschließlich Gestalttherapie", „vor allem Sensitivierung und Selbsterfahrung", „im wesentlichen die Humanistische Psychologie", „vor allem die Psychoanalyse" oder „nur wissenschaftliche Verfahren wie die Verhaltenstherapie" etwas zu bieten haben. Der Humanistischen Psychologie von *Carl Rogers* fühlen wir uns zwar am meisten verpflichtet – aber gerade deshalb lehnen wir dogmatisches Denken und wissenschaftliche Glaubensbekenntnisse ab und halten unseren Ansatz keineswegs für verpflichtend für andere.

6.4.4 Nachbemerkungen zum politischen Stellenwert des Trainings

Zum Abschluß der Evaluation, in der viele Fragen nur angerissen werden konnten, sollen die politischen Dimensionen derartiger Trainingsseminare hinterfragt werden. Denn so grundlegend und wesentlich eine Verbesserung der sozialen Interaktion (durch soziales und gerade auch affektives Lernen) insbesondere z. B. für „Dozenten" und „Hörer" der Volkshochschule ist – es muß stets die Gefahr gesehen werden, daß ein mehr gruppendynamisches und sensitivitätsförderndes Training zu sehr auf das Individuum konzentriert sein kann. Die „Selbstverwirklichung", „Befreiung" oder „Emanzipation" des Individuums erscheint uns zwar als eine *notwendige Vorbedingung* (ein Dozent soll im Training z. B. durchaus lernen, seine Ängste, Hemmungen und versteckten Aggressionen usw. wahrzunehmen und damit bewußter umzugehen). Doch diese „individuelle Emanzipation" ist *nicht ausreichend*; die Teilnehmer müssen auch hinsichtlich ihrer *bildungspolitischen Funktion* sensibilisiert werden. Damit ist langfristig verbunden eine größere Einflußnahme auf die Institution Volkshochschule und eine Planung der Aufgaben und Inhalte der Volkshochschule besonders im Hinblick auf ihre gesellschaftlichen Auswirkungen (z. B. das Problem der klassen- bzw. schichtspezifischen Hörerschaft). Im Training selbst äußert sich das Erkennen dieser Probleme in der Verfolgung bestimmter Soll-Vorstellungen.

Dozenten-Training im sozialen und affektiven Verhalten sollte (vgl. *K. Horn* 1969, 1972; *R. Chin* und *K. D. Benne* 1971):

– die reale Lebenssituation bzw. Praxis widerspiegeln und *nicht* die *Flucht* in eine zweite gruppendynamische Wirklichkeit ermöglichen;

– Emazipation gegenüber den organisierten gesellschaftlichen Kräften (z. B. der Administration) fördern und *nicht Schonräume* errichten;

– die eigentlichen *Ursachen* von Angst, Depression, Versagen etc. aufdecken und nicht nur subjektive Faktoren, sondern auch objektive, politisch-ökonomische Faktoren dabei analysieren, damit *nicht* durch Vermittlung kurzfristiger Glücksgefühle in einem Freiraum letztlich *Anpassung* an eine *unveränderte Praxis* bewirkt wird;

– Offenheit in der Selbstdarstellung nicht als Selbstzweck anstreben, sondern mit dem Ziel, die grundlegenden *subjektiven und objektiven Beeinflussungsfaktoren aufzudecken*;

– die Trainingssituation des „Hier und Jetzt" nicht als beliebige auffassen, sondern deren lebenspraktische und politische Bedeutung herausarbeiten, um die Teilnehmer Anhaltspunkte für die *Legitimation ihres eigenen Verhaltens als Dozenten* gewinnen zu lassen.

6.5 Möglichkeiten zum Eigentraining

6.5.1 Braucht man einen Trainer?

Wenn etwas Neues als wesentlich erkannt wird, (wie zum Beispiel die Notwendigkeit von Verhaltenslernen, sozialem Lernen und Persönlichkeitsentwicklung) dann entwickeln sich gewisse „Moden" und dann werden die bestehenden Bedürfnisse bzw. die Nachfrage finanziell ausgeschlachtet: So ist auch der Boom der verschiedenen „Trainings" in den letzten Jahren zu verstehen.

Die Qualifikation zum „Trainer" wird in dem herkömmlichen Psychologie-Studium nicht vermittelt. Es ist keineswegs jeder Diplom-Psychologe als Trainer hinreichend qualifiziert. Andererseits gibt es viele Pädagogen und ehemalige Theologen in der Bundesrepublik Deutschland, die eine recht gute Trainerqualifikation aufweisen.

Wir meinen, daß sicherlich hilfreich ist, einen gruppenerfahrenen Moderator oder Trainer für ein Dozententraining zur Verfügung zu haben. Da es jedoch nur relativ wenige gut qualifizierte Trainer gibt, und diese häufig keine Zeit haben (und einige Kosten mit ihrer Verpflichtung verbunden sind), ist es schon notwendig, ohne einen Trainer mit der Arbeit zu beginnen. Fähigkeit zur Gruppenmoderation haben Dozenten durchweg; die Probleme, mit der Arbeit zu beginnen, sind unserer Meinung weniger technischer Art (wie etwa Trainermangel, Raumprobleme oder dergleichen): Dahinter stehen unserer Vermutung nach eher innere Widerstände, selbst als fertiger Dozent wieder den „Abstieg" zum Lernenden zu machen, sich von Kollegen in die Karten schauen und auch noch kritisieren zu lassen. – Unerläßlich ist ein geschulter Trainer jedenfalls nicht.

6.5.2 Wer macht die Gruppenmoderation – und wie?

Die Moderation einer Gruppe ohne „gelernten" Trainer kann also durchaus von Teilnehmern übernommen werden. Dabei sollte die Moderation zwischen den Teilnehmern wechseln, damit sich nicht ein (heimlicher) Leiter der Gruppe etabliert. Der Moderator hat vor allem koordinierende Aufgaben; er gibt der Gruppe Feedback zu ihrem (Arbeits-) Verhalten und macht Vorschläge zur Weiterarbeit, die von der Gruppe angenommen, aber auch abgelehnt werden können. – Er ist also „Metakommunikator" und „Prozeßanalytiker", um der Gruppe weiterzuhelfen (vgl. Merkblätter M 2 und M 14).

Ein wichtiges Prinzip: Am Ende einer Moderation (das können 15 Minuten oder ein ganzer Trainingstag sein) sollte ein „Feedback-Dialog" stehen. Der Moderator *erhält* dann von der Gruppe Rückmeldung über sein Moderationsverhalten; er *gibt* jedem der Gruppe Rückmmeldung darüber, wie er ihn in seinem Verhalten gesehen hat. *Gemeinsam* stellt die Gruppe in einer abschließenden Analyse fest, was beim nächsten Mal/im nächsten Trainingsabschnitt besser gemacht werden kann.

6.5.3 Welche Trainingseinheiten bzw. Aktivitäten können Dozenten ohne Probleme selbst durchführen?

Vorsicht: Keine „Laientherapie"
Um es vorweg deutlich zu sagen: Niemand sollte sich in einer Trainingsgruppe (bei einem Dozententraining) oder in der Praxissituation (gegenüber seinen Hörern/Studenten/Schülern) zum Therapeuten aufschwingen – nach dem Motto: „Ich weiß schon, was für Dich gut ist . . ." Auch die (durchaus gut gemeinten) Ratschläge sind sehr problematisch. Es entsteht eine Beziehung zwischen „Ungleichen". Der Ratschlaggeber macht – oft dazu noch ungefragt – dem Gesprächspartner mehr oder minder indirekt Lebensvorschriften.

Dennoch kann man sich durchaus hilfreich (und „therapeutisch") verhalten, ohne sich zu verweigern: „Zwar kann *ich* meinem Gesprächspartner nicht Ratschläge geben, wie *er leben soll* (denn ich verantworte/übernehme ja auch nicht die Folgen/Auswirkungen dieses Ratschlags). Ich kann mich aber durchaus als Gesprächspartner zur Verfügung stellen und *mit ihm* (*nicht* „für" ihn) Lösungsvorschläge suchen, die *er* – nach einer Diskussion darüber – allerdings *selbst* bewerten und (nach seiner Auswahl) verantworten muß". Therapie ist nicht die Übernahme der Verantwortung für einen anderen, sondern die Befähigung zur (angemessenen) Selbstverantwortung.

Entsprechend ist bei einer Entwicklung von Eigenaktivitäten (z.B. im Sinne von Dozententrainings) darauf zu achten, daß *hilf-*

reich und *verantwortungsvoll* gehandelt wird – ohne „Psycho-Spiele", ohne „Laien-Psychotherapie", ohne „Guru-Verhalten": in einem Klima Gleichberechtigter, die miteinander und voneinander zu lernen bereit sind.

Feedback zum eigenen Lehrverhalten

Vor einem Training (und zur Kontrolle in Abständen von 4 – 8 Wochen danach) ist es sinnvoll, wenn die Lehrenden sich von ihren Hörern bzw. Schülern/Studenten – *ohne Namensnennung* – Feedback zu ihrem Lehrverhalten geben lassen. Dazu sind u. a. die folgenden 5-stufigen Skalen hilfreich (vgl. *H.-M. Müller-Wolf* 1976):

I. *Zur Verständlichkeit des Informationsverhaltens*

Einfachheit (einfache, verständliche Ausdrucksweise: geläufige Wörter und einfache Satzstrukturen)	1	2	3	4	5	Kompliziertheit (komplizierte, schwer verständliche Ausdrucksweise: ungeläufige Wörter und „geschraubte" komplizierte Satzstrukturen)
Gliederung/Ordnung (geordnet, überschaubar; man verliert nie den roten Faden; mit Vorspann und Zusammenfassungen sowie Visualisierung arbeitend)	1	2	3	4	5	*Unstrukturiertheit/ Ordnungsmangel* (ungeordnet, zerfahren; unübersichtliche Darstellung, man verliert den roten Faden; ohne Vorspann, Zusammenfassungen; ohne Visualisierung)
Prägnanz (gute faßbare, bildliche konkrete Ausdrucksweise; sagt etwas mit seinen Worten; das Gesagte geht mir ein)	1	2	3	4	5	*Verschwommenheit* (unklar, schwer faßbare Ausdrucksweise; nicht konkret; abstrakt; geht mir nicht ein; bleibt „nebulös")
Kürze (kurz, knapp, auf das Allerwesentlichste beschränkt; bleibt stets beim Thema; „Telegrammstil")	1	2	3	4	5	*Weitschweifigkeit* (langatmig; viele Wiederholungen; „vom Hundertsten ins Tausendste"; kommt vom eigentlichen Thema ab)

Zusätzliche Auflockerung
(interessante Aufberei-
tung des Stoffes: Beispiele, Vergleiche, direkte
Anrede, Einbeziehung
der Hörer)

1 2 3 4 5

*Nüchternheit/Stimulanz-
mangel*
(uninteressante Aufbe-
reitung des Stoffes; Ver-
zicht auf motivierende
Zutaten; nüchtern,
sachlich; evtl. langwei-
lig; Hörer bleibt „drau-
ßen")

II. *Zum Sozialverhalten des Dozenten*

Wertschätzung
(freundlich, ermutigend
anerkennend; emotional
„positives" Lehrverhal-
ten)

1 2 3 4 5

Geringschätzung
(unfreundlich, entmuti-
gend, abwertend, emo-
tional „negatives" Lehr-
verhalten)

Initiative – Förderung
(vorschlagend, sich zu-
rückhaltend, ermöglicht
Entscheidungsfrei-
heit/selbständiges Ar-
beiten)

1 2 3 4 5

Dirigismus
(befehlend, anordnend,
kontrollierend, verhin-
dert selbständige Ent-
scheidungen und selb-
ständiges Arbeiten)

Engagement
(stark interessiert und
engagiert; bemüht; stellt
Material bereit; setzt sich
ein)

1 2 3 4 5

Desinteresse
(ohne Engagement und
Interesse; überläßt alles
den anderen; stellt kein
Material bereit; setzt
sich nicht ein)

Echtheit/Lernbereitschaft
(ist „menschlich-unvoll-
kommen", zeigt sich
ganz als er selbst; zeigt
Gefühle; offen, ohne
Fassade)

1 2 3 4 5

*Fassadenhaftigkeit/
Perfektionismus*
(stellt sich als „perfekt"
dar, fassadenhaft, „lehr-
haft", verbirgt Gefühle,
„zieht eine Show ab")

Hohe Steuerungsfähigkeit
(erkennt „Sackgassen"
in der Diskussion
schnell; erfaßt Probleme
der Gruppe und kann ihr
helfen)

1 2 3 4 5

*Fehlende Steuerungs-
fähigkeit*
(ist blind für Gruppen-
probleme; wenn er
„Sackgassen" sieht, ist
er doch hilflos)

Partnerschaftliches Verhalten (betont Gleichberechtigung durch sein Verhalten; verhält sich als „Mensch unter seinesgleichen"; sieht das Individuum bei seinen Hörern/Studenten)	1 2 3 4 5	Wenig partnerschaftliches Verrhalten (stellt seine Überlegenheit heraus; verhält sich „von oben herab"; sieht nur die „Masse der Studenten/Hörer")
Einfühlendes Verständnis (Verständnis für die Sichtweise anderer; kann Probleme mit den Augen anderer sehen, sich hineinversetzen; gibt seinem Gesprächspartner das Gefühl, verstanden zu werden)	1 2 3 4 5	Verständnislosigkeit (kann Probleme nur aus seiner Perspektive sehen; verständnislos für andere Sichtweiten; gibt seinem Gesprächspartner das Gefühl, nicht verstanden zu werden)
Aktivität (aktiv, macht z. B. viele Vorschläge; ständig im Einsatz; gönnt sich und anderen keine Phase des „Abschlaffens"; greift in das Geschehen aktiv ein)	1 2 3 4 5	Passivität (passiv, macht z. B. keine Vorschläge; hält sich zurück, wirkt so, als sei er evtl. nicht mehr dabei; läßt die Sache laufen)

Das Optimum liegt bei diesen Skalen nicht immer bei 1. Für die Einschätzung des Informationsverhaltens liegen empirisch ermittelte „objektive" Optima vor, nämlich „1" für Einfachheit, Gliederung/Ordnung, Prägnanz *sowie „2" für* Kürze *und* zusätzliche Auflockerung/Stimulanz. *Bei den Skalen des Sozialverhaltens sind die Optima mehr subjektiver Natur (aber mindestens genauso wichtig!): Wir sehen sie zwischen „1" und „2" bei* Wertschätzung, Initiative-Förderung, Engagement, Echtheit/Lernbereitschaft, partnerschaftlichem Verhalten, einfühlendem Verständnis; *mehr bei „2" sehen wir das Optimum bei* Steuerungsfähigkeit *und* Aktivität *(bis „2,5").*

Feedback zu den Auswirkungen des eigenen Lehrverhaltens

Natürlich beeinflußt das Lehrverhalten von Dozenten einerseits die Einstellungen und Verhaltensweisen der einzelnen Studenten, andererseits das gruppendynamische Klima der Lerngruppe insgesamt. Auch hier ist es sinnvoll, gezielt Feedback einzuholen. Wir haben in Seminaren die folgenden 7-stufigen Skalen erfolgreich erprobt (vgl. *H.-M. Müller-Wolf* 1976):

III. Zum *gruppendynamischen Klima*

„Leistungsfähigkeit vs. Ineffektivität der Seminar-/Lern-Gruppe"
Wie arbeiten die Seminars-Teilnehmer?

oberflächlich und faul	1 2 3 4 5 6 7	tiefgehend und intensiv

Ich glaube, daß der Dozent diese Gruppe betrachtet als . . .

eine denkbar gute, sehr effektive Gruppe	1 2 3 4 5 6 7	eine schlechte, dürftige, ineffektive Gruppe

„Fähigkeit des einzelnen zur Mitwirkung in der Lern-/Seminar-Gruppe"
Fühle ich mich der Mehrzahl der Teilnehmer gegenüber frei oder unfrei?

nein, ich fühle mich unfrei, und abgekapselt, verschlossen und gefühlsmäßig eingeengt	1 2 3 4 5 6 7	ja, ich fühle mich frei und äußerungsfähig, offen und meinen Gefühlen entsprechend

Welche Mitwirkung ist mir im Seminar möglich?

ich bin voll mitwirkungsfähig, der Gruppe bei der Erreichung ihrer Ziele zu helfen	1 2 3 4 5 6 7	ich bin völlig unfähig dabei mitzuwirken, der Gruppe bei der Erreichung ihrer Ziele zu helfen

„Zufriedenstellendes, lernintensives Gruppenklima"
Wie fühle ich mich im Seminar des betreffenden Dozenten?

sehr unbehaglich	1 2 3 4 5 6 7	sehr wohl

Wurden abweichende Ansichten genügend angehört?

ja, sie wurden vollständig besprochen, untersucht, ausgewertet und in Erwägung gezogen	1 2 3 4 5 6 7	nein, sie blieben völlig unbeachtet, wurden nicht zugelassen, abgewiesen, bzw. beiseite geschoben

Die besprochenen Probleme und Inhalte waren, verglichen mit meinen Erfahrungen in anderen Seminaren . . .

völlig „irgendwo und   1 2 3 4 5 6 7   völlig „hier und jetzt",
irgendwann", abseits,   naheliegend, sprachen
sprachen mich nicht   mich an
an

Habe ich aus den Sitzungen dieses Seminars für mich einen Gewinn gezogen?

Der Gewinn übertrifft   1 2 3 4 5 6 7   ich hätte genauso nicht
meine Erwartungen;   daran teilnehmen kön-
ich habe viel aus dem   nen; gar kein Gewinn
Seminar gelernt

„Sachbezogene Gruppenarbeit vs. individuelles Profilierungsstreben"
War die Diskussion in der Gruppe/im Seminar durchweg sachfremd oder sachbezogen?

völlig   sachbezogen   1 2 3 4 5 6 7   völlig sachfremd (theo-
(praxisbezogen, reali-   retisch, unrealistisch)
stisch)

Waren die Mitglieder darauf aus, Punkte für sich zu gewinnen, oder ihre eigenen Standpunkte durchzusetzen?

völlig darauf aus eige- 1 2 3 4 5 6 7   völlig nur an der Be-
ne Standpunkte   deutung der Sache orien-
durchzusetzen   tiert

IV. *Zu den Einstellungen und Verhaltensreaktionen der Hörer/Studenten/Schüler*

IV.1) „Gefühl der sozialemotionalen Unterstützung" (durch den Lehrenden)

Wenn ich mir vorstelle, in diesem Seminar (dieser Übung) einen Diskussionsbeitrag zu liefern oder eine Frage zu stellen, habe ich die Befürchtung, vom Dozenten

blamiert zu werden   1 2 3 4 5 6 7   befürchte das nicht

Durch die Art des Dozentenverhaltens bin ich persönlich

nicht   vorangekom- 1 2 3 4 5 6 7   irgendwie vorangekom-
men   men

Durch das Dozentenverhalten im Seminar fühle ich

weniger Vertrauen zu 1 2 3 4 5 6 7   mehr Vertrauen zu meiner
meiner   Leistungsfä-   Leistungsfähigkeit
higkeit

300

Durch die Art des Dozentenverhaltens fühle ich mich insgesamt
mehr entmutigt   1   2   3   4   5   6   7   mehr ermutigt

IV.2) *,,Kreativ-freies Verhalten''*
Ich war in meinem Verhalten während der (Seminar-) Sitzungen/in der
Gruppe bei dem betreffenden Dozenten im allgemeinen:

einfallsreich und krea- tiv	1 2 3 4 5 6 7	ohne neue Einfälle, eher konventionell und re- produzierend
träge, passiv	1 2 3 4 5 6 7	eifrig, aktiv
spontan, ungehemmt, unkompliziert	1 2 3 4 5 6 7	schüchtern, gehemmt, kompliziert
aufgeschlossen, mit- denkend	1 2 3 4 5 6 7	verschlossen, abgelenkt

IV.3) *,,Auswirkungen auf das Fachgebiet des Kurses/Seminars''*
Das Fachgebiet wurde mir im Laufe des Kurses/Seminars
attraktiver   1   2   3   4   5   6   7   weniger attraktiv

Der Kurs/das Seminar bringt für mich etwas,
was mich persönlich   1   2   3   4   5   6   7   was für mich nur aus an-
anspricht und interes-   deren (z. B. studien- mä-
siert   ßigen oder beruflichen)
                                                        äußeren Gründen wichtig
                                                        ist.

Zur Erhebung und Auswertung
Wichtig ist, daß das Feedback *anonym erhoben* und von den Hö-
rern/Schülern *selbst ausgewertet* wird – z. B. durch 2 – 3 dazu von
ihnen selbst bestimmte Gruppenmitglieder.

Feedback-Verwertung

Die *Ergebnisse des Feedback* zum Lehrverhalten, zum gruppendynamischen Klima sowie zu den Einstellungen und Verhaltensweisen

der Hörer/Studenten/Schüler sollten dann *gemeinsam diskutiert* werden.

Diese Diskussion sollte möglichst lösungs- und maßnahmenorientiert geführt werden. Eventuelle Konflikte können durch Beachtung der kooperativen Konfliktregelungstechniken (vgl. die Merkblätter M 9 und M 10 im Anhang) wahrscheinlich besser und weitgehend angemessen geregelt werden. Die *konkreten Maßnahmen* werden dann in einem Tätigkeitskatalog zusammengestellt, durchgeführt und nach einiger Zeit auf ihren Erfolg hin überprüft.

Kommunikation als Lerninhalt

Manche Lehrer oder Dozenten haben mit gutem Erfolg den Inhalt unserer Merkblätter im Anhang oder auch des Beitrags von *F. Schulz von Thun* in diesem Buch zum *Unterrichtsstoff* gemacht. Nach der theoretischen Durchdringung haben dann die Lehrenden gemeinsam mit ihrer Gruppe die *eigene Kommunikationssituation* (vgl. Merkblatt M 2) *analysiert.* (Das kann auch innerhalb einer Dozentengruppe oder eines Kollegiums durchgeführt werden.) Dabei wurden dann z. B. das Beziehungsklima in der Gruppe (vgl. Merkblatt M 1), die Qualität des Feedback von/zu dem Lehrenden und den Lernenden (vgl. Merkblatt M 3) sowie Fragen der „manipulativen Kommunikation" (vgl. Merkblatt M 4) innerhalb der Gesamtgruppe incl. Dozent diskutiert (Die Reihe ließe sich für die anderen Merkblätter fortsetzen).

Die Anfangsschwierigkeiten und was man dagegen tun kann

Wichtig ist dabei, erst einmal anzufangen und sich nicht durch perfektionistische Haltungen („Erst mal müßte ich dazu noch . . . lesen") selbst davon abzubringen. Gefährlich ist nur ein feindseliges Klima innerhalb der Gesamtgruppe (wie z. B. eine Diagnostikerhaltung, die stets weiß, „wie es wirklich ist"). Wenn die *Meinungen als subjektive kenntlich* gemacht werden und sich alle um ein *positives Gruppenklima* bemühen – und sich gegenseitig hilfreich korrigieren bei Abweichungen – kann ein solches Vorgehen nur zu positiven Ergebnissen führen. Der studierte Diplom-Psychologe hat da als Moderator prinzipiell dieselben Probleme zu überwinden wie ein

„Dozent". Daß eine Gruppe irgendwo auch an ihre Grenzen stößt und eventuell nicht mehr weiterkommt, ist nur natürlich; auch ein „Trainer" wird das häufig nicht verhindern können.

Wesentlich ist es also, im Training selbst, die Fähigkeit zur Kommunikationsklärung (Metakommunikation, vgl. M 2) zu trainieren und sich so als Gruppe selbst zu steuern. Prozeßanalysen (vgl. M 14) sind dazu ebenso hilfreich wie die Anwendung der Kommunikationsmarken (rot, gelb, grün), mit denen sich alle Gruppenteilnehmer an der Selbststeuerung der Gruppe beteiligen können.

Zur Diskussionsgestaltung

Für die Gruppendiskussionen sind die „10 Punkte für die Zusammenarbeit in Gruppen" (TZI, vgl. M 11) von Bedeutung; ihre Beachtung durch jeweils 2 Gruppenmitglieder kann sehr trainingswirksam und lerneffektiv sein. – Dieses Verfahren kann sowohl auf einem Dozententraining durchgeführt bzw. erprobt werden als auch in der Erstsituation der Praxis (also im Seminar, in der Klasse) selbst.

Während bei der TZI-Diskussion (meist für 5–15 Teilnehmer) auf einen Diskussionsleiter verzichtet wird, da sich die Gruppe selbst steuert, ist es – vor allem bei größeren Gruppen – mitunter schon angebracht, der Gruppe durch eine teilweise „Hilfe von draußen" zu helfen. Wir haben gute Erfahrungen mit folgendem Verfahren gemacht:

Ein *inhaltlicher Diskussionsleiter* achtet darauf, daß die Diskussion beim Thema bleibt. Ansonsten fragt er nach bzw. unterbricht und hilft dem Sprechenden zum Thema zurück. Wenn die Gruppe nicht selbst jeden Diskussionsbeitrag an einer Wandzeitung mitprotokolliert, ist es empfehlenswert, daß dieser Diskussionsleiter zugleich ein Protokoll erstellt.

Ein *formaler Diskussionsleiter* achtet auf die Reihenfolge in der Diskussion, nimmt Wortmeldungen entgegen und achtet darauf, daß ein vereinbartes Zeitlimit für Diskussionsbeiträge (z. B. 30 Sekunden oder 3 Minuten) nicht überschritten wird.

Können Selbsterfahrungsübungen, Erfahrungssituationen und gruppendynamische Übungen selbst durchgeführt werden?

Diese Frage kann nicht generell beantwortet werden. Oberstes Gebot bei einem Training muß sein, daß niemandem geschadet wird, daß niemand in seiner psychischen Gesundheit beeinträchtigt wird. Deshalb ist es sinnvoll, bei sehr ich-nahem Lernen, das häufig auch sehr belastend ist, einen therapie- und gruppenerfahrenen, klinisch ausgebildeten Psychologen als Trainer zu gewinnen.

Die *Schlußfolgerung* ist:

● Sogenannte *Selbsterfahrungsübungen* sollten wirklich nur mit psychisch gesunden Individuen durchgeführt werden – auf der Basis von Freiwilligkeit und unter sorgsamer Vermeidung von Gruppenzwang. Hierzu gehören verschiedene *non-verbale Übungen* wie z. B. auch die Übung „Blindes Vertrauen" (vgl. hierzu im einzelnen *K. Antons* 1973 sowie *L. Schwäbisch* und *M. Siems* 1974).

● Ein sehr an die Person herangehendes *Feedback* wie in der Übung *Hot Seat* („Feuerstuhl") sollte ebenfalls vorzugsweise unter Anwesenheit eines therapeutisch geschulten Dritten stattfinden. Wenn die Gruppenmitglieder indes psychisch gesund sind, wenn „Tabuzonen" vereinbart und eingehalten werden, kann eine solche Übung für eine Lerngruppe sehr hilfreich sein.

● Sehr erfolgreich war häufig die Übung „Cocktail-Party", bei der sich die Teilnehmer eines Kurses/Seminars selbst als Person, hinsichtlich ihrer Erwartungen/Schwierigkeiten und Fähigkeiten vorstellen. – Hierbei sollte nur darauf geachtet werden, daß sich kein Teilnehmer unter Druck fühlt, etwas produzieren zu müssen. Nichts über sich sagen zu wollen ist eine gleichberechtigte Alternative.

● Gemäß den mehrfach ausgedrückten Prinzipien hilfreichen, therapeutischen Verhaltens können – mit Zustimmung der Teilnehmer – auch weitere Übungen z. B. aus *Siems* und *Schwäbisch* (1974) oder aus *Antons* (1973) in einem Dozententraining durchgeführt werden.

Eigentraining im Kommunikationsverhalten bei Konflikten

Hilfreich ist es sicherlich auch, sich in seinem eigenen Gesprächsverhalten zu schulen: Die Führung von *Problemgesprächen* (z. B.

mit Hörern), das Anwenden von *Ich-Aussagen* als Ausdruck einer persönlichen Offenheit und Direktheit sowie das Training in *Hilfreichem Zuhören* (vgl. M 5, M 6, M 7) – all das können Lehrende durchaus unter sich (mit wechselndem Moderator und zwischengeschalteten Prozeßanalysen) trainieren.

Für die technische Gestaltung eines solchen Trainings empfiehlt sich die Lektüre unseres Merkblatts über „Praxisnahe Methoden zur Bearbeitung von Problemen" (M 12 im Anhang): *Rollenspiele* auf Band aufgenommen und gemeinsam mit Kollegen diskutiert bieten gute Lernchancen.

Ganz wesentlich ist die *Analyse der Beziehungsebene* (vgl. M 1) zwischen Lehrenden und Lernenden. Ohne eine gute, partnerschaftliche Gestaltung der Beziehungsebene ist kooperative Konfliktregelung und ein partnerschaftlicher Unterricht nicht möglich.

Eigentraining im Geben und Empfangen von Feedback sowie in der Metakommunikation

Tonbandaufnahmen von Rollenspielen oder Life-Situationen (im Dozententraining oder auch im Kurs/Seminar) können ebenfalls sehr gut gemeinsam analysiert werden hinsichtlich:
– der Qualität des gegebenen Feedback (vgl. M 3),
– der Nutzung bzw. Auslassung von möglicher/erforderlicher Kommunikationsüberprüfung und Kommunikationsklärung (vgl. M 2),
– der hilfreichen Qualität eventueller Kritik (vgl. M 8),
– der eventuell einfließenden manipulativen Kommunikation (vgl. M 4).

Hilfreiche Gruppengespräche auf persönlicher Ebene (vgl. M 13 über „Encounter-Gruppen") können als „Kaffeegespräch" oder „Klönschnack" auch geführt werden. Ein „wildes Encounter" sollte vermieden werden; behutsames Vorgehen ist wichtig. Die Hilfe eines encounter-erfahrenen, therapeutisch ausgebildeten Psychologen wäre nützlich. Sie ist bei einer Eingrenzung des Gesprächs aber nicht erforderlich.

Literatur

Antons, K. (1973): Praxis der Gruppendynamik, Göttingen (Hogrefe).

Brocher, T. (1967): Gruppendynamik in der Erwachsenenbildung, Braunschweig (Westermann).

Chin, R. und Benne, K. D. (1971): Strategien zur Veränderung sozialer Systeme, in: Gruppendynamik, II, 4, S. 343–374.

Fittkau, B. (1974): Notwendigkeit und Möglichkeiten von Kommunikations- und Verhaltenstraining für Lehrer und Erzieher, in: Fittkau, B., Müller-Wolf, *H.-M. Schulz von Thun, F.* (Hrsg.) (1974): Kommunikations- und Verhaltenstraining für Erziehung, Unterricht und Ausbildung, München (UTB), S. 15–55.

Fittkau, B. Müller-Wolf, H.-M. Schulz von Thun, F. (Hrsg.) (1974): Kommunikations- und Verhaltenstraining für Erziehung, Unterricht und Ausbildung, München (UTB).

Gordon, T. (1972): Familienkonferenz, Hamburg (Hoffmann und Campe).

Horn, K. (1969): Politische und methodologische Aspekte gruppendynamischer Verfahren, in: Das Argument, 50/3, S. 261–283.

Horn, K. (1972): Gruppendynamik und der subjektive Faktor, Frankfurt (Suhrkamp).

Müller-Wolf, H.-M. (1969): Aspekte des Lehrverhaltens von Hochschullehrern und ihre Bedeutung für Einstellungen und Verhalten von Studenten. Unveröffentl. Diplomarbeit, Hamburg (Psychologisches Institut der Universität Hamburg).

Müller-Wolf, H.-M. (1972): Notwendigkeiten und Möglichkeiten eines gruppendynamischen Kommunikations- und Verhaltenstrainings für Lehrer an Hochschulen und in anderen Ausbildungsbereichen, in: Vopel, K. W. (Hrsg.): Gruppendynamische Experimente im Hochschulbereich, in: Blickpunkt Hochschuldidaktik, Hamburg, Heft 24, S. 70–91.

Müller-Wolf, H.-M. (1974): Lehrertraining in sozialem und affektivem Verhalten, in: Fittkau, B., Müller-Wolf, H.-M., Schulz von Thunb, F. (Hrsg.): Kommunikations- und Verhaltenstraining für Erziehung, Unterricht und Ausbildung, München (UTB), S. 77–106.

Müller-Wolf, H.-M. (1976): Dimensionen des Lehrverhaltens von Hochschullehrern in ihrer Bedeutung für Einstellungen und Verhaltensreaktionen von Studenten, unveröffentl. Dissertation, Hamburg (Psychologisches Institut der Universität Hamburg: im Manuskript).

Müller-Wolf, H.-M. und Fittkau, B. (1971): Lehrverhalten von Hochschullehrern und seine Bedeutung für Einstellungen und Verhalten von Studenten, in: Zeitschrift für Entwicklungspsychologie und Pädagogische Psychologie, Bd. III, Heft 3, S. 165–180.

Schulz von Thun, F., Langer, I., Tausch, R. (1972): Trainingsprogramm zur Förderung der Verständlichkeit bei der Wissensvermittlung, Kiel (Landesverband der Volkshochschulen Schleswig-Holsteins e. V.).

Schwäbisch, L. und Siems, M. (1974): Anleitung zum sozialen Lernen für Paare, Gruppen, Erzieher – Kommunikations- und Verhaltenstraining, Reinbek bei Hamburg (Rowohlt).

7 Zur Bedeutung der Kommunikation für die psychische Gesundheit – auch im Betrieb

Bernd Fittkau, Heide Fittkau-Garthe

Zusammenfassung

Ausgangspunkt dieses Beitrags sind allgemeine Psychotherapie-Erkenntnisse über psychisch krankmachende und heilende kommunikative Bedingungen. Dem folgend wird aufgezeigt, daß viele strukturelle und kommunikative Arbeitsbedingungen in den Betrieben psychisch schädlich sind.

Anhand einschlägiger sozial-psychologischer Untersuchungen und Überlegungen zur Führungsstil-Problematik wird Kritikern von Kommunikationstrainings gegenüber begründet, warum eine Verbesserung des kommunikativen Klimas ein wichtiger Beitrag für eine humanere, psychisch weniger schädliche Arbeitswelt ist. Kommunikationstrainings können die dazu notwendigen Lern- und Umlernprozesse anregen.

Einführung

Überall dort, wo aus sachlich notwendigen Gründen und/oder historischen Entwicklungen Menschen anderen unterstellt sind und Abhängigkeiten bestehen, wie in der Schule zwischen Lehrern und Schülern, im Betrieb zwischen Vorgesetzten und unterstellten Mitarbeitern, treten ähnliche Probleme auf und bestehen ähnliche Zusammenhänge zwischen dem „Führungs"-Verhalten und der seelischen Gesundheit der „Geführten". Beispiele und Untersuchungsergebnisse aus der Schule sind in vieler Hinsicht auf den Betrieb übertragbar und umgekehrt.

Ein stark lenkendes, restriktives Verhalten führt bei Schülern wie bei Mitarbeitern zu Unselbständigkeit und Minderwertigkeitsgefühlen. Eigene Fähigkeiten können in erster Linie durch selbständiges Handeln und positive Rückmeldung aus der Umwelt erkannt und entwickelt werden. Führung ohne Lenkung ist hingegen auch ein starkes Problem: Sog. „Laissez-faire" – Verhalten kann bei Kindern zur Verwahrlosung und bei Mitarbeitern zur Lustlosigkeit, Desorientiertheit, Ziellosigkeit führen.

Für den Bereich der Schule ist die Bedeutung des Lehrerverhaltens für die seelische Gesundheit der Schüler, insbesondere von *Tausch* und *Tausch* (1971), ausführlich beschrieben worden.

Im folgenden wollen wir uns der Bedeutung zwischenmenschlicher Kommunikation und Beziehungen, vor allem im Betrieb, zuwenden.

Überblick

Im Abschnitt 7.1 „Psychotherapie-Erkenntnis als Grundlage für psychische Gesundheit" soll kurz auf die Bedeutung der Psychotherapie-Erkenntnisse für den Erziehungs-/Sozialisierungsprozeß und die damit verbundenen Forderungen bzw. Bedingungen für die psychische Gesundheit eingegangen werden.

Im Abschnitt 7.2 „Arbeitsbedingungen und psychische Gesundheit" sollen schematisch die heute überwiegend anzutreffenden Arbeitsbedingungen, deren psychische Auswirkungen und die für die Förderung der seelischen Gesundheit im Arbeitsprozeß notwendigen Konsequenzen skizziert werden; gleichzeitig wird dadurch die Bedeutung der zwischenmenschlichen Beziehungen am Arbeitsplatz und damit der „Kommunikations-Trainings" für die seelische Gesundheit im Betrieb verdeutlicht.

Im Abschnitt 7.3 „Die Bedeutung der zwischenmenschlichen Beziehungen, insbesondere des Vorgesetzten-Verhaltens für den Arbeitsprozeß" werden Ergebnisse wichtiger empirischer Untersuchungen zu diesem Problemkreis zusammengefaßt.

Im Abschnitt 7.4 „Psychologische Grundlagen von Führung" werden wichtige Funktionen und Gefahren von Führung diskutiert und auf die Notwendigkeit eines demokratischen Führungsstils hingewiesen.

Im Abschnitt 7.5 „Konsequenzen für Trainings" werden zusammenfassend einige Schlußfolgerungen für die Notwendigkeit von Trainings zur Verbesserung der sozialen Beziehungen im Betrieb

gezogen und gleichzeitig auf die Gefahren solcher Trainings hingewiesen, die vermieden werden müssen.

7.1 Psychotherapieerkenntnisse als Grundlagen für psychische Gesundheit

In *Psychotherapien* werden seelische Störungen oder Krankheiten intensiv beobachtet und auf ihre Ursachen hin analysiert. Gleichzeitig versuchen Therapeut und Klient gemeinsam durch eine therapeutische Interaktion die Störungen zu vermindern und ein höheres Ausmaß seelischer Gesundheit beim Klienten zu erreichen. Die hier gewonnenen Erkenntnisse sollten nutzbar gemacht werden für die *„normalen" pädagogisch und sozial-psychologischen Prozesse,* d. h. für das Lernen-und-miteinander-Arbeiten in der Schule, im Betrieb und anderen Institutionen. Einerseits um die Entwicklung seelischer Störungen zu verhindern, und andererseits, um verbreitete seelische Störungen zu mildern.

In Psychotherapien werden Einsichten gewonnen über jene psychischen Zustände, die so belastend sind, daß sie seelisch krank machen bzw. neurotisieren: u. a. starke Ängste, Minderwertigkeitsgefühle, Kommunikationsunfähigkeit, psychische Abhängigkeit, Leistungsunfähigkeit. Hieraus können wir ganz allgemein für den pädagogischen Bereich Erziehungs-Ziele zur Erreichung bzw. Erhaltung *psychischer Gesundheit* ableiten: also u. a. *Angstfreiheit, Selbstwertgefühl, Kommunikationsfähigkeit, Autonomie, Leistungsfähigkeit.* Diesen Zielen soll und muß nicht nur in der kindlichen Erziehung, sondern auch in der Schule und auch in der späteren Arbeitswelt Rechnung getragen werden.

Aus der Psychotherapie-Forschung können Erkenntnisse über die Bedingungen und Ursachen gezogen werden, die in der sog. primären Sozialisation (Elternhaus, Kindergarten, Vorschule) und sekundären Sozialisation (Schule, Beruf, Hochschule) zu seelischen Erkrankungen führen: u. a. geringe positive emotionale Zuwendung, soziale Diskriminierungen, überhöhte Leistungsanforderungen, extremer Konkurrenzdruck, starke soziale Zwänge und deren Internalisierung. Hieraus lassen sich für den pädagogischen und gesellschaftlichen Bereich wichtige Bedingungen ableiten, die *prophylaktisch* seelische Erkrankungen vermindern können: u. a. *hohe positive emotionale Zuwendung, keine Diskriminierung,* sondern *Anerkennung und Solidarität von Menschen, realistische selbstbestimmte Leistungsanforderungen, Begrenzung der Konkurrenz, Abbau von Zwängen.*

Die therapeutisch effektiven Prinzipien der Verhaltens- und Erlebensänderung (u. a. Imitationslernen, Lernen am Erfolg und Gegenkonditionierung) und die „therapeutischen" Haltungen und Verhaltensweisen (u. a. Wertschätzung, Verständnis, Echtheit, aktives Bemühen) können von jenen Erziehern, Lehrern, Vorgesetzten übernommen werden, die die seelische Gesundheit der ihnen unterstellten Sozialpartner fördern wollen. Andererseits können Vorgesetzte durch ihr Verhalten die seelische Gesundheit der unterstellten Mitarbeiter wesentlich beeinträchtigen: Z. B. kann ein ständig angstauslösendes Führungsverhalten zu Verunsicherung, Minderwertigkeitsgefühlen, Negativismus usw. und später auch zu psychosomatischen Störungen, wie Magen-, Darm-, Herz-Beschwerden führen.

Diese - aus den Erkenntnissen der Psychotherapie-Forschung abgeleitet – Forderungen werden auch von *Maslow* (1954), dem Begründer der „Humanistischen Psychologie", als grundlegende *psychische Bedürfnisse* des Menschen postuliert: Nachdem die unteren Stufen der *menschlichen Bedürfnis-Hierarchie* erfüllt sind (physiologische Bedürfnisse: Hunger, Durst, Sexualtrieb usw.) werden zunehmend „höhere" psychische Bedürfnisse verhaltensbestimmend: Sicherheitsbedürfnis, Kommunikationsbedürfnisse, Bedürfnis nach Wertschätzung, Anerkennung und Selbstachtung und letztlich das Bedürfnis nach Selbstverwirklichung (s. *Nick,* 1974, S. 27 ff.).

Inwieweit diese Bedürfnis-Hierarchie nur Ausdruck der liberalen, die westlichen Gesellschaften bestimmenden Mittelschichtsnormen ist oder eine anthropologische Konstante darstellt, läßt sich heute kaum entscheiden. Unabhängig von den Ursachen dieser höheren Bedürfnisse ist es eine Tatsache, daß ihre Befriedigung von entscheidender Bedeutung für die seelische (und rückwirkend auch körperliche) Gesundheit der Menschen zumindest in unseren westlichen Industrie-Gesellschaften ist.

7.2 Arbeitsbedingungen und psychische Gesundheit

Im folgenden sollen schematisch die Bedingungen skizziert werden, die der größte Teil der Jugendlichen und Erwachsenen im Berufsbereich insbesondere in der Produktion und einfachen Angestelltentätigkeiten überwiegend vorfindet und welche Auswirkungen diese Bedingungen auf die psychische Gesundheit haben können. Die Übersicht zeigt, in welchem geringen Ausmaß die obigen Forderungen nach einer „humanen", d. h. nicht krankmachenden und befriedigenden Berufswelt erfüllt sind.

Arbeitsbedingungen	negative psychische Auswirkungen	notwendige Konsequenzen
starke materielle Abhängigkeit der meisten Arbeitnehmer	Existenzunsicherheit, Angst, Anpassungsbereitschaft auch entgegen eigenen Überzeugungen	Unterstützung der gewerkschaftlichen Arbeit; Notwendigkeit von Vollbeschäftigung;
monotone, routinehafte, automatisierte, atomisierte Arbeitsabläufe; entfremdete Arbeit ohne Transparenz des Sinns; geringe soziale Kommunikationsmöglichkeiten bei der Arbeit	Langeweile, Unzufriedenheit, Gefühl der Ersetzbarkeit, Überflüssigkeit u. Wertlosigkeit, keine Identifikation mit der Arbeit, geringe Arbeitsmotivation, Gefühl der Isolation, restringiertes, „Schwarz-Weiß"-Kommunikationsverhalten, mangelndes Selbstwertgefühl, Ideenlosigkeit	Änderung der Produktionsmethoden: u. a. Reduktion der Fließbandarbeiten; Bildung von größeren selbständigen Produktionseinheiten (s. Volvo-Modell); Beteiligung an der Festlegung von Arbeitsabläufen; Jobrotation
hohe Leistungsanforderungen, starker Konkurrenz- u. Wettbewerbsdruck	überhöhtes Anspruchsniveau, Streß, (Nervosität, innere Unruhe, Magengeschwüre, Schlaflosigkeit, u. ä.)	Angemessener Wettbewerb; Verbesserung der Rekreationsmöglichkeiten; deutliche Anerkennung der erbrachten Leistungen
geringe Mitbestimmungsmöglichkeiten u. Mitbeteiligung (an Gewinn u. Verlust)	Unselbständigkeit, geringe Motivations- und Verantwortungsbereitschaft, Ungerechtigkeitsempfinden	Engagement für die Einführung der paritätischen Mitbestimmung und Mitbestimmung am Arbeitsplatz; Gewinn u. Verlustbeteiligung (u. a. Süßmuth-Modell, Ahrensburger-Modell, Porst-Modell, Scott-Bader-Modell; s. *Jungblut*, 1973);

Fortsetzung Seite 315

Tabelle 1: Arbeitsbedingungen und ihre psychischen Auswirkungen

Arbeitsbedingungen	negative psychische Auswirkungen	notwendige Konsequenzen
oft autoritäres Vorgesetztenverhalten und hierarchische innerbetriebliche Kommunikation	Unselbständigkeit, Unzufriedenheit, Abhängigkeit, geringe Verantwortungsbereitschaft, kein Lernen eines demokratisch-symmetrischen Kommunikationsverhaltens, Gefühl der Wertlosigkeit, mangelnde Kreativität, verminderte Leistungsbereitschaft, Angst	Verstärkung der Tätigkeit von Betriebspsychologen als „Kommunikations-Trainer" zur Förderung der inneren Demokratisierung parallel zur strukturellen Demokratisierung; intensive Führungstrainings zur Einstellungs- u. Verhaltensänderung bei den Vorgesetzten auch auf den unteren hierarchischen Ebenen (Vorarbeiter, Schichtarbeiter, Meister etc.)

Tabelle 1: Arbeitsbedingungen und ihre psychischen Auswirkungen

315

Ursachen/Formen der Dehumanisierung	Strategien der Humanisierung Kurzfristige ▶	Langfristige	Pseudo-Strategien der Humanisierung
Existenzbedrohung und Ausbeutung durch Produktionsmittelbesitzer: Nichtverfügung über den „Mehrwert" der Arbeit; jederzeit drohende Arbeitslosigkeit	Planifikation; soziale Steuerpolitik; öffentliche Arbeitsmarktpolitik, Mitbestimmung id Unternehmensleitung; Ausbau des Arbeitsschutzrechts „Workers' Control"; qualitative Tarifpolitik; Streik	Wohlfahrtsplanung auf der Basis vergesellschafteter Großindustrie; Arbeiterselbstverwaltung in den Unternehmen; Wachstumsbegrenzung	Marginale Gewinnbeteiligung, Human-Relations; Konsum- und „Wohlstands"-Ideologie; Betriebsgemeinschaftsideologien
Psycho-physisches Arbeitsleid Überanstrengung; gesundheitsgefährdende Arbeitsplätze und Unanforderungen; Monotonie etc.	Pausenregelung; Legalisierung arbeitswissenschaftliche Standards; werksärztliche und Unfallschutzverbesserung; Streik	Job rotation; Job enlargement; Normierung hoher arbeitswissenschaftlicher Standards; extreme Arbeitszeitverkürzung für besonders dehumanisierende Tätigkeiten; Automation	Psychotechniken, z. B. Musikberieselung, farbenfrohe Betriebsgestaltung; Geldäquivalente für Arbeitsleid
Fremdbestimmung Disfunktionale Regelung und Kontrolle der Arbeit durch Hierarchien; fremde Bestimmung der Produktionsziele, -prozesse, -innovationen	Mitbestimmung a) der Arbeitsgruppen b) des Betriebsrates konkrete Information bzw. betrieblich-politische Bildungsarbeit; „Workers' Control"; Streik ...	Autonome Arbeitsgruppe Abbau der Hierarchie, Arbeiterselbstverwaltung umfassende polit-ökonomische Information ...	„Delegation von Verantwortung" in unwesentlichen Ausführungsfragen („Harzburger Modell"); Human Relations; Aufstiegsillusionen; formale Informationspolitik ...

Tabelle 2: In einem ähnlichen Schema faßt *Vilmar* (1973) aktuelle *Humanisierungstrends* der industriellen Arbeit zusammen

In einem ähnlichen Schema faßt *Vilmar* (1973) aktuelle *Humanisierungstrends* der industriellen Arbeit zusammen. Allerdings werden hier Kommunikationstrainings, zumindest tendenzmäßig den Pseudo-Strategien der Humanisierung zugeordnet. Nur die strukturellen Veränderungen werden hier als echte Strategien geltend gemacht. Hinter dieser Auffassung steht offensichtlich die Überzeugung, daß Verbesserung der psychischen Situation am Arbeitsplatz sehr schnell an die Grenzen der bestehenden Arbeitsstrukturen und wirtschaftlichen Zwänge stoßen und dann bestenfalls dazu dienen, durch Oberflächenkosmetik diese „harte Realität" zu verschleiern.

Eine ähnlich pessimistische Einschätzung wird an anderer Stelle von Gewerkschaftsseite auch gegenüber den von der Bundesregierung angeregten und geförderten Forschungsprojekten zur *Humanisierung der Arbeitswelt* vorgebracht: „Solange aber die Humanisierung der Arbeitswelt dem politischen Ziel der Modernisierung der Wirtschaft nachgeordnet bleibt, werden die Bedürfnisse der abhängig Arbeitenden nicht angemessen berücksichtigt. Nach unserer Auffassung muß die positive Änderung der Lebens- und Arbeitsbedingungen Vorrang erhalten. Sie muß den Wert darstellen, an dem sich die forschungspolitische Förderung der Modernisierung der Wirtschaft ausrichtet. Wenn die Verbesserung der Arbeits- und Lebensbedingungen oberstes Ziel der Forschungspolitik werden soll, so müssen die sozialen Auswirkungen des wissenschaftlich-technischen Fortschritts untersucht und offen dargelegt werden. Der jetzt festgelegte Vorrang für die Forschungsprojekte die der Modernisierung der Industrie dienen, macht dies jedoch unmöglich.

Auch dort, wo das Forschungsprogramm zur Humanisierung der Arbeitswelt greift, ist hinsichtlich der Auswirkungen auf den Arbeitsablauf und die Verbesserung der persönlichen Entfaltungsmöglichkeiten der abhängig Arbeitenden nur gedämpfter Optimismus am Platze. Die Durchsetzung humanerer Arbeitsbedingungen auch auf Grund von Forschungsergebnissen wird schnell auf die harten Grenzen betriebswirtschaftlicher Rentabilitätsüberlegungen stoßen. Die Arbeitsproduktivität „wird sich als Schallmauer für Reformen im Betrieb erweisen, . . . " (Erziehung und Wissenschaft, 11/75, S. 13)

Die hier angemeldeten Zweifel sollten sehr ernst genommen werden. Trotzdem erscheinen sie uns nicht zwingend. Denn der dahinterstehenden These, daß Humanisierung notwendig mit Leistungs- und Produktionsverlusten gekoppelt ist, können wir nicht zustimmen.

Wir wollen hier nicht das Problem diskutieren, ob Produktivitätssteigerungen in jedem Fall anzustreben sind und ob dieses Prinzip nicht oft zu unnötiger Verschwendung führt. Wir wollen auch nicht fragen, ob nicht oft durch die Versuche extremer Kostensenkung auf der Produktionsseite viel höhere Kosten auf der psychischen Seite erzeugt werden, was meist schon bei einer innerbetrieblichen Gesamtrechnung, sicher aber bei einer volkswirtschaftlichen Gesamtrechnung, eine Negativbilanz ergeben würde (siehe hierzu *Pieroth* 1974).

Wir wollen hier lediglich die These vertreten, daß bei einer Humanisierung des *Arbeitsprozesses* sich das *Arbeitsergebnis* nicht verschlechtern muß – eher im Gegenteil. Und es macht u. E. schon ein erhebliches Stück Lebensqualität aus, ob die kommunikativen Beziehungen (als wesentlicher Teil des Arbeitsprozesses) am täglichen Arbeitsplatz befriedigend oder zermürbend sind.

Darüber hinaus dürften humanere strukturelle Arbeitsbedingungen (z. B. autonome Arbeitsgruppen) in der Regel ein gutes kommunikatives Klima und entsprechende Einstellungen voraussetzen, damit sie funktionieren können. Insofern müssen *strukturelle und psychologische Humanisierungsbestrebungen Hand in Hand gehen*.

Im folgenden Abschnitt soll deshalb anhand empirischer Untersuchungen auf wesentliche kommunikative Bedingungen eingegangen werden, die für die psychische Befindlichkeit der Mitarbeiter am Arbeitsplatz, ihre Motivation und Grundeinstellung von Bedeutung sind.

7.3 Die Bedeutung der zwischenmenschlichen Beziehungen, insbesondere des Vorgesetztenverhaltens, für den Arbeitsprozeß (Einige empirische Untersuchungen)

● *Mayo* entdeckte bei seinen Studien in den Hawthorne-Werken der Western Electric Company (1927–32) die Bedeutung der sozialen und emotionalen Beziehungen auf die Produktivität und Einstellung: z. B. erhöhte nicht erst die objektive Verbesserung der Beleuchtung die Produktivität, sondern schon allein die in diesem Zusammenhang erfolgte *freundliche Beschäftigung und Aufmerksamkeit* von seiten der Untersucher für die Arbeitenden. Allein die Tatsache, daß die Mitarbeiter nach ihrer Meinung zu den Mißständen gefragt wurden und dieses durch fremde Untersucher, führte schon zu einer positiveren Einstellung und höheren Leistungsbereitschaft und das schon vor den Änderungen dieser Mißstände. Ein wieviel höheren Effekt hätte das in diesem Sinn positive Verhalten des unmittelbaren Vorgesetzten auf die Zufriedenheit und Leistungsbereitschaft der Mitarbeiter.

Ein wesentlicher Teilbereich der „Human relations"-Forschung im Betrieb beschäftigt sich mit dem Vorgesetztenverhalten und seinen Auswirkungen (s. *Tausch* u. *Tausch*, 1971, S. 319; *Kazmier*, 1971, S. 22 ff; *Fittkau-Garthe*, 1970).

● *Bavelas* (1951), *Leavitt* (1951) überprüften experimentell den Effekt von verschiedenen Kommunikations-Strukturen bzw. -Netze bei kleinen Gruppen auf Arbeitsschnelligkeit, Genauigkeit, Zufriedenheit, Umstellungsfähigkeit auf neue Aufgaben:

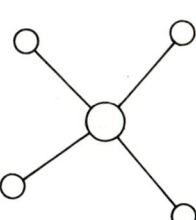

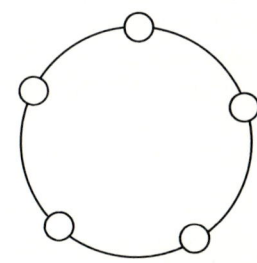

„Stern"
(=hierarchische K-Struktur)

„Kreis"
(=demokratische K-Struktur)

Stern-Gruppen arbeiteten bei einfachen Aufgaben schneller und genauer als Kreisgruppen, dagegen war die *Arbeitszufriedenheit und Umstellungsfähigkeit bei kreisstrukturierten Gruppen besser* als bei Sterngruppen (s. *Kazmier,* 1971, S. 194 ff.)

● Coch und French (1948) stellten in der Harwood Manufacturing Company fest, daß die Arbeitsgruppen, die bei der Planung und Umstellung auf moderne Produktionsmaschinen *stark beteiligt* waren, recht schnell eine hohe Produktion erzielten. Gruppen dagegen, denen die neuen, besseren Maschinen lediglich verordnet und vorgesetzt wurden, sanken in ihren Leistungen deutlich ab und blieben auf einem niedrigeren Produktionsniveau. – Für sie fehlte die Identifikationsmöglichkeit mit den Änderungen; deshalb innerer Widerstand (s. *Kazmier,* 1971, S. 286 ff.).

● *Mann und Baumgartel* (1953) fanden bei einem Vergleich von Arbeitsgruppen (wie *Likert* 1961 in New Patterns of Management S. 18 berichtet), aus denen Mitarbeiter innerhalb von 6 Monaten ein-, zwei-, drei- oder viermal abwesend waren, daß das *Vertrauensverhältnis* zum Vorgesetzten besonders bei fachlichen Problemen in Gruppen mit geringster Abwesenheitsrate am höchsten war, der Trend war linear. Nach dieser Untersuchung kann man schließen, daß der Vorgesetzte durch ein freundlich zugewandtes Verhalten sowohl das Vertrauen seiner Mitarbeiter zu ihm, als auch indirekt die Abwesenheitsrate seiner Mitarbeiter beeinflussen kann. Dieser Effekt wird durch die Kombination von Freundlichkeit und arbeitsstimulierender Aktivität erhöht. Überhaupt scheint der Faktor Vertrauen sehr wichtig für die Effektivität von (Arbeits-)Beziehungen zu sein (s. *Zand,* 1970).

● *Likert* (1953) stellte in den sog. Michigan Studien fest, daß Arbeitseinheiten *mit hohem Produktionsniveau oft einen ,,mitarbeiterzentrierten'' Vorgesetzten* hatten, während die niedrig produktiven Arbeitseinheiten oft einen ,,produktionszentrierten'' Vorgesetzten hatten (s. *Kazmier,* 1971, S. 276; S. 262 f).

Durch ein von den Mitarbeitern beobachtetes freundliches respektierendes Verhalten kann der Vorgesetzte auch das *,,Gefühl der Freiheit bei der Arbeit''* der Untergebenen erhöhen und das relativ unabhängig von dem Grad seiner Aktivität.

Dieses Gefühl der Freiheit ist nach *Likert* (1961) eine ganz besonders wichtige Kriterienvariable, da sie nach seinen Untersuchungen in engem Zusammenhang mit der Produktivität der Mitarbeiter steht. Beim Vergleich hoch- und niedrigproduktiver Gruppen fand *Likert,* daß sich in den hochproduktiven Gruppen 90 % der Befragten „frei" bei der Arbeit fühlten, gegenüber nur 10 % in den niedrigproduktiven Gruppen.

Entgegen der Meinung mancher Geschäftsleitung ist eine starke Kontrolle und Lenkung, die sog. „straffe Führung", nicht unbedingt produktionssteigernd.

Nach den Untersuchungen von *Likert* (1961) hat der empfundene, unangemessene Leistungsdruck vor allem eine negative blockierende Auswirkung auf die Kommunikation von unten nach oben. Je größer der gefühlte Druck, je schwerer fällt es dem Mitarbeiter, neue Ideen und Verbesserungsvorschläge dem Vorgesetzten der nächsthöheren Ebene mitzuteilen. Das Gleiche gilt für die Weiterleitung von Beschwerden. Aber nicht nur die Kommunikation scheint von dem empfundenen Leistungsdruck beeinträchtigt zu sein, sondern auch das Ausmaß des effektiven Einflusses auf das, was in der Abteilung getan wird, d. h. zu welchem Grad tatsächlich die Anordnung des Vorgesetzten nach Meinung der unterstellten Mitarbeiter befolgt werden. In *Likerts* Untersuchungen zeigte sich, daß der unangemessene Leistungsdruck den Einfluß des Vorgesetzten nicht steigert, sondern reduziert. Zusammenfassend kann ein zugewandt-wertschätzendes Vorgesetzten-Verhalten zu einem gewissen Grad – bei gleicher geforderter Leistung – den *psychisch empfundenen Leistungsdruck reduzieren.* Das wiederum ist eine gute Vorbedingung für die Kommunikation von unten nach oben und umgekehrt für einen effektiveren Einfluß des Vorgesetzten auf das, was getan wird. In gleicher Richtung, wenn auch geringer, wirkt die *„Gewährung von Beteiligung".*

● *Fleishman* (1957) entwickelte einen Fragebogen zur Beschreibung des Vorgesetzten-Verhaltens, der zwei weitgehend voneinander unabhängige Verhaltens-Hauptmerkmale (Dimensionen) erfaßt, die recht gut mit den beiden von *Likert* skizzierten Vorgesetzten-Typen übereinstimmen: *Consideration* (Ausmaß von Wertschätzung, Respektierung positiver emotionaler Zuwendung des Vorgesetzten) und *Initiating Structure* (Ausmaß, in dem der Vorgesetzte die Gruppenaktivitäten für die Zielerreichung plant und dirigiert) (s. Abb. „Geometrisches Modell für Erziehungs- und Führungsstile"; s. *Tausch* und *Tausch,* 1971, S. 153).

● *Blake und Mouton* (1964) kommen in ihrem Buch „The Managerial Grid" über das Vorgesetzten-Verhalten und seine Bedingungen und Auswirkungen für die Organisation nach einer Zusammenfassung vieler Arbeiten zu diesem Thema zum ähnlichen Ergebnis. Dort wird das Vorgesetzten-Verhalten nach zwei Dimensionen differenziert: eine *Dimension der menschlichen Zuwendung* und eine *Dimension der Leistungsorientierung und Aktivität.*

Geometrisches Modell für Erziehungs- und Führungsstile

„Er kontrolliert genau die Arbeit seiner unterstellten Mitarbeiter"

A. hierarchisch – autoritärer Verhaltensstil

„Er behandelt seine unterstellten Mitarbeiter, ohne Gefühle zu berücksichtigen

Gruppeninitiative lenkend, leistungszentriert, engagiert, entschlußfreudig, klar in der Instruktion

„In Geschäftsflauten zeigt er eine optimistische Haltung und regt zu größerer Aktivität an"

D. freiheitlich – demokratisch – sozialer. Verhaltensstil

„Er behandelt seine unterstellten Mitarbeiter als gleichberechtigte Partner"

verständnis-los, tadelnd, gespannt, kühl

verständnisvoll, personenzentriert, ermutigend, entspannt, warmherzig

L. Laissez-faire Stil

„Er überläßt seine unterstellten Mitarbeiter sich selbst, ohne sich nach dem Stand ihrer Arbeit zu erkundigen"

überläßt uninteressiert die Gruppe sich selbst, gleichgültig, zögernd, unklar in der Instruktion

Fünf Verhaltensstile werden eingehend diskutiert, entsprechend den Eckpunkten und dem Mittelpunkt des zwei-dimensionalen Verhaltensgitters. Nach ihren Ausführungen ist der Führungsstil, der ein *großes Interesse für die Menschen mit einem großen Interesse für die Produktion verbindet,* der geeigneteste Führungsstil für die Organisationsziele und die Zufriedenheit der Mitarbeiter. Dieser

Führungsstil setzt voraus, daß es keinen unüberbrückbaren Konflikt zwischen den Erfordernissen der Produktion und den Bedürfnissen der Mitarbeiter gibt. Unter dieser Führung ist eine relativ große Integration der menschlichen und produktionsseitigen Interessen möglich: die Ideen der Mitarbeiter werden aufgegriffen, um Arbeitsbedingung und Methoden zu bestimmen. Das Bedürfnis der Mitarbeiter, Gedanken auf ihre Arbeit zu verwenden und ein vernünftiges, gutes Verhältnis sowohl innerhalb der Hierarchie als auch untereinander herzustellen, das alles wird berücksichtigt und genutzt, um die Aufgaben der Organisation zu erfüllen (*Vroom* 1960). Deshalb ist es das wichtigste Ziel dieser Führung, die Voraussetzungen für schöpferische Kraft und hohe Produktivität und gute Moral zu schaffen (nach *R. H. Guest* 1962).

● *Fleishman und Harris* (1962) fanden, daß *Arbeitsplatzwechsel und Beschwerdehäufigkeit mit höherer ,,Wertschätzung'' des Vorgesetzten abnahmen und mit höherer ,,Lenkung'' stiegen.* Die Werte für die Beschwerdehäufigkeit bei den neun untersuchten Gruppen sind in Relation zum Ausmaß der autoritären, restriktiven Lenkung des Vorgesetzten im folgenden graphisch dargestellt (s. *Tausch* und *Tausch,* 1971, S. 153 f.):

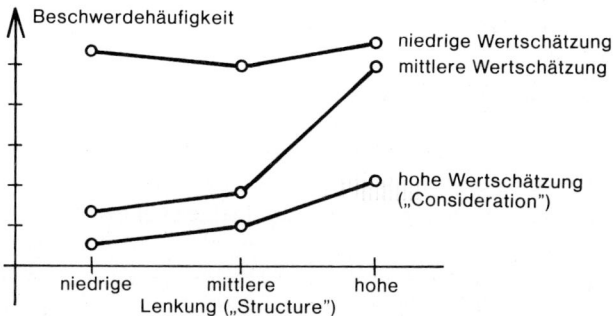

● *Herzberg et al.* (1959) versuchten herauszufinden, welche Faktoren die Arbeitszufriedenheit in besonderer Weise beeinflussen. Dazu wurden detaillierte Interviews mit Arbeitnehmern durchgeführt: Sie sollten eine Situation des Betriebslebens beschreiben, in der sie sich außerordentlich wohl gefühlt hatten und eine andere

Situation, in der sie sich sehr schlecht gefühlt hatten. Die Inhaltsanalyse dieser Befragungsergebnisse zeigte, daß die Arbeitszufriedenheit und Unzufriedenheit durch zwei unterschiedliche Merkmalsgruppen beeinflußt wurden: die *Arbeitszufriedenheit* wird demnach überwiegend durch sog. *Satisfaktoren* bedingt: *Interessante Arbeit, eigene Leistung und Leistungsanerkennung, Aufstiegschancen, Verantwortung.* Die *Arbeitsunzufriedenheit* wird dagegen überwiegend durch die sog. *Frustratoren* (sog. Hygiene-Faktoren) bedingt: *Arbeitsorganisation, Vorgesetztenverhalten, zwischenmenschliche Beziehungen, Arbeitsplatzbedingungen* (s. *Kazmier,* 1971, S. 230 ff.).

● *Fittkau-Garthe (1970)* entwickelte einen „Fragebogen zur Vorgesetzten-Verhaltens-Beschreibung" (FVVB) (*Fittkau-Garthe* und *Fittkau,* 1971) in Anlehnung an die Untersuchungen zum „Supervisory Behavior Questionaire" von *Fleishman.* Im Rahmen dieser Untersuchung charakterisierten 1.313 Arbeiter und Angestellte aus 9 Firmen ihre 228 Vorgesetzten mit Hilfe des Fragebogens. Die Faktoren-Analyse ergab vier Dimensionen bzw. vier Haupt- Verhaltensmerkmale des Vorgesetztenverhaltens:
1) Freundliche Zuwendung / Respektierung versus distanzierte Ablehnung,
2) Mitreißende, zur Arbeit stimulierende Aktivität versus „laissez faire",
3) Mitbestimmung und Beteiligung ermöglichendes Verhalten,
4) Kontrolle.
Darüberhinaus wurde der Zusammenhang des beobachteten Vorgesetztenverhaltens zur Berufszufriedenheit und verschiedenen Einstellungen und Erfahrungen der Arbeiter und Angestellten wie Betriebsklima, Berufszufriedenheit, Leistungsdruck, Informationsfluß, Leistungsanerkennung, Gefühl der Freiheit bei der Arbeit u. a. m. analysiert. Nach dieser Untersuchung haben *freundlich zugewandte, stimulierende und Mitbestimmung ermöglichende Vorgesetzte mit klarer Zielsetzung und gemäßigter Kontrolle das beste Verhältnis zu ihren Mitarbeitern.* In ihren Abteilungen herrscht das *beste Betriebsklima* und die *Mitarbeiter fühlen sich relativ frei und unter keinem zu großen Leistungsdruck.*

● *Zand (1973)* stellte fest, daß Führungskräfte, die auf der Basis eines *vertrauensvollen, offenen Kommunikationsklimas* zusammenarbeiteten, in ihrem Problemlösungsverhalten qualitativ deutlich besser (kreativer, motivierter etc.) waren, sich gegenseitig weniger mißverstanden und weniger den Wunsch hatten, die Firma zu wechseln, als Arbeitsgruppen, deren Mitglieder sich wenig gegenseitiges Vertrauen entgegenbrachten.

Hall (1976) faßt die Ergebnisse eines mehrjährigen Forschungsprojekts zusammen, in dem 16 000 Vorgesetzte danach untersucht wurden, welche Verhaltensweisen die erfolgreichen von den weniger erfolgreichen Führungskräften unterscheiden. Diese Ergebnisse unterstreichen das bisher Referierte: Erfolgreiche Führungskräfte unterscheiden sich von weniger erfolgreichen wesentlich durch drei Merkmale: 1) Sie sind stark primär *selbstverwirklichungs-motiviert* (nicht status- oder sicherheitsorientiert). 2) Sie lassen ihre Mitarbeiter möglichst stark *an den Entscheidungen mitwirken* (,,Partizipation"). 3) Sie haben eine hohe *zwischenmenschliche Kompetenz* (u. a. Offenheit und Verständnis anderer gegenüber). *Hall* weist darauf hin, daß diese Fähigkeiten lernbar sind: ,,Um ein guter Manager zu werden, muß man erst einmal lernen, sich wie ein guter Manager zu verhalten."

Nach dieser Betrachtung einiger klassischer Untersuchungen zur Bedeutung des Führungsverhaltens soll nun auf psychologische Bedingungen von Führung eingegangen werden, die z., T. ein Umlernen des Führungsverhaltens in Richtung des effektivsten, nämlich mitarbeiter-orientierten, strukturierenden und partizipativen Führungsstils erschweren.

7.4 Psychologische Grundlagen von Führung

7.4.1 „Führung" ist notwendig

Alle stabilen sozialen Gebilde (Gesellschaften, Verbände, Betriebe) weisen eine oder mehrere deutlich ausgeprägte hierarchische Organisationsstrukturen auf: Je höher man in der Hierarchie steht, desto größer sind in der Regel die Führungsfunktionen, die zu erfüllen sind. Die Bildung hierarchischer Organisationsstrukturen resultiert aus verschiedenen sozialen und individuellen Kommunikationsbedingungen:

– Unterschiedliche Individual-, Gruppen-, Institutions-*Interessen* müssen *koordiniert* werden, d. h. einem gemeinsamen Ziel (Firmenziel oder Lernziel in der Schulklasse) untergeordnet werden.

– Bei Konflikten müssen *metakommunikativ Konfliktregelungen* erarbeitet und die Durchsetzung *kontrolliert* werden.

– Bei der *Arbeitsteilung* müssen unterschiedliche *Spezialleistungen koordiniert* und kombiniert werden.

– Entscheidungen können (unter Berücksichtigung der Meinung aller Anwesenden) kaum von Gruppen gefällt werden, die mehr als 10 Mitglieder haben „Kabinettsgröße". Die *Delegierten* solcher Gruppen haben automatisch Führungsfunktionen.

– Eine gewisse *Kontinuität der Ziele,* der Methoden zur Zielerreichung und der damit verbundenen Verantwortung muß bei jeder praktischen Umsetzung von Entscheidungen gewährleistet sein. Andernfalls wäre die Funktionsfähigkeit des Betriebes bzw. der Lernertrag in einer Schulklasse fraglich.

– Menschen unterscheiden sich in ihren *Fähigkeiten* zu leiten. Sie sollten daher entsprechend dieser Fähigkeiten bei der Arbeit zum Wohle der Gesamtheit eingesetzt, motiviert und weitergebildet werden.

Das sind einige der Gründe, die deutlich machen, warum in größeren Sozialgebilden Führung (und damit Dispositionsbefugnis von Menschen über Menschen, d. h. Weisungsbefugnis in einem sachlich funktionalen Sinn, oder sogar in einem disziplinarischen) sozial *notwendig* ist. Darüber hinaus gibt es aber auch stark variierende individuelle Führungsinteressen, die nicht für das Funktionieren der Sozialgebilde Betrieb, Schule usw. notwendige Bedingung sind: Menschen sind aufgrund ihrer Sozialisationserfahrungen unterschiedlich leistungsstrebig, machtstrebig und ehrgeizig. Die sog. starken Führungspersönlichkeiten, die mit „eiserner Hand regieren", versuchen oft, erziehungsbedingte Minderwertigkeitsgefühle durch Machtdemonstration auszugleichen (zu kompensieren).

7.4.2 Gefahren, Widersprüche, Fehler, Mißbrauch von „Führung" und notwendige Konsequenzen

Einige Führungsfehler

● Die „Führung" reflektiert und vertritt zu wenig die *materiellen Interessen* der „Geführten", die der Führung einen Vertrauensvorschuß gegeben haben. (Der Kampf der Gewerkschaften war notwendig für den materiellen Aufstieg der Arbeitnehmer; wo es keine gibt, z. B. in Südafrika, zahlen z. B. auch Firmen der Bundesrepublik „Hunger-Löhne"! Mittelfristig führt das mit großer Wahrscheinlichkeit zu einem gewaltsamen Widerstand gegen die schlechte Führung).

● Die „Führung" vernachlässigt die *übergeordneten,* langfristigen, gesamtgesellschaftlichen Interessen zugunsten kurzfristiger privater Profitinteressen: Mangelndes Verantwortungsbewußtsein für das Gemeinwohl. Darum benötigen wir Gesetze und deren Hüter. Unbegrenzt freier Wettbewerb führt u. a. zu:

– erheblicher Umweltverschmutzung (effektiver Umweltschutz erhöht die Kosten) und zu

– einer kinderfeindlichen Umwelt (Kinderspielflächen bringen keinen Profit; die Kinder können sich gegen diesen Mißbrauch nicht wehren).

– Vernachlässigung alter Menschen (keine Produktionskräfte, also Desinteresse; nur interessant als Konsument).

● Die „Führung" berücksichtigt zu wenig die *psychischen Interessen* und Bedürfnisse der „Geführten", u. a. nach *Angstfreiheit, innerer Sicherheit, Kommunikation, Wertschätzung, Selbstverwirklichung. Diese psychischen Bedürfnisse der meisten Individuen werden – außer durch materielle Unsicherheit – durch einen restriktiven, stark lenkenden und kontrollierenden, sog. autoritären Führungsstil am stärksten unterdrückt.*

Ein autoritärer Führungsstil in diesem Sinne zeigt sich besonders an dem *selbständigkeitshemmenden* Verhalten gegenüber den „Geführten": Informationen werden zurückgehalten, Mitarbeiter werden nicht zur Fortbildung angeregt, Verantwortung wird nicht delegiert, Mitbestimmung wird nicht aktiviert, die Aufgabenstellung und der Weg zur Aufgabenerfüllung werden weitgehend vorgegeben. In ihrer aggressiven Form tritt Emanzipationshemmung als gewaltsame Unterdrückung der Interessen der weniger mächtigen Konfliktpartner durch physische Repression auf: mit Äußerungen wie „Beim nächsten Mal werden Sie in die Schicht versetzt!". Oder durch materielle Repressionen: „Beim nächsten Mal fliegen sie 'raus!". Oder durch psychische Repressionen: geringschätziges, abwertendes, distanziertes Verhalten und ein hohes Ausmaß an Lenkung und Kontrolle: „Mein Gott, wie oft muß ich Ihnen das noch sagen, damit das mal klappt. Können Sie nicht oder wollen Sie nicht?!"

Ursachen für den autoritär-direktiven Führungsstil
– Das in der eigenen Erziehung von den Eltern und Lehrern durch *Modell-Lernen* erworbene Verhaltensrepertoire besteht im wesentlichen aus lenkenden, ermahnenden und strafenden also autoritären Verhaltensweisen.
– Lehrer, Eltern oder Vorgesetzte erleben bei stark lenkenden autoritären Verhalten oft kurzfristige Erfolge. Die Schüler sind brav, Kinder folgsam, Mitarbeiter gefügig etc. Dieser „Erfolg" ist verhängnisvoll, weil er das autoritäre Verhalten verstärkt durch *Lernen am Erfolg.*
– Erziehungsbedingte *Minderwertigkeits- und Unsicherheitsgefühle* werden durch dominierendes, autoritäres, egoistisches, machthungriges Verhalten überdeckt und *kompensiert* (Eltern, Lehrer, Vorgesetzte oder andere Leitbilder, die vorher als Mächtige empfunden worden sind, werden kopiert, um so selbst mächtig zu erscheinen.)
– *Vorurteile,* daß maximale Leistung nur mit autoritärem Führungsstil erreicht wird (Dagegen gibt es – wie oben beschrieben – Untersuchungen, die zeigen, daß es bei personenzentriertem partnerschaftlichen und Mitbestimmung ermöglichendem Führungsverhalten die Leistung höher war als bei einem rein leistungsorientierten und mitbestimmungsvermeidenden Verhalten).
– Die „Geführten" unterwerfen sich aus *Angst vor Verantwortung,* Fehlern und Minderwertigkeitsgefühlen den „Führern". Es scheint, als wollten sie unterdrückt und gelenkt werden. Wegen mangelnder Anerkennung haben sie oft tatsächlich kein Vertrauen

zur eigenen Leistung. Der „Führer" interpretiert das als Unsicherheit, geringe Bereitschaft oder Unfähigkeit. Er fühlt sich verpflichtet, die Dinge selbst in die Hand zu nehmen bzw. klare Anweisungen zu geben und zu kontrollieren.

Um nicht in diesen Kreislauf der Unmündigkeit hineinzurutschen, ist es offensichtlich notwendig, daß sowohl „Führer" als auch „Geführte" umlernen müssen.

● Konsequenzen:

– Im Idealfall sollten Führungsfunktionen wie folgt beschaffen sein: *zeitbegrenzt, fluktuierend, rechenschaftspflichtig, transparent, kontrollierbar, auf Mitbestimmung aufbauend, gewählt.*

– Jede verantwortungsbewußte Führung müßte den übergeordneten, gesamtgesellschaftlichen Interessen gegenüber verantwortlich sein.

– Vorgesetzte sollten nicht nur von ihren eigenen Vorgesetzten, sondern auch von ihrem Mitarbeiter beurteilt werden. Sie würden auf diese Weise zwei praktisch wichtige Verhalts-Feedbacks bekommen und sich so weiterentwickeln können. Sie sollten darüber hinausgehend systematisch trainiert werden in Richtung größerer Selbsterkenntnis und eines kooperativeren Führungsstils.

– Die „Geführten" müssen lernen und angeregt werden, ihre Interessen gegen Führungsmißbrauch aktiv zu vertreten.

● *Angemessenes Führungsverhalten*

Ein mitarbeiterorientiertes, strukturierendes, partizipatives Führungsverhalten, das heute und in Zukunft auch im Sinne übergeordneter, gesamtgesellschaftlicher Interessen erfolgreich sein dürfte, trägt am besten den geschichtlichen Entwicklungen unserer Gesellschaft Rechnung:

„. . . Die erste industrielle Revolution nahm den Menschen die körperliche Schwerarbeit ab. Die zweite industrielle Revolution, inmitten derer wir stehen, nimmt ihm die ‚Arbeit am Fließband', die repititive Arbeit in determinierten Prozessen ab. Was in Zukunft als Arbeitsleistung verlangt wird, nämlich schöpferische Arbeit, verlangt eine grundsätzliche andere Arbeitsorganisation. In hierarchischen Strukturen, wo Vorgesetzte Untergebenen ihre Anweisungen geben und Untergebene die Verantwortung auf Vorgesetzte abschieben, kann Phantasie und schöpferische Kraft sich nicht entfalten und muß, sofern ursprünglich vorhanden, mit der Zeit verkümmern . . ." (Zitat aus: *Schnelle,* „Kritische Hinweise zur Verbesse-

329

rung von Entscheidungsprozessen", S. 129; in: Kommunikation, V/3, 1969).

Aber selbst wenn man diese Trendprognose für verfrüht oder illusorisch hält, gibt es genügend pragmatische Gründe, warum eine Veränderung der Kommunikations- und Organisationsstrukturen und mithin des Führungsverhaltens in die angedeutete Richtung notwendig und sinnvoll erscheint: z. B.

● Die Grundlagen für Entscheidungen werden immer komplexer, so daß diese zweckmäßigerweise von interdisziplinären Experten-Teams vorbereitet werden müssen. Experten lassen sich besonders ungern beschulmeistern z. B. von autoritätsfixierten Vorgesetzten. Zumindest innerlich werden sie sich dagegen zur Wehr setzen. Und damit sie möglichst motiviert, kreativ und produktiv arbeiten können, muß ihnen ein Höchstmaß an Partizipation und Verantwortung zugestanden werden (Siehe hierzu: *Quiske, 1975*).

● Bei den sich teilweise sehr schnell verändernden Markt- und Produktionssituationen, müssen Organisationsstrukturen ständig verändert, möglichst verbessert werden. Damit eine solche *Organisationsentwicklung* möglichst effektiv erfolgen kann, müssen die Mitarbeiter an den sie betreffenden Entscheidungsprozessen möglichst weitgehend und in einer möglichst frühen Phase beteiligt werden. Dadurch wird zum einen auch das erhebliche (praktische) Wissenspotential der Mitarbeiter „vor Ort" genutzt. Zum anderen sind die Veränderungs- und Durchsetzungs-Widerstände erheblich niedriger, wenn die Entscheidungen von möglichst vielen entwickelt und getragen werden und nicht einem „von oben", „vom grünen Tisch" verordnet werden (Siehe hierzu: *Gebert, 1974*).

Notwendig für jeden entsprechenden Umlernprozeß ihres Führungsverhaltens ist, daß Vorgesetzte erfahren, wie ihr Verhalten auf ihre Mitarbeiter wirkt. Sie müssen deshalb ein Verhaltens-Feedback erhalten (z. B. mit Hilfe des „Fragebogens zur Vorgesetzten-Verhaltens-Beschreibung" (FVVB) von *H. Fittkau-Garthe* und *B. Fittkau, 1971*). Nach diesem Fragebogen fördern solche Vorgesetzte am meisten ihre Mitarbeiter, die sich freundlich zugewandt, stimulierend aktiv verhalten, Mitbestimmung und Beteiligung ermöglichen und eine nicht zu starke Lenkung und Kontrolle ausüben.

7.5 Zusammenfassende Konsequenzen für Kommunikations-Trainings im Betrieb

In den vorangehenden Abschnitten wurden einige Vorüberlegungen zusammengestellt, die im Zusammenhang mit Umlernprozessen u. a. durch Kommunikations- und Verhaltens-Trainings im Betrieb wichtig sind:

Aufgrund von Psychotherapie-Erkenntnissen wurden soziale und psychische Bedingungen abgeleitet, die eine grundlegenden Bedeutung für die seelische Gesundheit von Menschen innerhalb und außerhalb des Arbeitsprozesses haben und die Voraussetzung für ein befriedigendes Leben sind. Die Bedingungen, unter denen heute viele Menschen arbeiten müssen, erfüllen diese psychohygienischen Forderungen nicht, sondern sind psychisch belastend. Ein bedeutsamer Faktor der Arbeitsbedingungen ist der betriebliche Führungsstil, konkretisiert durch das jeweilige Vorgesetztenverhalten und das damit eng verbundene zwischenmenschliche Beziehungs-Klima.

Viele empirische Untersuchungen zeigen, daß die Art des Führungsverhaltens in starkem Maße die Arbeitsmoral, die Zufriedenheit und das Engagement der Mitarbeiter, Kreativität und Produktivität beeinflußt. Da die psychisch belastenden Arbeitsbedingungen in vielen Betrieben neben den seelischen Schäden auch zu einer sinkenden Arbeitsmoral und damit verringerter Produktivität geführt haben (siehe: *Pieroth,* 1974), stellt sich immer deutlicher die Frage, inwieweit durch die Verbesserung des Führungsverhaltens Arbeits-Prozeß und -Ergebnis verbessert werden können. Aus dieser Motivation heraus wird immer häufiger der Wunsch nach effektiven Methoden zur Verbesserung der innerbetrieblichen Kommunikation und Interaktion laut und die Bereitschaft stärker, verschiedenste Formen gruppendynamischen Trainings, u. a. auch das *Kommunikations- und Verhaltenstraining* im Rahmen der innerbetrieblichen Fortbildung zu erproben. Die Chance, die sich damit dem (Betriebs-)Psychologen als Kommunikationstrainer bietet, die seelische Gesundheit der arbeitenden Menschen positiv zu beeinflussen (so daß sie „sich nicht als Arbeiter, sondern als Mensch fühlen" können), beinhaltet gleichzeitig eine nicht zu unterschätzende Gefahr: Durch Trainings werden Vorgesetzte eventuell nur besser dazu befähigt, mit Hilfe „psychologischer Tricks" tieferliegende Probleme der Arbeitsbedingungen (s. Abschnitt 7.2) durch „Oberflächenkosmetik" für eine gewisse Zeit zu überspielen. Damit ist aber mittelfristig keinem gedient: Den Mitarbeitern nicht, weil ihre materielle Abhängigkeit und Fremdbestimmung durch ein noch so soziales Vorgesetzten-Verhalten allein nicht aufgehoben werden können. Dem Vorgesetzten nicht, weil er versäumt, rechtzeitig übergreifende Schritte zu unternehmen und Anregungen zur stetigen Weiterentwicklung der Arbeitsorganisation in Richtung von mehr Mit- und Selbstbestimmung zu geben. Dem Gesamtunternehmen nicht, weil ein gutes Betriebsklima allein den Betrieb noch nicht befähigt, z. B. die qualifizierte Mitbestimmung der Arbeitnehmer erfolgreich zu praktizieren; hierzu bedarf es auch wesentlicher struktureller Änderungen. Mit anderen Worten: Training darf die Teilnehmer durch das Angebot überzeugender psychologischer Erklärungen und Therapie-Vorschläge für Konflikte und Unzufriedenheit am Arbeitsplatz nicht blind machen für die „objektiven" Ursachen dieser Probleme.

Ein Training jedoch, das in der gesamten Hierarchie ein Vorgesetzten-Verhalten fördert, das den unterstellten Mitarbeiter mehr Mitbestimmung und Selbstverantwortung abverlangt, würde diese Gefahr zumindest teilweise verhindern. Es wird dazu führen, daß die Mitarbeiter den Mut haben, Mißstände aufzuzeigen, belastende Zwänge abzubauen, negative Arbeitsbedingungen mit Nachdruck zu verändern. Dadurch würden Betriebsklima und Produktivität positiv beeinflußt. Darüber hinaus müßte u. a. durch (Gewinn-)Beteiligung am Unternehmen und durch Beteiligung an Entscheidungen erreicht werden, daß ein größerer Teil der Mitarbeiter die sinnvollen Unternehmensziele aktiv unterstützt und sich mit ihnen identifiziert. (Siehe hierzu auch: *Sahm*: Humanisierung der Arbeitswelt – Verhaltenstraining statt Verordnung, 1976.)

Firmenziele wie Gewinn und Effektivität bei der Produktion sinnvoller Güter auf der einen Seite und Ziele psychischer Gesundheit, wie Zufriedenheit und Weiterentwicklung der Mitarbeiter auf der anderen schließen sich also nicht gegenseitig aus, sondern lassen sich durch einen entsprechenden Führungsstil vereinen. Dieser sollte durch geeignete Formen des Mitarbeitertrainings gefördert und weiterentwickelt werden.

Literatur

Blake, R. R., Mouton, J. S., The Managerial Grid, Gulf Publishing Comp., Houston Texas, 1964

Fittkau-Garthe, H. und Fittkau, B.: Fragebogen zur Vorgesetzten-Verhaltens-Beschreibung, Göttingen, 1971.

Fleishman, E. A.: Leader Behavior Description for Industry. In: Stogdill, R. M. Coons, A. E. (Eds.) Leader Behavior: Its Description and Measurement Columbus-Ohio: Bureau of Business Research, 1957.

Gebert, D.: Organisationsentwicklung, Stuttgart, 1974.

Guest, R. H.: Organisational Change: The Effect of Successful Leadership, Homewood, 1962.

Hall, J.: Was gute Manager so gut macht. In: Psychologie heute, 11, 1976, 32-34.

Jungblut, M.: Nicht vom Lohn allein, Hamburg 1973.

Kazmier, L.: Einführung in die Grundsätze des Managements, München, 1971.

Levine, J. & Butler, J.: Lecture Versus Group Pecision in Changing Behavior, Journal of Applied Psychol., 36, 19752, S. 29–33.

Likert, R.: New Patterns of Management, Mc. Grow Hill Book Comp., New York, 1961.

Nick, F. R.: Management durch Motivation. Stuttgart, 1974.

Pieroth, E.(Hrsg.): Die 8 Stunden am Tag. Goldmann, München, 1974.

Quiske, F. H., Skirl, S. J., Spiess, G.: Arbeit im Team, rororo 6926, 1975.

Sahm, A.: Humanisierung der Arbeitswelt, Herder, Freiburg, 1976.

Schnelle: Kritische Hinweise zur Verbesserung von Entscheidungsprozessen in: Kommunikation, V/3, 1965.

Tausch, R. und Tausch, A.-M.: Erziehungspsychologie. Göttingen, 1971.

Vilmar, F.: Humanisierung und Demokratisierung der Arbeitswelt In: Vorgänge, Zeitschrift für Gesellschaftspolitik, Beltz Verlag, Weinheim u. Basel, 4/1973, S. 112ff.

Vroom, V. H.: Some Personality Determinants of the Effects of Participation, Englewood Cliffs, N. J., 1960, 1–18.

Zand, D. E.: Vertrauen und Problemlösungsverhalten von Managern. Aus: Gruppendynamik, 5., 1973.

Anhang

Trainingsmaterialien zum Kommunikations- und Verhaltenstraining

Zusammengestellt von
Hans-Martin Müller-Wolf

Unter Mitarbeit von *Jörg Roedler, Bernd Fittkau,*
Friedemann Schulz von Thun,
Inghard Langer, Clemens Warns

Inhaltsverzeichnis der Merkblätter

Zur Verwendung der Trainingsmaterialien

Zu einem effektiven Training gehört eine gute *Vorbereitung aller Beteiligten*. Dazu sollen alle die Gelegenheit erhalten, sich mit den Problembereichen, Zielen, Einstellungen und Grundlagen des Trainings rechtzeitig vorher bekannt zu machen. Wir wählten hierfür die Form komprimierter und allgemein-verständlicher Darstellungen: die vorliegenden Trainingsmaterialien.

Ermüdung soll vermieden, die Teilnehmer interessiert und Rückfragen stimuliert werden. Der Mangel an Details und Ausführlichkeit ist beabsichtigt: Durch Rückfragen durch im Training zusätzlich gegebene Erläuterungen und durch praktische Beispiele werden die Materialien zu einem *Medium der Kommunikation* zwischen Teilnehmern und Trainer.

Trainingsmaterialien wollen Vertrauen erwecken. Ich habe als Teilnehmer zur Vorbereitung die Materialien gelesen und denke mir: „Ich habe jetzt noch viele offene Fragen; aber das Angebot als Ganzes spricht mich an. Ich denke, das kann laufen. Ich werde versuchen, möglichst viel zu lernen." So wird durch Trainingsmaterialien die *Einstimmung der Beteiligten* möglich; die Trainer bekommen den Vertrauensvorschuß, ohne den kein Training effektiv sein kann.

Trainingsmaterialien sind *Praxismaterialien*. Sie helfen Teilnehmern, wenn Sie in Ihrer Praxis das im Training gelernte anwenden wollen. Sie sind Gedächtnisstütze und Ermutigung, wenn sie in ihnen regelmäßig nachlesen.

Damit sind die Einsatzmöglichkeiten der Trainingsmaterialien umrissen:

● Sie können *vor* Trainingsbeginn zur Vorbereitung verteilt werden.

● Sie können *während* des Trainings gelesen werden und dienen dann als Grundlage für die konkrete Trainingsarbeit, etwa wenn versucht wird, im Rollenspiel kooperative Konfliktregelung zu verwirklichen.

● Sie können *nach* einem Training zur Vertiefung des Gelernten verteilt werden.

Das sind Einsatzmöglichkeiten, die wir – meist in Kombination miteinander – erprobt haben; natürlich lassen sich noch viele weitere finden, die noch nicht erprobt worden sind, etwa als Grundlage für Seminare.

Wie sind die folgenden Materialien beschaffen, worauf bauen sie auf, wie sind sie strukturiert?

Die erkenntnismäßigen *Grundlagen der Materialien* liegen – in der Kommunikationstheorie (Watzlawick), – in eigenen Arbeiten sowie – in der Arbeit von Carl Rogers, der in praktischer Arbeit und in seiner Forschungsarbeit die grundlegenden Erkenntnisse für offene, partnerschaftliche und hilfreiche Kommunikation gewann. Weiterhin wurde in die Materialien auch das Konzept des Rogers-Schülers Thomas Gordon aufgenommen und inzwischen weiterentwickelt.

Die Materialien sind *allgemein formuliert.* Das hat den Vorteil, daß sie für verschiedene Adressaten eingesetzt werden können (Kommunikation zwischen Lebenspartnern, im Unterricht, im Betrieb, in der Familie, u.v.m.). Sie bilden den Grundstock des jeweils notwendigen Wissens. Der Nachteil dieser Allgemeinfassung liegt im weitgehenden Fehlen von Beispielen, die wir dann im Training selbst für die jeweilige Trainingsgruppe nachtragen – oft in Form weiterer Arbeitsblätter.

Die vorliegenden Trainingsmaterialien besitzen eine Struktur, die den Überblick über die vielen Themen erleichtert:

Kommunikation bei Problemgesprächen und Konfliktregelung

Kommunikationsklärung und Feedback (M 1-3)
Sprache der Machtausübung (M 4)
Problemgespräche und Hilfreiche Gesprächsführung (M 5 - 8)
Kooperative Konfliktregelung (M 9 + 10)

Kommunikation und Arbeitsmethoden in (Trainings-) Gruppen (M 11 - 14)

M 1

Die Soziale Beziehung zwischen Sender und Empfänger

Eine Person teilt einer anderen etwas mit: Der „Sender" kann das nicht tun, ohne gleichzeitig eine soziale Beziehung zwischen sich und seinem Gesprächspartner („Empfänger") herzustellen! Dies geschieht durch:
- *die Art, wie er spricht*
- *zu welchem Zeitpunkt er das Wort ergreift*
- *Formulierung und Wortwahl*
- *Endgültigkeit und Vorläufigkeit seiner Sätze/Vorschläge*
- *Mimik und Gestik*

Diese Begleitfaktoren sind in jeder Kommunikation enthalten (sie können nicht nicht enthalten sein!). Das bedeutet: in jeder *Inhaltlichen Mitteilung* steckt gleichzeitig ein *soziales Beziehungsangebot:* *„So stehen wir zueinander"*

Die folgenden 2 Sätze beziehen sich auf denselben Sachverhalt und sind inhaltlich nahezu gleich:

„Bei einer kurzen schriftlichen Information für die Konferenzteilnehmer ist die äußere Aufmachung sehr wichtig, da von einem guten Eindruck für unsere Firma positive Ergebnisse abhängen können. Ich möchte Sie, Fräulein Emsig, daher bitten den Text noch einmal sehr sauber zu schreiben."

„Ich würde an Ihrer Stelle doch gleich meine ersten Notizen fotokopieren! Die Leute, die das lesen sollen, haben ja doch keine Ahnung davon!"

Bei beiden Aussagen handelt es sich um die Bitte/den Appell, einen Text für eine Konferenz noch einmal und sehr sauber zu schreiben. Das menschlich – soziale Beziehungsverhältnis zwischen dem Vorgesetzten und seiner Sekretärin, das sich in den beiden Sätzen widerspiegelt, ist allerdings sehr unterschiedlich.

Der hier betonte *Beziehungsaspekt* der Kommunikation ist sehr wichtig. Kommunikationsstörungen können auftreten, wenn das in einer Nachricht enthaltene Beziehungs-Angebot vom Empfänger nicht akzeptiert wird.

So sprechen Vorgesetzte mit Mitarbeitern, Eltern mit ihren Kindern, Ehepartner untereinander oft in einer belehrenden Weise oder in einer gönnerhaften Art des Erfahreneren. Solche Worte können freundlich und in bester Absicht gesprochen sein. Dennoch reagieren Menschen, die für autoritäre Beziehungsstrukturen empfindsam geworden sind, darauf allergisch. Das in der Aussage enthaltene Beziehungsangebot der Über-Unterordnung wird durch den anderen abgelehnt.

Der Empfänger reagiert ablehnend, wenn er das in einer Aussage enthaltene Beziehungsangebot nicht akzeptieren kann oder möchte, obwohl er inhaltlich gar nicht anderer Meinung ist.

Was bedeutet das für die Praxis? – Es ist notwendig, den *Inhalts-aspekt* von dem *Beziehungsaspekt* der Kommunikation zu unterscheiden und sich bei auftretenden Kommunikationsstörungen zu fragen: Auf welcher Ebene liegen die Kommunikationsbarrieren?

Bin ich inhaltlich anderer Meinung als mein Kommunikations-partner?

Besteht zwischen meinem Gesprächspartner und mir ein Beziehungskonflikt?

Werden diese Fragen bejaht, besteht die Notwendigkeit für eine Klärung der Kommunikation unter den Beteiligten.

M 2

Kommunikationsüberprüfung und Kommunikationsklärung

Metakommunikation in Gruppen

Der Fachbegriff „Metakommunikation" bedeutet: Kommunikation über Kommunikation; sie dient der Kommunikationsklärung. Wir „Metakommunizieren", d. h. wir überprüfen z.b. unsere Kommunikation, wenn wir darüber sprechen, wie wir im Augenblick miteinander gesprochen haben (durch Worte, Gesten, Handlungen u.a.).

„Wo stehen wir jetzt in unserem Gespräch?" oder: „Warum ist unsere Diskussion jetzt eigentlich so schleppend und zäh?" sind z.b. Aufforderungen zur Kommunikationsüberprüfung (Metakommunikation), nämlich zu einer *Diskussion über die Diskussion* (eine besondere Form der Metakommunikation ist die „Prozeßanalyse" Vgl. M 8). Ziel dieser Kommunikationsüberprüfung ist eine Klärung bzw. Verbesserung der Kommunikation.

Die Fähigkeit zur Kommunikationsklärung (Metakommunikation) ist für das Arbeiten in Gruppen eine wichtige Voraussetzung. Bei mangelnder Fähigkeit oder Bereitschaft zur Kommunikationsüberprüfung und -klärung (Metakommunikation) in einer Gruppe ergeben sich oft folgende Schwierigkeiten:
Sackgassen bei der Diskussion werden nicht gesehen.

Einige Gruppenmitglieder setzen dominant ihre Interessen durch, weil ihnen andere nicht sagen, daß sie andere Interessen haben.
Die „übergangenen" Gruppenmitglieder langweilen sich, sind innerlich unzufrieden oder aggressiv und können wegen dieser „emotionalen Störung" nicht mehr produktiv an der Gruppenarbeit teilnehmen.
Störungen und falsche Lösungen werden nicht rechtzeitig erkannt und können nicht für die Zukunft von vornherein vermieden werden.
Möglichkeiten zur Klärung der sozialen Beziehungen und zur Gestaltung eines optimalen Gruppenklimas werden nicht genutzt. Darunter leidet das Arbeitsergebnis der Gruppe.

Beispiel für die beiden Kommunikationsebenen:

Kommunikation	Kommunikationsüberprüfung und -Klärung
Herr S. und Herr M. streiten sich in *einer Gruppe von 8 Personen seit 15 Minuten über ein spezifisches Problem. Die übrigen 6 Gruppenmitglieder schweigen.*	*1. Herr S.: ,,Ich weiß gar nicht, ob die Gruppe das Thema interessiert. Sie schweigen alle, und ich kann das Schweigen nicht deuten: Langweilen Sie sich oder hören Sie interessiert zu?''*
	2. Eines der anderen 6 Gruppenmitglieder: ,,Ich weiß gar nicht, warum Sie sich bei diesem Problem so lange aufhalten. Für mich ist diese Detailfrage von geringerer Wichtigkeit als für Sie, und mein Interesse wäre es jetzt, zum nächsten Punkt zu gehen.''

Ohne Kommunikationsklärung wird (in dem Beispiel) nicht erkannt, wenn hinter *inhaltlichen Argumenten* z.T. *emotionale Störungen* liegen. z.B.: Herr S. und Herr M. wollen beide recht behalten, und zwar nicht, weil ihnen der Streitpunkt wirklich inhaltlich so wichtig ist, sondern weil sie beide befürchten, daß die Gruppe an ihren Fähigkeiten und Kompetenzen zweifeln könnte, wenn sie die Argumente des anderen übernehmen. Beiden geht es darum, sich zu profilieren. Der treibende Motor für die Auseinandersetzung wäre in diesem Fall die Befürchtung, in der Gruppe an ,,Prestige'' zu verlieren.

Das Beispiel zeigt:
Wir können Gefühle, Einstellungen, persönliche Interessen und soziale Sympathien nicht getrennt von der inhaltlichen Arbeit sehen: Denn beide Bereiche können sich gegenseitig fördernd oder hemmend beeinflussen. Es ist daher entscheidend, durch ein gutes

soziales Beziehungsklima effektive Arbeit zu fördern. Sonst tritt der Fall auf, daß jemand nur deshalb gegen ein an sich auch von ihm als richtig erkanntes Argument anrennt, weil er dem „Kollegen X" an dieser Stelle „eins auswischen" will!

Regel 1

● **Achten Sie bei Diskussionen auf Ihre Interessen, Ihre eigene Meinung und auf Ihre Gefühle.**
● **Verbergen Sie ihre gefühlsmäßigen Eindrücke nicht vor sich selbst.**
● **Melden Sie gegebenenfalls eine „Arbeitsstörung" an. Dann kann darüber gesprochen werden, und sie können wieder produktiv mitarbeiten. Gefühlsmäßige Eindrücke – auch Störungen – sind wichtig: Oft geht es „eigentlich" um sie und eben nicht nur um den „sachlichen" Inhalt.**
● **Verstecken Sie sich dabei nicht hinter einem „man" oder einem „wir", sondern sprechen Sie von Ihren persönlichen Beobachtungen und gefühlsmäßigen Eindrücken in der „Ich"-Form.**

Wenn wir unsere „Störung" in der Gruppe angemeldet haben, ist es zur Behebung der Arbeitsstörung wichtig, daß wir unser Gefühl mit eigenem Verhalten, dem Verhalten anderer Gruppenmitglieder oder mit der Situation in Zusammenhang bringen können. Am schwersten fällt vielen Menschen dabei, einem anderen Gruppenmitglied mitzuteilen, welche Gefühle in Ihnen durch sein Verhalten ausgelöst werden.

Wenn wir jemandem mitteilen, wie er auf uns wirkt, wie wir ihn wahrnehmen, so geben wir ihm Rückmeldung (Feedback) (vgl. M 3) über sein Verhalten. Geben wir einem anderen diese Rückmeldung (Feedback) nicht, kann der andere wenig über die Wirkung seines Verhaltens auf andere Menschen lernen. Wird ihm so über längere Zeit Information über sich vorenthalten, wird er sich unrealistisch sehen („Blinder Fleck" in der Wahrnehmung der eigenen Person). Ihm wird so nicht die Möglichkeit gegeben, sein Verhalten zu überprüfen und es ggf. zu ändern.

Obwohl direktes und sofortiges Feedback sehr wichtig ist, kommt es oft vor, daß sich ein Gruppenmitglied bei einem anderen über einen dritten beschwert. Dem betroffenen Gruppenmitglied ist es damit nicht möglich, wichtige, vielleicht für ihn neue Information über sich zu erhalten.

Regel 2

> **Löst das Verhalten eines Gruppenmitglieds angenehme oder unangenehme Eindrücke und Gefühle bei ihnen aus, teilen Sie es ihm selbst sofort mit und nicht später einem anderen.**

Viele Menschen scheuen sich, Feedback zu geben oder anzunehmen, weil Sie in Ihrem Leben (besonders in der Kindheit und der Schule) unangenehme Erfahrungen mit Feedback gemacht haben, da meist Feedback eher als Kritik und Abwertung des anderen gesehen wird und nur selten als Hinweis auf konstruktive Verhaltensweisen oder Entwicklungsmöglichkeiten. Bei solchem Feedback bekommen Menschen schnell ein schlechtes Gewissen, Angst, geraten in Verteidigungshaltungen und verschließen beide Ohren vor der neuen Information. Die einzige Erfahrung, die Menschen bei solchem Feedback machen, ist die, daß der andere sie für „schlecht" hält. Zwei Regeln sind für das *Geben und empfangen von Feedback* wichtig:

Regel 3

> **Wenn Sie Rückmeldungen (Feedback) geben, bewerten Sie nicht das Verhalten des anderen an Ihren eigenen Normen. Sprechen Sie von den Eindrücken und Gefühlen, die durch das Verhalten des Anderen bei Ihnen ausgelöst werden. Lassen Sie dabei offen, wer z.B. der „Schuldige" an Ihrer emotionalen Arbeitsstörung ist.**

Also nicht: „Sie reden immer so viel; das ist für Gruppenarbeit untragbar";

Sondern: ,,Ich bin etwas enttäuscht, daß ich meine Gedanken nicht so in die Diskussion einbringen kann, wie ich es möchte; denn oft wenn ich gerade etwas sagen will, sind Sie am Zug.''

Regel 4

Wenn Sie Feedback erhalten, versuchen Sie nicht gleich, sich zu verteidigen oder die Sache klarzustellen. Freuen Sie sich, daß der Gesprächspartner Ihnen sein Problem erzählt, das er mit Ihnen hat. Versuchen Sie erst einmal, ruhig zuzuhören und zu prüfen, ob Sie auch richtig verstehen, was er meint.

M 3

Rückmeldung (Feedback) in der sozialen Kommunikation

Was ist Rückmeldung und wozu dient Sie?

Rückmeldung („Feedback") ist eine Mitteilung an eine Person darüber, wie sie von anderen wahrgenommen, verstanden und erlebt wird. Dies kann auf verschiedene Weise geschehen: Durch Worte, durch Verhalten (Verlassen des Raumes) durch unbewußte Mimik (Kopfschütteln).

Um mein Kommunikations- und Entscheidungsverhalten zu verbessern/korrigieren, bin ich auf Rückmeldungen angewiesen. Deshalb ist spontane Rückmeldung immer erbeten.

Rückmeldung ist wirksam, wenn sie vom Empfänger angenommen wird. Die Echtheit und die Wirksamkeit der Rückmeldung werden bestimmt vom Vertrauen in einer Gruppe und vom Vertrauen zwischen den betroffenen Personen. Das Arbeitsklima in Gruppen trägt also wesentlich zu deren Arbeitsfähigkeit und Effektivität bei. Wenn alle Gruppenmitglieder sich gegenseitig solche Hilfen geben, werden die Möglichkeiten der kooperativen Zusammenarbeit und des gemeinsamen Lernens – auch voneinander – deutlich verbessert.

Es ist zu unterscheiden:
Eigenrückmeldung
Ich teile den anderen mit, wie ich mich selbst sehe und wahrnehme und fühle (Selbstwahrnehmung).
Rückmeldung für andere
Ich teile dem anderen mit, wie ich ihn sehe und wahrnehme (Fremdwahrnehmung).
Gegenseitige Rückmeldung
Gruppenmitglieder teilen sich gegenseitig mit, was sie über sich selbst und über die anderen denken und fühlen (Vergleichende Gegenüberstellung von Selbst- und Fremdwahrnehmung bzw. wie sie selbst ihr Verhalten sehen und wie sie hinsichtlich ihres Verhaltens von den anderen eingeschätzt werden.

Positive Wirkung von Rückmeldung

Positives Verhalten wird gefördert:
,,Durch Ihre klare Analyse haben Sie uns geholfen, das Problem deutlicher zu sehen.''
Verhaltensweisen, die dem Betreffenden und der Gruppe nicht weiterhelfen oder die der eigentlichen Absicht nicht genügen, werden korrigiert.
,,Es hätte mit geholfen, wenn Sie mit Ihrer Meinung nicht zurückgehalten, sondern sie offen gesagt hätten.''
Die Beziehungen zwischen Personen werden geklärt und Rückmeldung hilft, andere zu verstehen:
,,Ich dachte, wir können nicht gut zusammenarbeiten, aber jetzt merke ich, daß es doch geht.''

Regeln für das Geben von Rückmeldung

Rückmeldung soll sein:
Möglichst beschreibend, nicht wertend. Indem ich meine eigene Reaktion beschreibe, überlasse ich es dem anderen, diese Information zu verwenden oder nicht. Indem ich Bewertungen unterlasse, verringere ich im anderen das Bedürfnis, sich zu verteidigen.
Also: Vermeide Bewertung.
Konkret, auf begrenztes Verhalten bezogen, nicht allgemein auf die ganze Person und deren Gesamtverhalten. Wenn ich jemandem sage, er sei dominierend, so hilft ihm das weniger, als wenn ich sage: ,,Als wir in dieser Sache zu einer Entscheidung kommen wollten, hast du nicht auf das gehört, was andere sagten, und ich hatte das Gefühl, daß du mich angreifen würdest, wenn ich deinen Argumenten nicht zustimme.''
Also : Beziehe dich auf konkrete Einzelheiten.
Angemessen: Rückmeldung kann zerstörend wirken, wenn ich nur die eigenen Bedürfnisse sehe und nicht die Bedürfnisse der anderen Person(en), der ich diese Information gebe. Angemessene Rückmeldung berücksichtigt die Bedürfnisse aller beteiligten Personen.
Brauchbar: Rückmeldung soll sich auf Verhaltensweisen beziehen, die der Empfänger ändern kann. Wenn ich den anderen auf Unzulänglichkeiten aufmerksam mache, die er nicht ändern kann, ist Rückmeldung für den anderen unbrauchbar.

Also: Gib deine Information auf eine Weise, die wirklich hilft.

Erbeten, nicht aufgezwungen. Rückmeldung ist dann am wirksamsten, wenn der Empfänger selbst die Frage formuliert hat, auf die hin der andere ihm Rückmeldung gibt.

Also: Biete deine Information an, zwinge sie nicht auf.

Rechtzeitig: Rückmeldung ist am wirksamsten, je kürzer die Zeit zwischen dem betreffenden Verhalten und der Information über die Wirkung dieses Verhaltens ist.

Also: Gib deine Rückmeldung sobald wie möglich.

Klar und genau formuliert: Rückmeldung soll nachprüfbar sein. Der Empfänger soll die gegebene Information mit eigenen Worten wiederholen und mit der Ansicht des anderen vergleichen können.

Sachlich richtig: In jeder Gruppe können sowohl der Empfänger der Rückmeldung als auch der Rückmeldung Gebende die anderen Mitglieder der Gruppe nach ihren Eindrücken befragen, um Fehler und subjektive Verzerrungen zu korrigieren.

Also: Unterwirf deine Beobachtung der Nachprüfung durch andere. Gib zu, daß du dich möglicherweise irrst.

Regeln für das Empfangen von Rückmeldung

Zuhören, gegebenenfalls nachfragen, was gemeint ist.
Nicht rechtfertigen, nicht erklären.
Darüber nachdenken.
Später mitteilen, ob und was ich gelernt habe.

M 4

Die Sprache der Manipulation und ihre Auswirkungen

Bei den durch Manipulation, Unterdrückung und Machtausübung gekennzeichneten Formen der Konfliktregelung wird *nicht partnerschaftlich* (auf der Ebene gleichberechtigter Partner) kommuniziert, sondern „von oben nach unten". Dabei wird oft die *„Sprache der Manipulation"* angewendet. Neben harten, direkten Formen gibt es auch verschleierte und relativ sanfte Formen solch ungleicher Kommunikation „von oben herab" (vgl. *Thomas Gordon*, Familienkonferenz, 1972).

● *Befehlen, kommandieren; „anordnen" gegenüber Gleichberechtigten.*

● *Warnen, drohen; „ermahnen" oder „Hinweise geben" als sanftere Formen ungleicher Kommunikation,*

● *Moralisieren, predigen; „zureden" als sanfte Form.*

● *Lösungen geben; „beraten" oder „Vorschläge machen", ohne darum gebeten zu sein.*

● *Vorhaltungen machen, belehren; „logische" Argumente bei emotionalen Problemen anführen (z.B. Probleme, Ängste „ausreden" wollen).*

● *Über die Person urteilen, die Person kritisieren; widersprechen, ohne den Kommunikationspartner zu (be-)achten; beschuldigen.*

● *Von oben herab „loben"; „zustimmen", um sich jemand „vom Hals zu schaffen".*

● *Beschimpfen, lächerlich machen, beschämen.*

● *Den Gesprächspartner gezielt und/oder mit Objektivitätsanspruch interpretieren, analysieren, diagnostizieren: „So bist du wirklich – das ist nicht nur meine subjektive Meinung, sondern tatsächlich so!"*

● *Statt zu helfen oder dem Partner die Möglichkeit zu geben, selbst sein Problem zu regeln, ihn „beruhigen", bemitleiden und „trösten"; „unterstützen", ohne dem Partner seine Autonomie zu lassen.*

● *Verhören; „forschen" und fragen, ohne den wirklichen Grund der Fragen offen zu nennen (als sanfte Form der Inquisition); etwas „herauskitzeln", was der Gesprächspartner ursprünglich nicht sagen wollte.*

● *Sich bei unangenehmen Themen/Fragen zurückziehen; ablenken und ,,aufheitern''; ,,zerstreuen''.*

Die *Reaktion auf manipulative Kommunikation* im Sinne der voranstehenden Beispiele ist vielfältig. Diese unangemessenen Formen der Kommunikation aus der ,,Überlegenheitsposition'' heraus können beim anderen – insbesondere wenn er ein Problem oder berechtigtes Anliegen vorbringt – die folgenden Reaktionen hervorrufen; dabei treten diese Reaktionen teilweise in vielfältigen Kombinationen auf:

● *Widerstand, Trotz, Rebellion, Negativismus.*

● *Ärger, Zorn, Feindseligkeit.*

● *Aggression, Vergeltungsmaßnahmen, Zurückschlagen.*

● *Lügen; Empfindungen verbergen, ,,innerer Rückzug''.*

● *Andere Beschuldigen, ,,klatschen''; schwindeln, die Realität ,,umdeuten'', um wieder akzeptiert zu werden.*

● *Selbst (als Reaktion) dominieren wollen: Herumkommandieren, tyrannisieren.*

● *Siegen müssen; ungern Kompromisse eingehen, in ständiger Unterlegenheitsangst sein.*

● *Bündnisse schließen, sich organisieren gegen den oder die anderen (,,Kollektiven Widerstand'' aufbauen).*

● *Überanpassung, Fügsamkeit, Gehorsam, Unterwerfung bis zum ,,Speichellecken'': Aufgabe der eigenen Identität.*

● *Einschmeichelung, um Gunst buhlen, ,,Trittbrettfahrer'' werden.*

● *Angst, etwas Neues zu versuchen; Mangel an schöpferischer Kraft; vorherige Erfolgsversicherung benötigen.*

● *Flucht in Phantasien, aufbauen einer ,,Traumwelt'' oder Suche einer anderen bzw. Ersatzwelt (Rockergruppe z.B.).*

Die Reaktion des anderen ist abhängig von seiner Interpretation der sprachlichen Äußerung : ,,Der Ton macht die Musik''. Je nach der Haltung, mit der die Äußerung getan wird, kann z.B. (positives) Mitleiden (Solidarität) oder (negatives) Bemitleiden (des Schwächeren durch den Stärkeren) ausgedrückt werden (vgl. M 1). Manipulatives Kommunikationsverhalten ist nicht geeignet, zu helfen oder zur partnerschaftlichen Lösung von Konflikten beizutragen. Es handelt sich um Kommunikationsformen, die auf Unterdrückung der Konflikt-Kontrahenten abzielen. Beispiele solcher, am Sieg-Niederlage-Modell orientierter Kommunikation sind sogenannte *Killer-Phrasen*, die darauf abzielen, dem Kontrahenten keine gleichwertige Gegenposition zu belassen, sondern ihn von vornherein in die Position des Unterlegenen zu bringen.

Killerphrasen (wie sie täglich zu beaobachten sind):

● *Für sie als (Frau/Eltern/Ehemann/Lehrer) ist es unverständlich, daß sie ...*
● *Als ... müssen sie ...*
● *Sie werden zugeben, daß ...*
● *Es ist doch faktisch so, daß ...*
● *Auch Sie werden nicht darum herumkommen ...*
● *Durch ihre Worte geben Sie zu erkennem, daß Sie ein ... sind*
(Zu jemandem, der fachlich-wissenschaftlich nicht über Kenntnisse verfügt):

● *Wissenschaftliche Ergebnisse haben gezeigt, daß ...*
● *Wie bei jeder Gruppe können wir auch hier feststellen, daß ...*
● *Wie doch jeder weiß ...*
● *Sie können sich doch nicht der Logik verschließen und deshalb ...*
● *Die jetzige Situation fordert ...*
● *Als fähiger Manager/Lehrer/Arzt müssen Sie ...*
● *Nur ... können in einer solchen Situation ...*
● *Das ist juristisch nicht machbar!*
● *Dazu fehlt Ihnen die Erfahrung!*
● *Das ist grundsätzlich richtig, bitte bedenken sie unsere besondere Situation ...*
● *Bekanntlich ist es so, daß ...*
● *...*

M 5

Problemgespräche
Möglichkeiten hilfreicher Gesprächsführung

Voraussetzungen hilfreicher Gesprächsführung

Den Anderen als Person akzeptieren
Die Sprache der Annahme, dem Gesprächspartner mitteilen: „Ich akzeptiere sie als Person und respektiere Ihre Ideen, Gedanken, Gefühle und Empfindungen." Die Sprache der Annahme ist *keine Gesprächstechnik,* sondern drückt eine *grundlegende Einstellung* gegenüber dem Gesprächspartner aus. Daher kann die Sprache der Annahme nur unzureichend durch formale Gesprächsmethoden beschrieben werden.

Verhaltensziel „Hilfreich sein"
Im Problemgespräch ist es das Hauptziel, dem Gesprächspartner zu helfen, das Problem für sich zu klären und zu lösen. Ob Verhalten hilfreich ist, entscheidet letzlich die Wahrnehmung des Gesprächspartners, ob er das Verhalten als hilfreich *empfindet:* Klare Rezepte für hilfreiches Verhalten gibt es nicht.

Sich Zeit nehmen für Problemgespräche
Diese Form des Problemgesprächs kann *nicht unter Zeitdruck* stattfinden. Das Gespräch ist nicht geeignet zum schnellen Lösen kurzfristiger Probleme oder zum Treffen schneller Entscheidungen.

Zum Mitarbeiter eine positive Beziehung herstellen
Wesentliches Ziel ist das *Herstellen einer positiven Beziehung,* die durch Kooperation und Akzeptierung des Gesprächspartners gekennzeichnet ist. Auf der Grundlage einer positiven Beziehung können dann auch am ehesten sinnvolle und wirksame Lösungen für die Regelung von Sachproblemen gefunden werden.

Hinweise zur Verwirklichung partnerschaftlicher und hilfreicher Gesprächsführung in Problemsituationen:
Nichteinmischung in die persönlichen Angelegenheiten des Ge-

sprächspartners; dieser muß – wenn irgend möglich – in seiner *persönlichen* Autonomie respektiert werden.

Passives Zuhören: Zuhörendes Schweigen vermittelt dem Gesprächspartner das Gefühl von Interesse und Teilnahme und bietet ihm die Möglichkeit, sich auszusprechen. Der Gesprächspartner entscheidet für sich selbst, was und wieviel von seinen Problemen er mitteilt.

„Aktives" und hilfreiches Zuhören: Beim „aktiven" Zuhören versucht der Empfänger zu verstehen, was der Sprecher empfindet oder was seine Botschaft besagt (vgl. M 6). Daraufhin drückt er das, was er verstanden hat, mit eigenen Worten aus und teilt es dem Gesprächspartner zur Bestätigung mit. Der Empfänger sendet keine eigenen „Botschaften" (z. B. Ratschläge, Urteile,), sondern sagt, was seinem Gefühl nach die Botschaft des Senders bedeutet. – Als bloße Technik kann aktives Zuhören auch mißbraucht werden.

Ich-Botschaften: Durch den Ausdruck der eigenen Gefühle und Empfindungen wird dem Gesprächspartner vermittelt: „Ich bin als *Person* – nicht nur als Rollenträger – im Gespräch anwesend." (vgl. M 7)

Grundlegende Einstellungen bei Problemgesprächen sind:

Offenheit und		Verschlossenheit und
Echtheit	statt	Fassadenhaftigkeit
Verständnis und		Verständnislosigkeit und
Einfühlungsvermögen	statt	Belehren wollen
Emotionale Wärme		Emotionale Kälte,
Akzeptierung und		Ablehnung und
Wertschätzung	statt	Geringschätzung
Hilfsbereitschaft,		Routinehaftes
Engagement und		Verhalten und
Interesse am		Desinteresse am
Gesprächspartner	statt	Gesprächspartner
Positive Einstellung		Konfliktvermeidung um
zum Konflikt		jeden Preis („Probleme
(als Lernmöglichkeit		unter den Teppich
sehen)	statt	kehren")
Optimismus, Betonung des		Pessimismus,
Positiven, Vertrauen		Fehlerorien-
in die Fähigkeiten/		tiertheit, Negativismus
Bereitschaft des		und Gering-
Partners, positiven		schätzung
Vorschuß geben.	statt	des Partners

Wichtig ist eine gute Balance zwischen:

Einer konsequenten Darlegung *der eigenen Interessen und Beweggründe* (Ich-Botschaften) und
einer *verständnisvoll-einfühlsamen Grundhaltung* gegenüber dem Gesprächspartner (aktives Zuhören).

Extreme vermeiden: Werden *nur* Ich-Botschaften gegeben, so erscheine ich als „brutal harter Egozentriker". Höre ich nur aktiv zu, so werde ich als „konzeptions- und meinungsloser Seelenmasseur" gesehen.

M 6

Hilfreiches Zuhören – „Aktives Zuhören"

Was ist „aktives Zuhören"?

Den inneren Zustand des Gesprächspartners, seine Bedürfnisse, Gefühle und Empfindungen und Gedanken können wir nur indirekt erfahren durch die Wahrnehmung der sprachlichen und nichtsprachlichen Äußerung (Körpersprache). Wollen wir die Gedanken- und Erlebniswelt des Gesprächspartners verstehen, um aufgetretene Kommunikationsbarrieren (Mißverständnisse) abzubauen, so müssen wir versuchen, die „Botschaften" des Gesprächspartners zu entschlüsseln:

Beispiel:
Ein Schüler sucht bei seinem Lehrer um ein Gespräch nach, erscheint und druckst herum. Da sagt der Lehrer: „Es fällt Dir sehr schwer, Dein Problem zur Sprache zu bringen; Du fühlst Dich sehr unbehaglich in dieser Situation . . ."
Der Schüler fühlt sich verstanden und sagt darauf: „Ja, ich schleppe es eigentlich schon lange mit mir herum – ich habe Angst, sitzen zu bleiben, und überhaupt . . . die Arbeit wird immer mehr." Darauf antwortet der Lehrer dann z. B.: „Du fühlst Dich überfordert und dazu kommt für Dich die Angst, sitzenzubleiben und die Schule verlassen zu müssen,?" – Beide Gesprächspartner tasten sich also in einem vertrauensvollen Gespräch gemeinsam *in die Tiefen des* eigentlichen *Problems* vor.

Hilfreiches Zuhören – „Aktives Zuhören"

Wir sehen: „Aktives" und hilfreiches Zuhören ist wichtig für die angemessene Entschlüsselung dieser Botschaften. Beim hilfreichen Zuhören versucht der Empfänger zu verstehen, was der Sender empfindet oder was dessen Botschaft besagt bzw. was die „Geheime Botschaft" ist. Daraufhin formuliert der Empfänger sein Verständnis (was „angekommen" ist) mit eigenen Worten und teilt es zur Bestätigung dem anderen mit. Der Empfänger sendet also *keine eigene Botschaft* (etwa ein Urteil, eine Meinung einen Rat, ein Argument, eine Analyse oder eine Frage). Er meldet nur das zurück, was nach seinem Gefühl die „eigentliche" Botschaft des Senders gewesen ist – was sie für ihn bedeutete: Nicht mehr, nicht weniger.

Der Zuhörer versucht also, „die Welt mit den Augen seines Gesprächspartners zu sehen"; dadurch kann ein Klima des Verständnisses und Vertrauens entstehen und das Gespräch bleibt nicht im Vordergründigen stecken, sondern befaßt sich mit dem Wesentlichen.

Welche Einstellungen sind beim aktiven Zuhören wichtig?

Der Zuhörende soll sich Zeit zum Zuhören nehmen.

Der Zuhörende soll imstande sein, die Empfindungen und Probleme des anderen zunächst einmal zu verstehen und als dessen Sichtweise oder Einstellung zu akzeptieren. Dabei ist es zunächst nicht so wichtig, wie sehr sich die Empfindungen und Problemeinstellungen des anderen von denen des Zuhörenden unterscheiden.

Der Zuhörende (insbesondere Eltern, Lehrer, Erzieher) sollte auf die Fähigkeit des anderen vertrauen, mit seinen persönlichen Problemen und Empfindungen *allein* fertig zu werden, damit er nicht in guter Absicht Unselbständigkeit fördert.

Der Zuhörende sollte davon ausgehen, daß Probleme – gerade auch im Bereich zwischenmenschlicher Beziehungen – oft vorübergehend und nicht von Dauer sind; daß diese Probleme jedoch eskalieren können, wenn keine Lösungsmöglichkeiten angeboten werden und sich das soziale Klima verhärtet.

Der Zuhörende soll den Gesprächspartner als Person respektieren, die von ihm unabhängig ist. Im Sinne dieser Unabhängigkeit hat der Gesprächspartner seine eigenen Lösungsvorschläge, Ansichten,

Meinungen und Empfindungen, seine *eigene Art,* die Dinge und Probleme zu sehen.

Welche Fehler sind bei der Anwendung ,,aktiven'' Zuhörens zu vermeiden? Wann ist ,,Zuhören'' nicht hilfreich?

Den Partner durch (versteckte) Lenkung manipulieren:
Aktives Zuhören ist kein Trick und keine Technik zur Manipulation, damit andere sich so verhalten oder denken, wie ich es wünsche.

,,Nachplappern'':
Bei der Anwendung aktiven Zuhörens kommt es darauf an, nicht nur einfach die Worte oder Meinungen des anderen zu wiederholen, sondern die Empfindung und Meinung aus seiner Botschaft präzise herauszuhören und zu verstehen.

Zuhören ohne einfühlendes Verständnis:
Manchen Menschen ist es bei Empfindungen sehr unbehaglich zumute – sowohl bei ihren eigenen, als auch bei denen ihrer Gesprächspartner. Das kann im Extremfall dazu führen, daß sie die Empfindungen und persönlichen Meinungen in den Botschaften ihrer Partner überhaupt nicht mehr wahrnehmen. Es ist daher wichtig, daß ich (als Zuhörer) dem Partner (als Sender) zu verstehen gebe, daß ich in der Lage bin, mich an seine Stelle versetzen zu können. – Wenn ich zu dieser Form des Verständnisses nicht in der Lage bin, spürt der andere, daß in diesem Augenblick von mir *nicht* verstanden wird, was für ihn besonders wesentlich ist.

Aktives Zuhören zur falschen Zeit:
Es gibt Augenblicke, in denen Menschen über ihre persönlichen Meinungen und Empfindungen nicht sprechen wollen oder können.
Wenn z. B. jemand, um eine kurze Auskunft und/oder Entscheidung bittet, ist es zumeist nicht angebracht, aktives Zuhören anzuwenden. Es sei denn, ich höre neben dieser Bitte etwas anderes ,,Unausgesprochenes'' heraus.

Ungeduld beim aktiven Zuhören:
Aktives Zuhören braucht eine gewisse Zeit, um Kommunikationsbarrieren durch Verständnis abzubauen. Extremer Zeitdruck
schließt aktives Zuhören meist aus. Aktives Zuhören führt oft
nicht unmittelbar zu Lösungen, sondern verbessert die Möglichkeit
zum Finden einer Lösung (Langzeitwirkung).

,,Tür öffnen'' und dann ,,zuschlagen'':
Es widerspricht der zum aktiven und hilfreichen Zuhören notwendigen Grundeinstellung, zunächst durch hilfreiches Zuhören eine
,,vertrauensvolle Atmosphäre'' zu schaffen und später die offen geäußerten Meinungen und Empfindungen des Gesprächspartners
gegen ihn zu verwenden.

**Aktives und hilfreiches Zuhören ist keine Technik, sondern
eine Grundeinstellung;
ich bin ausgerichtet darauf:
,,Was will der andere mir sagen?''**

Wenn der andere ein Problem hat, kommt es darauf an, ihm zu
helfen, *ihn zu* unterstützen. *Dazu kann ich ihn in meine Arme nehmen; ich kann ihn erst einmal allein lassen; ich kann aktiv zuhören:
Welches Verhalten in einer Situation gut und hilfreich ist, kann ich
versuchen, zu erspüren. Eine Regel aber läßt sich dafür nicht aufstellen.*

M 7

I,,Ich-Aussagen'' in der sozialen Kommunikation (M 7/1)

In *,,Ich-Aussagen''* teile ich meine eigenen Gefühle, Empfindungen und Gedanken mit. Ich öffne mich durch sie, teile durch sie mit: ,,Ich bin enttäuscht, ich freue mich, ich bin verärgert, ich bin verlegen.''

In Ich-Aussagen kann ich ferner meine Gedanken, Bedürfnisse, Wünsche, Interessen auszudrücken versuchen; ich sage offen und genau, was ich jetzt wirklich möchte, oder ich lege meine Strategie offen, die ich gerade verfolge.

Ich-Aussagen versuchen das mitzuteilen, was gerade in mir vorgeht.

Das Gegenteil der *,,Ich-Aussage''* ist die *,,Du-Aussage''*.

Beispiel:

Ein Junge gibt seinem Vater zu verstehen, daß ihm an der Lösung eines schulischen Problems sehr gelegen ist. Der Vater ist am Ende eines anstrengenden Arbeitstages müde. Mit einem resignierten Lächeln sagt er: ,,Ach, du bist schon eine Plage mit deinen Problemen.''

Der Sohn entschlüsselt diese Botschaft vielleicht als: ,,Ich störe ihn, er interessiert sich nicht für meine Probleme, vielleicht lehnt er mich sogar irgendwie ab''.

Hätte der Vater eine Ich-Aussage gesendet (,,Ich bin sehr müde, weil ich einen anstrengenden Tag hinter mir habe, können wir uns gemeinsam eine Zeit für morgen überlegen?''), hätte sein Sohn verstanden, daß der Vater zwar momentan müde, aber prinzipiell bereit ist, zur Lösung beizutragen: Es hätte kein ,,Mißverständnis'' gegeben.

Zwei Arten von Fehlern lassen sich hier in der Kommunikation unterscheiden. In beiden Fällen handelt es sich um ,,Du-Aussagen'':
In beiden Fällen wird die konstruktive Möglichkeit, eine ,,Ich-Aussage'' zu machen, nicht verwirklicht:
1) Ich sende eine *Lösungsbotschaft:* ,,Sie sollten/Du solltest künftig . . .''2) Ich sende eine *herabsetzende* Botschaft: ,,Sie sind/Du bist schon eine Plage . . .''

Folgende Gründe machen die Effektivität von Ich-Aussagen deutlich:

Es ist sehr viel weniger bedrohlich zu hören, was der Gesprächspartner empfindet, als beschuldigt zu werden, eine schmerzliche Empfindung oder Erfahrung *verursacht* zu haben (und damit „schuldig" zu sein).

Weil Ich-Aussagen aufrichtig sind, fördern sie die Bereitschaft des Partners, ebenfalls Ich-Aussagen zu machen. Dadurch wird eine Atmosphäre der Offenheit und des Vertrauens geschaffen. Du-Aussagen dagegen eskalieren sehr schnell zu wechselseitigen Vorhaltungen, Beschimpfungen und Angriffen. Sie fördern in der Regel eine Haltung der Rechtfertigung und ständigen Verteidigung sowie der Rivalität.

Ich-Aussagen führen zum Abbau von Kommunikations-Barrieren zwischen den Beteiligten (z. B. Konfliktpartnern).

Ich-Aussagen legen die Verantwortung für die Veränderung des Verhaltens in die Hand des Partners: „Ich empfinde es als störend, wenn mir wichtige Probleme vorenthalten werden." –

Der Sprecher teilt so seinem Gesprächspartner mit, wie er sich fühlt; er überläßt es jedoch dem Gesprächspartner, etwas zu tun (oder auch nicht).

Schwierigkeiten bei der Anwendung von „Ich-Aussagen"

Wir werden – besonders am Anfang – nicht immer den gewünschten Erfolg mit Ich-Aussagen erzielen. Das ist zum einen darauf zurückzuführen, daß diese Form der Kommunikation, die weniger rollen- und fassadenhaft ist, bisher nur sehr selten anzutreffen ist. Es handelt sich dabei auch nicht um eine *formale* Veränderung der Kommunikation, sondern und eine *beziehungsmäßige:* Menschen, die durch Du-Aussagen miteinander kommunizieren, behandeln ihren Kommunikationspartner z. B. als Richter bzw. sehen ihn als Rivalen, dem gegenüber sie die „Oberhand behalten" müssen. Eine durch Ich-Aussagen gekennzeichnete Kommunikation erfordert jedoch einen gewissen Vertrauensvorschuß und kann auch als *„Kommunikation zwischen gleichberechtigten Partnern"* bezeichnet werden. Probleme können in einem solchen Gesprächsklima der Offenheit und des Vertrauens miteinander konstruktiv gelöst werden.

Welche Fehler sind bei der Anwendung von Ich-Aussagen zu vermeiden?

Die „verkleidete" Du-Aussage:
Wenn der eigentlichen Du-Aussage ein „ich habe das Gefühl . . ."
vorausgestellt wird, so handelt es sich eben immer noch um eine –
wenn auch verkleidete – Du-Aussage.

Beispiel aus einer Wohngemeinschaft:
„Nimm nur Deine Aufgabe, den Abwasch zu machen. Ich ärgere
mich jedesmal, wenn Du Dich drückst, wie am letzten Freitag. Ich
war sauer auf Dich, weil Du weggingst, ohne den Abwasch gemacht
zu haben".
(Ich-Aussage: „Es fällt mir schwer, mit Dir in einer Gemeinschaft
zusammenzuleben, wenn Du Deinen Teil der gemeinsamen Aufga-
ben nicht wirklich übernimmst.")
Das Negative betonen:
Es gibt wenig Situationen, in denen selbst „Konfliktpartner"
keinerlei positive Empfindungen haben. Teilen sie diese ihrem
Konfliktpartner mit, anstatt immer nur ihre negativen Empfindungen auszudrücken.
Beispiel aus dem Berufsleben:
Ein Mitarbeiter kommt morgens zu spät ins Büro, und der Vorge-
setzte ist sehr ärgerlich, weil er mit einer bestimmten Arbeit nicht
weitergekommen ist. Aber er ist auch erleichtert, daß sein Mitarbei-
ter nun endlich da ist. Wenn dieser Vorgesetzte seine wirklichen
Empfindungen sendet, dann wird er beide Gefühle – Ärger und Er-
leichterung – ausdrücken.
„Untertreiben":
Für viele ist es zunächst schwer, eine Ich-Aussage zu senden, die der
Intensität ihrer Empfindungen entspricht. Wenn ich untertreibe,
verliert die Ich-Aussage gewöhnlich an Eindruckskraft, und die ge-
wünschte Verhaltensänderung beim „Konfliktpartner" tritt nicht
ein.
Beispiel aus dem Berufsleben:
Bei einem für die Existenz eines Unternehmens wichtigen Vertrags-
abschluß hatte einer der Mitarbeiter durch eine „Extratour" diesen
Abschluß stark gefährdet. Vorgesetzter (untertreibend): „Herr

Quick, ich halte es nicht für gut, wenn Sie in dieser Form ihre eigenen Wege gehen."

Vorgesetzter (seine wahren Empfindungen aussprechend): ,,Herr Graus, ich habe Angst und Wasser geschwitzt, daß dieser Abschluß durch Ihre ,,Extratour" noch gefährdet wird. Ich war wie gelähmt vor Angst, daß unser jahrelanger Einsatz nun durch eine Unachtsamkeit möglicherweise umsonst sein könnte."

Wut, Zorn, Übertreiben der Empfindungen:

Wut und Zorn richten sich häufig gegen andere Menschen. ,,Ich bin wütend" oder ,,Ich bin zornig" sind Aussagen, die gewöhnlich bedeuten: ,,Ich bin wütend/zornig auf *Sie"* oder *,,Sie* machen mich wütend/zornig".

Es handelt sich also eigentlich um ,,Du-Aussagen" und nicht um ,,Ich-Aussagen".

Wir haben häufig die Erfahrung gemacht, daß Wut und Zorn weitgehend als Folge einer primär anderen Empfindung entstehen. Wut und Zorn sind nur sekundäre Empfindungen. Die *primären* aber gilt es auszudrücken!

Beispiel aus dem Berufsleben:

Während eines Verkaufsgesprächs prescht der mit dem erfahrenen Seniorverkäufer das Angebot präsentierende Juniorverkäufer vor und begeht dabei den Fehler, unhaltbare Versprechungen hinsichtlich des Kundendienstes zu machen. Der Seniorverkäufer, der diese Versprechungen zurücknehmen muß, hat als erstes Gefühl Angst – er fürchtet, ein möglicher Abschluß könnte gefährdet werden. Wenn ihn jemand in dieser Situation fragte, was er fühle, würde der Seniorverkäufer sagen: ,,Ich bin besorgt, daß uns dieser Fehler den möglichen Abschluß kostet". Ist dann endlich der Abschluß getätigt, und steht er mit dem Juniorverkäufer vor der Tür des Kunden, so verspürt er große Erleichterung. Zu sich selbst sagt er vielleicht: ,,Gott sei Dank, das ist noch einmal gut gegangen." Laut sagt er aber häufig etwas ganz anderes: ,,Was sind Sie doch noch unerfahren" oder ,,Ich bin ganz schön sauer auf Sie. Wie können Sie nur so dumm sein und unhaltbare Versprechungen machen?"

Wichtig für den Ausdruck von Ich-Aussagen ist es, sich zu überlegen:

- *Was geht in mir* vor?
- *Welche* Interessen/Bedürfnisse sind durch das Verhalten des Gesprächspartners *bedroht,*
- Was sind meine *wesentlichen* Empfindungen?
- Wie *stark* sind meine Empfindungen?
- Welche *positiven/negativen* Empfindungen habe ich?
- Wer ist für meine Empfindungen *verantwortlich?*

Sie versuchen, eine Ich-Aussage zu machen und alle möglichen Fehler zu vermeiden; trotzdem werden Sie mißverstanden: Ihr Partner fühlt sich angegriffen.

Das kann vorkommen: Ihre beste Ich-Aussage kann vom Partner als Du-Aussage aufgefaßt werden. Es gibt hier kein „Patent-Rezept".

Was Sie dagegen tun können? Sie können darüber sprechen (vgl. M 2 über Kommunikationsklärung) und Sie können Ihrem Partner hilfreich, d. h. „aktiv" zuhören (vgl. M 6).

M 8

Hilfreiche Kritik

Kritik und Anerkennung sind Formen des Feedback (vgl. M 3). Bei Anerkennung ist es wegen des positiven Inhaltes nicht schwer, auch die Beziehungsebene zum Gesprächspartner positiv zu gestalten. Das ist jedoch bei *Kritik* schwieriger, da der Inhalt natürlich für den Kritisierten belastend sein kann. Deshalb muß bei Kritik besonders darauf geachtet werden, daß eine gleichberechtigte und nicht die Person verletzende Form der Kommunikation gefunden wird. Sonst wirkt die Kritik nicht konstruktiv: Der Kritisierte hat keine Lernchancen.

Sinn und Ziel konstruktiver Kritik:

Kritik ist hilfreich, wenn die folgenden drei Bedingungen erfüllt werden:
1) Der *Kritisierende* kann das, was ihm am Verhalten des anderen und in der Sache nicht gefällt, offen aussprechen.
Er braucht seine Meinungen, Wahrnehmungen und Gefühle nicht zu unterdrücken, sondern kann sie mitteilen; konstruktive Kritik ergibt oftmals überraschend neue und effiziente Lösungswege. Deshalb sollte sie nicht unterdrückt werden.
Der *Kritisierte* hat die Möglichkeit, zu lernen, indem er die Wirkungen seines Verhaltens präzise kennenlernt (vgl. M 3 – Feedback). Ohne Kritik werden Lernchancen vergeben.

3) Die *Beziehung zwischen dem Kritisierenden und dem Kritisierten* kann durch Kommunikation verbessert werden, indem die Störfaktoren offengelegt, geklärt und gemeinsam beseitigt werden. – Unterdrückte Kritik oder übervorsichtige Zurückhaltung nimmt den Beteiligten die Chance einer konstruktiven Klärung und Verbesserung der Beziehungen.

Gefahren destruktiver Kritik:

Bei eigenen (ungünstigen) Erfahrungen in der Erziehung war es meist so, daß mit der Kritik einzelner Verhaltensweisen eine (zumindest vorübergehende) *Ablehnung der ganzen Person* einherging („Du solltest Dich schämen!").

Aufgrund dieser (häufig erfahrenen) Verknüpfung von Einzelkritik an bestimmten Verhalten mit Ablehnung der ganzen Person löst Kritik oft eine *Verminderung des Selbstwertgefühls* aus. Kritik wird dann als destruktiv, als nicht hilfreich erlebt. Hierdurch entstehende *Abwehrhaltungen* gegen Kritik verhindern sowohl einen konstruktiven Lernprozeß als auch eine zukünftige Verbesserung der sozialen Beziehung.

Oft versteckt sich destruktive Kritik hinter scheinbar harmlosen Fragen:

Beispiel: „Wie lange soll ich noch auf Dich warten?"

Beispiel: „Warum erfahre ich das eigentlich erst jetzt von Ihnen?"

Solche Äußerungen rufen oft eine ganze Lawine ungünstiger Vorerfahrungen wieder in die Erinnerung zurück.

(Ungünstige) Erfahrungen in der Erziehung haben in uns die Erwartung erzeugt, daß Kritik meist „von oben" kommt. Der Kritisierende wird erlebt als jemand, dem wir uns unterordnen sollen (vgl. M 1). Dieser Anspruch auf Unterordnung löst Widerstand aus und verhindert einen konstruktiven Lernprozeß.

Angemessene Formen der Kritik und Vermeidung von Gefahren:

Betonung des Positiven verstärkt das gewünschte Verhalten und erleichtert dem Krtitisierten einen konstruktiven Lernprozeß in Richtung seiner Fähigkeiten und Stärken; dabei ist zu vermeiden, daß der „positive Anfang" in einem Kritikgespräch unglaubwürdig erscheint. Es darf nicht der Eindruck entstehen, eigentlich gehe es doch nur um das „dicke Ende", das nachkommt. Wenn zuvor allerdings lange diese Taktik des „dicken Endes" verfolgt wurde, wird später ein zugleich gegebenes und ernst gemeintes positives Feedback leicht unglaubwürdig wirken.

Viele Menschen sind durch ihre bisherige Lebenserfahrung so in ihrem Selbstwertgefühl vermindert, daß sie bei einem umfassenden Feedback nur *selektiv* das *Negative* heraushören, während sie das (aufrichtig gemeinte) *Positive nicht annehmen* können. In solchen Fällen müssen wir uns helfend verhalten (vgl. M 2 über Kommunikationsklärung und M 5 über Aktives Zuhören).

Wertschätzung: Aussagen wie „Das schaffst Du doch nicht" spornen den Kritisierten nicht an, sondern entmutigen ihn. Entmutigung wirkt sich destruktiv auf das Verhalten und die emotionale Sicherheit aus. Ermutigung fördert beides.

Keine *Charakter-Diagnose.* Stellen Sie beim anderen keine „Fehler" oder charakterliche Minderwertigkeiten fest, sondern teilen Sie ihm die *Wirkung* seines Verhaltens auf Sie, den Kritisierenden, mit: „So hat Ihr/Dein Verhalten auf mich gewirkt" (Ich-Aussage).

Dabei läßt der Kritisierende prinzipiell offen, ob nicht seine *eigene* Wahrnehmung verzerrt oder überempfindlich ist (vgl. M 3: Subjektivität der Rückmeldung betonen).

Umkehrbarkeit sprachlicher Äußerungen:
Jede Kritik soll auch in umgekehrter Richtung (so wie z. B. von Vorgesetzten/Eltern/Lehrern gegenüber Mitarbeitern/Kindern/Schülern auch von Mitarbeitern/Kindern/Schülern gegenüber ihren Vorgesetzten/Eltern/Lehrern geäußert werden können.

Aus den aufgeführten Gründen ist es für das Kommunikationsklima wichtig, wenn jeder den anderen beurteilt:

Kein Lernen ohne Feedback.

(Gilt auch für Lehrer, Erziehungsberater, Eltern, „Experten" und Vorgesetzte).

M 9

Grundlagen der Kooperativen Konfliktregelung

Die Vielfalt/Komplexität der bei der Konfliktregelung zu beachtenden Komponenten:

In jeden Konflikt gehen mehrere Komponenten ein, die bei der Konfliktregelung zu beachten sind.

1) In einem Verhaltenstraining wird vor allem auf das *Verhalten* der an einem Konflikt beteiligten Partner eingegangen. Es wird gelernt, wie sich die Konfliktpartner zueinander verhalten sollten.

2) Dabei spielt die *Spezifische Konfliktsituation* eine entscheidende Rolle: Es gibt keine Patentrezepte für alle Lebenslagen. Es gibt aber Verhaltensweisen, die in den meisten Fällen eine kooperative Konfliktregelung ermöglichen oder unterstützen.

3) Darüber hinaus sind die *Konflikt-Rahmenbedingungen* von Bedeutung (z.B. Unternehmensstrukturen, Unternehmenspolitik, nationale und internationale Wirtschaftslage, u.a.): häufig sind Konflikte nicht durch die beteiligten Personen bedingt und ergeben sich somit auch nicht aus der konkreten Situation, sondern aus strukturellen Rahmenbedingungen, in denen sich die Konfliktpartner als Träger von Rollen verstehen (müssen): z.B. Tarifpartner; Regierung – Opposition; Betriebsrat – Unternehmensleitung; Lehrer (als Prüfer und Zensurenverteiler) – Schüler (als „Geprüfter").

Beispiel:
Das Verhalten zwischen zwei Konfliktpartnern hängt eben nicht nur von deren Persönlichkeitsstrukturen (1) ab, sondern auch von dem Konfliktinhalt, z.B. ob es um eine Bierwette oder um eine Millionen-Erbschaft geht (2).

Bei einem bestimmten Konflikt (z.B. Garantie-Reklamation bei einem kürzlich gekauften Gebrauchtwagen) hängt das konkrete Verhalten der Beteiligten wiederum nicht nur von deren *Persönlichkeit* (1) oder der *Schadenshöhe* (2) ab, sondern auch von *Rahmenbedingungen* (3) wie: Verhalten und Einstellung der Vorgesetzten des Autoverkäufers, Reklamationspolitik des betr. Autohändlers oder sogar Einflüsse der gegenwärtigen Finanzlage des betr. Autohandels usw.

Der „Naive" Ansatz der Konfliktregelung
(Fauler Kompromiß)

In der naiven Auffassung stellen sich Konflikte so dar: Eine Partei
(A) fordert die Verwirklichung ihrer Lösung (LA), die andere Partei
(B) versucht, ihre Lösung (LB) durchzusetzen.

Die folgende Abbildung zeigt die beiden Extrempositionen (LA
und LB) sowie den eventuell später ausgehandelten „Idealen"
Kompromiss (IK), bei dem sich die Parteien genau in der Mitte treffen. Mitunter werden aber auch „Kompromisse getroffen, bei denen die stärkere der beiden Parteien ihre Interessen weitgehend
durchsetzt (KA und KB):

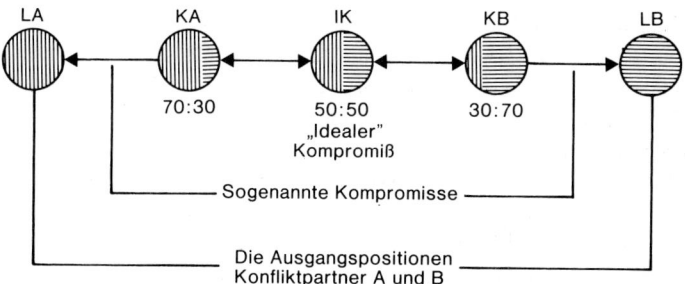

Die *Nachteile dieses Ansatzes zur Konfliktregelung* sind folgende:

● Beide Parteien verzichten darauf, andere Möglichkeiten als einen „faulen" Kompromiß zwischen den beiden Ausgangspositio-
nen in Betracht zu ziehen: Die Betrachtung wird *eindimensional* und
verhindert kreative *Ansätze.*
● Beide Parteien versuchen, ihre Position unter Anwendung aller
Machtmittel wahrzunehmen. Aus Angst, Niederlagen zu erleiden
(zuviel „nachzugeben") führt dieses Verhalten häufig zu unnötigen
Verhärtungen der Standpunkte.
● Der „Faule" in der Mitte liegende Kompromiß ist häufig inhaltlich sachlich nicht angebracht, da aus taktischen Gründen die Beteiligten Parteien (um kalkuliert nachgeben zu können) zu Beginn
extreme Positionen bezogen haben; dies aus dem Wissen heraus, daß

extreme Positionen den zukünftigen Kompromiß beeinflussen (Sieg-Niederlage-Modell der Konfliktregelung).

● Durch ein extremes *Auseinanderrücken* und eine *Verhärtung* der Standpunkte wird das Kommmunikationsklima zwischen den Konfliktparteien belastet: Sie werden zu Gegnern. – Das *Kooperative Moment* der Gruppenarbeit und Gruppenlösung wird zurückgedrängt; es sitzen sich *Konfliktgegner statt Konfliktpartner* gegenüber.

Der kooperative Ansatz der Konfliktregelung:

Es wird versucht, eine Lösung des Konfliktes zu finden, die den Interessen *beider* Konfliktpartner möglichst weitgehend nachkommt. Statt einer 50 : 50 Lösung wird letztlich eine 90 : 90 Lösung angestrebt, die mitunter vielleicht nicht gefunden werden kann. Aber auch eine 70 : 70 oder eine 60 : 60 Lösung ist für beide Konfliktpartner gegenüber der scheinbar „Idealen" 50 : 50 Lösung bei der naiven Konfliktregelung eine deutliche Verbesserung. *(Zur Methode der Erreichung einer 90 : 90 Lösung vgl. M 10)*
Wichtig ist deshalb, daß sich beide Konfliktpartner nach der Definition der Interessengegensätze (vgl. Stufe 1 der Konfliktregelung in M 10) *gemeinsam* z.B. in einem Brainstorming überlegen, welche Möglichkeiten vorhanden sind, um die Interessen zu erfüllen (vgl. Stufe 2, M 10).
Nicht alles, was ich im Sinne des naiven Konflikt–Modells dem Konfliktpartner „wegnehmen" kann, ist notwendigerweise ein Gewinn für mich.

Die Vorteile der kooperativen Konfliktregelung sind:
● *Kreative Lösungen*, die für beide Konfliktpartner sachlich besser sind, werden ermöglicht; es entsteht kein eindimensionales Denken, sondern die Komplexität der Konfliktsituation wird berücksichtigt.
● Auf die Anwendung von Machtmitteln wird verzichtet; statt einer Verhärtung der Standpunkte (aus Angst vor Niederlagen) entsteht eine *an der Sache orientierte Klärung* (im Vertrauen auf kooperative Möglichkeiten): *Vermeidung der Sackgasse und des Bruchs zwischen den Konfliktpartnern.*

● Das *Beziehungsverhältnis* der Konfliktpartner wird nicht gefährdet durch taktisch bedingtes einnehmen extremer Verhandlungspositionen, *sondern stabilisiert positives Klima.*

● Die *Mittel- und langfristige Zusammenarbeit* zwischen den Konfliktpartnern wird *positiv beeinflußt.* Es entsteht ein „Vertrauensvorschuß", miteinander sachgemäße Regelungen treffen zu können bei unverändert gutem Beziehungsklima zwischen den Konfliktpartnern.

Ziel der kooperativen Konfliktregelung ist:

1) Aufrechterhalten eines guten zwischenmenschlichen Beziehungsklimas (Basis für weitere Zusammenarbeit).

2) Sachlich-inhaltlich klares Austragen der gegensätzlichen Standpunkte (Vermeidung von Scheinübereinstimmungen).

3) Findung von Lösungen, die beiden Seiten möglichst weitgehend gerecht werden.

M 10

Verhalten bei der kooperativen Konfliktregelung

Jedes neue Verhalten (z.B. auch eine Erfindung) steht zunächst im Gegensatz zum bestehenden und führt zu Konflikten. Jeder muß daher die

Notwendigkeit von Konflikten

akzeptieren. Konflikte müssen aus humanen Gründen *gewaltlos* geregelt werden mit dem Ziel, daß die Konfliktpartner nach der Konfliktregelung möglichst besser als vorher (zusammen) arbeiten/leben können. Die Fähigkeit, Konflikte gewaltlos zu regeln, muß – wie jede andere soziale Fähigkeit – gelernt werden.

Folgende *Verhaltensmerkmale einer kooperativen Konfliktregelung* sollten bei einem Konflikt von den Konfliktpartnern verwirklicht werden:
● Man sollte versuchen, dem Konfliktpartner in sachlich ruhiger und zugewandter Art *Verständnis* für dessen andersgelagerten Interessen, Motive, Gefühle zu zeigen. Der Partner sollte spüren, daß man sich bemüht, seinen Standpunkt zu verstehen. Dieses Bemühen ist eine wirkungsvolle *Barriere* gegen den Ausbruch der eigenen, in Konfliktsituationen meist negativen Gefühle, wie Ärger, Wut, Unsicherheit, Ungeduld, *Aggression* dem Partner gegenüber.
● Ein unkontrollierter Ausbruch der eigenen Aggression führt beim Partner oft zur Verstärkung ähnlicher negativen Gefühle, die er allerdings oft in sich hineinfressen muß. Es kommt dann zu einer Aufschaukelung = *Eskalation* des Konflikts, oft mit dem Ergebnis einer psychisch/physisch gewaltsamen Konfliktaustragung. Dabei steht am Ende häufig eine gewaltsame *Konfliktunterdrückung* durch den sozial Mächtigeren. Wir können am ehesten auf Verständnis für die eigenen Interessen rechnen, wenn wir selbst Verständnis für die Interessen des anderen zeigen.
● Durch die Fähigkeit zur Kommunikationsklärung können belastete Situationen bewältigt werden.

● Man sollte dem Partner offen die eigenen Interessen und Probleme mitteilen, damit bestehende Vorurteile und Mißverständnisse ausgeräumt werden können. Ein offenes Aussprechen wirkt entlastend und konfliktentschärfend.

● ,,Brainstorming", d.h. ein gemeinsames Suchen nach Lösungsansätzen, könnte die Basis für eine gemeinsame Konfliktregelung schaffen: ohne sich gegenseitig zu kritisieren, suchen die Konfliktpartner gemeinsam nach Lösungsmöglichkeiten.

● Im Anschluß daran sollte man den Partner um Mithilfe bitten bei der gemeinsamen, gleichberechtigten Regelung des Konflikts. Dabei geht es auch um die Festlegung mündlicher oder schriftlicher Vereinbarungen (Vertrag) über das Verhalten beider Partner bei entsprechenden Konfliktsituationen in der Zukunft.

Konfliktregelung nach dem Sieg-Niederlageprinzip

besteht in dem Sammeln von Siegestrophäen. Die Mächtigeren siegen nach der Methode des ‚Fingerhakelns': Sie versuchen, den anderen ,,über den Tisch zu ziehen". Die Unterlegenen rächen sich durch Aufruhr und eine ,,Diktatur der Unterlegenen"-

Konfliktregelung ohne Niederlagen verzichtet auf die einseitige Machtausübung bei der Konfliktregelung und strebt eine kooperative Konfliktregelung an.

Konfliktregelung ohne Niederlagen besteht aus *sechs aufeinanderfolgenden Schritten.* Dabei darf *kein Schritt ausgelassen* werden, und jeder Schritt soll *gründlich bearbeitet* werden. Die sechs Stufen kooperativer Konfliktregelung sind:

6 Stufen kooperativer Konfliktregelung

Stufe 1
Den Konflikt identifizieren und definieren, d.h. abgrenzen gegen andere Probleme (sich Zeit nehmen, den Konflikt klar aussprechen, Ich-Aussagen senden, Kooperation anbieten, auf niederlagenlose Methode der Regelung verweisen).
,,*Wo genau liegen die Probleme?*"

Stufe 2
Mögliche *Lösungen entwickeln*
(Keine Lösung bewerten, zu möglichst vielen Vorschlägen anregen, alle Beteiligten einbeziehen, Angst vor Inkompetenz bei der Lösungssuche abbauen).
,,Welche unterschiedlichen Lösungen sehen die Konflikt-Partner?''

Stufe 3
Lösungsmöglichkeiten kritisch bewerten
(Streichung der für einzelne unannehmbaren Lösungen, Gefühle der Beteiligten bei einzelnen Vorschlägen erfahrbar machen, Ich-Aussagen senden).
,,Was spricht für/gegen die einzelnen Lösungen?''

Stufe 4
Sich für die beste annehmbare Lösung entscheiden
(Genau die Lösung beschreiben, die Lösung nicht als endgültig, sondern als wandelbar ansehen, abfragen, ob *alle* Beteiligten sie akzeptieren, Angst abbauen, gegen die Lösung zu opponieren).
,,Wie sieht die beste Lösung genau aus?''

Stufe 5
Wege zur Ausführung der Entscheidung ausarbeiten (klare Handlungsgrenzen bestimmen/genau festlegen, wer was macht).
,,Wie wird die Lösung durchgesetzt?''

Stufe 6
Spätere Untersuchung über die Funktionsfähigkeit der Lösung und der Einhaltung der getroffenen Absprachen (Prozeßanalyse, Ergebnisanalyse, evtl. Korrekturen, da bestimmte Situationen falsch eingeschätzt wurden).
,,War die getroffene Entscheidung zur Regelung des Konflikts richtig?''

M 11

10 Punkte für die Zusammenarbeit in Gruppen (TZI)

Jede Gruppendiskussion und jede Arbeitsleistung in Gruppen wird bestimmt durch drei Faktoren, nämlich durch das:
Thema (Arbeitsziel) der Gruppenarbeit;
Ich des einzelnen Gruppenmitglieds;
Wir der Gruppe.
Das Prinzip der „TZI-Methode": Zwischen den Anforderungen und Interessen der einzelnen beteiligten Personen (Ich), der Gruppe als Arbeitsteam (Wir) und des Arbeitszieles/Themas (Es) ist ein *Gleichgewicht* anzustreben. Hauptaufgabe des Teamleiters – aber auch aller Gruppenmitglieder – ist die Herstellung dieser optimalen Balance.

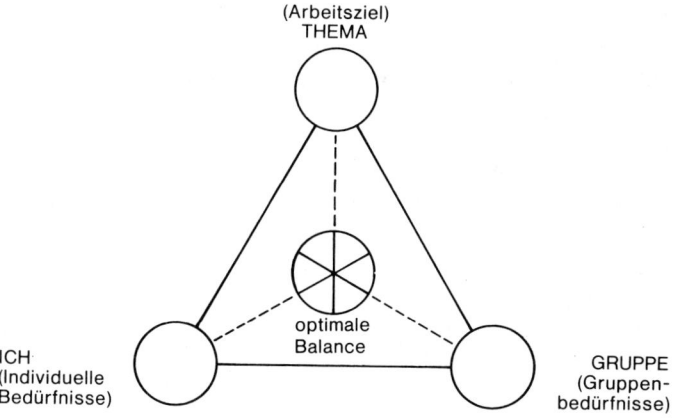

Die Beobachtung der folgenden 10 Punkte ist wichtig für die *optimale Balance* bei der Gruppenarbeit:
Zu beachten:
Die 10 Punkte sind nicht für sich im einzelnen zu verstehen, sondern nur im Zusammenhang aller 10 Punkte. Teilweise widersprechen sie einander (z.B. „Störungen haben Vorrang!" – „Es kann nur einer zur Zeit reden.") Dieser Widerspruch muß ausbalanciert werden.

373

Ich-Bereich

Seien sie ihr eigener ,,Vorsitzender"
Bestimmen sie selbst, wann sie reden wollen; sprechen oder schweigen sie, wenn sie es wollen. Versuchen sie in dieser Gruppe und bei
dieser Aufgabe, das zu geben und zu empfangen, was sie selbst geben und erhalten wollen, seien sie ihr eigener Vorsitzender – und
richten sie sich nach ihren Bedürfnissen, im Hinblick auf das Thema und das, was für sie wichtig ist.
Diese Regel soll zwei Dinge bewußt machen:
Sie haben die freie Entscheidung und die Verantwortung, was sie
aus dieser Zeit machen.
Sie brauchen sich nicht zu fragen, ob das, was sie wollen, den anderen nicht paßt. Sagen sie, was sie wollen. Die Anderen sind auch
,,Ihre eigenen Vorsitzenden" und werden ihnen mitteilen, wenn sie
etwas anderes wollen als sie.

2) Experimentieren sie mit ihrem Verhalten: Bleiben sie lernfähig
Versuchen sie einen optimalen Beitrag zum Gruppenziel zu erbringen; bleiben sie umstellfähig, fragen sie sich, ob sie sich so verhalten, wie sie es wirklich wollen, oder ob sie sich eigentlich anders verhalten wollen, es aber nicht tun. Versuchen sie, auch einmal neues
Verhalten auszuprobieren, und riskieren sie das ,,Kribbeln" , das
dabei auftauchen kann.

3) Beachten sie ihre Körpersignale und horchen sie in sich hinein
Um besser herauszubekommen, was sie im Augenblick fühlen und
wollen, achten sie auf ihren Körper, er kann ihnen manchmal mehr
über ihre Gefühle und Bedürfnisse sagen als ihr Kopf. – Versuchen
sie sich ihres inneren Zustandes bewußt zu werden: konzentrieren
sie sich nicht nur auf die Gruppenleistung und die anderen, sondern
auch auf sich selbst: auf ihr inneres Erleben.

4) Beachten sie ihre Störungen
Unterbrechen sie das Gespräch, wenn sie nicht wirklich teilnehmen
können, z.B. wenn sie durch das Vorgehen der Gruppe gelangweilt,
ärgerlich oder aus einem anderen Grund unkonzentriert sind. Ein
,,Abwesender" verliert nicht nur seine Möglichkeiten in der Gruppe, sondern bedeutet auch einen Verlust für die ganze Gruppe.
(Diese Regel muß mit *Vorsicht* behandelt werden: bearbeitet eine
,,Gruppe" nur noch ihre Störungen, so ist sie als ,,Gruppe" nicht
mehr arbeitsfähig.)

Kommunikativer Bezug zum Anderen

5) Sagen sie ,,Ich'' statt ,,Man'' oder ,,Wir''

Sprechen sie über *ihre persönliche Meinung* nicht als ,,man'' oder ,,wir'' , weil sie sich hinter diesen Sätzen verstecken und die Verantwortung nicht für das zu tragen brauchen, was sie sagen. Zeigen sie sich als Person und sprechen sie als ,,ich''. Außerdem sprechen sie in ,,man'' oder ,,wir''–Sätzen für andere mit, von denen sie meist gar nicht wissen, ob sie das wünschen.

6) Sagen sie ihre eigene Meinung (statt zu fragen)

Wenn sie eine Frage stellen, sagen sie, *warum* sie sie stellen, eröffnen sie dem anderen ihre Vermutungen und Beweggründe. Auch Fragen sind oft eine Methode, sich und seine eigene Meinung nicht zu zeigen. Außerdem können Fragen oft inquisitorisch wirken und den anderen in die Enge treiben. Äußern sie aber ihre eigene Meinung, geben sie ihm die Möglichkeit, ihnen zu widersprechen oder sich ihrer Meinung anzuschließen, – Wenn sie nicht versuchen, andere durch Fragen zu manipulieren und die ,,Oberhand'' im Gespräch zu behalten, müssen sie auch nicht gegen so hervorgerufene (häufig vorborgene) Widerstände bei den anderen ankämpfen.

Also: Nur dann Fragen – unter Offenlegung der Gründe für diese Frage – wenn sie selbst (noch) keine Meinung zu der betreffenden Frage haben.

7) Sprechen sie direkt

Wenn sie jemandem in der Gruppe etwas mitteilen wollen, sprechen sie ihn besser direkt an und zeigen sie ihm (durch Blick-Kontakt), daß sie ihn meinen. Sprechen sie nicht über einen Dritten zu einem anderen und sprechen sie nicht zur Gruppe, wenn sie einen bestimmten Teilnehmer in der Gruppe meinen. – Setzten sie sich *direkt und persönlich* mit allen Mitgliedern der Gruppe auseinander.

Kommunikationsregelungen in der Gruppe

8) Geben sie Rückmeldung (Feedback) über ihre Wahrnehmungen und Meinungen

Löst das Verhalten eines Gruppenmitgliedes angenehme oder unangenehme Gefühle bei ihnen aus, so teilen sie es ihm besser (sofort) direkt mit – und nicht später einem Dritten. Wenn sie Feedback geben, sprechen sie angemessener Weise nicht über *das*

Verhalten des anderen; denn sie wissen zunächst nicht, ob sie sein Verhalten so wahrgenommen haben wie die anderen. Bewerten sie das Verhalten des anderen nicht, vermeiden sie Interpretationen und Spekulationen über den anderen (vgl. M 3).

Sprechen sie von den Gefühlen und Eindrücken, die durch das Verhalten des anderen in ihnen ausgelöst werden. Versuchen sie, das Verhalten des anderen so genau und korrekt wie möglich zu beschreiben, damit er begreifen kann, was an seinem Verhalten ihre Gefühle und Eindrücke ausgelöst hat. Sie brauchen keine objektiven Tatsachen oder Beweise – auf ihre subjektiven Eindrücke und Gefühle kommt es an. Vergessen sie aber auch nie, daß sie keine „objektiven Befunde" verkünden können.

9) Hören sie ruhig zu, wenn sie Rückmeldung (Feedback) erhalten
Versuchen sie nicht gleich, sich zu verteidigen oder die Sache „klarzustellen", wenn sie Feedback erhalten, denken sie daran, daß ihnen subjektive Gefühle des anderen und keine objektiven Tatsachen mitgeteilt werden. Freuen sie sich, daß ihr Gesprächspartner ihnen *seine* Wahrnehmungen von ihnen sagt. Versuchen sie ruhig zuzuhören und überlegen sie, ob sie verstanden haben, was er meint. Prüfen sie, was sie *lernen* können aus der Rückmeldung (nicht, warum sie nichts lernen müssen).

10) Es kann nur einer zur Zeit reden
Wenn mehrere Gruppenmitglieder gleichzeitig sprechen, muß sofort eine Lösung für diesse Situation gefunden werden.

Die Beachtung dieser 10 Regeln für Gruppendiskussionen kann eine effektive Möglichkeit sein, die Arbeit in Gruppen intensiver zu gestalten.
Die Wichtigkeit der einzelnen Regeln ist unterschiedlich. In manchen Situationen können Widersprüche bei der Beachtung der Regel entstehen. Wesentlich ist es dann zu einer optimalen Balance zu kommen.
Dabei ist wichtig: Einzelne Regeln sind wichtiger als andere.
Jedes einzelne Gruppenmitglied muß für sich selbst entscheiden, welchen Regeln es den Vorrang gibt.
Einzelne Regeln können bei übertriebener Anwendung den Arbeitsprozeß lähmen, z.B. Regel 1 und Regel 4.
Daher müssen Widersprüche zwischen den Regeln erkannt und „ausbalanciert" werden.

Durch die Gruppe zu beachten:

- *Welche Regeln sind für uns die wichtigsten?*
- *Welche Regeln sind für uns am schwersten anzuwenden?*
- *Gegen welche Regeln wird bei uns am häufigsten verstoßen?*

M 12

Praxisnahe Methoden zur Bearbeitung von Problemen

Warum Bearbeitung von Problemen ?

Im Elterntraining: Ein Vater erzählt von seiner Tochter, mit der er ein Problem hat: „Sie tut nie das, was sie soll; ich fahre aus der Haut, und dann können wir nicht mehr miteinander reden!". Der Vater hat ein Problem und einen Wunsch – die Konflikte sollen weniger und die Kommunikation besser werden:
Etwa so: Die Trainingsgruppe durchdenkt gemeinsam das Problem; sie simuliert die Konfliktsituation in einem Rollenspiel; sie bespricht das Spiel, findet Gründe und bekommt ein tieferes Problemverständnis; vielleicht findet sie auch Lösungsmöglichkeiten. Und alle Mitglieder der Gruppe lernen anhand dieses Problems etwas über partnerschaftliche Kommunikation.
In diesem Beispiel handelt es sich um eine „Problembearbeitung", um die Arbeit am Problem eines einzelnen Teilnehmers. Kann das überhaupt effektiv sein? Wir meinen, es kann sogar sehr effektiv sein. Dafür gibt es einige Gründe:

● *Es wird auf mehreren Ebenen gelernt*, nämlich über:
– das spezielle Problem;
– das allgemeine Problem (hier: partnerschaftliche Konfliktregelung);
– Problemanalyse, lösungsorientiertes Denken und Verhaltensbeobachtung („sehen lernen");
– wünschenswertes Verhalten und dessen Verwirklichung (Modelle des angestrebten Verhaltens).

● *Dieses Lernen basiert nicht bloß auf Wissen*, sondern auf eigener *Erfahrung*: Ich erlebe als Teilnehmer ein Rollenspiel; das ist hautnah, das vergesse ich nicht so schnell.

● *Und alle lernen bei jedem Problem*, auch wenn es nur das eines einzelnen ist; so ist bei der Problembearbeitung zumeist jeder motiviert und es macht allen Spaß: es ist eine angenehme *und* lernintensive, praxisnahe Methode.

Die herkömmlichen Alternativen zur Problembearbeitung haben jeweils Nachteile:

● Geschieht Lernen vorwiegend auf der theoretischen und Wissensebene, so fehlt *das unmittelbare Erleben.*

● Wird allein die „Hier- und Jetzt-Situation" zum Lerngegenstand gemacht (wie in der klassischen Gruppendynamik), so ist der *Praxisbezug* eingeschränkt; es sei denn, daß Kinder und Eltern gemeinsam teilnehmen.

● Wird anhand allgemeiner Situationen trainiert (dies kommt der Problembearbeitung noch am nächsten), so fehlen *Dringlichkeit* und *Aktualität*; manchmal sind diese allgemeinen Situationen auch zu einfach und verkürzen die Wirklichkeit.

Dies soll nicht heißen, daß Problembearbeitung grundsätzlich die einzig mögliche Methode in einem Training ist. Es sprechen aber gewichtige Gründe für einen *Ansatz an den Praxisproblemen der Teilnehmer* ; unsere Trainingserfahrungen haben die Wichtigkeit dieses Prinzips voll bestätigt.

Das Rollenspiel als Grundelement

Das Rollenspiel einer allgemeinen Situation ist Vorläufer und Grundelement der Problembearbeitung:
– Zu einer Situation werden die Rollen verteilt;
– die Situation wird gespielt
– und anschließend durchgesprochen.
Diese Methode eignet sich gut für den Beginn eines Trainings und zum gezielten Einüben einzelner Verhaltensfertigkeiten.
Ein Beispiel: Es wird zunächst die Situation beschrieben, z.B.: „Erzieher/Lehrer X hat ein Gespräch mit einem Elternpaar, das ihm seine Probleme mit dem zweiten Kind schildert." Darauf werden Rollen besetzt. Nach dem Rollenspiel wird es von der Gruppe gemeinsam ausgewertet, z.B.: insbesondere hinsichtlich der angestrebten Fertigkeiten und Verhaltensmerkmale beim Beratungsgespräch mit Eltern.

Beobachtung beim Rollenspiel

Die Qualität einer Problembearbeitung ist ganz wesentlich abhängig von der Beobachtung und Auswertung der Rollenspiele. Wenn sowohl Trainer wie Teilnehmer nicht „sehen" können, nicht die richtigen Fragen stellen können, kann man getrost auf die Teilnahme verzichten!

Es folgt ein *Katalog von Leitfragen*, die in unseren Auswertungsgesprächen oft aufgetaucht sind. Diese Fragen können und sollten in der Regel als Beobachtungsaufgaben an diejenigen verteilt werden, die nicht aktiv am Rollenspiel teilnehmen.

Fragen zur Beobachtung und Auswertung

1) Bemühen, Helfen: Wie zeigt sich das? In welchem Ausmaß? Wurde „aktiv" und hilfreich zugehört? Welche Fehler wurden gemacht?

2) Offenheit: Wurden Gefühle, Gedanken, Wünsche offen dargelegt? Wurde taktiert? Welche „Ich-Aussagen"? Wurden dabei Fehler gemacht? Zu starke Betonung der rationalen Ebene? Oder der emotionalen Ebene? Welche Auswirkungen?

3) Ziele: Welche Ziele wurden von den Gesprächspartnern jeweils verfolgt? Waren sie in Übereinstimmung zu bringen? Welche geheimen Strategien wurden verfolgt? Welche Taktiken angewendet? Mit welchen Auswirkungen?

4) Grundhaltung: War die Grundhaltung der Beteiligten akzeptierend? War die Beziehung (vgl. M 1) partnerschaftlich („symmetrisch")? Worin zeigte sich das? Wurde Macht ausgeübt (vgl. M 4)? Wurde das Problem auf die Spitze getrieben? Von wem in welcher Lage? Wie hätte es verhindert werden können? Welche Auswirkungen?

5) Konfliktregelung: Wurden die 6 Schritte partnerschaftlicher Konfliktregelung (vgl. M 10) durchlaufen? In welcher Abfolge der Schritte? War diese Abfolge sinnvoll? Existierte ein „roter Faden"?

6) Inhaltsebene: Wurde das Problem richtig identifiziert? Wurden Widersprüche gesehen? Wurden die jeweiligen äuißeren Bedingungen berücksichtigt? Hatten die Lösungsideen Qualität? Wurden die Beteiligten in ihren Fähigkeiten und Veränderungsmöglichkeiten realistisch eingeschätzt? Wurden die wechselseitigen Auswirkungen *auf* die und *von* der Umwelt/Gesellschaft berücksichtigt?

7) Kommunikationsklärung: Haben die Beteiligten im Verlauf des Gesprächs Kommunikationsklärung (vgl. M 2) betrieben? Wie erfolgreich? Wo wäre Kommunikationsklärung notwendig gewesen (ist aber unterblieben)?

8) Leitung: Wer strukturierte das Geschehen, wer übernahm (vorübergehend?) die Leitung? Was war daran positiv? Was nicht?

Einige Methodische Anregungen

Wir unterscheiden *drei Formen* der praxisnahen Bearbeitung von Problemen:

1) das auf ein Problem beschränkte *Konfliktregelungstraining;* Methode A;

2) die mehrere miteinander verschränkte Probleme *zugleich* behandelnde *Problemkonferenz* Methode B;

3) das auf verschiedene Techniken zurückgreifende *Problemgespräch* Methode C.

Methode A: Konfliktregelungstraining

Im folgenden werden die einzelnen Ablaufschritte des Konfliktregelungstrainings (KRT) beschrieben. Das KRT ist eine systematische Form der Problembearbeitung. Durch die Aufgliederung in die einzelnen Ablaufschritte soll die Problembearbeitung solcher Gruppen erleichtert werden, die ohne ausgebildete Moderatoren („Trainer") auskommen müssen.

Die folgende genaue *Gebrauchsanweisung* ist *nicht* als eine *Vorschrift* zu verstehen, nach der vorgegangen werden muß. Sie ist vielmehr als ein *Hilfsmittel* zur Strukturierung der Arbeit anzusehen. Es kann sich durchaus als sinnvoll erweisen, die angegebene Reihenfolge zu verändern.

Schritte des Konfliktregelungstrainings

Vorab sollte die Gruppe ihre *Kommunikationsregeln* (z.B. Dauer der Redezeit, Reihenfolge etc.) klären und einen Teilnehmer wählen, der die wesentlichen Ergebnisse in einem *Protokoll* festhält.

1) *Sammeln von Problemen* und Konflikten der Teilnehmer.

2) *Auswahl eines Problems*, das in der Gruppe behandelt werden soll.

3) Möglichst genaue *Beschreibung des Problems* (z.B. Beschreibung der konkreten Verhaltensweisen, die in bestimmten Situationen gezeigt werden).

4) Protokollierte *Diskussion über die Ursachen* des Problems.

5) *Diskussion über Lösungsmöglichkeiten*; Sammeln, Ordnen, Gewichten von Lösungsideen.

6) *Genaue Beschreibung einer* (wesentlichen, meist kritischen) *Situation* für ein Rollenspiel.

7) *Bestimmung von Rollen* für möglichst alle Teilnehmer: die Spieler, die Beobachter, die Spieler des „anderen Ich" (Das „andere ich" versucht, sich in den jeweiligen Spieler hineinzudenken, einzufühlen, und erhält an bestimmten Stellen Gelegenheit, dessen Gedanken und Empfindungen in der „Ich"-Form zu äußern). Diese Rückmeldung bleibt zumeist nicht ohne Einfluß auf die Spieler, da sie das Wesentliche im Gespräch „unter der Oberfläche" aufdeckt.

8) *Rollenspiel*, angeleitet durch einen Moderator.

9) *Auswertung* des Rollenspiels in vier Schritten:

– Beobachtungen der Beobachter;

– Gefühle und Erlebnisse der Rollenspieler;

– Gruppendiskussion über die geäußerten Erfahrungen und Beobachtungen;

– Zusammenfassung der Lernergebnisse des Rollenspiels.

10) *Gruppenentscheidung* über ein eventuelles zweites Rollenspiel zu diesem Problem (falls kein zweites Rollenspiel gewünscht wird, geht die Gruppe über zu Schritt 15).

11) *Situationsbeschreibung* (wie 6).

12) *Rollenbestimmung* (wie 7).

13) *Zweites Rollenspiel* (wie 8).

14) *Auswertung* (wie 9).

15) Diskussion über *Lösungsmöglichkeiten und Vorgehensstrategie* zu dem betreffenden Problem. Dabei überlegt die Gruppe, welche Vorhaben der Betroffene (der das Problem in die Gruppe einbrachte) in der Realsituation in Angriff nehmen sollte/könnte.

16) Zusammenfassung der *Lernergebnisse* und konkreten Maßnahmen dieser Problembearbeitung.

17) Kurze *Kommunikationsüberprüfung (Metakommunikation)*: Wie hat die Gruppe gearbeitet? Wie hat sich jeder gefühlt? Was war gut? Was war nicht so gut?

Die Gruppe beginnt wieder mit Schritt 2, d.h. mit der Auswahl eines weiteren Problems aus der Problemsammlung.

Methode B: Problemkonferenz

Sollen innerhalb des KRT *mehrere Probleme gleichzeitig* behandelt werden, so sprechen wir von einer *Problemkonferenz.* Dazu kommt es oft bei Trainings mit beruflichen und privaten Gruppen, aber auch in der Partnertherapie.

Ein Beispiel aus einer Familie: Es hatte in den letzten Tagen einige Ereignisse gegeben, die den häuslichen Frieden belastet haben:

– Der Vater hatte sich am Wochenende geärgert, daß niemand zur Stelle war, um ihm bei Arbeiten in der Wohnung zu helfen.

– Die Mutter ist unzufrieden mit ihren beiden Söhnen, die im Haus viel Unordnung aber wenig Ordnung schaffen.

– Die Mutter hat sich mit dem Ältesten gestritten, weil sie den Eindruck gewonnen hatte, daß er unangenehme Arbeiten trickreich auf den jüngeren Bruder abschiebt.

– Der Vater ist unzufrieden mit der geringen Durchsetzungsfähigkeit seiner Frau gegenüber den Söhnen.

– Die Großmutter beschwert sich über den Krach im Haus.

Da die Probleme hier zusammenhängen, ist es sinnvoll auch zeitlich vorteilhaft, eine Problemkonferenz einzuberufen.

Die Problemkonferenz erfordert von den Teilnehmern einige Erfahrung mit dem KRT. Sonst besteht die Gefahr, zwischen mehreren Problemen lediglich hin und her zu springen, ohne zu Ergebnissen zu gelangen.

Für die Problemkonferenz haben sich einige Regeln als hilfreich erwiesen:

– Zurückhaltung der Teilnehmer, die an dem gerade besprochenen Problem nicht unmittelbar beteiligt sind;

– die Gruppe bestimmt einen Gesprächsleiter, der die Problembearbeitung strukturiert; oder sie verläßt sich auf die Beachtung der „10 Punkte für die Zusammenarbeit in Gruppen" (M 11);

– die Gruppe bestimmt einen Protokollanten, der wesentliche Ergebnisse festhält (am besten für alle sichtbar an einer Tafel oder an einer „Wandzeitung" aus Packpapier).

Methode C: Das Problemgespräch

Dies ist eine Methode, bei der das Rollenspiel *nicht* im Mittelpunkt steht. Es wird wie alle Methoden und Techniken, *bei Bedarf* angewendet. Die Situation ist im Grunde einfach: Da ist eine Gruppe, die Teilnehmer haben z.B. Probleme oder wollen etwas verändern; sie reden darüber. Die Situation sollte möglichst frei und offen wie in einem „Encounter" (vgl. M 13) sein. Der Ablauf kann sich nach jenen 6 Schritten richten, die für jede partnerschaftliche Konfliktregelung wichtig sind dabei wird der erste Schritt – die Problemklärung und -formulierung – in der Regel die meiste Zeit erfordern. Dies sind in aller Kürze die wichtigsten Grundsätze des Problemgesprächs innerhalb eines Trainings.

Wir beurteilen wir das Problemgespräch? Wir sehen *Vorteile und Schwierigkeiten:*

– Vom Trainer erfordert dies Vorgehen eine breit gestreute und intensive Aufmerksamkeit und die Fähigkeit zu schnellen und klaren Vorschlägen an die Teilnehmer. Anders als beim KRT kann sich der Moderator hier nicht allein auf die inhaltlichen Fragen konzentrieren, weil auch die Methode des Vorgehens noch nicht im einzelnen festliegt.

– Man vermeidet beim Problemgespräch die Gefahr, möglicherweise die Inhalte den Methoden anzupassen.

– Die Gruppe erlernt allmählich selbständiges Arbeiten – oder aber sie scheitert und zerfällt. Dies hängt davon ab, ob sie die Prinzipien des Problemgesprächs befolgen kann.

– Durch regelmäßige Kommunikationsklärung kann sich die Gruppe selber „beforschen".

Das Problemgespräch ist also die freieste Form. Es handelt sich nicht um eine „Methode". Vielmehr wird aus der Grundsituation eines Gruppengesprächs (im Sinne eines „Encounter" vgl. M 13) heraus von der *Gruppe* entwickelt, welche Techniken bzw. Vorgehensweisen angebracht erscheinen. Der Trainer hält sich weder völlig aus dem Geschehen heraus noch übernimmt er die Verantwortung für die Gruppe. Er versucht vielmehr als ein „Erleichterer" („Facilitator" in der „Encounter-Gruppe") sein methodisches Wissen der Gruppe zur Verfügung zu stellen – ohne dadurch die Gruppe zu beherrschen oder zum heimlichen Gruppenleiter zu werden.

– Allerdings kann sich die Gruppe auch entscheiden, den

Moderator zum Gruppenleiter zu machen oder auch ganz auf ihn zu verzichten, z.B. um sich „von ihm freizuschwimmen".

Abschließend noch ein *Hinweis für Moderatoren/Trainer:*
Je mehr Erfahrung ein Trainer in der Arbeit mit Gruppen gesammelt hat, desto weniger ist er auf eine Planung im voraus angewiesen. Er entwickelt vielmehr in zunehmendem Maß die Fähigkeit, aus der Situation heraus angemessen zu handeln: Er wird also in der jeweiligen Sitaution mit den Teilnehmern gemeinsam herausfinden, welche Arbeitsform für die Gruppe gerade angemessen ist. Er wird also zunehmend weniger methodenorientiert und mehr teilnehmerorientiert arbeiten können – im Sinne freier Problemgespräche bzw. von Encounter-Gruppengesprächen.

M 13

Encounter – Gruppengespräch

Vorweg: Es ist ein Widerspruch, über etwas zu berichten, was nur erfahren werden kann. Daher ist dies kein Merkblatt im üblichen Sinne, sondern nur ein begrenzt sinnvoller Versuch, einige Merkmale eines Encounter-Gruppengesprächs zu beschreiben.

Das Encounter-Gruppengespräch soll den Teilnehmern eine intensive zwischenmenschliche Erfahrung in einer Gruppe vermitteln. Die Gruppe kann aus 5 bis 26 Mitgliedern bestehen. Ein Encounter-Gruppengespräch kann zwischen einigen Stunden und mehreren Tagen dauern.

Das Ziel des Encounter-Gruppengesprächs ist es, in der Gruppe eine Atmosphäre sozialer und psychischer Sicherheit zu schaffen, die es den Teilnehmern leicht macht, über ihre persönlichen Erfahrungen und Gefühle miteinander zu sprechen, wenn sie es möchten. Das Gruppengespräch kann zu einer weitgehenden Übereinstimmung von Erleben, Bewußtsein und Kommunikationsverhalten der Gruppenmitglieder führen. Damit eng verbunden sind: Sensitivität für die Einstellungen und Gefühle anderer; verbesserte Wahrnehmung für die eigenen Reaktionsweisen; mehr Spontaneität und weniger Unsicherheit und Gehemmtheit im Ausdrücken von Gefühlen und Empfindungen; weniger Abwehrhaltungen und mehr Kreativität.

Im Encounter-Gruppengespräch befinden sich die Teilnehmer in einer unstrukturierten, d.h. nicht durch äußere Regeln und Anweisungen festgelegten Situation. Daher ist der Verlauf von Situation zu Situation und von Gruppe zu Gruppe sehr verschieden. Oft kreisen die Gespräche anfangs mehr um allgemeine, abstrakte Themen (,, ...die Rolle der Frau ist bei uns..."), später mehr um persönliche und gefühlsmäßige (,, ... als Mann würde ich mich schämen zu weinen ... "); anfangs mehr um Dinge außerhalb der Gruppe (,, ... der Mann meiner Nichte hat da größte Schwierigkeiten ..."), später mehr um Dinge innerhalb der Gruppe (,, ... für mich war das eben sehr schwierig ..."); anfangs mehr um frühere, vergangene Geschehnisse und Gefühle (,, ...damals war ich richtig froh ..."), später mehr um gerade gegenwärtiges Erleben („ ...ich bin sehr froh, daß du mir ..."). Wenn auch Konfrontationen in einem Encounter-Gruppengespräch eine Rolle spielen können, so ist es doch nicht das Ziel, einmal „Dampf abzulassen" , seine eigenen Aggressionen auszuleben. Im Gegenteil, das Encounter-Gruppengespräch sollte dazu führen, auf der Basis sozialer Akzeptierung und eines offenen Gesprächs konstruktive, emotional befriedigende und qualitativ neue Beziehungen zu den anderen Mitgliedern der Encounter-Gruppe herzustellen. Dies bedeutet nicht: gute Beziehungen auf der Basis geheuchelter Höflichkeit und ritualisierter Oberflächlichkeit.

Der Gruppenleiter *tritt nicht als Experte auf, der den Teilnehmern etwas beibringen will; er ist ein Gruppenmitglied mit bestimmten Eigenarten, Schwächen, Ängsten, Problemen und (manchmal) mit der Möglichkeit, anderen durch aktives Zuhören zu helfen. Er verfügt über keine ,,Tricks" und ,,Spielchen". Er kann den Gruppenprozeß und das Verhalten der Gruppenmitglieder nicht ,,objektiv" interpretieren und diagnostizieren und deshalb auch nicht ,,steuern"! Er kann aber als ,,Erleichterer" dem Gruppenprozeß durch Offenheit helfen.*

Die Bedeutung von Encounter-Gruppen für das Individuum liegt überwiegend im Bereich der Persönlichkeitsentwicklung. Für Organisationen (z.B. Schulen, Betriebe, Verwaltungsinstitutionen) kann die Bedeutung in der Verbesserung der Kommunikation und der Zusammenarbeit der Menschen liegen, also auch von Teilnehmern unterschiedlicher hierarchischer Positionen. Für die Gesellschaft können Encounter-Gruppen mithelfen, die zunehmende Isolation und Anonymisierung zu überwinden.

M 14

Prozeßanalyse der Kommunikation in Gruppen

Was ist Prozeßanalyse?

Prozeßanalyse ist Geschichtsforschung im kleinen. Der vergangene Tag, die gemeinsame Gruppendiskussion, die letzte Arbeitswoche werden untersucht, um zu beschreiben: Was haben wir gelernt, wann traten Störungen auf, wie können wir künftig besser zusammenarbeiten? – Eine Prozeßanalyse dient der Überprüfung und Verbesserung von Kommunikations- bzw. Arbeitsabläufen (z.B. „Wie haben wir heute im Team gearbeitet?" – „Wie ist unsere Konferenz verlaufen?").

Wenn Menschen in Gruppen zusammenkommen, dann passiert „unter der Oberfläche" allerhand:

Man lernt sich kennen, macht sich ein Bild von den anderen (welches?), insbesondere auch vom Gruppenleiter. Man ist anfangs unsicher, hat Scheu, sich vor allen anderen zu äußern. Man möchte sich nicht blamieren.

Vielleicht ist man verärgert, z.B. daß einige sich so aufspielen oder daß der Gruppenleiter so lange redet. Oder man ist überrascht: Man hatte sich alles so ganz anders vorgestellt. Oder man ist bedrückt, weil man manches nicht versteht, was alle anderen zu verstehen scheinen. Man läßt sich nichts anmerken, oder man fühlt sich angegriffen, weil jemand etwas für gut hält, was man bisher immer ganz anders gemacht hat.

All dies sind Gefühle und Verhaltensweisen, die sich „unter der Oberfläche" in einer Gruppe abspielen. Sie sind immer da und beeinflussen das Gruppenklima.

Wenn Menschen in Gruppen zusammenkommen, dann passiert natürlich auch ,, *über der Oberfläche"* allerhand:

Einige sprechen mehr als andere, einige schweigen ganz. Der Gruppenleiter zeigt bestimmte Verhaltensweisen. Einige sprechen immer zum Gruppenleiter, andere wenden sich auch den Teilnehmern zu. Einige unterhalten sich untereinander. Manche Ansichten werden erbittert bekämpft, andere ohne Reaktion zur Kenntnis genommen. Manchmal ist ,,Leben" in der Gruppe, manchmal ist sie tot. Manchmal kommen rein sachliche Dinge zur Sprache, manchmal auch persönliche. Manchmal kommen persönliche Dinge in sachlicher Verkleidung zur Sprache.

Wenn Menschen in Gruppen zusammenkommen, dann werden auch neue Kenntnisse erworben.

Manches ist neu, und die Gruppenmitglieder wissen noch nicht, ob sie es für sich selbst verwerten können. Manches ist nicht neu.

All dies passiert in einer Lerngruppe. Wir nennen es zusammengefaßt den ,,Prozeß": *Die Prozeßanalyse beschreibt den Prozeß in der Gruppe.*

Praktisch geht die Prozeßanalyse so vor sich:

Eine Arbeitsgruppe, eine Familie, ein Ehepaar, eine Schulklasse, eine Wohngruppe setzt sich in Abständen zwischen 1 Tag und 3 Monaten regelmäßig zusammen. Dabei wird dann das wichtigste der zu überprüfenden Zeit (des vergangenen Tages, der vergangenen Woche, der gemeinsamen Gruppendiskussion usw.) noch einmal zusammengefaßt.
Das hat 3 Vorteile:
– Dinge können in Zusammenhang gesehen werden, die zeitlich getrennt aufgetreten sind.
– Aufgrund des Abstandes von einer Sache können Dinge an- und ausgesprochen werden, die direkt in der Situation evtl. noch zu heikel gewesen sind, um darauf einzugehen, oder die auch übersehen wurden.

– Es kann so an die gemeinsame Arbeit wieder angeknüpft werden
– und vor allem: Aus der vergangenen gemeinsamen Arbeit kann
für die Zukunft gemeinsam gelernt werden.

Dabei werden nicht nur die wichtigsten Lern- und Arbeitsinhalte
noch einmal angesprochen und zusammengefaßt, sondern es wird
auch besprochen, wie die Teilnehmer z.B. diese Inhalte *aufgenommen* haben. Das Geschehen in der Gruppe (über und unter der
Oberfläche) kommt zur Sprache. Dabei ist der „Prozeßanalytiker"
häufig auf seine persönlichen Beobachtungen und Eindrücke angewiesen. Er kann aber auch die Gruppe gezielt um entsprechende Information bitten.
Für die Prozeßanalyse gibt es inhaltlich keine Vorschriften: Der
„Analytiker" beschreibt, was er persönlich am vergangenen Tag für
wichtig, interessant und erwähnenswert hält. Die anderen Gruppenmitglieder teilen ihre evtl. abweichenden Ansichten mit. Dies
ist wichtig, weil ein und derselbe Tag von den verschiedenen Gruppenmitgliedern unterschiedlich erlebt werden kann.

Regeln für die Prozeßanalyse:

Die Inhalte der voranstehenden Merkblätter sollten bei der Durch-
führung von Prozeßanalysen verhaltensmäßig realisiert werden
(z.B. im Trainingsseminaren ergibt sich dafür eine günstige
Übungsgelegenheit):
– *Die Prozeßanalyse soll in ihrer Form kooperativ und in ihrer Zielsetzung konstruktiv sein.*
– *Sie soll Kritik nicht unterdrücken, aber konstruktiv Kritik üben und
Anerkennung bzw. positives Feedback ebenfalls einbeziehen.*
– *Sie soll das soziale Klima nicht leichtfertig belasten, sondern zur Be-
ziehungs- und Kommunikationsklärung beitragen.*
– *Durch angemessene Formen des Feedback, durch kooperatives Verhalten von Prozeßanalytikern und Gruppenmitgliedern soll gemeinsam
voneinander gelernt und die Zusammenarbeit in der Gruppe verbessert
werden.*

Wie kann man eine Prozeßanalyse vorbereiten und durchführen?

Unterscheidung von 3 Aspekten des Geschehens in der Gruppe / beim Gruppenmitglied:

Was geschah auf der

inhaltlichen Ebene	sozialen Ebene	emotionalen Ebene

Wie waren die inhaltlichen/sozialen/emotionalen Beziehungen? Wo gab es ,,Verstopfungen''?

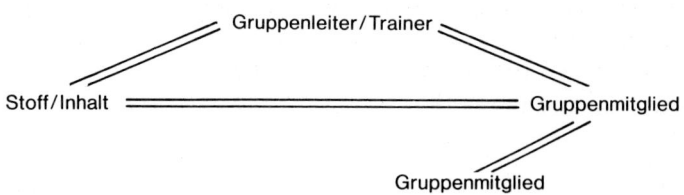

Fragebogen zur Prozeßanalyse (M 14/1)

	stimmt genau					stimmt überhaupt nicht	ent- fällt
1) Die Gruppenziele waren mir heute völlig klar	1	2	3	4	5	6	x x
2) Ich habe heute neue wichtige Informationen erhalten	1	2	3	4	5	6	x x
3) Ich werde das, was ich heute gelernt habe gut anwenden können	1	2	3	4	5	6	x x
4) Alle Teilnehmer übten in der Gruppe einflußreiche gruppenbestimmende Funktionen aus	1	2	3	4	5	6	x x
5) Einigen gelang es nicht, an Entscheidungen mitzuwirken	1	2	3	4	5	6	x x
6) Einigen war es wichtiger, zu kritisieren, als den Fortschritt der Gruppe zu gewährleisten	1	2	3	4	5	6	x x
7) Die Gruppe arbeitete heute intensiv und engagiert	1	2	3	4	5	6	x x
8) Wir haben einander zugehört und sind auf die Argumente des anderen eingegangen	1	2	3	4	5	6	x x
9) Ich fühle mich heute in der Gruppe frei und mitwirkungsfähig, der Gruppe bei der Erreichung ihrer Ziele zu helfen	1	2	3	4	5	6	x x

10) Wir haben die Stillen im Lande ermuntert	1	2	3	4	5	6	x x
11) Wir haben einander zu Vorschlägen und konstruktiver Kritik herausgefordert	1	2	3	4	5	6	x x
12) Die Arbeit hat mir heute Spaß gemacht	1	2	3	4	5	6	x x
13) Die Gruppenleiter konnten die Arbeit der Gruppe gut unterstützen	1	2	3	4	5	6	x x

Anmerkungen

(1/1) Es handelt sich um den überarbeiteten Tonbandmitschnitt eines Vortrages, wie er vom Verfasser im Laufe eines einwöchigen Kommunikationstrainings für Angehörige verschiedener Berufsgruppen (Lehrer, Psychologen, Sozialarbeiter, betriebliche Führungskräfte) gehalten worden ist.

(1/2) Tic, Tick: Meist automatische, gelegentlich noch teilweise willentlich beeinflußbare Muskelzuckungen. Zwanghaft entartete Ausdrucks-, Abwehr- oder Reflexbewegungen. Stereotyp, psychogen (*Psychrembel*, Berlin 1969, S. 1214).

(2/1) Dieser Artikel wurde in ähnlicher Fassung unter dem Titel „Ein paar Worte über Kommunikationstraining" in Psychologie Heute, Febr. 76 abgedruckt.

(3/1) Es handelt sich hier um eine überarbeitete Fassung des Artikels: „Training zur Gruppenfähigkeit", der als Anhang in *A. Sjolund:* Gruppenpsychologie für Erzieher, Lehrer und Gruppenleiter. Heidelberg, 1974, erschienen ist.

(3/2) Einige Erfahrungsberichte hierzu liegen vor: s. *Prior*, 1970; *Lutz* und *Ronellenfitsch*, 1971; *Vopel*, 1972; *Genser* et al., 1972; *Prose*, 1972; *Minsel* u.a., 1976.

(3/3) Sie sind z.T. dem Heft ‚Interaktionsspiele, 1972, entnommen. Siehe hierzu auch: *W.C. Schutz*: Freude, 1973.

(3/4) Dazu wird bei jedem Gegenstand die Differenz gebildet zwischen richtigem und festgelegtem Rangplatz. Diese Differenzen werden quadriert und aufsummiert. Als beste Leistung ergibt sich dann ein Fehlerpunktwert von o, als schlechteste Leistung (bei 15 Rangplätzen) einer von 1120 (nämlich wenn die festgelegte Rangreihe genau entgegengesetzt zur richtigen verläuft.)

(3/5) Genaue Instruktionen und Auswertungsbögen sind bei *Antons* (1973, S. 155 ff) oder *Kirsten* und *Müller-Schwarz* (1976, S. 28 ff) zusammengestellt; Hinweise für weitere Übungen finden sich ebenfalls dort.

(4/1) Neben der vorliegenden englischsprachigen Publikation mit der Darstellung der Theorie, einiger exemplarischer Curriculumeinheiten und der Evaluationsergebnisse (*Müller-Wolf* 1974) ist für 1977 eine deutschsprachige Veröffentlichung aller Curriculumeinheiten geplant (*Müller-Wolf* u. *Wolsk*).

(4/2) Das Curriculumprojekt wurde in englischer Sprache entwickelt; es handelt sich bei Zitaten jeweils um Übersetzungen des Verfassers aus dem Englischen.

(5/1) Neben den beiden Verfassern war Dipl.-Psych. *K.-U. Müller-Wolf* an den Trainingskursen für die Erziehungsberater beteiligt.

(5/2) Einige im Anhang dieses Buches wiedergegebenen Arbeitsblätter hatten ihre Vorlage in den hier genannten Arbeitsblättern; wir empfehlen, den Anhang zum Verständnis der folgenden Seiten mit heranzuziehen.

(5/3) Ein Verfahren der Ideenfindung, bei dem in einer Gruppe von 6 – 15 Teilnehmern keine Kritik geäußert werden darf; es werden *nur* Ideen genannte.

(6/1) Der Begriff „Dozent" meint hier schlicht einen „Moderator" bzw. „Organisator von Lernprozessen" und ist (als zur Zeit übliche) funktionale Bezeichnung gewählt worden.

(6/2) Allein die Bezeichnung „Hörer" für Teilnehmer an VHS-Kursen weist auf die zugrunde liegende antiquiert-autokratische didaktische Vorstellung von *einseitiger* Kommunikation hin: „Dozent" = „dozierend Sprechender"; „Hörer" = Rezipient, Aufnehmender von Wissen.

(6/3) Ergebnisse aus der Analyse einer VHS-Dozentengruppe.

(6/4) Damit ist „Kommunikation über Kommunikation" gemeint, d.h. die Lerngruppe lernt aus ihrem kommunikativen Verhalten, indem sie darüber kommuniziert, d.h. es analysiert, auswertet, vergleicht – und gegebenenfalls verändert (vgl. Merkblatt M 2 im Anhang).

(6/5) Durch das Eingehen auf die Bedürfnisse der Teilnehmer hat jedes Training seine spezifische Eigenheit, ca. 60 % und mehr an grundlegenden Inhalten sind jedoch identisch.

(6/6) Ein DIN A 4 Papier, in Druckschrift beschrieben, an der Kleidung „auf dem Bauch" befestigt.

(6/7) Hier wird auf die vielschichtige Bedeutung sprachlicher Mitteilungen eingegangen, insbesondere auf das „versteckt Gemeinte" (z.B. Appelle an den Empfänger einer Botschaft, die „versteckt gesendet" werden). Sprache ist zugleich Symptom (sagt etwas über den „Sender"), Symbol (sagt etwas über die „Dinge der Welt") und Appell (gerichtet an den Empfänger einer Botschaft).

(6/8) Der Mittelwert auf einer Skala von 0 – 100 lag bei 90,7.

(7/1) Diese beiden Dimensionen basieren u.a. auf den empirischen Arbeiten von *Ryans* (1961), *Fleishman* (1953), *Fittkau* (1969) (s. *Tausch* u. *Tausch*, 1971, S. 154, 153, 158). Die in „Anführungsstrichen" stehenden Verhaltensbeschreibungen stammen aus dem Fragebogen zur Vorgesetzten-Verhaltens-Beschreibung (FVVB), von *Fittkau-Garthe* und *Fittkau*, Göttingen, 1971.

(M 6/1) Viele Gedanken in diesem Merkblatt verdanken wir der Humanistischen Psychologie von *Carl R. Rogers.* Sein Schüler *Thomas Gordon* (Familienkonferenz 1972) hat den Ausdruck „Aktives Zuhören" für den in der Gesprächspsychotherapie üblichen Ausdruck „Verbalisierung emotionaler Erlebnisinhalte" eingeführt. Wir bevorzugen „Hilfreiches" Zuhören.

(M 7/1) *Thomas Gordon* (Familienkonferenz, 1972) sagt „Ich-Botschaften" anstelle von „Selbstexploration", wie es in der Gesprächspsychotherapie z.B. bei *Carl R. Rogers* heißt. Mit „Ich-Aussagen" versuchen wir diese Bedeutung der *Aussage über sich selbst* einzufangen.

(M 11/1) *Ruth Cohn* hat diese Arbeitsform als die der „*T*hemen-*Z*entrierten *I*nteraktion" (TZI) bezeichnet.

(M 14/1) *Anmerkung:* Hierbei handelt es sich *nicht* um eine verbindliche Form. Vielmehr sind die voranstehenden 13 Fragen von zwei Trainingsgruppen aus einem großen Angebot möglicher Fragen ausgewählt worden. Die Art der Fragen zur Prozeßanalyse wird natürlich trainingsspezifisch unterschiedlich sein.

Stichwortverzeichnis

Bernd Fittkau (Hsrg.)
Pädagogisch-psychologische Hilfen
für Erziehung, Unterricht und Beratung

Achtzehn zentrale Themen der Pädagogischen Psychologie werden
von renommierten Fachvertretern lesernah vermittelt.

Band 1
Pädagogisch-psychologische Grundlagen und exemplarische Praxis:

Chancen und Gefahren von Theorien; Angst-Entstehung; Angst-
Bewältigung; Erbe-Umwelt-Problem aus entwicklungspsychologi-
scher Sicht; Lernpsychologie; Kooperative Verhaltensmodifikation;
Motivation; Kreativitätsförderung; Kommunikationspsychologie
und Kommunikationstraining.
310 S., kart., 24,80 DM
ISBN 3-88 657-**020**-7

Band 2
Unterrichtsprobleme und -hilfen:
Aggression; Disziplinprobleme; Schülerbeurteilung; Verständlichkeit
(als beispielhafte empirische Forschung); Unterrichtsgestaltung;
Moralisches Handeln.
Beratung und Prävention:
Psychotherapie für Pädagogen; Verminderung von Lernschwierigkei-
ten; Selbsthilfe für Pädagogen; Meditative Methoden in der Pädagogik.
288 S., kart., 24,80 DM
ISBN 3-88 657-**033**-9

Dieses Lern- und Handbuch für die pädagogisch-psychologische Praxis zeichnet sich nicht nur durch seine Themenvielfalt aus, sondern
ist vorbildlich in seiner leichtverständlich-bildreich-kreativen Darstel-
lungsform.

Baumgärtel (Hrsg.)
Familiensozialisation
370 S., kart.
3-88 657-**100**-9 / 39,– DM

Baumgärtner/Dahrendorf (Hrsg.)
Zurück zum Literaturunterricht?
155 S., kart.
3-88 657-**101**-7 / 21,– DM

Baurmann/Cherubim/Rehbock
Neben-Kommunikationen
Beobachtungen und Analysen
zum Schülerverhalten
277 S., kart.
3-88 657-**102**-5 / 32,– DM

Beckmann (Hrsg.)
Leistung in der Schule
256 S., Taschenbuch, kart.
3-88 657-**103**-3 / 22,– DM

Beckmann/Biller (Hrsg.)
Unterrichtsvorbereitung
268 S., Taschenbuch, kart.
3-88 657-**104**-1 / 22,– DM

Berndt/Busch/Schönwälder
Schul-Arbeit
Belastung und Beanspruchung
von Schülern
256 S., kart.
3-88 657-**105**-X / 38,– DM

Berndt/Busch/Schönwälder
**Schulstreß – Schülerstreß –
Elternstreß**
ca. 200 S., kart.
3-88 657-**046**-0 / ca. 22,– DM

Bleuel
**Kinder – und die Welt,
in der sie leben**
237 S., kart.
3-88 657-**011**-8 / 29,80 DM

Brand/Schulze (Hrsg.)
**Medienkundliches Handbuch
Die Zeitung**
2 Bde., Neubearb.
Zeitungssystematischer Teil,
170 S., kart.
3-88 657-**042**-8 / 24,– DM
Medienpädagogischer Teil,
384 S., kart.
3-88 657-**043**-6 / 36,– DM

Brand/Schulze (Hrsg.)
**Medienkundliches Handbuch
Die Zeitungsanzeige**
ca. 400 S., kart.
3-89 294-**000**-2 / 48,– DM

Braune/Bessoth
Konferenzen in der Schule
192 S., kart.
3-88 657-**106**-8 / 22,– DM

Brauns
**Agrarökologie im Spannungs-
feld des Umweltschutzes**
396 S., kart.
3-88 657-**045**-2 / 48,– DM

Bunk/Tausch
**Moderne Biologie
im Unterricht**
252 S., Taschenbuch, kart.
3-88 657-**107**-6 / 22,– DM

Bunk/Tausch
Grundlagen der Verhaltenslehre
276 S., kart.
3-89 294-**108**-4 / 25,– DM

Bunk/Tausch
Verhaltenslehre
Handbuch der Unterrichtsversuche
402 S., kart.
3-88 657-**109**-2 / 46,– DM

Claußen
Didaktik und
Sozialwissenschaften
ca. 200 S., kart.
3-89 294-**026**-6 / ca. 34,– DM

Claußen/Wasmund (Hrsg.)
Handbuch der politischen
Sozialisation
512 S., kart.
3-88 657-**012**-6 / 48,80 DM

Cloer (Hrsg.)
Das Dritte Reich im Jugendbuch
448 S., kart.
3-88 657-**025**-8 / 39,80 DM

Decker
Berufswahl, Berufsvorberei-
tung und Berufsberatung im
Unterricht
407 S., kart.
3-88 657-**110**-6 / 38,– DM

Dringenberg/Krause (Hrsg.)
Jugendtheater –
Theater für alle
332 S., kart.
3-88 657-**018**-5 / 38,– DM

Duhm (Hrsg.)/Huss
Förderung sprachlicher Kommu-
nikation 4- bis 6jähriger Kinder
124 S., kart.
3-88 657-**111**-4 / 26,– DM

Eckhardt
Zeitgenössische Literatur
im Deutschunterricht
212 S., kart.
3-88 657-**112**-2 / 28,– DM

Esser
Angst in Schule und Hochschule
176 S., kart.
3-88 657-**113**-0 / 18,– DM

Esser (Hrsg.)
Friedensarbeit nach der
Raketenstationierung
206 S., kart.
3-88 657-**047**-9 / 19,80 DM

Fittkau (Hrsg.)
Pädagogisch-psychologische
Hilfen für Erziehung,
Unterricht und Beratung
2 Bde.
Bd. 1, SS.1 – 310, kart.
3-88 657-**020**-7 / 24,80 DM
Bd. 2, SS. 311 – 598, kart.
3-88 657-**033**-9 / 24,80 DM

Fittkau/Müller-Wolf/
Schulz von Thun
Kommunizieren lernen
(und umlernen)
404 S., kart.
3-89 294-**114**-9 / 30,– DM

Fölsch
Lehrer '85
154 S., kart.
3-88 657-**115**-7 / 24,– DM

Foldenhauer
Medien, Sprache und Literatur
im Deutschunterricht
162 S., kart.
3-88 657-**116**-5 / 28,– DM

Fritz
Satire und Karikatur
Fächerübergreifender Unterricht
252 S., kart.
3-88 657-**117**-3 / 30,– DM

Fuchs
Humanentwicklung und Lernen
320 S., kart.
3-88 657-**013**-4 / 49,80 DM

Fuhr u. a.
**Soziales Lernen —
Innere Differenzierung —
Kleingruppenunterricht**
296 S., kart.
3-88 657-**118**-1 / 30,— DM

Galinski/Lachauer (Hrsg.)
**Alltag im Nationalsozialismus
1933 — 1939**
316 S., kart.
3-88 657-**024**-X / 20,— DM

Geipel
**Industriegeographie als Ein-
führung in die Arbeitswelt**
325 S., kart.
3-88 657-**120**-3 / 39,80 DM

Gorf/Henning/Schönemeier
(Hrsg.)
**Unterricht Deutsch
5./6. Schuljahr**
371 S., kart.
3-88 657-**121**-1 / 34,— DM

Gukenbiehl (Hrsg.)
Felder der Sozialisation
Sozialwissenschaftliche Beiträge
388 S., kart.
3-88 657-**124**-6 / 35,— DM

Haarmann u. a. (Hrsg.)
**Lernen und Lehren in der
Grundschule**
482 S., kart.
3-88 657-**125**-4 / 38,— DM

Haubrich u. a.
**Konkrete Didaktik der
Geographie**
Neubearb.
464 S., kart.
3-88 657-**126**-2 / 39,80 DM

Hermann/Rupprecht
Lehrer werden
142 S., kart.
3-88 657-**128**-9 / 18,— DM

Husen
**Schule in der Leistungs-
gesellschaft**
146 S., kart.
3-88 657-**129**-7 / 20,— DM

Kluckhuhn
Rollenspiele in der Hauptschule
128 S., kart.
3-88 657-**131**-9 / 22,— DM

Kraft
**Der Schulhof als Ort sozialen
Verhaltens**
208 S., kart.
3-88 657-**132**-7 / 32,— DM

Kraft
**Feste und Geselligkeiten
in der Schule**
214 S., kart.
3-88 657-**133**-5 / 32,— DM

Kraft
Neue Schulhöfe
208 S., kart.
3-88 657-**134**-3 / 32,— DM

Martin
**„Macht doch mal selber
Literatur . . .!"**
99 S., kart.
3-88 657-**016**-9 / 11,80 DM

Meyer (Hrsg.)
**Kinder und Jugendliche
in seelischer Not**
396 S., kart.
3-88 657-**015**-0 / 39,80 DM

Nentwig
Dichtung im Unterricht
400 S., kart.
3-88 657-**136**-X / 38,— DM

Nentwig
**Die moderne Kurzgeschichte
im Unterricht**
144 S., kart.
3-88 657-**135**-1 / 20,— DM

Odenbach
Die Übung im Unterricht
211 S., kart.
3-88 657-137-8 / 20,– DM

Oelkers/Lehmann
Antipädagogik:
Herausforderung und Kritik
150 S., kart.
3-88 657-028-2 / 25,80 DM

Otto
Didaktik der Ästhetischen
Erziehung
480 S., kart.
3-88 657-138-6 / 42,– DM

Otto (Hrsg.)
Texte zur Ästhetischen
Erziehung
240 S., kart.
3-88 657-139-4 / 28,– DM

Petillon
Der unbeliebte Schüler
252 S., kart.
3-88 657-140-8 / 32,– DM

Piel
Kleines Lehrbuch der
Lernpsychologie
118 S., kart.
3-88 657-141-6 / 18,– DM

Psaar/Klein
Wer hat Angst vor der
bösen Geiß
308 S., kart.
3-88 657-142-4 / 36,– DM

Pukies
Das Verstehen der Natur-
wissenschaften
184 S., kart.
3-88 657-143-2 / 20,– DM

Rathenow/Vöge
Erkennen und Fördern von
Schülern mit Lese- und Recht-
schreibschwierigkeiten
360 S., kart.
3-88 657-144-0 / 34,– DM

Redaktion SozNat (Hrsg.)
Naturwissenschaftlicher Unterricht
in der Gegenperspektive
122 S., kart.
3-88 657-001-0 / 16,80 DM

Redaktion Wechselwirkung (Hrsg.)
Zwischen Auflehnung
und Karriere
116 S., kart.
3-88 657-002-9 / 16,80 DM

Redeker
Zur Sache des Lernens
153 S., kart.
3-88 657-145-9 / 28,– DM

Retter/Nauck/Ohms
Orientierungsstufe — Schule
zwischen den Fronten
192 S., kart.
3-88 657-049-5 / 36,– DM

Röhrs
Frieden — eine pädagogische
Aufgabe
397 S., kart.
3-88 657-037-1 / 29,80 DM

Schmidt (Hrsg.)
Methoden des Mathematik-
unterrichts in Stichwörtern
und Beispielen — 7/8
212 S., kart.
3-88 657-146-7 / 28,80 DM

Schmidt
Methoden des Mathematik-
unterrichts in Stichwörtern
und Beispielen —9/10
250 S., kart.
3-88 657-022-3 / 29,80 DM

Schmitt
Kinder und Ausländer
304 S., kart.
3-88 657-**147**-5 / 34,– DM

Schott/Neeb/Wieberg
Lehrstoffanalyse und Unterrichtsplanung
200 S., kart.
3-88 657-**148**-3 / 32,– DM

Schreiner (Hrsg.)
Moralische Entwicklung und Erziehung
267 S., kart.
3-88 657-**019**-3 / 36,– DM

Schultze (Hrsg.)
Dreißig Texte zur Didaktik der Geographie
370 S., kart.
3-88 657-**149**-1 / 24,– DM

Schulz-Hageleit
Geschichte: erfahren — gespielt — begriffen
359 S., kart.
3-88 657-**150**-5 / 38,– DM

Schwalm (Hrsg.)
Texte zur Didaktik der der Geschichte
328 S., kart.
3-88 657-**151**-3 / 35,– DM

Sieland/Sieber (Hrsg.)
Klinische Psychologie für Pädagogen
288 S., kart.
3-88 657-**152**-1 / 33,– DM

Skinner/Corell
Denken und Lernen
164 S., kart.
3-88 657-**153**-X / 20,– DM

Staeck (Hrsg.)
Texte zur Didaktik der Biologie
308 S., Taschenbuch, kart.
3-88 657-**154**-8 / 22,– DM

Stanford
Gruppenentwicklung im Klassenraum und anderswo
264 S., kart.
3-88 657-**155**-6 / 22,– DM

Stark u. a. (Hrsg.)
Beraten in der Schule?
286 S., kart.
3-88 657-**156**-4 / 36,– DM

Stübing
Bewegung, Spiel und Sport mit Kindern
262 S., kart.
3-88 657-**157**-2 / 30,– DM

Trolldenier/Meißner (Hrsg.)
Texte zur Schulpsychologie und Bildungsberatung, Bd. 4
342 S., kart.
3-88 657-**031**-2 / 59,80 DM

Ulrich
Der Witz im Deutschunterricht
252 S., Taschenbuch, kart.
3-88 657-**159**-9 / 22,– DM

Ulrich
Linguistik für den Deutschunterricht
306 S., kart.
3-89 294-**158**-0 / 30,– DM

Wagenschein
Die pädagogische Dimension der Physik
328 S., geb.
3-88 657-**160**-2 / 36,– DM

Wagenschein
Natur physikalisch gesehen
120 S., kart.
3-88 657-**161**-0 / 16,– DM

Wangerin (Hrsg.)
Jugend, Literatur und Identität
Anregungen für den Deutschunterricht der Sek. I + II
283 S., kart.
3-88 657-**036**-3 / 36,80 DM

Weber
Das Lehrerlesebuch
212 S., kart.
3-88 657-**162**-9 / 21,– DM

Zech
**Neuere Tendenzen in der
Mathematikdidaktik —
mit Unterrichtsbeispielen**
91 S., kart.
3-88 657-**014**-2 / 13,– DM

Ziechmann (Hrsg.)
**Konkrete Didaktik des Sach-
unterrichts**
290 S., kart.
3-88 657-**032**-0 / 38,– DM

Ziechmann/Bolscho/Kayser
Sachunterricht in der Diskussion
218 S., kart.
3-88 657-**165**-3 / 30,– DM

Ziechmann
**Schülerorientierter
Sachunterricht**
153 S., kart.
3-88 657-**164**-5 / 20,– DM

Ziefuß
**Methoden der Unterrichts-
beobachtung**
240 S., kart.
3-88 657-**166**-1 / 34,– DM

Ziefuß u. a. (Hrsg.)
**Arbeitslehre: Stand und Entwick-
lungstendenzen aus Lehrersicht**
269 S., kart.
3-88 657-**050**-9 / 23,80 DM

**Hahner Verlagsgesellschaft mbH
Heidchenberg 11 5100 Aachen-Hahn
(0 24 08) 55 05**